UNE FAMILLE DE GRANDS PRÉVOTS D'ANJOU

AUX XVIIᵉ ET XVIIIᵉ SIÈCLES

LES CONSTANTIN

SEIGNEURS DE VARENNES ET DE LA LORIE

D'APRÈS LES ARCHIVES INÉDITES DU CHATEAU DE LA LORIE

PAR

André JOUBERT

MEMBRE DE LA SOCIÉTÉ DE L'HISTOIRE DE FRANCE
DE LA SOCIÉTÉ DES ANCIENS TEXTES FRANÇAIS
DES SOCIÉTÉS SAVANTES DE L'ANJOU, DU MAINE ET DE LA BRETAGNE

ORNÉ DE VINGT-QUATRE GRAVURES

ANGERS	PARIS
GERMAIN ET G. GRASSIN	ÉMILE LECHEVALIER
LIBRAIRES-ÉDITEURS	LIBRAIRIE HISTORIQUE
83, rue Saint-Laud, 83	39, quai des Grands-Augustins

1890

LES CONSTANTIN

SEIGNEURS

DE VARENNES ET DE LA LORIE

UNE FAMILLE DE GRANDS PRÉVOTS D'ANJOU

AUX XVIIᵉ ET XVIIIᵉ SIÈCLES

LES CONSTANTIN

SEIGNEURS DE VARENNES ET DE LA LORIE

D'APRÈS LES ARCHIVES INÉDITES DU CHATEAU DE LA LORIE

PAR

André JOUBERT

MEMBRE DE LA SOCIÉTÉ DE L'HISTOIRE DE FRANCE
DE LA SOCIÉTÉ DES ANCIENS TEXTES FRANÇAIS
DES SOCIÉTÉS SAVANTES DE L'ANJOU, DU MAINE ET DE LA BRETAGNE

ORNÉ DE VINGT-QUATRE GRAVURES

ANGERS
GERMAIN ET G. GRASSIN
LIBRAIRES-ÉDITEURS
83, rue Saint-Laud, 83

PARIS
ÉMILE LECHEVALIER
LIBRAIRIE HISTORIQUE
39, quai des Grands-Augustins

1890

PRÉFACE

La famille Constantin a possédé, pendant près d'un siècle et demi, la terre de la Lorie située dans la commune de la Chapelle-sur-Oudon, près Segré, et, pendant cinquante ans seulement, le château de Varennes, qui se dresse sur le territoire de la commune de Savennières. Ses membres ont été, sous les règnes de Louis XIV et de Louis XV, prévôts généraux et provinciaux d'Anjou. Ils ont toujours rempli avec honneur et distinction ces importantes fonctions. Les rois de France leur ont témoigné, plusieurs fois, leur satisfaction et ont su apprécier les loyaux services de ces fidèles officiers.

Gabriel Constantin, Ier du nom, écuyer, seigneur de Varennes, conseiller du roi, correcteur en la Chambre des Comptes de Bretagne, fils de Jacques Constantin, écuyer, seigneur de Varennes et de Montriou, conseiller du roi, doyen de la même Chambre, et de défunte Anne Martineau, épousa, par contrat du 9 décembre 1652, Anne Le Pelletier, fille de René Le Pelletier, seigneur de la Lorie, conseiller et maître d'hôtel ordinaire du roi, grand prévôt d'Anjou, et de Jacquine Baud. René Le Pelletier ayant gaspillé sa magnifique fortune en folles prodigalités et le total de ses dettes s'élevant au chiffre énorme de huit millions de livres, la Lorie fut vendue, à la demande des créanciers, puis rachetée par son gendre, peu de temps après. En 1664, Gabriel Constantin, Ier du nom, remplaça son beau-père dans ses fonctions de grand prévôt d'Anjou. Il mourut en 1683.

Gabriel Constantin, IIe du nom, fils du précédent, épousa, par contrat du 8 janvier 1688, Perrine-Renée Le Clerc, fille de Jean Le Clerc, écuyer, seigneur des Émereaux, et de Renée Charlot. Il fut grand prévôt d'Anjou depuis 1683 jusqu'en 1724. Il décéda en 1736. Il avait été membre de l'Académie des Belles-Lettres d'Angers.

Gabriel-Félix Constantin, fils du précédent, épousa, par contrat du 14 janvier 1719, Louise-Charlotte-Sophie Boylesve de Soucelles, fille de Charles-Joseph Boylesve de Soucelles, écuyer, seigneur de Noirieux, conseiller au Parlement de Bretagne, et de Louise-Françoise Grimaudet de la Croiserie. Il fut grand prévôt d'Anjou de 1724 à 1729.

Jules Constantin, frère du précédent, écuyer, seigneur de Marans, marié le 9 novembre 1728 avec Jeanne-Victoire de Crespy, fille de François de Crespy, écuyer, seigneur de Chauvigné, et de Catherine de la Motte, devint à son tour grand prévôt d'Anjou en 1729.

Au milieu du xviiie siècle, la Lorie était habitée par Charles-François-Camille Constantin, second fils de Gabriel-Félix Constantin et de Louise-Charlotte-Sophie Boylesve de Soucelles, qui avait épousé Élisabeth-Jeanne Lefebvre. Ce seigneur restaura le château, la chapelle et les dépendances. La Lorie était devenue le rendez-vous favori de l'élite de la noblesse angevine. Charles-François-Camille Constantin mourut le 10 avril 1791 et fut inhumé dans l'église de la Chapelle-sur-Oudon. Son fils, Charles-Auguste

Constantin, baptisé le 28 juin 1769, fut enterré le 15 avril 1778 dans l'église Saint-Pierre à Angers. Il était le dernier héritier mâle des Constantin. Sa sœur Gabrielle-Marie-Élisabeth Constantin, dame de la Lorie, avait épousé le 9 avril 1782, dans la chapelle du château, Mre François, comte de Marmier, colonel du régiment de Lorraine-dragons, mort au bout d'un an de mariage. Pendant les troubles de la Révolution, la Lorie fut saccagée en décembre 1793 et les dépendances furent incendiées. Les Bleus et les Chouans occupèrent ensuite, tour à tour, l'habitation, pendant plusieurs années, et la dévastèrent.

Les fonctions dont les Constantin furent investis étaient très importantes, comme nous l'avons dit plus haut. Les sentences prononcées par le grand prévôt étaient rendues en dernier ressort et sans appel. Il avait sous ses ordres la Maréchaussée. Nous voyons les Constantin successivement chargés de faire exécuter les décisions prises par les Maréchaux de France, qui formaient alors un tribunal spécial appelé à juger les affaires d'honneur et à empêcher les duels entre les gentilshommes ; de réprimander les officiers désobéissants ; de réprimer les fautes des soldats indisciplinés ; d'informer contre les mutins qui cherchaient à préjudicier à la liberté du commerce ainsi qu'à la vente et au transport du blé et des farines ; de communiquer aux maîtres de poste de la province les ordres de Louvois ; d'arrêter les faux sauniers, les faux monnayeurs, les voleurs de grands chemins, les déserteurs, les vagabonds, les prêtres rebelles, les débiteurs insolvables, les gens sans aveu et sans domicile ; de s'opposer à la levée des troupes sans l'autorisation du Roi ; de disperser les assemblées illicites avec port d'armes ; de punir les crimes ou délits commis par les gens de guerre ; de sévir contre les perturbateurs de la paix publique et les archers qui refusaient d'obéir ; d'empêcher les désordres de la rue, les rixes, les querelles ; de veiller à l'incarcération et au transfert des prisonniers ; de faire saisir les biens des délinquants ; de rechercher les causes des évasions des détenus et de s'occuper de leur poursuite ; de s'emparer des protestants nouvellement convertis, accusés de diverses contraventions aux édits du Roi et soupçonnés d'entretenir des intelligences secrètes avec les ennemis de Sa Majesté réfugiés à l'étranger ainsi que de les interroger ; de diriger les archers vers un lieu déterminé après avoir passé la revue du détachement ; etc. Très jaloux de leurs droits et de leurs prérogatives, les Constantin eurent souvent à lutter contre les empiètements et les prétentions injustes des officiers du Présidial. Ils réussirent toujours à les écarter.

Comme on le constate par la lecture de la longue énumération qui précède, l'histoire des Constantin fut étroitement liée à celle des habitants de l'Anjou pendant cent cinquante ans. Le récit de leur vie et l'exposé des nombreuses affaires dont ils ont eu la direction présentent donc une peinture très complète des mœurs des Angevins sous les règnes de Louis XIV et de Louis XV.

Les pièces justificatives, qui forment la seconde partie de notre ouvrage, sont également intéressantes. Nous recommandons tout particulièrement à nos lecteurs les inventaires dressés en 1683 et en 1700, au château de la Lorie et à Angers, qui abondent en renseignements nouveaux sur la vie privée, à la ville et à la campagne, à la fin du XVII° siècle. L'estimation des bestiaux et autres animaux domestiques de la Lorie et des fermes qui en dépendaient est aussi fort instructive au point de vue économique. Les interrogatoires d'Isaac-Georges, dit La Roche, et de Samuel Pelisson, sieur de Montigny, protestants récemment convertis, dont nous avons déjà parlé, sont aussi très curieux. Enfin, le procès-verbal rédigé à la Lorie, après le séjour des troupes des deux partis, offre un tableau saisissant des odieuses déprédations commises par les soldats dans cet opulent château.

Presque tous les documents mis en œuvre ou reproduits dans cette étude historique sur les Constantin appartiennent à la collection particulière de nos pièces inédites relatives à l'Anjou et au Maine. Les autres sont conservés au château de la Lorie. Nous avons en outre consulté les manuscrits du Cabinet des Titres, à la Bibliothèque Nationale, ainsi que ceux des Archives nationales. Le volume est orné de vingt-quatre gravures.

Angers, le 5 novembre 1889.

ANDRÉ JOUBERT.

LE CHÂTEAU DE VARENNES.

CHAPITRE Ier

(1652-1664)

Le château de la Lorie. — Les Le Pelletier de Saint-Denis d'Anjou, seigneurs de la Lorie au xviie siècle. — Armoiries des Le Pelletier. — Anne Le Pelletier, fille de René Le Pelletier, conseiller et maître-d'hôtel ordinaire du roi, grand prévôt d'Anjou, et de Jacquine Baud, épouse Gabriel Constantin, Ier du nom, écuyer, seigneur de Varennes, conseiller du roi, correcteur en la Chambre des comptes de Bretagne, fils de Jacques Constantin, écuyer, seigneur de Montriou, maître des comptes de la même chambre, et de Anne Martineau. — Armoiries des Constantin. — Inconduite, prodigalités et désordres de René Le Pelletier. — Poursuites exercées contre lui par ses créanciers. — Saisie de la terre de la Lorie. — Arrestation et emprisonnement de René Le Pelletier à la Conciergerie. — Ses dettes s'élèvent à huit millions de livres. — Après deux ans de détention, il est remis en liberté. — Mort de Jacquine Baud, dame de la Lorie. — Les enfants de Gabriel Constantin et de Anne Le Pelletier. — Continuation des embarras financiers. — Gabriel Constantin, seigneur de Varennes et de la Lorie, est nommé prévôt général et provincial d'Anjou. — Mort de René Le Pelletier.

Le château de la Lorie, situé dans la commune de la Chapelle-sur-Oudon, canton et arrondissement de Segré (Maine-et-Loire), était le siège d'un ancien fief dont les historiens n'ont guère trouvé mention avant le xvie siècle, « quoiqu'il possédât, dit un auteur, la seigneurie de la paroisse [1]. » Le détenteur de la terre de la Lorie rendait

---

[1] *Dict. hist. de M.-et-L.*, t. II, p. 543. — Achetée au duc de Fitz-James, par le marquis de Saint-Genys, déjà propriétaire du château de la Gemmeraie, la Lorie appartient aujourd'hui au comte de Saint-Genys.

aveu, pour ses divers domaines, à la châtellenie de Vern, qui appartenait en 1563 à Françoise du Puy du Fou, veuve de Robert de Montalais, remariée avec François Thierry. L'habitation de la Lorie se dresse sur l'ancienne voie d'Angers à Combrée par Segré, « comme il apparaissait encore, d'après une note de Grille, au xviiie siècle[1] ». Elle est bâtie en contre-bas de la route de Segré.

A la fin du xvie siècle, les Pelletier ou Le Pelletier de la Pilardière, en Saint-Denis d'Anjou, possédaient la Lorie[2]. René Le Pelletier, receveur général des tailles et des traites d'Anjou, seigneur de Grignon, en Saint-Denis d'Anjou, et de la Lorie, fils de Jean Le Pelletier, sieur de Grignon et de Morton[3], et de Lezine Grimaudet, avait épousé Marie Cupif, fille de Jean Cupif, sieur de la Robinaye, et de Claude Bariller[4]. De ce mariage naquirent plusieurs enfants. L'aîné, René Le Pelletier, écuyer, seigneur de la Lorie, conseiller et maître d'hôtel ordinaire du roi, grand prévôt d'Anjou, s'unit à Jacquine Baud, fille de François Baud, seigneur de Beaumont, conseiller au Présidial d'Angers, et de Charlotte Juffé, fille de René Juffé, aussi conseiller au même Présidial, et de Charlotte Lanier[5].

Les autres enfants étaient : Jean Le Pelletier, chanoine

---

[1] *Dict. hist. de M.-et-L.*, t. II, p. 543.

[2] Voir notre *Histoire de Saint-Denis-d'Anjou* (xe-xviiie siècles), deuxième édition, Laval, imprimerie de Léon Moreau, 1887. — On trouve dans les documents manuscrits de cette époque les deux formes : *Pelletier* ou *Le Pelletier*.

[3] *Ibid*.

[4] G. Ménage, *Seconde partie de l'Histoire de Sablé*, p. 148.

[5] *Ibid*.

de l'église d'Angers et de l'église du Mans et archidiacre de Laval « en la dite église du Mans »; Claude Le Pelletier, femme de Charles Legros, sénéchal de Beaufort ; François Le Pelletier, écuyer, seigneur de Grignon, capitaine du Vol de la Corneille, mari en premières noces de Renée Amellon, fille de Marin Amellon, avocat du Mans et bailli de Saint-Calais, veuve sans enfants de René Richer, sieur de la Jousserie, avocat du roi au Présidial du Mans, et en secondes noces de Marie Guyonneau, veuve de Jean Girard, avocat au même Présidial[1].

La famille des Le Pelletier de Saint-Denis d'Anjou « est une des plus nombreuses des provinces d'Anjou et du Maine », dit G. Ménage, qui a donné le sommaire de sa généalogie. Elle s'allia, selon le même auteur, « à un grand nombre des meilleures familles » de la région, « à de Baugé, à de Mellay, à Gauthier de Sablé, à Juffé, à Le Devin, à Bignon, à Amellon, à Trouillet, à Héliand d'Ampoigné, à Grudé, à d'Ecuilly, à Grimaudet, à Cupif, à Bouchard, à Le Baud de Beaumont, à Le Jeune de la Fregeonnière, à Le Gros, à Constantin de Montriou. » Les Le Pelletier portaient : *De gueules, à une peau d'hermine*[2]. L'*Armorial général de l'Anjou* dit, d'après d'Hozier : *De vair, à un chevron d'hermines brochant sur le tout.*

René Le Pelletier et Jacquine Baud eurent cinq enfants : Anne Le Pelletier, dont nous parlerons plus loin ; Armand

---

[1] G. Ménage, *ibid.*, p. 148.
[2] *Ibid.*, pp. 186 et 137.

Le Pelletier, seigneur de la Lorie, grand prévôt d'Anjou, marié à Anne Le Jeune, fille de Pierre, écuyer, seigneur de la Fregeonnière, et de Renée Foulon ; René Le Pelletier, doyen de Candé et curé du Bourg-d'Iré (1667-1681)[1] ; Jean-Baptiste Le Pelletier, prieur de Sainte-Gemmes, près Segré, et de la Madeleine de Pouancé, qui fut un des trente premiers académiciens d'Angers nommés par le roi (1685) : « Il s'était fait une réputation populaire par la vivacité de ses réparties et avait ajouté un nom à la liste tout angevine, suivant la remarque de Ménage, des cinq grands diseurs de bons mots : Bautru, Desmatras, le comte du Lude, le prince de Guémené, le marquis de Jarzé[2] ; » il mourut, à Angers, le 22 septembre 1709 ; Jacquine Le Pelletier, non mariée[3].

Le 9 décembre 1652, par contrat passé devant Pierre des Mazières, notaire royal à Angers[4], Anne Le Pelletier épousait Gabriel Constantin, écuyer, seigneur de Varennes et de la Lorie[5], conseiller du roi et correcteur

---

[1] État civil du Bourg-d'Iré.

[2] *Dict. hist. de M.-et-L.*, t. II, p. 501. — Voir, dans le même ouvrage, la liste des diverses traductions publiées par Jean-Baptiste Le Pelletier.

[3] G. Ménage, *ibid.*, p. 149.

[4] Le texte de ce contrat est conservé aux *Archives inédites du château de la Lorie*.

[5] Varennes, c^{ne} de Savennières. — Ancien fief seigneurial relevant pour le principal domaine de la Guerche en Savennières et qui conservait encore, au xviiie siècle, le nom de la famille Tillon qui l'avait possédé dès au moins le xve siècle. — En est sieur Marguerite Tillon, veuve de Louis de la Chapelle, 1627, et par acquêt, le 2 novembre 1634, Jacques Constantin de Montriou, conseiller, maître des Comptes de Bretagne depuis 1621. Il avait épousé, le 31 janvier 1622, dans l'église Saint-Maurille d'Angers, Anne Martineau. Le 14 janvier 1624, on baptise, à Saint-Maurille, Jacques, fils du précédent ; le 18 janvier 1625, on y baptise Robert, reçu, le 12 juin 1655, conseiller au Parlement de Bre-

en la Chambre des Comptes de Bretagne et Nantes depuis le 5 janvier 1646, fils de Jacques Constantin, Ier du nom, écuyer, seigneur de Varennes et de Montriou[1], conseiller du roi, conseiller aux Conseils d'État et privé, maître ordinaire, puis doyen en la Chambre des comptes de Bretagne, et de défunte Anne Martineau, fille de Charles Martineau, aussi maître en la Chambre des comptes de Nantes, et d'Anne Brossais, qu'il avait épousée en 1622[2]. Jacques Constantin était frère de Gabriel Constantin, grand doyen de l'Église d'Angers. Tous les deux étaient fils de Robert Constantin, sieur de la Fraudière, de Montriou, de la Porée et de Varennes, etc., conseiller, juge magistrat au Présidial d'Angers, époux de Jacquine

---

tagne. Le 4 août 1647, Jacques Constantin s'unit, en secondes noces, à Jeanne Martineau, veuve de maître Jacques Licquet, écuyer, sieur de la Chauvière, conseiller du roi au siège présidial d'Angers. Jacques Constantin s'intitulait alors conseiller du roi en ses conseils, procureur général de la reine-mère dans le duché de Bretagne, doyen de la Chambre des Comptes de Nantes. Il obtint, le 27 juillet 1659, des lettres d'honneur de conseiller maître ordinaire en cette compagnie. Il mourut en 1662 (Voir la pièce justificative n° IV). Jeanne Martineau, veuve de Jacques Constantin, fonda, le 3 février 1670, par acte passé devant Charlet, notaire royal à Angers, « en l'eglize de Saveniere, les litanies de la Vierge pour les causes portées par led. acte. » Le même jour, elle fondait la chapelle seigneuriale avec obligation de résidence pour le titulaire. La dame Constantin mourut à Varennes le 30 décembre 1684. (*Dict. hist. de M.-et-L.*, t. III, p. 659. — Audouys, manuscrit 1005 de la Bibliothèque d'Angers. — *Recherches généalogiques sur les familles d'Anjou*, vol. I, p. 867. — *Archives inédites du château de la Lorie*). — Le château actuel, dont nous reproduirons les deux façades, appartient aujourd'hui à la famille Gordon Pirie, d'origine écossaise, qui a tout transformé et construit un nouvel édifice.

[1] Montriou, c[ne] de Feneu. — La terre, acquise le 27 février 1595 d'Emmanuel Brahier par Robert Constantin, fut vendue par Gabriel Constantin, en 1663, à Hercules de Launay, mari de Suzanne Leroux.

[2] *Archives inédites du château de la Lorie.*

Rousseau[1], mort en 1605. Les Constantin s'armaient : *D'azur à un rocher d'or mouvant des ondes d'une mer d'argent mouvante*, selon l'*Armorial général de l'Anjou*. Devises : *Sans reproche. — Mediis immota periclis*[2].

Les sieur et dame Le Pelletier avaient promis, par le

[1] D'Hozier, *Armorial général*, registre second, première partie, au mot Constantin, donne à cette famille les armes suivantes : *D'azur, à un rocher d'or, mouvant d'une mer d'argent*. — Un autre document porte : *D'azur à un rocher d'or posé sur une mer flotante de sa couleur*.

[2] *Armorial général de l'Anjou*, t. I, p. 402. — On conserve à la Bibliothèque nationale, cabinet des Titres, tome 278, f° 4, et aux Carrés de d'Hozier, tome 199, f°⁵ 252, 254, 255, 256, 257, des pièces qui établissent que noble homme Robert Constantin acheta, le 25 février 1588, des héritages situés dans la paroisse de Cheffes. Il est qualifié de seigneur de la Fraudière, de Montriou, de la Porée, de Varennes, conseiller du roi au Présidial d'Angers, et d'époux de Jacquine Rousseau, dame de la Fraudière. L'acte est reçu par Geoffroy Piron, notaire de la cour, à Cheffes. On y constate aussi ce qui suit : Le 28 juin 1605, une quittance de la somme de 400 livres est donnée par honorable homme Philippe du Pont, seigneur de Marans, à la veuve de Robert Constantin, « laquelle lui avoit paié ladite somme pour tous droits de ventes et issues qui étoient dues audit du Pont, comme seigneur de Marans, à cause de l'acquisition des lieu et métairie de la Basse-Roche, située en la paroisse de Gené. » L'acte est reçu par Jean Baudry, notaire héréditaire de la Cour d'Angers. Le 27 décembre 1627, des lettres de retenue en la charge de l'un des conseillers du roi en ses conseils d'État et privé, avec droit d'entrée, séance et voix délibérative, sont données par Sa Majesté, au camp d'Estrées, devant la Rochelle, au sieur Constantin, conseiller et maître ordinaire en la Chambre des comptes de Bretagne, en récompense de ses bons et loyaux services. Le 5 janvier 1646, Gabriel Constantin reçoit les provisions de l'office de conseiller correcteur en la même Chambre. Le 31 octobre 1649, des lettres de conseiller du roi sont données à Gabriel Constantin, sieur de la Fraudière, conseiller en la cour du Parlement de Bretagne, abbé de Saint-Jean de Chartres, grand doyen de l'église d'Angers. Le 16 juillet 1650, un brevet de 500 livres de pension est donné au sieur de Montriou par la Reine-mère, à Tours. — Les Constantin étaient originaires du diocèse de Saint-Malo, en Bretagne. — Voir leur généalogie dans d'Hozier, *loc. cit.*

contrat du 9 décembre 1652, « aud. sieur de Varannes, de le faire recevoir en l'office du récepveur des aides et tailles, antien, alternatif et triennal de l'Eslection d'Angers ; sur le prix desquels offices, ilz donnèrent à lad. demoiselle, leur fille, la somme de cinquante mil livres, à prendre par préférence, lors de la vente desd. offices, sur les deniers en provenans, et cependant pour l'interrest mil livres. Le sieur de Varannes estoit fondé de prendre trois mil livres, par chacun an, sur les gages, droits et taxations attribués auxd. offices, oultre quelques autres clauses portées par led. contrat [1]... »

Jacques Le Pelletier avait une maison à Angers. Il était aussi investi des « offices des mareschaussées généralles d'Anjou et de Touraine. » Dès le 2 février 1647, il avait donné au sieur Jean Le Vavasseur, secrétaire du roi, « les provisions des offices de receveur alternatif et triennal », qu'il possédait, « pour nantissement des sommes de quatre vingt huict mil cinq cens livres, par une part, et vingt cinq mil deux cens livres, par aultre, revenant ensemble à celle de cent treize mil sept cens livres deüe par ledit sieur Peletier aud. sieur le Vasseur, de laquelle l'origine estoit dès l'année 1643. » Le 22 mars 1647, Le Pelletier avait également cédé au sieur Le Camus, secrétaire du roi, « les offices de prevost general de Tourainne, de prevost general d'Anjou, dont il estoit pourveu, de premier lieutenant dud. prevost général de Tourainne et de second lieutenant du prevost general d'Anjou, dont

---

[1] *Archives inédites du château de la Lorie.* — Bibliothèque nationale, cabinet des Titres, tome 278, f° 2.

estoit pourveu led. sieur de Boispillé, aussy pour nantissement des sommes de quarante et trois mil quatre vingt seize livres, par une part, quarante six mil, par autre, et trois mil deux cens quarante six livres, par aultre, le tout revenant à la somme de quatre vingt douze mil trois cens quarante quatre livres deube par led. sieur Peletier auxd. sieur et dame Le Camus. »

En 1651, Jacques Le Pelletier fut dépossédé de « l'exercice de la recepte des tailles ». Le 20 septembre de la même année, par le contrat de mariage d'Armand avec Anne Le Jeune, le sieur Le Pelletier et la dame Jacquine Baud donnèrent à leur fils la somme de trente mille livres en avancement d'hoirie, sur celle de quarante-sept mille livres, prix de l'office de prévôt provincial d'Anjou, dont ils avaient traité pour lui et l'avaient fait pourvoir. Le sieur de la Lorie demeura tenu d'acquitter les dix-sept mille livres « restans dudit prix. » Les parents remirent en outre à Armand des héritages de la valeur de mille livres de revenu. Ils s'engagèrent à le loger et à le nourrir, selon l'usage[1].

Enfin, le 21 juin 1652, Jacques Le Pelletier, pour se libérer vis-à-vis du sieur Le Camus, vendait à Boispillé l'office de prévôt général de Touraine pour la somme de quarante mille livres, « payable dans les six mois au dit sieur Le Camus, avec trente cinq mil livres que led. Boispillé reconnut estre desjà chargé de leur

[1] Le 26 janvier 1652, Jacques Constantin, époux de dame Anne Martineau, assiste au partage des biens restés après le décès de d^{lle} Anne Brossais, femme de Mre Charles Martineau. L'acte est passé devant Louis Charon, notaire à Angers (Audouys, *ibid.*).

LE CHÂTEAU DE VARENNES

fournir en l'acquit dud. sieur le Peletier, desquelles deux sommes led. sieur Boispillé s'obligea de rapporter quitance dans ledit temps, et, ce faisant, de retirer lesd. quatre offices, deux de prevost et deux de lieutenant, baillez en nantissement [1]. » Le 24 mai 1652, Jacques Constantin cédait à son fils Gabriel sa charge de conseiller du roi, correcteur en la Chambre des comptes de Bretagne [2].

En promettant à son gendre, Gabriel Constantin, de lui faire obtenir les offices de receveur des tailles, René Le Pelletier s'était obligé à une chose qui ne dépendait pas de lui et qu'il ne pouvait pas accomplir, parce que, comme nous l'avons déjà dit, ces offices étaient en nantissement aux mains du sieur Le Vasseur depuis l'année 1647, à la réserve de l'office de receveur ancien, « duquel led. sieur Peletier se fust demis es mains dud. sieur de Varannes. Il apprehendoit que ses creantiers s'y opposasent, comme ilz n'auroient pas manqué, et fissent dès lors esclatter le desordre de ses affaires. » C'est pourquoi, au lieu d'exécuter ce qu'il avait promis

[1] Tous ces détails, ainsi que les suivants, qui fournissent des renseignements précieux sur le prix des offices à cette époque, sont extraits de l'un des manuscrits de notre collection de documents inédits, intitulé : « *Advertissement et repliques que Gabriel Constantin, ecuyer, seigneur de Varannes et la Lorie, conseiller du Roy, prevost general et provincial d'Anjou, et dame Anne Peletier, son epouse, ayans repudié les successions de deffunct Mre René Peletier, vivant ecuyer, conseiller et maistre d'hostel du Roy, et de dame Jacquine Bault, père et mère de lad. dame Anne Peletier, et creantiers desd. successions, fournissent devant vous messieurs Cromel, Cupif, Heard, Gaultier et Guinoyseau, conseillers et juges magistrats au siège Presidial d'Angers et arbitres en celle partye.* »

[2] Voir la pièce justificative nº I.

à Gabriel Constantin, il traita, tant pour lui que pour son gendre, « dont il se fist fort », avec le sieur Bernin, receveur général des finances à Tours, par acte sous seing privé du 20 janvier 1653, passé devant notaire le même jour, et autorisa Bernin à « commettre à l'exercice de la recette des tailles de l'élection d'Angers », moyennant la somme de six mille livres, qui lui fut assurée pour son dédommagement du dit exercice pour cette même année. Or, Le Pelletier « ne fit point raison de cette somme aud. sieur de Varannes, quoy qu'il y fust fondé pour moitié, suivant son contract de mariage... » Un arrêt, en date du 14 mai 1653, ordonnait aux receveurs généraux de la province de payer à Gabriel Constantin la somme de douze cents livres pour sa part d'épices [1].

Le 24 mai de la même année, Armand Le Pelletier, sieur de la Lorie, retira « desd. sieurs le Camus » les titres et provisions de l'office de prévôt général d'Anjou, pour s'y faire recevoir et l'exercer au lieu du sieur Locre, « soubs le nom duquel lesd. sieurs le Camus tenoient lesd. offices de prevost general d'Anjou et prevost general de Tourainne, et qui donna sa procuration à résigner soubs les contrelettres dud. sieur de la Lorye, dud. jour, portant obligation par luy de remettre ès mains dud. sieur Locre, dans six mois, lesd. provisions ». Le sieur de la Lorie, pour garantir cet engagement, donna au sieur Locre les titres des autres offices dont il était pourvu.

Le 26 du même mois, le sieur de Boispillé, pour retirer l'office de prévôt général de Touraine des mains « des

[1] Archives nationales E 2564K. — Voir la pièce justificative n° II.

sieurs le Camus, auxquels il n'avoit point payé les sommes de quarante mil livres et trente cinq mil livres », qu'il devait verser, d'après la convention précédente, leur remit plusieurs sommes de deniers et leur céda les titres. Il s'engagea, en outre, solidairement avec René Le Pelletier, à payer quatre-vingt-douze mille trois cent quarante-quatre livres de principal et sept mille huit cent soixante-dix-sept livres, échues au 1er janvier 1653, ainsi que les intérêts. Boispillé devint alors titulaire de la fonction, « sous la contrelettre, avec reconnaissance que led. office ne lui appartenoit pas ». En 1654, Le Pelletier traita avec le roi du droit de contrôle des exploits ordonné par l'édit de Sa Majesté du mois de janvier de la même année. Le 20 mars, il vendait à son fils, M. de la Lorie, les offices de prévôt général d'Anjou et lieutenant criminel de robe courte à Angers, pour la somme de trente-cinq mille livres.

Mais, le 27 février et le 20 mars 1655, Le Vasseur, fatigué d'attendre, poursuivit Le Pelletier et fit vendre, par deux exploits du sieur des Vignes, huissier au Châtelet, les rentes constituées par le seigneur de la Lorie sur l'Hôtel de Ville de Paris. Les 19, 20 et 21 mai de la même année, la terre de la Lorie et les maisons d'Angers furent saisies « en vertu d'obligation que led. sieur Peletier avoit consentye à Mre Christophe Foucquet, seigneur de Chaslain[1] », pour soixante-quinze mille livres,

---

[1] Christophe Foucquet, président à Rennes, mari d'Élisabeth Barrin, mort à Paris en juin 1628, quelques mois après sa femme et rapporté inhumer avec elle à Challain (aujourd'hui Challain-la-Potherie, canton de Candé, arr. de Segré, M.-et-L.), laissait un fils, Christophe Fouc-

devant les notaires du Châtelet, le 22 mai 1632, « et de la sentence rendue sur icelle aud. Chastelet le premier decembre 1638 ».

Cependant les offices de receveur ancien et alternatif, supprimés en mars 1654, ayant été rétablis par édit du mois d'avril 1656, furent « levez » par Gabriel Constantin, « à défaut que fist le sieur Peletier de les lever ». Le sieur de Varannes fit pourvoir Claude Bérenger de l'office de receveur alternatif et « leva » pour lui-même « l'office antien ». A la même époque, René Le Pelletier fut arrêté à la requête « de Monsieur Le Vasseur, conseiller au Parlement, et du sieur Pacques, « conseiller en la cour des Aides », héritiers du feu sieur Jean Le Vasseur ». Il fut conduit à la Conciergerie. Toutefois, il ne fut pas écroué, grâce à l'entremise de « Monsieur le Président de Chaslain ».

Pour amadouer ses créanciers, Le Pelletier s'adressa à sa femme et à ses enfants, qui s'engagèrent à payer les dettes. Au mois de juin, « n'ayant pu parvenir à l'establissement et puissance du controsle des exploicts », il proposa « un autre édit, dont il traitta avec Sa Majesté des taxes qui furent faictes sur tous les huissiers, sergens et archers exploictans des justices royales subal-

---

quet, celui dont il est ici question. Ce Christophe Foucquet, conseiller du roi en ses Conseils d'État et privé, président au Parlement de Bretagne, gouverneur du château de Concarneau, mari de Mauricette de Quersandy, obtint par lettres patentes de novembre 1650 l'érection de la châtellenie de Challain en vicomté, que de nouvelles lettres de décembre 1659 érigèrent en comté au profit de son fils Christophe, époux de Marie Cupif, mort en août 1692, premier président à mortier du Parlement de Bretagne (*Dict. hist. de M.-et-L.*, t. III, p. 166).

ternes et seigneurialles du Royaulme, pour jouir par lesd. huissiers et sergens, du droit de controsle des exploicts ordonné par ledit édit du mois de janvier 1654, conjointement à leurs offres ». Le 23 juillet de cette même année 1656, le seigneur de la Lorie engagea son fils et son gendre « au traitté des taxes des huissiers et sergens de la Generalité de Tours ». Toutes ces entreprises coûtèrent beaucoup aux intéressés.

René Le Pelletier était écrasé sous le poids de ses dettes. Il n'avait plus la faculté de disposer de ses biens, par suite de la saisie de ses propriétés et du transport qu'il avait fait, par forme de nantissement, aux sieurs Le Camus et Le Vasseur, des divers offices dont il avait été successivement investi. Enfin le sieur de Boispillé restait son débiteur pour une somme importante. Toute la fortune de notre personnage était donc compromise. Il convient d'ajouter qu'il devait subvenir aux folles prodigalités de sa maîtresse, la fille Bouchet, qui abusait de son ascendant sur ce faible vieillard pour vider sa cassette depuis près de huit ans.

Dès le commencement de l'année 1658, Le Vasseur, toujours créancier de la somme que son débiteur ne lui remboursait pas, malgré ses promesses, les héritiers de Le Camus, Monsieur de Bautru[1], qui réclamait un paie-

---

[1] Guillaume Bautru, IIIe du nom, comte de Serrant, fils de Guillaume II et de Marthe Bigot, né à Angers le 5 mai 1621, intendant de Touraine, chancelier de Philippe d'Orléans, conseiller au Parlement de Rouen, époux de Louise Bertrand, fille de Macé Bertrand de la Basinière, trésorier de l'épargne et de l'ordre du Saint-Esprit. Il se retira à Serrant, en 1655, après la mort de sa femme. Directeur de l'Académie d'Angers en 1689, il mourut en 1711 (*Ibid.*, t. I, p. 235).

ment de seize mille deux cents livres et celui de diverses autres dettes, Géry Gaultier, « tresorier des mines et minieres », qui avait droit à un remboursement de trente-trois mille neuf cent quarante-une livres dix-huit sols, et le sieur Syfredy, créancier de trente-sept mille livres et de quatre mille autres livres, se réunirent pour poursuivre le seigneur de la Lorie, malgré les efforts d'Armand Le Pelletier, reçu depuis peu prévôt général et provincial d'Anjou[1]. D'autres dettes restaient également

---

[1] L'installation d'Armand Le Pelletier avait été retardée par suite des difficultés soulevées par les membres du Présidial.

« Le samedi six avril 1658, les officiers tenans la Seneschaussée et Siège Présidial d'Anjou à Angers » étaient réunis en présence de Louis Charon, notaire royal au dit lieu. On remarquait : « M¹ᵉ Jacques Lanier, seigneur de Sᵗ-Lambert, conseiller du Roy en ses conseils et president aud. siège présidial ; Messieurs Mʳᵉ Claude du Pont, sieur du Ruau, conseiller et doyen des conseillers, et Jean Verdier, sieur de la Perière. » Gabriel Constantin, écuyer, seigneur de Varennes, demeurant à Angers, paroisse Sᵗ-Pierre, représentait, de son côté, son beau-père, René Le Pelletier, conseiller et maître d'hôtel de Sa Majesté « et cy devant prevost général d'Anjou » et son beau-frère, Armand Le Pelletier, écuyer, sieur de la Lorie « à present pourveu de la charge de prevost général d'Anjou... » Constantin s'obligeait à faire ratifier les décisions prises. « Pour faire cesser les différents qui estoient entre Messieurs les officiers de la seneschaussée et siège présidial et led. Armand le Peletier, au subjet de l'installation requise par led. sieur le Peletier en lad. charge et qualité de prevost general d'Anjou dont il est pourveu, icelles partyes, sous le bon plaisir de sad. Majesté, ont fait et accordé irrevocablement ce qui s'en suit : C'est assavoir que led. sieur de Varannes esd. noms promet et s'oblige d'obtenir, à ses frais, pertes et fortunes, une declaration de Sa Majesté revocative de celle du mois d'aoust 1647 et icelle faire vérifier où besoin sera, par laquelle il sera expressement porté que lesd. sieurs Peletier renoncent, tant pour eux que pour leurs successeurs, à rien entreprendre contre la jurisdiction ordinaire de lad. seneschaussée et siège présidial, et consentiront de demeurer aux simples termes des édits de création de lad. charge de prevost general d'Anjou, datte du mois de decembre 1641. Et sans pouvoir, par led. sieur de la Lorye et ses successeurs, prétendre d'autre rang que celuy au millieu des conseillers dud. siège, et, lad. declaration obtenue de Sa Majesté et icelle vérifiée où besoin sera, le

impayées. Le sieur Le Pelletier n'avait pas davantage « compté à la Chambre de la Recepte des tailles, non plus qu'au Conseil, de tous les traittés qu'il avoit faict... »

L'orage grondait donc de tous cotés et René Le Pelletier voyait la tempête s'amonceler sur sa tête. Il eut de nouveau recours à sa famille, qui se chargea d'essayer de débrouiller l'écheveau de ces affaires compliquées. Gabriel Constantin et Anne Le Pelletier prirent le chemin de Paris et résolurent de s'entendre successivement avec les nombreux créanciers. Le Vasseur et Le Camus transigèrent. Toutefois, la ruine des Le Pelletier semblait prochaine. Examinons la situation de la famille. Armand Le Pelletier, sieur de la Lorie, époux de la dame Anne Le Jeune, avait plusieurs enfants [1]. Anne Le Pelletier, femme de Gabriel Constantin, n'avait pas touché un sou de sa dot. Le ménage avait déjà aussi une progéniture [2]. Après avoir été

sieur de Varannes esd. noms la représentera et fournira aux sieurs officiers; quoy faisant, sera procédé par eux à l'installation du sieur de la Lorye en lad. charge au siège présidial et de tous les officiers de la mareschaussée generalle, nonobstant toutes oppositions faites ou à faire. » (Cette pièce fait partie de notre collection de manuscrits inédits.)

[1] Les filles furent Anne et Jacquine. Le fils Armand fut capitaine au régiment d'Anjou.

[2] Les enfants de Gabriel Constantin et d'Anne Le Pelletier furent : 1° Gabriel Constantin, II° du nom, baptisé, le 22 juillet 1655, à St-Pierre d'Angers. Parrain : Armand Le Pelletier, prévôt général et provincial d'Anjou. [Il fut grand prévôt d'Anjou, inspecteur général des maréchaussées du royaume, après avoir été enseigne, puis sous-lieutenant au régiment des gardes françaises. Il avait, en cette qualité, été plusieurs fois blessé, notamment à la prise de Cambrai et au combat de St-Denis. Il épousa, par contrat du 8 janvier 1688, Perrine-Renée Leclerc, fille de Jean Leclerc, écuyer, seigneur des Emereaux, et de Renée Charlot.] Marraine : Jeanne Martineau, épouse de Jacques Constantin, écuyer, conseiller maître des Comptes de Bretagne. — 2° Joseph Constantin, prieur de St-Mars, puis grand doyen de l'Église d'Angers. —

soldat, René Le Pelletier avait embrassé l'état ecclésiastique « et avoit pris l'ordre de prestrise par dévotion ». Jean-Baptiste Le Pelletier était pourvu d'un bénéfice de neuf cents livres de revenu. Jacquine Le Pelletier était novice dans un monastère. Elle était sur le point de prononcer ses vœux et on avait consigné les deniers affectés à la dot de la future religieuse. Ces trois derniers enfants, constatant que leur avenir était brisé et leurs héritages anéantis, avaient préféré se retirer du monde, puisque « la fortune leur avoit tourné le dos ».

René Le Pelletier, se considérant comme provisoirement à l'abri des poursuites de ses créanciers, renvoya en Anjou sa femme et ses enfants, afin de pouvoir vivre librement avec sa maîtresse. Il donna, le 9 décembre 1658, à Gabriel Constantin une procuration portant pouvoir de prendre connaissance des procès qu'il soutenait, depuis plusieurs années déjà, contre le sieur Legros, président au siège royal de Beaufort, son beau-frère[1], « touschant la contribution deube par ledit sieur Peletier aux debtes

---

3° Erasme Constantin, mort chanoine de Sainte-Croix de la Bretonnerie. — 4° Jacques Constantin, capitaine dans le régiment de la Marine, tué au siège de Barcelone. — 5° Madeleine Constantin, baptisée dans l'église de St-Nicolas-des-Champs, à Paris, le 19 décembre 1659, et mariée avec Louis de la Motte, écuyer, seigneur d'Aubigné et de Pontveix, en Bretagne. — 6° Anne Constantin, aussi baptisée à Paris, dans la même église, le 6 décembre 1660, et morte fille. — 7° Marie Constantin, religieuse dans l'abbaye de St-Georges de Rennes. — 8° Jacquine Constantin, baptisée le 18 octobre 1664. — 9° Catherine Constantin, mariée, par contrat du 20 janvier 1689, avec François de l'Eperonnière, écuyer, seigneur de la Roche-Bardoul, de la Saulaie et de la baronnie d'Uriz, en Bretagne, lieutenant de la vénerie du roi. (Audouys, *ibid.* — D'Hozier, *Armorial général*, *ibid.*).

[1] Charles Legros avait épousé Claude Le Pelletier.

PORTRAIT DE ANNE PELLETIER, DAME DE LA LORIE.
(XVIIe Siècle)

des successions tant de René Peletier, sieur de Grignon, père dudit sieur Peletier, que du sieur de Bonnerye-Cupif et de damoiselle le Peletier, sa femme, dont ils avoient esté heritiers [1] ».

Pendant ce temps, le seigneur de la Lorie « se laissoit posseder par la femme qui ne luy conseilloit que la depence et la debausche ». Il s'entêtait à lutter contre ses créanciers et à leur disputer les débris de sa fortune. Le 14 mars 1659, il concluait un traité avec le sieur Nobily, banquier à Paris, auquel il vendait, pour la somme de douze mille cent quarante-trois livres onze sols, quinze billets, qui représentaient une somme de cent mille cent soixante-dix-neuf livres dix sols [2]. Le 16 avril, le sieur et la dame de Varennes rentraient à Paris, où ils trouvaient le vieillard aux abois. L'enragé personnage persistait à vouloir se raccrocher aux branches. Il endormait ses créanciers, « qu'il repaissoit de l'esperance, dont il se repaissoit luy mesme, de faire reussir l'establissement du controsle des exploicts et de payer ses debtes par ce moyen ».

Un arrêt du 17 juillet 1659 attribuait à Gabriel Cons-

[1] Les Le Pelletier s'étaient alliés plusieurs fois aux Cupif. Lezine Le Pelletier, dame de Morton, épousa Olivier Cupif, sieur de la Boumerie et de Morton, receveur des tailles d'Anjou et échevin d'Angers en 1589; René Le Pelletier, receveur général des tailles et des traites d'Anjou, seigneur de Grignon et de la Lorie, s'unit à Marie Cupif, fille de Jean Cupif, sieur de la Robinaye, maire d'Angers en 1602 et 1603, et de Claude Bariller. (G. Ménage, *ibid.*, pp. 146-147).

[2] Deux de ces billets néanmoins n'appartenaient pas à René Le Pelletier. L'un, du 31 juillet 1654, de la somme de trente mille livres, appartenait à Monsieur le comte de Champront; l'autre, du 2 novembre de la même année, de la somme de treize mille deux cent vingt-neuf livres, à Monsieur de Fourille.

tantin une somme annuelle de seize cents livres à titre d'épices[1]. Mais le sieur Syfredy, désireux de rattrapper son argent, fit conduire Le Pelletier en prison, le 21 juin 1659. Notre homme s'empressa d'avertir sa maîtresse de sa détention. Il lui confia la clef de son cabinet et la pria de lui apporter à la Conciergerie une partie de ses papiers. « Les sieur et dame de Varannes, qui estoient logez en la Rue neufve saint Mederic, beaucoup eloignée du Cloistre sainct Honoré, où estoit la maison du sieur Peletier et à la sortye de laquelle il fut aresté, sur les six à sept heures du matin, prosche l'eglize des Innocens[2] », ne connurent qu'à dix heures la nouvelle de l'emprisonnement du seigneur de la Lorie, dont les dettes étaient évaluées à plus de huit millions de livres, somme énorme pour cette époque.

Madame de la Lorie fut avertie du sort de son indigne époux par les soins de Gabriel Constantin. Il écrivit aussi à Armand Le Pelletier, en l'invitant à venir à Paris, pour travailler avec lui à la libération du prisonnier. Mais celui-ci, qui était alors occupé à instruire un procès commencé contre une bande de faux monnayeurs[3], ne

---

[1] Archives nationales E. 326B. — Voir la pièce justificative n° III.

[2] Voir sur la rue neuve St-Médéric, le cloître St-Honoré et l'église des Innocents, l'*Histoire de la ville et de tout le diocèse de Paris*, par l'abbé Lebeuf, et l'*Histoire physique, civile et morale de Paris, depuis les premiers temps jusqu'à nos jours*.

[3] Les faux monnayeurs étaient alors très nombreux en France. Le crime de fausse monnaie avait toujours été puni avec une extrême rigueur. Depuis le milieu du XVIe siècle, les grands prévôts étaient chargés de connaître de ce crime, conjointement avec les baillis, sénéchaux et présidiaux. Malgré la sévérité des lois, les faux monnayeurs se multiplièrent. Richelieu établit, pour les réprimer, une chambre

put abandonner ses occupations judiciaires. Gabriel Constantin resta seul chargé du règlement et abandonna ses ressources pour parvenir à délivrer son triste beau-père. La protection de Marin, intendant des finances, et l'appui de Fouquet, le célèbre surintendant, lui furent fort utiles. Sans leur secours, il n'aurait pas obtenu la mise en liberté de René Le Pelletier.

Ce qui causa le plus de chagrin à Gabriel Constantin, ce furent les humeurs et les frasques du captif, toujours excité par sa maîtresse contre sa famille. La demoiselle Bouchet s'attachait, en effet, à dénigrer les parents du prisonnier, qui accusait ses proches d'avoir contribué à son arrestation. Aveuglé par sa fureur brutale, René Le Pelletier voulut même plusieurs fois frapper sa fille. Il refusa toujours, à l'instigation de sa favorite, de se laisser transférer à la Bastille et s'obstina à rester à la Conciergerie, parce que la demoiselle Bouchet avait la faculté d'y entrer quand elle le désirait. Il alla même « sur le préau, parmy les miserables, pour faire deplaisir et confusion, disoit-il, à sa famille, qu'il haissoit plus que le diable ». Ses colères étaient continuelles. Quant à ses affaires, il semblait prendre plaisir à en augmenter la confusion. Il en parlait à tout le monde, racontant, indistinctement, ce qui pouvait lui nuire comme ce qui pouvait lui servir et, le plus souvent, « tout ce qui eust deub estre contraire à sa liberation ». Il déniait à son gendre

de justice qui siégeait à l'Arsenal (1631). On prétend que, de 1619 à 1633, on punit de mort plus de cinq cents faux monnayeurs et, suivant un écrivain contemporain, ce n'était pas le quart de ceux qui s'étaient rendus coupables du crime de fausse monnaie.

« la lumiere et l'esclaircissement qui estoit necessaire pour le degager vers ses creanciers ». Puis, il se disputait fréquemment avec son gardien, qu'il traitait d' « infâme geôlier ».

Gabriel Constantin, sans se laisser rebuter par ces odieux procédés, désintéressa les créanciers. Il racheta la Lorie et les maisons d'Angers, le 6 juillet 1661. Le château, avec ses dépendances, fut acquis moyennant quatre-vingt-six mille livres[1], et les maisons moyennant vingt-quatre mille livres. Le 19 juillet, Gabriel Constantin, conseiller au Parlement de Bretagne, doyen de l'église d'Angers, décédait dans cette ville[2].

[1] Une pièce du dossier vante la beauté du « bastiment superbe de la Lorye, » que René Le Pelletier et sa femme avaient construit. C'était « l'ouvrage de leurs mains dans le temps de leur bonne fortune. »

[2] On trouve dans le manuscrit 1005 de la Bibliothèque d'Angers le texte de l'épitaphe inédite de ce Gabriel Constantin :

« Æternæ memoriæ clarissimi viri dd. Gabrielis Constantin hujus insignis ecclesiæ andegavensis et armorici senatus decani.

« Lege viator et mirare.

« Veneranda octogenarium prope senem facie, omnibus animi corporisq. dotibus illustrem unum quod sciam post Constantinum religione, pietate, morum gravitate, sapientia, beneficentia magis inclitum, hoc magno superiorum quod clero et populo plures anno profuit ; hujus quippe insignis ecclesiæ ut et armorici senatus decanum meritissimum, et clerus andegavensis, et populus armoricus summo semper et amore, et honore complexus est, utriusque in ore æternum victurum, non tam igitur mortuum quærere, quam beate viventem assere annis meritisque plenum, et quo dignus non erat mundus, cœlum sibi jure vindicasse ; de bene partis pauperes juvit ; insignem hanc ecclesiam pari simphoniacorum puerorum auxit ; piis fundationibus ampliavit ; denique qui sibi omnes conciliavit, omnibus ingens sui desiderium reliquit.

« Devixit anno salutis 1661, ætatis 78, die 19 julii ; ponebat clarissimo parenti filia amatissima et obsequentissima amoris, pietatisque monumentum.

« Au haut de ladite epitaphe est gravé un médaillon autour duquel on lit : Constantinus, et au milieu : magno major nomine virtus. »

Le 1er septembre, René Le Pelletier fut remis en liberté, après deux ans et trois mois de captivité. Il rentra à la Lorie, où il trouva sa femme mourante. Celle-ci décéda le 29 octobre, assistée par ses enfants et par le sieur Maussion, médecin. Gabriel Constantin et son beau-frère prirent alors l'engagement de nourrir le veuf et les deux domestiques attachés à sa personne, ainsi que de lui fournir quinze cents livres de pension viagère. René Le Pelletier se retira à Vaududon, dépendance de la Lorie. Le sieur de Varennes repartit ensuite pour Paris, afin de continuer à mettre en ordre les affaires du vieillard, et ne rentra en Anjou qu'au mois de mars de l'année 1662. On régla les frais des funérailles de la dame de la Lorie, les dépenses faites pour l'achat des vêtements de deuil et plusieurs autres dettes, le tout montant environ à huit mille livres.

Le 12 juin 1662, Armand Le Pelletier mourut subitement, ce qui aggrava encore la situation, car il était titulaire des offices de prévôt général et provincial d'Anjou, de lieutenant criminel de robe courte à Angers et de second lieutenant du prévôt général de Tours. Ces fonctions, devenues vacantes par le décès, tombèrent et

---

Le 13 octobre 1662, M. de Montriou-Constantin était enterré dans le couvent de l'Oratoire de la Tour, appelé aussi le monastère de Sainte-Catherine, dans l'enfeu qu'il avait fait faire pour lui, sa femme et les descendants de son nom. Il avait donné 1,200 livres à cette église, « pour avoir des messes, fêtes et dimanches, pour la commodité des malades, et 325 livres pour payer la grosse cloche. » L'église Sainte-Catherine s'élevait en face de « l'Académie royale des exercices, en St-Laud ». Le monastère était occupé par des religieuses Bernardines, et datait du 13 octobre 1637. Mademoiselle de la Rivière de Gouby en était la fondatrice. (*Péan de la Tuillerie*, nouvelle édition, pp. 209-210).

furent taxées aux parties casuelles. Gabriel Constantin accourut, de Nantes, en toute hâte, quelques heures après le décès du sieur de la Lorie. On s'avisa alors d'un singulier subterfuge. « Il se fist un ecrit privé, le jour suivant, XIII juin, aud. an 1662, par lequel il est porté que lesd. sieurs de Beaumont, conseiller au siège présidial d'Angers, et de Varennes reconnoissent avoir donné advis à la dame de la Lorye de faire embaumer le corps de son mary et receler sa mort jusques à ce qu'il ayt esté pourveu à la seurté des charges. »

Pour y parvenir, la dame Le Pelletier remit à Gabriel Constantin deux résignations, faites par le défunt, des offices de prévôt général et provincial, les quittances de survivance de ces fonctions et les lettres de provisions. Le sieur de Varennes promit d'envoyer ces pièces à Monsieur de Princé-Martineau « pour obtenir les expéditions desd. offices, ou, au cas qu'il se trouve difficulté les faire taxer et lever aux parties casuelles et d'en faire tous les soins et advances, pour, ce faict, en estre disposé conformément à l'escrit faict avec led. deffunct sieur de la Lorye, à condition que, sur les premiers deniers provenans de la vente desd. offices, ledit sieur de Varannes sera remboursé de tout ce qu'il aura payé et advancé aux coffres du Roy, frais ordinaires et extraordinaires et presens qu'il commandra faire, dont il sera cru à son serment decisif... »

Mais, malgré les efforts de Gabriel Constantin, les offices furent taxés aux parties casuelles à des sommes excessives. Écoutant l'avis de M. de Ferchambault, conseiller au Présidial d'Angers, le 22 septembre 1662, les parents décidèrent que la dame de la Lorie irait à Paris, accompagnée de son père, pour essayer de conserver les offices, de faire révoquer les provisions des fonctions de prévôt général et provincial, « qui avoient été faites sur prix », d'en faire expédier d'autres au nom du sieur de Varennes et d'obtenir qu'elles fussent taxées « par un rolle de moderation », enfin d'assurer la place de second lieutenant du prévôt général de Tours à « Monsieur Le Jeunne de Bonnevault ». On convint d'emprunter trente mille livres pour solder tous les frais. La veuve et son père partirent pour Paris quelques jours plus tard.

Leurs instances furent inutiles. Les offices furent taxés à trente-huit mille livres et la famille fut obligée d'emprunter au sieur de Princé-Martineau, le 6 janvier 1663, la somme de trente-trois mille huit cent trente-trois livres. Puis, les créanciers, non payés, de René Le Pelletier, intervinrent à leur tour. La dame de Varennes accourut à Paris au secours de sa belle-sœur, « ledit sieur de Varannes n'ayant ozé y aller crainte d'estre aresté comme caution dudit sieur le Peletier ». Cette femme intelligente réussit à améliorer la situation. Les expéditions des offices furent délivrées et les taxes furent diminuées, quand elle eut remis au sieur Berryer, secrétaire du Conseil, « pour plus de trois millions de livres de quittances par billet de l'espargne ». Le 16 octobre 1663, Gabriel Constantin achetait les moulins de la Chapelle-sur-Oudon à n. h. Jean Herpin pour trois mille cinq cents livres. L'acte est passé devant Claude Garnier, notaire à Angers[1].

La famille invita alors le sieur de Varennes à prendre les offices de prévôt général et provincial et de lieutenant criminel de robe courte pour le prix de soixante-six mille livres et à s'y faire recevoir. Il se rendit à Paris au commencement de l'année 1664 pour accomplir les formalités requises et obtenir, en faveur du sieur de Meltaye, les deux offices de lieutenant dépendant de la succession du feu sieur de Boispillé dont était pourvu un nommé Robert Geslin.

Le mercredi 20 février 1664, Gabriel Constantin, muni de ses lettres officielles, était reçu selon l'usage et prenait place parmi les conseillers au siège présidial d'Angers[2]. Le 17 juillet, un compte était fait entre Gabriel Constantin et sa sœur Charlotte, veuve de Mre César de Langan, chevalier, baron de Bois-Février[3]. Le 20 août 1666, René Le Pelletier mourait à Vaududon. Le 11 décembre, tous les enfants du défunt répudiaient sa succession.

Dix ans plus tard, le 17 janvier 1676, un procès s'en-

---

[1] Voir la pièce justificative n° XI. — Par contrat passé devant les notaires du Châtelet de Paris, le 5 décembre 1663, Gabriel Constantin vendait à Mre Joseph Prud'homme la charge de lieutenant du prévôt général « de nos seigneurs les mareschaux de France en Tourainne, pour le prix et somme de huict mil livres. » (Ibid.). — Le 19 août 1664, Gabriel Constantin achetait, d'un nommé Leduc, pour la somme de treize cents livres, par acte passé devant Mre François Crosnier, notaire royal à Angers, « la clozerie de la Tribouillerie, en la paroisse de Vrilz. » (Ibid.).

[2] Voir les Registres du Siège présidial d'Angers. Revue de l'Anjou, 1861, t. I, p. 61.

[3] Voir la pièce justificative n° V.

SAINT GEORGES, VITRAIL DE LA CHAPELLE DE LA LORIE
(XVIe Siécle)

gageait entre Gabriel Constantin et sa femme d'une part, Anne et Jacquine Le Pelletier, filles d'Armand Le Pelletier, représentées par leur curateur Mre François Foulon, lieutenant général criminel en la sénéchaussée de Saumur, dame Anne Le Jeune, veuve du sieur de la Loric, René Le Pelletier, prêtre, doyen de Candé et curé du Bourg-d'Iré, représenté par Mre Jean Gault, avocat-procureur, Jean-Baptiste Le Pelletier, prieur des prieurés de Sainte-Gemmes près Segré et de la Madeleine de Pouancé, représenté par Mre Jean Guynoyseau, avocat-procureur, Jacquine Le Pelletier, représentée par Mre Florent Jameray, aussi avocat-procureur, d'autre part. Dans une autre partie du document, on trouve cité Mre Joseph Dupont, avocat-procureur de Monsieur Bault, conseiller du roi, juge magistrat au dit siège présidial, curateur aux personnes et biens d'Armand, Anne et Jacquine Le Pelletier, enfants mineurs de défunt Armand Le Pelletier, vivant écuyer, sieur de la Lorie. Gabriel Constantin et sa femme avaient confié la défense de leur cause à Mre Pierre Daburon, avocat-procureur au siège présidial d'Angers.

Les enfants Le Pelletier, oubliant les services de Gabriel Constantin, qui les avait arrachés à la misère, le traitaient de la façon la plus odieuse et accumulaient contre lui « les calomnyes les plus atroces dont on puisse oultrager un homme d'honneur, par une ingratitude qui doibt estre en horreur à tout le monde ». Ils le qualifiaient de voleur et l'accusaient d'avoir cherché à « brigander dans leurs affaires ». La demoiselle Le Pelletier prétendait que Gabriel Constantin avait voulu l'empêcher de se marier selon son gré. Or cet hymen était inacceptable. Une femme « de peu de créance » avait proposé, en effet, d'unir la jeune fille à un marchand de bœufs, « d'une naissance très abjecte, qu'elle disoit avoir dix mil livres de rente et estre prest de faire don de quarante mil livres à celle qu'il epouseroit. Cette femme avoit mesme si bien embauché l'affaire que la demoiselle Peletier le vouloit et la dame Peletier, la mère, n'y estoit pas contraire. » Le sieur de Varennes, informé par son beau-père, s'était déclaré formellement hostile à ce singulier projet. Peu de temps après, le marchand de bœufs mourait « gueux ». Mre Pierre Daburon vengea, dans une éloquente plaidoirie, son client des imputations diffamatoires dirigées contre lui [1].

[1] Tous ces renseignements sont extraits du manuscrit intitulé : *Advertissement et réplique*, dont nous avons parlé plus haut. — Gabriel Constantin avait une sœur, Marie Constantin, religieuse au couvent de la Visitation d'Angers, dont la pension annuelle était de cinq cents livres. Les demoiselles Madeleine et Catherine Constantin, filles du même personnage, furent aussi élevées dans ce monastère. Sœur Françoise Constantin y résidait également. Marie Constantin entra au couvent de Saint-Georges de Rennes, le 20 juin 1679, selon l'acte signé de dame Madeleine de Lafayette, abbesse du monastère, et de plusieurs autres religieuses. Sa dot s'éleva à quatre mille livres et sa pension viagère à cent cinquante livres. Le père devait fournir aussi les vêtements et le mobilier. (Voir la pièce justificative n° XI). — Selon le même document, le 9 janvier 1663, Gabriel Constantin et sa femme avaient vendu la terre de Varennes à n. h. Jacques Avril, sieur de la Chaussée, pour la somme de quarante-neuf mille livres. Trois pièces sous-seing privé constatent « le susd. contract d'acquest faict par led. sieur Avril. » La veuve de Jacques Constantin, Jeanne Martineau, racheta sans doute la terre de Varennes, puisque, comme nous l'avons vu, elle y demeura jusqu'en 1684, époque de sa mort. (*Archives inédites du château de la Lorie.*)

CHAPITRE II

(1664-1680)

Examen et analyse des diverses affaires instruites par Gabriel Constantin, en sa qualité de prévôt général et provincial d'Anjou. — Poursuites dirigées contre Urbain Leclerc, sieur du Genêtay, Jean Cadillon, François de la Rivière, sieur du Plessis de Vergonnes, la Rivière, son valet, Daubigné, valet du sieur de la Jaille, Girault, fils, sieur du Plessis-Girault, Georges Cadotz et leurs complices; contre Jean Gautier et Thomas Noguette. — Différends entre le sieur de Sazay et François de Channé, chevalier, seigneur de Sourdigné; entre le marquis de la Porte et MM. de Montbault, frères; entre François Giffard, fils, écuyer, sieur de la Perrine, et le sieur de la Barre-au-Breil. — Gabriel Constantin est chargé d'arranger ces querelles et de s'opposer aux duels. — Les Constantin sont maintenus au rang des nobles de la province de Bretagne. — Démêlé entre Pierre Haton, chevalier, seigneur de la Masure, et René de Fayau, lieutenant de la maréchaussée. — Les habitants des campagnes de l'Anjou veulent empêcher la libre circulation des grains. — Enquête faite sur l'insubordination de Montolin, sous-lieutenant du sieur Reverdy, capitaine au régiment de Navarre. — Gabriel Constantin reçoit des lettres d'honneur de la charge de correcteur des Comptes de la Chambre de Bretagne. — Démêlés entre MM. de Scépeaux, de Boisguignon, de Prat et M. de Brullon. — Les faux-sauniers. — Le grand prévôt visite les écuries et les remises des maîtres de poste d'Anjou, par ordre de Louvois, qui veut connaître le nombre exact des chevaux employés et savoir si le service régulier des courriers est assuré. — Lettre de la Compagnie au receveur général des fermes du roi en Anjou, au sujet de l'arrestation de plusieurs voleurs et faux sauniers par la maréchaussée. — Altercation entre Pierre de Villençon, marquis de Caligny, et M. de Linières. — M. de Lestenou, seigneur de la Chaubruère, est désigné pour empêcher les duels dans toute l'étendue des baillages de Saumur et de Baugé et pour régler les différends entre les gentilshommes.

Installé dans ses fonctions de prévôt général et provincial d'Anjou[1], le 20 février 1664, comme nous l'avons

---

[1] Le prévôt provincial d'Anjou avait sous lui les résidences de Saumur, de Baugé, de Pouancé, deux lieutenants, un assesseur, un procureur du roi, un contrôleur des montrées, un greffier, deux exempts et trente archers (*Mémoires* de Miroménil).

dit au chapitre précédent, Gabriel Constantin s'en acquitta avec un zèle digne d'éloges [1]. Dès le 28 février, il poursuivait Urbain Leclerc, sieur du Genêtay, paroisse d'Auverse, à la requête de Jacques Bertheux, demandeur et accusateur [2]. Le Genêtay, terre noble réunie à la Motte-de-Pendu dont elle formait un des principaux domaines, appartenait aux Leclerc depuis le commencement du XVIIe siècle. Le 30 août 1634, Pierre Leclerc du Plessis-Roland avait épousé, dans la chapelle seigneuriale placée sous l'invocation de la Vierge et de sainte Barbe, Élise de la Jaille. Le château, édifice rectangulaire, était entouré d'une suite de servitudes formant enceinte, avec portail bâti et ponts sur douves vives. Les seigneurs du Genêtay possédaient en outre une chapelle à leur nom dans l'église paroissiale [3].

[1] En 1652, une révolte avait éclaté dans les prisons du roi à Angers. Plusieurs prisonniers avaient réussi à s'évader. Une information fut faite à ce sujet par le procureur du roi. La concierge et les guichetiers, soupçonnés de complicité avec les détenus, furent poursuivis. Nous possédons, dans notre collection particulière, le texte inédit de cette curieuse procédure. — Le 8 mars 1662, M. de Chenedé écrivait, d'Angers, à Colbert, pour l'entretenir des intrigues du sieur Legrand, ci-devant marchand, habitant de Saumur, qui avait promis d'arrêter Boislève, ci-devant intendant des finances. Le 12 du même mois, il lui apprenait qu'un garde du corps du roi, venu de Paris, avec Legrand, sur l'ordre de Sa Majesté, avait conduit son compagnon au château d'Angers. « Cette nouvelle m'ayant surpris, dit-il, et m'ayant tout ensemble obligé de m'informer du sujet de l'emprisonnement de cet homme, le garde du corps m'a dit que, comme la conduite dudit Legrand lui a paru tout à fait déraisonnable dans tout le cours de l'affaire dont il s'était chargé au sujet du sieur Boislève, absent, il avait cru devoir arrêter cet homme. » (P. Ravaisson, *Archives de la Bastille*, t. II, pp. 16-17).

[2] *Archives inédites du château de la Lorie*. — Cette pièce, ainsi que toutes celles qui suivent et dont nous donnerons l'analyse, appartiennent à notre collection particulière de manuscrits.

[3] *Dict. hist. de M.-et-L.*, t. II, p. 245.

Le 8 mars suivant, c'est le tour de Jean Cadillon, poursuivi à la requête de Pierre Darraize et de René Macé. Le 25 du même mois, François de la Rivière, sieur du Plessis de Vergonnes, mari de Charlotte de l'Épinay[1], La Rivière, son valet, Daubigné, valet du sieur de la Jaille, Girault fils, sieur du Plessis-Girault, Georges Cadotz et leurs complices sont ajournés, à la requête de Pierre Bellanger, « à comparoir en leurs personnes en la chappelle des prisons ordinaires royaux d'Angers pour estre ouys et interrogez de leurs charges... » Le 4 mai, les nommés Jean Gauthier et Thomas Noguette sont également cités à la requête du procureur du roi.

Le 25 août 1667, Claude Fouquet, marquis de la Varenne, Ier du nom, seigneur de la Flèche, lieutenant général de Sa Majesté au pays et duché d'Anjou, écrit à Gabriel Constantin. Il lui dit qu'il a appris qu'un différend s'est récemment élevé entre le sieur de Sazay, demeurant en son manoir de la Grue[2], et François de Channé, chevalier, seigneur de Sourdigné, tous les deux

---

[1] Le château du Plessis, qui domine le bourg de Vergonnes, près Pouancé, était la terre seigneuriale de la paroisse. Il appartenait, dès le xvie siècle, à la famille de la Rivière, qui avait embrassé le protestantisme. Après la mort de François de la Rivière, Charlotte de l'Epinay se remaria, dans la chapelle du château, avec René de Colasseau, le 5 avril 1679. (*Dict. hist. de M.-et-L.*, t. III. p. 116).

[2] Grue (la), f. c^{ne} de Gonnord. — Ancienne châtellenie, avec manoir, chapelle, doubles douves, pont-levis et étang. — Ce domaine était passé, dès 1629, à la famille de haute noblesse des Jousseaume (*Ibid.*, t. II, p. 316). — Monsieur de la Grue avait aussi à Angers une maison qu'il louait à Gabriel Constantin et où celui-ci résidait souvent (Voir la pièce justificative n° XI).

paroissiens de Gonnord[1]. Il leur fait « deffances, de la part du Roy et la nostre, d'anvenir en aulcune voye de fait directement ou autrement ». Il leur mande de se rendre le dimanche suivant « à la Flèche, en nostre Chasteau de la Varane, pour y apprendre de nous la volonté de Sa Majesté, s'accompagnant de chacun un gentilhomme d'experiance et non d'autre... ». Constantin charge Jean Rigault et Michel Lepage, archers, de se transporter dans la paroisse de Gonnord et de signifier aux intéressés les ordres de M. de la Varanne[2]. Le 28 août, les archers s'acquittent de leur mission.

Le 14 février 1669, par l'ordre de Gabriel Constantin, Hector Lelièvre et Laurent Dupré, archers, se transportent chez les sieurs marquis de la Porte et de Montbault, frères, pour leur signifier la volonté des maréchaux de France qui, par une lettre datée de Paris, « en l'hostel d'Estrées », le 29 janvier précédent, leur avaient fait « tres expresses deffences d'en venir aux voyes de faict ou indirectement, sous peine d'encourir la rigueur des Edictz et reglement sur le faict des duels et rencontres ».

Le 23 décembre de la même année, François Giffard, fils, écuyer, sieur de la Perrine[3] en Marigné, et le sieur de la Barre-au-Breil, écuyer, sieur de l'Épinay,

[1] Sourdigné, chât., c^{ne} de Gonnord. — Ancien fief et seigneurie relevant de Cernusson et de Gonnord, avec château-fort et douves. — En est sieur François de Channé, chevalier, 1657-1671 (*Ibid.*, t. III, p. 543).

[2] Voir, sur ce personnage, l'*Histoire de La Flèche*, par M. S. de Montezey.

[3] Voir, sur la Perrine, notre *Notice historique sur le château du Port-Joulain et ses seigneurs*, d'après des documents nouveaux et inédits (1350-1882). — François Giffard était fils de Louis Giffard, chevalier, et de Claude de la Mairerie.

paroisse de Combrée [1], sont cités à comparaître [2]. Le 29 du même mois, M. de la Varanne enjoint au prévôt général d'Anjou d'envoyer deux de ses archers à la Perrine, « en garde auprès dudit sieur de Gifar, et si ne le trouve demeurant chès Mr de la Perine, son père, jusques à se que ledit Gifar aist obey os ordres de Sa Majesté ou qu'elle en aist ordonné otrement auxquels archers nous ordonnons demie pistolle par jour à chacun d'eux paiable... » Si les habitants de la Perrine font mine de résister, le prévôt « fera obeyr le Roy avec toutte sa compagnée et en personne, et y fera tout se qui jugera à propos, mesme d'arester les desobeissans et les mener au chateau d'Angers à leurs depens, et, s'il avoit besoin de plus grande force, nous en donnera avis, afin que nous donnions ordre qu'elle lui soit fournie... »

[1] Epinay (l'), f. c[ne] de Combrée. — Ancienne terre seigneuriale, avec manoir noble, qui relevait de Champiré-Baraton et de la Haie-Joulain. Marie de Loberan, veuve de Gabriel Morel, écuyer, y résidait en 1666. (*Dict. hist. de M.-et-L.*, t. II, p. 110).
[2] La marquise de Créquy, dans ses *Souvenirs*, fait un pompeux éloge de ce tribunal du point d'honneur chargé d'empêcher les duels entre les gentilshommes. « Rien n'était plus imposant, dit-elle, que ce vieux sénat des juges de la noblesse... Si nous savions combien la noblesse des autres pays nous envie cette juridiction paternelle de nos maréchaux, et combien les étrangers admirent cette institution du point d'honneur, qui n'existe qu'en France, nous en serions plus orgueilleux que de leur avoir fourni l'*Encyclopédie* par ordre de matières et l'*Homme aux quarante écus*... Cette autorité, dont l'application n'a lieu que sur le point d'honneur, dont l'exercice n'appartient qu'aux maréchaux de France, et qui s'étend sur tout le reste de la noblesse, a son origine dans la souveraine juridiction que le connétable exerçait autrefois sur les jugements par champions. C'est un tribunal d'exception, s'il en fut jamais, car il n'y a que les nobles qui soient ses justiciables et, pour décliner l'exécution de ses arrêts, il est suffisant d'exciper de sa qualité de roturier, quand on peut s'en prévaloir... »

Un extrait de la Chambre des Comptes établie par le Roi « pour la réformation de la Noblesse du pais et duché de Bretagne », en date du 26 août 1670, constate que « Jacques, Robert et Gabriel et autres Gabriel, Joseph et autres Jacques Constantin et les descendants en mariages légitimes » ont été déclarés « nobles, issus d'extraction noble », avec faculté de prendre la qualité d'écuyer et de chevalier. Cette importante décision « les maintient à jouir de leurs droictz et privileges attribuez aux nobles de lad. province de Bretagne ». Elle porte en outre que les noms des membres de la famille Constantin « seront employez au rolle desd. nobles de la sénéchaussée de Nantes [1] ».

Le 10 janvier 1671, Gabriel Constantin achète du sieur Étienne Paigis, marchand, par acte passé devant François Crosnier, notaire royal à Angers, pour le prix de trois mille six cent onze livres, la métairie de la Gachetière, près Sainte-Gemmes-d'Andigné [2]. Le 5 septembre de la même année, sur la demande de Messire Henri Arnault, évêque d'Angers et abbé commendataire de Saint-Nicolas, appuyée par la requête du procureur du roi, le prévôt général et provincial d'Anjou permettait de faire publier dans la paroisse de Sainte-Gemmes-d'Andigné, ainsi que dans les paroisses circonvoisines, que le fief de la Touche-à-l'Abbé était « à donner à rente foncière ou par eschange, s'il se trouve des conditions advantageuses pour l'eglize... » L'évêque prétendait que

---

[1] Voir la pièce justificative n° VI.
[2] Voir la pièce justificative n° XI.

SAINT JACQUES, VITRAIL DE LA CHAPELLE DE LA LORIE
(XVIᵉ Siècle)

ce fief était « un bien incommode et coûteux pour l'abbaye, tant à cause que l'on a peu de tiltres que d'autant qu'il donne lieu à plusieurs procès, qui coustent plus que le revenu, en sorte qu'il seroit utile et advantageux pour lad. abbaye d'abandonner le fief[1]... » On échangea la Touche-à-l'Abbé contre la Bigeotière du Bourg-d'Iré qui dépendait de la succession de feu seigneur marquis de Laval[2].

Le 18 juillet 1671, les maréchaux de France interdisaient à Pierre Haton, chevalier, seigneur de la Masure du Bourg-d'Iré[3], ancien lieutenant des gardes du corps de Marie de Médicis, époux de Jeanne de Contarini, et à René de Fayau, lieutenant de la maréchaussée, sieur de la Melletaie, près Segré[4], de se battre en duel. Il leur était ordonné de se présenter devant Messire Charles de Beaumont d'Autichamp, comte de Miribel, lieutenant du roi dans la ville et château d'Angers[5], pour lui soumettre leur différend. Constantin commanda à Jean Rigault, archer, de faire la signification.

[1] La terre de la Touche-à-l'Abbé comprenait le logis seigneurial, trois métairies, une closerie, des taillis, des droits de pêche et de chasse, etc. — La pièce, que nous possédons, est ainsi signée : « Henry E. d'Angers, Abbé de St-Nicolas. »
[2] Bigeotière (la), f. c^{ne} du Bourg-d'Iré. — Ancienne terre seigneuriale érigée en comté au xviie siècle et d'où dépendait la châtellenie du Bourg-d'Iré.
[3] Masure (la) f. c^{ne} du Bourg-d'Iré. — Cette terre appartenait, depuis le xvie siècle, aux Haton.
[4] Melletaie, f. c^{ne} de Segré. — Les Fayau possédaient ce lieu dès le xvie siècle.
[5] Le comte d'Autichamp remplaçait le comte d'Armagnac dans les fonctions de lieutenant du château d'Angers depuis le 21 février 1667. Il avait été nommé plus tard lieutenant de la ville avec 500 écus de pension extraordinaire outre ses gages.

Le 29 septembre 1674, Pierre Ayrault, écuyer, seigneur de Béligan, conseiller du roi, lieutenant criminel en la sénéchaussée et présidial d'Angers [1], enjoignait au procureur du roi d'informer contre les mutins qui tentaient de préjudicier à la liberté du commerce, à la vente et au transport du blé et des farines. Les fauteurs de troubles, qui s'efforçaient d'ameuter les habitants des bourgs et des villages de la province pour s'opposer au départ des grains achetés par les marchands, devaient être arrêtés et punis comme perturbateurs du repos public. La lecture de ces instructions au prône des messes paroissiales et ailleurs était déclarée urgente. Le 8 septembre 1674, le sieur de Bonnet « consent aud. sieur de Varennes un billet de la somme de quatre cents livres pour vendition d'un cheval [2] ».

Le mardi 12 janvier 1677, en présence du greffier, Mre François Barabé, Gabriel Constantin procédait à une information minutieuse contre le sieur Montolin, sous-lieutenant de la compagnie du sieur Reverdy, capitaine au régiment de Navarre [3], à la requête de Paul de la

---

[1] Pierre Ayrault, IIIe du nom, 3e fils de Pierre II et d'Anne Lasnier, avait été installé, le 7 février 1653, en la charge de lieutenant criminel d'Anjou possédée par son père et son grand'père.

[2] Voir la pièce justificative n° XI.

[3] En 1563, l'infanterie fut divisée en régiments, les régiments étaient partagés en compagnies dont une prenait le nom de *colonelle*, parce qu'elle était commandée par le colonel. Les quatre plus anciens régiments furent les régiments de Picardie, de Champagne, de Navarre et de Piémont, qui occupaient toujours le premier rang dans l'infanterie française. Sous Louis XIII, les régiments furent subdivisés en bataillons. Sous Louis XIV, ils furent astreints à l'uniforme. La discipline devint plus sévère sous Louvois. Le régiment de Navarre se distingua par son intrépidité pendant toutes les guerres des xviie et xviiie siècles.

Tour, sieur des Varennes, lieutenant de la même compagnie, qui se plaignait de la désobéissance de son subordonné. L'affaire est curieuse et mérite d'être racontée, car elle donne une juste idée des mœurs relâchées des troupes au xviie siècle. Le lieutenant expose qu'il a été obligé de se mettre en marche pour mener sa compagnie, en l'absence de son capitaine, « qui est à faire recrüe [1] », « du Port Louys de Blavette [2] », où elle était en garnison, « à Dolle [3] », suivant l'ordre du roi daté de Saint-Germain-en-Laye le 27 novembre 1676, signé Louis et plus bas Le Tellier.

On arrive à Saint-Mars-du-Désert [4], province de Bre-

[1] Le mode de recrutement, alors en usage dans les troupes réglées, était celui des enrôlements volontaires à prix d'argent. Ces enrôlements « étaient devenus, depuis l'époque des grandes guerres de la fin du xvie siècle, l'objet d'une véritable industrie. La spéculation s'en était emparée, dans les grandes villes surtout, où la matière première abondait. C'est là qu'opéraient de préférence les recruteurs et leurs agents ; c'est là qu'ils trouvaient à faire main basse, au plus juste prix, sur de pauvres diables, trop heureux d'aller cacher dans quelque régiment, sous un nom d'emprunt, leur misère et même parfois leurs antécédents ». A Paris, les recruteurs se réunissaient sur le quai de la Ferraille et dans les cabarets d'alentour, où se donnaient rendez-vous les Brin-d'Amour, les Va-de-Bon-Cœur, les la Tulipe et autres types de sergents recruteurs restés légendaires. (A. Duruy, l'*Armée royale en 1789*. — A. Babeau, *la Vie militaire sous l'ancien régime. Les soldats*.)

[2] Le Port-Louis, place forte et citadelle, à deux heures de Lorient, élevée sur l'emplacement du village de Locpezran, s'appelait anciennement Blavet (Morbihan). Cette ville fut nommée Port-Louis en l'honneur de Louis XIII, et, en 1652, furent commencées les murailles d'enceinte. Armand-Charles de la Porte, duc de la Meilleraye et duc de Mazarin, par son mariage avec Hortense Mancini, qui succédait à son père dans le gouvernement du Port-Louis, en 1664, fit achever les ouvrages commencés pour la clôture de la ville et contribua généreusement à la construction de l'église Notre-Dame en 1665.

[3] Dôle, c[ne] du Jura. — Louis XIV s'en empara en 1668 et 1674.

[4] Saint-Mars-du-Désert, c[ne], canton de Nort (Loire-Inférieure).

tagne, et la troupe s'y repose. Puis, le vendredi 8 janvier, au matin, le sieur des Varennes se dirige vers Saint-Pierre-de-la-Roussière, après avoir ordonné au sieur Montolin de suivre avec ses hommes. Mais le sous-lieutenant, au lieu de se conformer à ces prescriptions, s'établit avec ses soldats dans des villages appartenant à un de Messieurs les Présidents du Parlement de Bretagne, seigneur de Saint-Pierre-de-la-Roussière. Le lendemain, ce seigneur envoyait « des paysans et femmes habitantes desd. villages, avec une lettre au sieur curé dudit lieu contenant les plaintes des habitans d'avoir esté pillez et vollez par les soldats de la 3ᵉ compagnie, et prière à luy plaignant de faire rendre ce qui lui avoit esté vollé, que lesd. habitans disoient se monter à quatorze écus et en plus les hardes ». C'est alors que le lieutenant reproche à Montolin de n'être pas venu au logement assigné et de n'avoir pas réprimé les désordres dont se plaignent les paysans. Il rassemble immédiatement la compagnie : on fouille les hommes et on trouve dans la manche de l'un d'eux, nommé Deslauriers, dix écus, qui sont remis aux fermiers. On leur remet « quelques draps, haults-de-chausse et hardes » qu'ils reconnaissent pour leur appartenir. Montolin ne se montre pas satisfait de ces restitutions. Il exige, à l'insu de son supérieur, qu'un habitant, blessé à la tête et qu'il accuse d'avoir voulu maltraiter des soldats en chemin, verse trois écus. Le curé de Saint-Pierre-de-la-Roussière[1]

---

[1] Saint-Pierre-de-la-Roussière, bourg, cᵒⁿ de Varades (Loire-Inférieure). — La terre, possédée par les ducs de Bretagne, fut ensuite

prête la somme à son paroissien. La Tour intervient. Il dit que, si le paysan arrêté a réellement attaqué la troupe sans raison, il a été justement pris et qu'il ne faut pas le relâcher. Nouvelle colère du sous-lieutenant.

Le lundi suivant, au matin, la compagnie étant sous les armes et prête à partir du bourg d'Ingrandes[1] où elle avait logé, deux soldats rentrent chez leurs hôtes. Le lieutenant les fait chercher par le sergent César Gandouin, dit la Fosse, qui les ramène. Il veut ensuite les « chastier pour ne s'estre pas tenus au drappeau où ilz auroient abandonné leurs armes ». Quelques mauvaises têtes excitent alors les autres hommes à la révolte, en disant hautement « qu'il ne falloit pas souffrir cela et qu'il se falloit tous bander contre luy plaignant ». S'emparant de l'un d'eux, pour intimider les rebelles, La Tour saisit l'épée du délinquant, qu'il confie au sergent, en le chargeant de surveiller le coupable, qui est placé à la tête de la compagnie. Montolin, au lieu de prêter main-forte au lieutenant et de « maintenir chacun en son debvoir », apostrophe l'officier en ces termes insolents : « Que faictes-vous là, Monsieur, que ne marchez-vous ? » La Tour réplique qu'il manque encore deux

érigée, en 1685, en marquisat. Le château a été démoli. On remarque aussi, sur la même commune, les ruines du château de Peillestres.

[1] Ingrandes, petite ville, c^{on} de Saint-Georges-sur-Loire, située sur l'ancienne limite de l'Anjou et de la Bretagne. C'était, aux XVIIe et XVIIIe siècles, le siège d'un grenier à sel et surtout « une étape de commerce. » Les auberges y étaient nombreuses : *le Pigeon* dès 1660, *le Lion d'Or*, 1660, *les Trois-Rois*, 1681, *la Croix de Lorraine*, 1688, *le Cœur-Royal*, 1696, *le Grand-Louis*, 1704, *la Croix Blanche*, 1722, selon le *Dict. hist. de M.-et-L*. On voit que les soldats n'avaient qu'à choisir entre les lieux où l'on vendait à boire.

retardataires et qu'il faut les attendre. Il prie le sergent de les aller quérir.

Pendant ce temps, le sous-lieutenant continue à braver son chef et se met à jurer en disant qu'il ne lui plaît pas d'attendre davantage. En présence des habitants d'Ingrandes, ce forcené redouble ses violences, il crie : « Marche à moy, soldats », et se précipite sur le sergent. Il lui enlève l'épée de l'homme désarmé, enjoint à celui-ci de quitter sa place à la tête de la compagnie et le fait remettre sous les armes « dans son rang ». Il donne l'ordre de partir et amène la troupe à Angers, sans se soucier des protestations du lieutenant et en excitant les soldats à l'imiter, « ce que led. plaignant avoit souffert, crainte de désordre dans lad. compagnie, et que lesd. soldats, en prenant occasion, ne la desertassent ». Toutefois, La Tour, après avoir pris à témoins de ces désordres les habitants d'Ingrandes, présents au départ de la compagnie, porte plainte, à son arrivée à Angers, à M. d'Autichamp, qui fait emprisonner le sous-lieutenant au château[1]. Il renouvelle sa déclaration au prévôt général et dit qu'il a élu domicile à l'hôtel où pend pour enseigne « la Nostre-Dame, au faux bourg St Michel. » Constantin autorise l'officier « à informer des faits » qu'il vient d' « exposer » et à « faire fulminer monitoire affin de plus grande preuve... » La Fosse,

---

[1] Le château d'Angers renferma souvent des prisonniers sous Louis XIV, comme le constatent les *Archives de la Bastille* et comme nous le verrons plus loin. En mars 1673, M. le comte de Morlot, agent du prince d'Orange, avait été enfermé au château de Saumur.

sergent déjà cité, natif de Blain, en Bretagne [1], et Jacques Petit, dit la Rose, soldat à la même compagnie, confirment la déposition de leur supérieur. Le sergent signe, mais son compagnon a recours au ministère du greffier. Montolin est mandé par M. d'Autichamp. Il avoue ses fautes et promet d'être sage à l'avenir. On le remet en liberté.

Le 25 février de la même année (1677), des lettres d'honneur de la charge de correcteur des comptes de la Chambre de Bretagne sont accordées à Gabriel Constantin et enregistrées le 13 mars [2]. Le 8 février, un bail avait été « faict devant Mre Pierre Thibaudeau, notaire royal à Angers, par le sieur de Varennes et de la Lorie, à Marye Behuyer, veufve Thomas Choisnet, et à Pierre Choisnet, son filz, de la maison où ilz estoient lors demeurantz, sise au Pallais de cette ville, pour la somme de trente livres, à la charge que led. sieur Constantin jouiroit de la Chambre haulte pendant la foire de la Sainct-Martin [3]... »

---

[1] Blain, ch.-l. de canton, près du canal de Nantes à Brest (Loire-Inférieure). Le château a été bâti en 1108, par le duc Alain Fergent. En 1628, Richelieu en fit raser, en partie, les fortifications. On remarque encore une porte à pont-levis et deux tours sur neuf qui protégeaient son enceinte. La place fut occupée par les divers partis pendant les guerres religieuses du xvie siècle. La *tour du Pont-Levis*, garnie de mâchicoulis et surmontée d'un toit conique, paraît dater du xiiie siècle ; la *tour du Connétable*, chef-d'œuvre de l'art militaire au xive siècle, fut élevée en 1380 par le connétable Olivier de Clisson et sa seconde femme, Marguerite de Rohan. C'est à René de Rohan et à Catherine de Parthenay, dame de Soubise, qu'est attribuée la reconstruction de la chapelle et du corps de logis de la Renaissance où naquit, en 1579, Henri, premier, duc de Rohan, gendre de Sully, l'un des chefs les plus actifs du parti calviniste en Bretagne. Les Vendéens et les Bleus s'emparèrent tour à tour du château en 1793.

[2] Voir la pièce justificative n° VII.

[3] Voir la pièce justificative n° XI.

Le 16 avril 1677, les Maréchaux de France, avertis du différend qui s'était élevé entre les sieurs de Scépeaux, de Boisguignon et de Prat « et le sieur de Bruslon de Savonnières, pour raison de la rançon du dernier, prétendue payée par les deux premiers, qui auroient esté laissés en ostage chez les ennemis », décident, pour éviter les frais de voyage aux parties, que ces seigneurs se présenteront devant M. d'Autichamp, au château d'Angers, dans la huitaine qui suivra la signification faite par l'un des archers du prévôt général. Constantin confie cette mission à Simon Banchereau, qui se transporte chez « le sieur de Bruslon de Savonnières, à sa terre de la Maison-Rouge », et avertit également les autres personnages impliqués dans l'affaire.

Le 1er juillet 1678, à la requête de Monsieur le Procureur général du Parlement de Bretagne, poursuite et diligence de « Louis de Ruen, fondé et procureur de Nicolas Saulnier, adjudicataire des fermes royales de France », des poursuites sont exercées en Anjou contre Martin Cotterel, dit la Souris, Roulet, Leroux et leurs complices, accusés du crime de faux-saunage et condamnés aux galères. Une récompense est promise à celui qui les livrera à la justice du roi.

Le 2 août suivant, par ordre du marquis de Louvois, surintendant des postes du royaume, le sieur Camus Duclos écrivait à Gabriel Constantin, écuyer, seigneur de Varennes et de la Lorie, conseiller du roi, prévôt général et provincial d'Anjou, une lettre intéressante, dont voici le texte :

LA CHAPELLE DE LA LORIE

« Monsieur le marquis de Louvois, désirant, Monsieur, estre ponctuellement informé du véritable estat de touttes les postes du royaume, et par là empêcher les abbus qui s'y commettent journellement, tant à l'égard du peu de chevaux qui sont dans les escuries, que du méchant usage que font les maîtres d'icelles, en négligeant d'estre montés pour le service des courriers tant ordinaires qu'extraordinaires, il m'a ordonné de vous prier de sa part de vous transporter dans touttes celles de vostre département, d'y faire une visitte exacte du nombre des chevaux et de m'en envoyer un estat correct et fidèle, leur signiffiant, de la part de mond. seigneur, que, s'ils n'ont au moins dix bons chevaux dans leurs escuries, un mois après lad. visitte, ils seront privez de leurs gages pour la première année, et ensuitte dépossédés de leur charge. Il sera nécessaire que vous preniez le mesme soing, tous les six mois, pour contenir ces gens là dans leur devoir, et mond. seigneur espère, par l'application que vous donnerez à cela, que chacun desd. maîtres de poste satisffera à ce que vous leur prescrirez de sa part.

« Je suis, Monsieur, vostre très humble et très obeissant serviteur.

« CAMUS DUCLOS [1]. »

[1] Le 13 novembre 1630, des lettres du roi Louis XIII, lues au Conseil de Ville, avaient établi des officiers des postes à Angers. Il avait été, précédemment, interdit aux maîtres de poste de fournir des chevaux sans autorisation. En 1673, les habitants d'Angers se plaignaient de la négligence du maître de poste, qui ne surveillait pas le service régulier du port des lettres. (*Archives anciennes de la Mairie d'Angers*, BB. 73, f⁰ˢ 102, 67, f⁰ˢ 183, 94, f⁰ 1).

Un second document, très intéressant et très curieux, nous apprend que, pour se conformer aux ordres du roi, Gabriel Constantin quitte son logis, le mercredi 10 août, à six heures du matin, suivi de deux archers, « avec desseing de nous transporter, dit-il dans son rapport, dans toutes les postes de nostre ressort et département, et d'aller commencer par celle de la Chapelle-Blanche, qui est la dernière de ceste province d'Anjou... [1] » Il arrive d'abord à la poste des Rosiers [2], où il apprend que le sieur Adam Le Bœuf, l'un de ses lieutenants, en résidence à Saumur, a déjà procédé à la visite réglementaire et a inspecté la poste de Saint-Martin-de-la-Place. Le prévôt s'arrête aux Rosiers et interroge Jean Loyau, « hoste de l'Écu et maistre de lad. poste, » qui le conduit dans son écurie. « Trois chevaux, une cavalle en poil gris, un bidet et une jument en poil rouge, le tout passant aage, » y sont rangés, avec leurs équipages. Les animaux semblent être en assez bon état, à l'exception d'un seul « qui parroist blessé à la jambe et fort caduc. » Constantin enjoint à Loyau d'avoir à l'avenir dix bons chevaux, comme le roi l'exige. Celui-ci répond qu'il obéira et que, jusqu'à présent, six chevaux lui ont suffi, à cause de la rareté des courriers extraordinaires. Il se plaint de ses

---

[1] Chapelle-Blanche (la), c^{on} de Ligueil, arr. de Loches (Indre-et-Loire).
[2] Ce nom rappelle, dit l'auteur du *Dict. hist. de M.-et-L.*, t. III, p. 305, non des rosiers imaginaires, mais les ronces qui couvraient autrefois le pays tout entier en taillis. Le relai de poste des Rosiers vit passer, le 16 juin 1775, l'empereur Léopold II, le 21 juin 1782. le grand duc Paul de Russie, et, en 1788, l'ambassade des Indes. Il était tenu, en 1575, par Fr. de Vaucelles, en 1635, par Jean Pelé, en 1669. par Vincent Troussart, en 1676, par Jean Loyau, et, depuis 1730 au moins, par la famille Tessier. (*Ibid.*, p. 307).

confrères, Martial Priolleau, Baranger, Gibbier et Gisteau, maîtres de poste de Saint-Mathurin, Saint-Martin-de-la-Place, Saumur et Sainte-Catherine, qui n'ont ordinairement que trois ou quatre chevaux, ce qui fait que, « la pluspart du temps, les courriers poussent les chevaux de luy Loyau au delà desd. postes et, par ce moyen, les luy crèvent ».

Reprenant le chemin d'Angers, Constantin arrive à Saint-Mathurin, où il trouve quatre chevaux dans les écuries de Martial Priolleau. La servante de l'hôtellerie lui dit que son maître est allé à Beaufort pour assister à l'enterrement de sa belle-mère. Il a emmené deux chevaux. Priolleau ne tarde pas à revenir. On examine ses bêtes, qui sont hors de service ; quant aux équipages, ils sont usés et en mauvais état. Il devra, en conséquence, avoir, dans le délai d'un mois, le nombre de chevaux commandé par le marquis de Louvois. Comme son confrère, il répond que les courriers extraordinaires sont si rares, qu'il n'en passe pas un par quinzaine. Il promet d'obéir aux ordres formulés par Gabriel Constantin.

A la Daguenière, le prévôt constate que les quatre chevaux de Julien Chevallier, le maître de poste de ce bourg, sont « en estat passable pour le service. » Chevallier charge un de ses domestiques d'aller quérir « dans les pastures deux cavalles suivyes de chascun leur poullain. » Il déclare qu'il se conformera aux volontés de Constantin, « quoyque, néantmoings, depuis quarante ans que luy et son père possèdent lad. charge, le nombre de six chevaux leur ayt tousjours plus que suffy et notamment depuis ces dernières années, qu'à peine, par chasque moys, il passe un courrier extraordinaire... »

De retour à Angers, Constantin se rend au coin de la rue de la Serine ou de la Sirène, dans la maison du maître de poste. Gallais, « faisant pour led. maître de la poste de lad. ville, appellé Pierre Guitteau », le conduit dans les écuries, où il montre au prévôt six chevaux et six équipages destinés au service des courriers. Le tout est en état suffisant. Gallais dit qu'il est aussi fermier du relais établi à Angers et que, pour l'exercice de ce relais, il a six autres chevaux, dont trois sont sur la route de Saumur, deux sur celle de Richelieu et un sur la route de La Flèche. Il se conformera aux volontés du marquis de Louvois.

Le vendredi 12 août, Constantin, continuant le cours de son inspection, se rend à la Roche[1], où Étienne Gandon, le maître de poste, lui présente trois chevaux et « une jeune cavalle. » Il a six équipages. Chevaux et équipages sont « en estat passable ». Gandon obéira aux injonctions du prévôt. Toutefois, il affirme que les quatre chevaux qu'il a toujours d'ordinaire pour le service de sa charge lui suffisaient, « à cause que, le plus souvent, il est six et sept mois sans voir un seul courrier

---

[1] La Roche-de-Serrant, commune de la Possonnière. — Ce lieu s'appela d'abord *la Roche-aux-Moines*, par suite de la donation du domaine d'alentour aux moines de Saint-Nicolas, puis *la Roche-au-Duc*, à la fin du xive siècle. Il relevait directement du château d'Angers et jouissait de droits étendus sur la Loire.

extraordinaire, et notamment au temps d'esté, attendu que lesd. courriers extraordinaires, pour abbréger leur chemin et évitter le passage de la ville d'Angers, courrent de la poste de la Daguenière droit à celle establye à Saint Georges-sur-Loire, passant la rivière de Mayne au bourg de Bouchemaine, ce qui se fait ordinairement quand les eaux sont basses, et que cela est de notoriétté publique... »

Étienne Le Mercier, maître de poste à Saint-Georges, montre, à son tour, trois chevaux, « une cavalle » et quatre équipages, qui sont en état suffisant. Un autre cheval a été envoyé au bourg de Bécon. Ordinairement, il a cinq chevaux dans ses écuries. Il obéira aux ordres. Mais il se plaint du maître de poste de Champtocé, nommé Maurice Le Mercier, « lequel, le plus souvent, passe sur lad. poste de Saint-Georges par des chemins destournés, sans en voulloir faire aucune raison à luy Estienne Le Mercier, quoyqu'il ayt obtenu plusieurs sentences contre luy, pour le contraindre à luy faire raison à moitié des droits, nonobstant quoy il continue dans cette usurpation... »

Maurice Le Mercier, maître de poste à Champtocé[1], présente six chevaux, « passant aage », et six équipages, qui sont « en fort bon estat et assez bien conditionnés pour le service. » Il prétend que, depuis plus de trente ans que lui et ses prédécesseurs exercent leur charge, le nombre de six chevaux a toujours été suffisant « pour

---

[1] L'auteur du *Dict. hist. de M.-et-L.*, adopte la forme *Chantocé* qui est ancienne.

fournir lesd. courriers, tant ordinaires qu'extraordinaires, hormis le temps que Sa Majesté fist voyage à Nantes, qu'il en passa jusqu'à huit et dix pendant le temps dud. voyage [1] ».

Notre homme constate que la poste de Varades, province de Bretagne, qui devrait être pourvue du nécessaire, est vacante depuis environ dix-huit ans, si bien que ses chevaux « courrent d'ordinaire jusqu'à la poste establye en la ville d'Ancenis, distante du lieu de Champtocé de cinq grandes lieues, ce qui crève lesd. chevaux de cette poste de Champtocé, sans qu'il en soit aucunement récompensé ». En outre, il prétend que le maître de poste de Saint-Georges n'a jamais, dans ses écuries, ses chevaux en état de service, « les mettant ordinairement à l'herbage, en sorte que, quand les courriers passent, ne voullant attendre la préparation desd. chevaux, ils pressent ceux de cette poste de Champtocé jusqu'à celle de la Roche et quelquefois audelà, et, par ce

---

[1] On sait que Louis XIV, affranchi de la tutelle de Mazarin, décédé à Vincennes, le 9 mars 1661, avait résolu de se rendre à Nantes pour tenir les États de Bretagne. Le 31 août, le Présidial d'Angers, averti de son passage, se rendait à Bouchemaine pour le saluer. Tous les membres de la compagnie avaient leurs robes noires et leurs chapeaux. Le 1er septembre, Louis XIV arrivait à Nantes. Le dais qui servit à l'entrée du roi est conservé au musée archéologique. Le 5 septembre, pendant le séjour de la cour à Nantes, d'Artagnan, sous-lieutenant des mousquetaires à cheval, mit la main sur Fouquet, au moment où il sortait du cabinet du monarque, le fit monter dans un carrosse et le mena, sous bonne escorte, au château d'Angers. Il eut la plus grande peine à le protéger, pendant le voyage, contre la fureur du peuple. (*Registres du Présidial d'Angers*, manuscrit 344 de la Bibliothèque d'Angers. — *Registres des délibérations et conclusions de l'hostel de ville*, BB. 89, f° 26. — Ch. Dareste, *Histoire de France*, t. V, p. 383).

moyen, en crèvent ceux de lad. poste de Champtocé ». Il se conformera aux exigences de M. de Louvois. Le lecteur remarquera que tous les maîtres de poste étaient jaloux les uns des autres et que chacun médisait de son voisin.

L'inspection étant terminée, Gabriel Constantin revient à Angers et ordonne à son greffier de faire une copie du procès-verbal que nous venons de résumer et qui a été signé par tous les maîtres de poste. Ce procès-verbal sera envoyé à Monsieur Camus Duclos, conformément à sa demande[1]. Dans un troisième document, daté du même temps, Charles Adam, « conseiller du Roy, lieutenant de robe courte, prevost des mareschaux en la résidence de Beaufort, » rappelle à Jean Loyau, maître de poste aux Rosiers, les volontés formelles du surintendant[2].

Le 5 août 1679, Monsieur Morineau, receveur général des fermes du roi en Anjou et domicilié à Angers, recevait la lettre suivante, qu'il communiquait à Gabriel Constantin :

---

[1] On lit au dos de la pièce : « *Procès verbal des postes.* »

[2] « De la part de monseigneur de Louvois, Jean Loyau, dans le quinzieme septembre 1678, aura dix chevaux au moins en estat de servir dans les occasions pour les couriers ord^{res} et extraord^{res}, à peine de privation de ses gages, pour la première année, et de la charge de maître de poste, en cas de desobeissance, avecq deffenses que luy avons faittes, à peine de vingt livres d'amende, de rendre compte de ce que dessus à autre qu'à nous, en estant chargé de l'exécution par les ordres de mond. seigneur, et, ce fait par nous, Charles Adam, conseiller du roy, lieutenant de robe courte, prevost des mareschaux en la residence de Beaufort.

« Ch. Adam. »

« La Compagnie, ayant eu advis que les officiers de la Mareschaussée generalle d'Anjou ont pris quelques volleurs et faux saulniers, auxquels faisant instruire le procès, ilz ont esté réclamés par les officiers du grenier d'Angers[1], et, comme l'interest de la Compagnie est, qu'en pareilles occasions, les accusés soient jugés prevostallement et executtés sur les lieux, Nous vous faisons cellecy pour vous prier, non seulement de consentir au jugement du procès dont est question, mais de faire ce qui dependera de vous pour que pareils gens soient jugés par led. prevost. Et, comme Monsieur le prevost general d'Anjou Nous a remonstré que la capture avoit beaucoup cousté à ses archers et qu'il avoit fait rendre à un brigadier de gabelle une cavalle de prix qu'on luy a vollée, si le prisonnier se trouve convaincu et qu'il soit condamné, la Compagnie accorde aux archers de la Mareschaussée les mesmes vingt et cinq escus qu'elle donne aux gardes qui prennent des faux saulniers condamnés aux galeres, et lad. somme sera passée à compte de Monsieur Montrineau (sic), receveur general d'Anjou, en raportant le present ordre et quittance du greffier de la Mareschaussée avec un extraict de la sentence qui sera rendue.

« Faict à Paris le deuxiesme aoust 1679.

« Signé : MORET, DU RUAU, PALLU, BERGONNE, GAYAUDON, DE BERSAY, DE COURCHAMP et BACHELIER. »

[1] La ville d'Angers était le siège de l'une des dix-sept directions établies en France pour les greniers à sel. Ce tribunal était composé d'un président, d'un lieutenant, d'un grénetier, d'un contrôleur, d'un avocat et du procureur du roi, de greffiers, d'huissiers et de sergents. (Voir, sur le grenier à sel d'Angers, les *Archives anciennes de la Mairie d'Angers* et la nouvelle édition de *Péan de la Tuillerie*.)

LE CHÂTEAU DE LA LORIE
(Cour d'honneur)

Au mois d'août 1680, Pierre de Villençon, chevalier marquis de Caligny, adressait une requête à « nos seigneurs les Mareschaux de France ». Il disait que le sieur de Linières et ses prédécesseurs, animés d'une haine irréconciliable contre la dame marquise de Saint-Germain, sa mère, avec laquelle ils étaient en procès depuis longtemps, ne négligeaient aucune occasion de molester leurs adversaires. Au mois de juin, cette dame avait envoyé faire une signification au sieur de Linières par un sergent accompagné d'un valet et du fils de son fermier. L'irascible seigneur se montra très mécontent de cette visite. Il menaça le valet de lui casser sur la tête le fusil que celui-ci tenait à la main. L'homme riposta que, s'il était attaqué, il se défendrait et qu'il ne rendrait son arme que par le bon bout. Toutefois, quoique le sieur de Linières fût l'agresseur, la marquise, ayant appris la scène, chassa le valet et, de plus, pria un gentilhomme de se rendre auprès de son ennemi et de « luy en faire civilité ». Mais, « loin de la recevoir comme il devoit », le terrible personnage continua ses imprécations, et, un soir, ayant rencontré le fils du fermier, il l'apostropha brutalement en lui criant : « Va, mordieu ! quand ton maistre sera parti, je te donneray cent coups et te feray pourrir en prison ! »

Ce propos insolent fut rapporté au marquis de Caligny, qui, ayant trouvé le lendemain, sur son chemin, son féroce voisin, lui dit « qu'il savoit mal recevoir les honnêtetés qu'on lui faisoit », et que, s'il avait eu l'audace de frapper le fermier de sa mère à son nez, il lui aurait fait manger le pommeau de son épée. Le seigneur de Linières cita en justice son rival et une information fut commencée. Mais, comme le marquis de Caligny était malade en Normandie, les maréchaux de France décidèrent, le 1er septembre, « sur les certifficat de mesdesin et cheruzien apottiquaire », qu'un délai de six semaines lui serait accordé. L'acte était signé : « Graney ». Messire Jean de la Rocque, chevalier, seigneur de Berme, demeurant ordinairement en la ville de Vire, province de Normandie, se chargea des intérêts de son ami. Un des archers du prévôt se rendit au bourg de Meigné-le-Vicomte[1] pour faire au sieur de Linières la signification réglementaire. Gabriel Constantin était alors à Paris.

Le 16 décembre 1679, Gabriel Constantin avait acheté, par acte passé devant « Symphorien Guesdon », notaire royal à Angers, pour le prix de 4,000 livres, le lieu de la Belle-Dentière, sis en Sainte-Gemmes-d'Andigné, de Mre Pierre Hunault, docteur-médecin en la Faculté de médecine d'Angers, et de Jeanne Jurois, sa femme[2].

Le 13 décembre 1680, par un acte daté de Paris et signé « Villeroy », les maréchaux de France écrivaient au sieur de Lestenou, seigneur de la Chaubruère, pour lui annoncer que, « le Roy ayant resolu d'employer à l'advenir les moyens les plus puissants de Sa Justice et de Son Authorité pour reprimer entierement le pernicieux desordre des duels », et les ayant chargés de dési-

---

[1] Meigné-le-Vicomte, con de Noyant, arr. de Baugé. — Les chanoines de Saint-Maurice en avaient cédé la seigneurie en 1640 aux seigneurs de la Touche.

[2] Voir la pièce justificative no XI.

gner, dans les provinces, un ou plusieurs gentilshommes « d'âge et de capacité requises, pour s'employer à prevenir et arrester le cours des querelles quy surviendront » entre les gens de qualité et autres personnes faisant profession des armes, ils l'avaient choisi pour, « dans l'estandüe des bailliages de Saumeur et Baugé, recevoir les advis des differends » et empêcher les rencontres sur le terrain. Le seigneur de la Chaubruère devait confier à des archers la garde des parties rivales, pour prévenir les altercations et, en l'absence des officiers du roi investis de ce mandat spécial, il lui appartenait de régler les démêlés « touchant le point d'honneur », après avoir sommé les intéressés de se présenter devant lui. Les lettres, contresignées par le sieur de Barcos, secrétaire de la connétablie et maréchaussée de France, furent enregistrées aux greffes de Saumur et de Baugé.

CHAPITRE III

(1680-1685)

Gabriel Constantin vend l'office de lieutenant de la maréchaussée d'Anjou à Mre François Payneau, sieur de la Giraudière, et la charge de conseiller du roi, lieutenant du prévôt général de Touraine, à Daniel Dorion. — Informations faites contre le laquais de Monsieur de l'Aubrière, accusé d'avoir rompu « les bans du Roy et les armes de Sa Majesté » dans l'église d'Andard. — Démêlé entre le sieur du Clos et le sieur de la Hamelinière. — Duel entre François Chenu. sieur du Bois-Garnier, et René Chenu, sieur de Landormière. — Ce dernier est tué d'un coup de pistolet — Chamfleuri, archer du prévôt, est contraint de restituer l'épée d'un gentilhomme étranger, qu'il avait gardée chez lui, au lieu de la porter au château. — Désobeissance du sieur des Rochettes, exempt, et du sieur Saint-Arnoult. archer, qui refusent d'exécuter les ordres de M. de la Chaubruère. — M. de Vauperron est condamné à faire amende honorable à M. de Mézière, qu'il avait souffleté et frappé d'un coup de canne. — Mort de Gabriel Constantin. — Son fils, Gabriel Constantin, IIe du nom, lui succède dans ses fonctions. — Le mobilier du château de la Lorie en 1683. — Inventaire et estimation des bestiaux trouvés dans les métairies. — Le mobilier de la maison de la rue de la Croix-Blanche, à Angers. — Les papiers du prévôt général d'Anjou. — Balthazar Legras, sieur de l'Augardière, détenu dans les prisons d'Angers, obtient d'être mis en liberté, après un arrangement avec François de Carré de la Roulière, garde du roi, dont il avait maltraité le père, Étienne de Carré, sieur de la Gaudurie, en son vivant lieutenant de la maréchaussée d'Anjou.

Le 7 janvier 1681, Gabriel Constantin vendait l'office de lieutenant de la maréchaussée d'Anjou à François Payneau, sieur de la Giraudière [1], par acte passé devant Noël Drouin, notaire royal à Angers, pour la somme de 18,000 livres [2]. Le 13 mai de la même année, il cédait

---

[1] Giraudière (la), h., c^{ne} de la Jubaudière. Ancien fief relevant de Chanzé avec château et chapelle de Notre-Dame-de-Pitié, fondée en 1493.

[2] Voir la pièce justificative n° XI.

Daniel Dorion la charge de conseiller du roi, lieutenant du prévôt général de Touraine, par acte passé devant les notaires royaux de Tours, pour le prix de 9,000 livres [1]. Le seigneur de la Lorie avait précédemment vendu au sieur Babin, « pour la somme de 40 livres par cent », tout le cercle provenant des bois taillis de ses domaines, pendant une durée de quatre années, « en faveur duquel marché, led. sieur Constantin promet donner aud. Babin, par chascunne desd. quatre années, une couverture de cercle de pippe, led. escrit en date du 14 febvrier 1684[2] ». Julien Le Double, « marchand bourgeois à Paris », avait prêté, à la même époque, à Gabriel Constantin, fils aîné de notre personnage, une somme de quatre mille livres pour l'aider à payer le prix de sa charge d'enseigne au régiment des gardes françaises [3].

Le 24 avril de la même année, M. de la Varanne écrit de La Flèche à Gabriel Constantin, pour lui dire qu'il a reçu du juge de la prévôté le texte des informations faites par ce magistrat contre le laquais de Monsieur de l'Aubrière « qui a rompu les bans du Roy et les armes de Sa Majesté en la paroisse d'Andard, dens l'eglise [4]... » Il le prie de monter de suite à cheval pour aller surveiller

---

[1] Voir la pièce justificative n° XI.
[2] *Ibid.*
[3] *Ibid.*
[4] Le *Dict. hist. de M.-et-L.*, t. I, p. 496, dit que c'est Marie-Louise de Laval, femme d'Antoine-Gaston de Roquelaure, pair de France, lieutenant-général des armées du roi, en 1685, qui vendit la terre de Briançon, près Bauné, pour 5,000 écus, à Charles-François Lefebvre de l'Aubrière, conseiller au Parlement de Paris. Des lettres de février 1725 érigèrent en sa faveur la baronnie de Bauné en marquisat de l'Aubrière, en y réunissant d'autres domaines.

le rétablissement de ce qui a été brisé et d'arrêter le coupable, qu'il conduira dans les prisons d'Angers. Il ajoute : « C'est une chose de consequense et un manque de respect extresme au Roy, on ne sauroit trop tost s'aseurer de se luy qui a faict la chose en quelque lieu qui soit dans le pais. J'ecris à Monsieur de Chateauneuf et Monsieur le Juge de la prevosté m'a asseuré luy avoir envoié les informations qu'il a faites de cette action... »

Le 29 du même mois, nouvelle lettre de M. de la Varanne au grand prévôt d'Anjou. Monsieur de l'Aubrière s'est rendu à La Flèche et il a déclaré que c'était en vertu d'une sentence des requêtes « qu'il avoist faict rompre les bans et osté les armes du Roy, que cella n'apartient point au Roy ». « Il y a bien de l'aparense, écrit M. de la Varanne dans la curieuse lettre où il raconte cette visite et dont nous respectons l'orthographe singulière, que eun suget du Roy, comme je dis toujours, oroist eu pene à pairdre le respect a Sa Magesté de ceste sorte et estans si peu de choses contre eun tel Roy. Je ne voy pas que la presipitation soist nesessere. Nous ferons si facilement obcir le Roy quand il le faudra, qui n'en est pas comme si le Roy d'Engleterre ou d'Espagne ou le Grand Seigneur avoist faict quelque entreprise contre Sa Magesté, car si s'estoit dans l'etendue de ma charge, j'y moures ou je la repouserois; mais eun suget deu Roy, on peust avec bonne conduite se donner le tems d'eclercir la chose, estant aseuré que le Roy ne seroist pas bien aise sous quel que pretexte que se soist on alast contre les prosedures de sa Justice et de Messieurs des Requestes.

Si Mʳ Cicost veust agir, il le peust et faire se qui jugera à propos comme officier deu Roy. Pour moy, voient des gens de calité qui viennent me rendre compte de leur conduite et qui me font paroistre qui sont dens l'aubeisense au Roy et, de plus, que les ferois rentrer, s'il s'en estoit separés, je trouve à propos que vous sursoiés seste affaire, et, s'il y a eu eune sentense donnée aus resquestes pour oter se bans et ses armes, s'est l'avis que j'atendray de vous si vous plaist pendent que j'ecriray à Monsieur de Chateauneuf[1]. Cependant je vous aseureray que je feray cognoistre au Roy comme vous m'avés faict venir ses Messieurs pour se justifier... »

Le 2 mai, troisième lettre du même à Gabriel Constantin : « Monsieur, après se qui vous plaist de me mander, on ne peust estre plus estonné que je le suis. Je ne voudrois pas pour rien deu monde n'avoir agi comme j'ay faict, et je ne croy pas qui reste plus rien à faire pour le cervise deu Roy dans ceste affaire. Je m'etonne de quoy Monsieur Sicost a voulu prendre ses armes deu Roy et le non de Sa Majesté en vain comme sella et s'en cervir contre la verité. J'ay escrit à Monsieur le marquis de Chateauneuf se qui se devoist luy escrire sur le suget et mon avis estoit que l'un des deux devoist tater de la prison. Je ne say se que le Roy ordonnera, car on ne joues pas deu non et des armes deu Roy comme d'un colifichet ou quelque engin de bateleurs, sella est dans

---

[1] Pierre-Antoine de Castagner, marquis de Châteauneuf, né vers 1644, mort en 1728, conseiller au Parlement de Paris, ambassadeur auprès de diverses puissances, prévôt des marchands sous la Régence.

LE CHÂTEAU DE LA LORIE

l'etat qui faut pour vous et pour moy et s'est eune conduite de Dieu de quoy vous n'avés point trouvé se lacqués qui oroist esté aresté et nous en arions esté bien empeschés que en faire que de le rendre, avec excuse de ne savoir pas la vérité qui nous oroit esté deguisée. Je rendray conte à Monsieur de Chateauneuf de la maniere dont vous avés agi et qu'en eun moment touttes les partie me sont veneu trouver et que vous avés esté la seule cause que le respect a esté conservé au Roy... »

M. de Barcot, secrétaire général, envoyait le même jour de Paris, à Gabriel Constantin une ordonnance des maréchaux de France qui enjoignait au sieur de la Hamelinière[1] et au sieur du Clos de se rendre devant le grand prévôt d'Anjou pour y régler leurs différends, suivant l'usage. Le 19 mai, Jacques Barabé, l'un des archers, se transporta au lieu de la Hamelinière, résidence de Samuel Pantin, chevalier, où il laissa une copie du mandement. Le 31 juillet suivant, François Chenu, sieur du Bois-Garnier[2], et René Chenu, sieur de Landormière, dînant à ce château de la Hamelinière avec l'abbé de Clermont, se prirent de querelle et, sortant de table, s'abordèrent à cheval dans l'avenue même, armés chacun de deux pistolets et d'une épée. Le sieur de Landormière resta mort sur place, l'autre fut blessé[3].

Le 4 mars 1682, sur les deux heures de l'après-midi,

---

[1] Hamelinière (la), hameau, cne de Chantoceaux. Ancien fief avec château et chapelle « très belle et bien parée », qui appartenait aux Pantin.

[2] Bois-Garnier (le), chât. et f., cne de la Boissière.

[3] *Dict. hist. de M.-et-L.*, t. II, p. 348.

le marquis du Lavoi et plusieurs autres gentilshommes de la province entraient à l'hôtel de la Croix-Verte, à Angers[1], où un seigneur étranger causait un scandale effroyable par ses violences. Ils le désarmèrent et chargèrent un archer de la maréchaussée, nommé Champfleuri, de remettre l'épée de ce forcené au grand prévôt. Mais l'archer, qui trouvait l'arme à son goût, la garda pour lui. Sur l'ordre de Gabriel Constantin, Pierre Tafforeau, autre archer, se transporta, le lendemain, au domicile de Champfleuri, pour le sommer de restituer l'épée, sous peine de prison.

Comme on vient de le voir, les archers étaient peu obéissants. Le 25 avril, M. de la Chaubruère, subdélégué des maréchaux de France en Anjou, se plaignait de l'insolence des sieurs de la Rochette et Saint-Arnoult, tous les deux également archers, qui avaient refusé de se conformer à ses ordres et d'aller trouver MM. de Cintré et de la Roche-Joulain[2], pour les inviter à venir régler leur querelle devant le grand prévôt. M. de Barcot en avisa Gabriel Constantin. Celui-ci somma les coupables de présenter leurs excuses et de se conformer aux commandements du subdélégué.

Au mois de juin, M. de Mézière demandait au juge des traites d'Angers de bien vouloir informer contre

---

[1] Il existait alors deux auberges de la Croix-Verte, l'une dans le faubourg Bressigny, l'autre dans la rue Courte. (Voir *Péan de la Tuillerie*.)

[2] Roche-Joulain (la), f., cne de Feneu. — Le seigneur de la Roche-Joulain était alors François de Goddes, sieur de la Perrière et de Varennes, aide-de-camp du duc d'Aumont, capitaine aux gardes françaises, époux de Lucie-Henriette Leclerc de Sautré.

M. de Vauperron qui lui avait donné un soufflet et un coup de canne, en présence des sieurs de la Fauvelaye, Fauvau, prêtre, et de Lombaye. Les parties et les témoins arrivent ensuite à la Lorie, avec le curé de Saint-Sauveur de Segré, le sieur Guyon, procureur fiscal du lieu, beau-père de M. de Mézière, Louis Terrial, sergent royal, et Laurent Guyon, archer. Gabriel Constantin condamna, le 4 juillet, le sieur de Vauperron à demander pardon à celui qu'il avait offensé, à lui rembourser une somme de dix-huit livres et à indemniser les témoins venus à Angers pour y déposer, sur l'assignation de Georges Gendron, sergent. Les deux adversaires promirent d'oublier le passé et de vivre à l'avenir en bonne intelligence.

Gabriel Constantin mourut le 22 janvier 1683. MM. Cupif et Renou, conseillers, furent députés, le lendemain, pour aller, de la part de la Compagnie, témoigner à sa veuve la part qu'elle prenait à son affliction [1]. Le 30 du même mois, le corps du grand prévôt fut inhumé dans l'église des religieuses de Sainte-Catherine d'Angers, après avoir été mis dans un cercueil de plomb [2]. Le 13 décembre, M. Gabriel Constantin, IIe du nom, fils du défunt, sous-lieutenant au gardes françaises, ayant été pourvu, après le décès de celui-ci, des charges de prévôt

---

[1] *Registres du siège présidial d'Angers*, publiés par M. Bougler dans la *Revue de l'Anjou*, 1861, p. 141. — « *Nota*. Que cette civilité n'avait point été rendue aux prévôts précédents et que la compagnie n'a pas assisté à son convoi. » (*Ibid.*)

[2] Audouys, Mss. 1005 de la Bibliothèque d'Angers. (*Famille Constantin.*)

général et provincial d'Anjou, « et après avoir rendu visite à tous MM. de la Compagnie, conduite par M. de Teildras-Cupif[1], conseiller, fut installé ès-dites charges ». Il vint siéger dans la chambre du Conseil, au milieu de ses collègues, « du côté de la place du doyen, conformément aux transactions et écrits faits avec son dit défunt père et de l'acte qu'il a donné avant son installation ». Il s'assit ensuite au banc des gens du roi « pendant qu'on a fait lecture en l'audience de ses lettres de provision et des actes de sa réception en la connétablie, M. le président Gohin président[2] ».

Le mardi 7 décembre, en vertu de l'ordonnance obtenue de M. le lieutenant général d'Angers, le 19 octobre précédent, par Anne Le Pelletier, veuve de Gabriel Constantin, on procéda à l'inventaire du mobilier du château de la Lorie, en présence de Gabriel Constantin, fils du défunt, de Jean-Baptiste Le Pelletier, prieur des prieurés de Sainte-Gemmes près Segré et de la Madeleine de Pouancé, curateur des demoiselles Madeleine, Jacquine et Catherine Constantin, ainsi que de Joseph, Jacques et Érasme Constantin, tous enfants mineurs du grand prévôt d'Anjou et d'Anne Le Pelletier. Cet inventaire est dressé par François Barabé, huissier et archer de la maréchaussée provinciale d'Anjou, assisté de

[1] Nicolas Cupif, président au Présidial, maire d'Angers en 1669-1671, était alors seigneur de Teildras près Cheffes.
[2] *Registres du siège présidial d'Angers*, *ibid.*, p. 145. — C'est en 1682 que Louis XIV, étant à Saumur, accorda aux membres du Présidial, en récompense de leur fidélité, la permission de paraître en robe rouge aux actions publiques et cérémonies. Des lettres patentes de 1683 confirmèrent cette décision.

Nicolas Berthelot, « marchand de soye et grossier et ancien consul de lad. ville d'Angers », et de Guillaume Sizé, « aussy marchand », tous les deux habitants de la paroisse Saint-Maurille, experts désignés par les parties pour l'estimation du mobilier.

On passe successivement en revue la cuisine, très bien garnie de tous les ustensiles nécessaires, la boulangerie, les chambres, l'orangerie, la salle d'armes, les logements des serviteurs, la basse-cour, la lingerie, la salle à manger, l'office, les appartements des maîtres, la cave, la chapelle, la menuiserie, les pavillons, les écuries, les dépendances de l'habitation, etc. Des tapisseries de haute lice d'Auvergne et de Bergame, représentant des personnages ou des paysages, couvrent les murs des pièces principales dont les lits et les meubles sont confortables. On remarque « *la Chambre de la Chisne* », qui est décorée d'une façon particulière et originale. Parmi les tableaux des chambres, il faut signaler : « *L'Histoire de l'Enlevement de la Belle Heleine, la Representation de Trois Déesses*, celle de la *La Fortune* » et d'autres moins importants [1].

Nous devons également relever, dans la salle à manger :

---

[1] On voit encore aujourd'hui, dans une des chambres du château de la Lorie, le portrait que nous reproduisons. Ce tableau représente : *Anne Pelletier, dame de la Lorie, mariée à Gabriel Constantin en 1652*; sur le fond, l'écu parti *Le Pelletier* et parti *coupé d'azur et d'argent à une montagne d'or en pointe*. On admirait autrefois aussi, « dans la chambre dite de la *Duchesse*, meublée à l'antique, xviie siècle, une belle tapisserie avec les portraits de la reine d'Angleterre, de la reine d'Espagne, de la duchesse de Longueville, de Mme la duchesse de Chevreuse et de la princesse de Mantoue ».

« Deux cartes, l'une de *France* et l'autre du *Canal de Languedoc* » ; dans un autre endroit : « Unze fusils de differentes grandeurs, et l'un d'iceux à deux coups, plus deux vieils mousquetons et deux halbardes » ; dans un pavillon : « Un jeu de billard de bois de noyer orné de son tapiz de drap vert et clous dorez : six billards de bois de Brezil garnis d'ivoire, sept billes d'ivoire, dix huict petits tableaux, une grande carte du *Monde,* huict autres cartes en tailles douces avec les gorges de bois noirçy ; deux autres tableaux, l'un d'*Une Nopce* et l'autre d'*Orphée,* peintures de Flandre, plus un grand tapy de toillé verte à couvrir led. billard... » La chapelle est pourvue de tout ce qui est utile à l'exercice du culte [1]. Trente-quatre pieds d'orangers et citronniers embellissent l'orangerie, ornée de huit grands pots de faïence, où s'épanouissent des jasmins ; on y voit aussi plusieurs autres « potées » de diverses fleurs. Dans un cabinet, on trouve : « cent quatre vingt quinze tomes de livres, reliés tant en veau qu'en parchemin, de differente grandeur... »

Dans les étables, on a réuni : « Trois vaches en poil rouge, de differents aages, quatre autres mères vaches, aussy en poil rouge, fors une en poil noir ; quatre tores de deux ans, fors une qui vient à troys ans, et trois veaux de l'année ; quatre cochons de l'année et une grande truye d'environ deux ans ; vingt-neuf pièces de bergail ; un

---

[1] La chapelle actuelle est une construction carrée du xviiie siècle, avec autel datant du xviie, rétable et deux beaux vitraux du xvie, que nous reproduisons. Ces vitraux représentent St *Georyes* et St *Jacques.*

grand mulet en poil brun et une asnesse en poil gris... »
Dans la cave : « Huict pippes un quart de vin, tant vieil
que nouvel, et dont il y en a trois quarts de vollier ». La
provision de linge est complète. Une série d'instruments
de jardinage est conservée dans une chambre spéciale [1].

Le 11 décembre, on visite « les métairies et closeries
de la Dusserye, de la Miossaye, de la Maison Neufve, du
Petit Vaududoz, du Grand Vaududoz, du Vieil Perrin,
de la Gaudinne, des Cormiers, du Soucy, du Ponceau, de
la Bottellerye, de la Bassetière, de la Beldantière », qui
sont bien garnies de bestiaux. La dame de la Lorie est
chargée de continuer à gérer ces domaines, comme par
le passé. Laurent Guyon, huissier, accompagne François
Barabé dans cette inspection rurale. L'inventaire est
contrôlé à Segré le lendemain, 12 décembre, par le sieur
du Poirier [2].

Le 29 décembre, les mêmes experts procèdent à l'inventaire du mobilier de la rue de la Croix-Blanche, à
Angers, où était mort Gabriel Constantin. Ils examinent
tour à tour : la cuisine, parfaitement outillée et approvisionnée, l'office, la vaisselle, l'argenterie, le mobilier, les
tapisseries de Flandre, d'Auvergne et de Bergame, les
objets de luxe, les tableaux, qui sont nombreux et intéressants, les appartements des maîtres et les chambres des
domestiques, le linge, très riche et très considérable, les
vêtements, les armes, les chevaux, les carosses.

Cet important document, que nous reproduisons aux

---

[1] Voir la pièce justificative n° VIII.
[2] Voir la pièce justificative n° IX.

pièces justificatives, est précieux pour l'histoire de la vie privée en Anjou au xviie siècle. Nous allons en détacher les indications les plus curieuses. Vaisselle et argenterie : « Des plats, assiettes, vases, cuillers, fourchettes, couteaux d'argent, un chandelier d'argent, poinçon de Paris, qui est un Cupidon tenant deux branches à mettre chandelles ou bougies, gravé aux armes dudict feu seigneur de Varennes. » — Objets divers : « Un tricquetrac avec ses dames, clez et cornes, le tout d'ebenne, yvoire et corne ; un rafraichissoir de marbre, avec son pied ; une pendulle ; une tapisserie de haute lice d'*Arnauld et Armide*, contenant sept pièces ; un cabinet d'ebenne grize avec des filets d'yvoire, orné de cuivre doré, une table pareille et deux guéridons, aussy d'ebenne et de même structure ; un grand mirouer, bordure d'ebenne de vingt huict pouces, orné de plaques de cuivre doré et à glace de Venise ; un petit coffre de vraye la Chisne, fermant à clef, en façon de bahut, avec soubassement de bois de noyer peint en noir ; douze pieces de veritables porcellaines, de differentes formes et figures, estant sur le susd. cabinnet d'ebenne ; un petit porte-bougie en filigrane d'argent ; d'autres grands mirouers à bordure d'ebenne ; d'autres porcellaines diverses ; quinze couvertures de cuir doré à couvrir des chaises et un tapy aussi de cuir doré. »

Tableaux : « Trois petits tableaux de mignature, dont l'un est *Une Magdelaine*, l'autre l'*Imaige de St Francois de Salle* et le troisième aussy une *Imaige de St Joseph* ; un petit tableau à quadre doré representant

L'ESCALIER DU CHÂTEAU DE LA LORIE

led. deffunct seigneur de Varennes, led. tableau marqué faict par le sieur de Nanteuil en l'an 1662[1]; un tableau de *Paisage;* un grand tableau d'une *Melancholie* à quadre quarré et doré; un autre tableau d'une *Suzanne entre deux vieillards*, aussi à quadre quarré et doré; deux autres petits tableaux à quadres aussy quarrez et dorez, l'un de la *Representacion d'un enfant nud* et l'autre du *Petit Enfant Jesus;* deux autres tableaux dud. feu seigneur de Varennes et de lad. dame sa vefve; un autre tableau d'un *Paisage* et d'autres tableaux. »

Livres : « Huict tomes de differens livres de devotion; quatre vingt huict tomes de differens livres et la plus grande partie de nouvelle impression et composition. »
— Armes : « Trois mousquetons, dont l'un à deux coups, avec deux bandollières de cuir jaulne; deux espées, l'une de garde et poignée d'argent, l'autre aussy d'argent doré, et deux autres petites espées, l'une de ducil et l'autre de cuivre doré, avec une petite poignée d'argent; trois bastons, l'un de commendant garny d'yvoire, l'autre en becquille d'yvoire ornée de cuivre doré avec le baston noir, et le troisième une cane avec sa pomme d'yvoire. »
— Vêtements. On lira avec intérêt, à la fin du volume, la liste des « habits, culottes, justaucorps, bas, écharpes, pourpoints, robes de chambre, chapeaux, manteaux, souliers, bottes, cravates fines ornées de dentelles et brodées, manchettes de luxe, perruques, bonnets, coiffes, chemises, camisoles, linge, etc. »

---

[1] Malgré nos actives recherches, nous n'avons pu découvrir les portraits de Gabriel Constantin et de sa femme qui figuraient dans cette maison de la rue de la Croix-Blanche.

Chevaux et carosses : « Trois chevaux de carosses, quatre autres chevaux de selle, un autre petit cheval entier; un grand carosse doublé par le dedans de velours rouge, quatre rideaux de damas, deux coussins de pareil velours rouge et deux grandes glaces de Venise; un carosse de dueil, doublé au dehors et au dedans de drap noir; plus un autre vieil petit carosse de campagne, doublé de cuir noir...[1] » Cet inventaire fut contrôlé à Segré le vendredi 31 décembre 1683.

Enfin, du 18 au 21 avril 1684, on procéda à l'inventaire des papiers du défunt, trouvés dans la maison de la rue de la Croix-Blanche, à Angers, dont nous avons donné, au cours de notre récit, les extraits les plus intéressants[2]. Le 5 janvier, signification avait été faite des ordonnances des maréchaux de France, au nom de M. d'Autichamp, gouverneur de la ville et du château d'Angers, et du grand prévôt d'Anjou, à M. Tripier, écuyer, sieur de Beauverger[3], et à R. Tripier, sieur du Bois[4], son frère, « demeurant en la maison de la demoiselle leur mère en la paroisse de Vriz en Bretagne ». Ils étaient cités à comparaître le 15 du même mois « pour estre reglez de leurs differans audit chasteau ». L'huissier eut six livres pour sa vacation.

Balthasar Legras, écuyer, sieur de l'Augardière[5], poursuivi par Étienne de Carré, sieur de la Gaudurie, lieute-

---

[1] Voir la pièce justificative n° X.
[2] Voir la pièce justificative n° XI.
[3] Beauverger, f., c^{ne} de Marans.
[4] Bois (le), f., c^{ne} de Chazé-sur-Argos.
[5] Augardière (l'), f., c^{ne} d'Andrezé.

nant de la maréchaussée générale d'Anjou, qui l'accusait de violences sur sa personne[1], fut emprisonné à Angers le 4 mars 1685, par ordonnance des maréchaux de France. L'instruction fut faite à Montfaucon. Au bout de huit mois, le sieur de l'Augardière écrivait aux auteurs de sa détention pour leur dire que le séjour sous les verroux lui avait causé, « outre une perte considerable de biens, une très grande maladie par les misères et le mauvais air de la prison, laquelle luy augmente tellement qu'il est en danger de sa vie, comme vos Grandeurs pourront voir par les certificats des medecins, chirurgiens et apotiquaires attachez à la presente supplicacion. » Il demande à être mis en liberté. Son ennemi est mort depuis quatre mois et il est d'accord avec son fils, M. de la Roulière. Le captif déclare qu'il a servi pendant quatorze ans dans le régiment d'infanterie d'Épagny et dans le régiment de cavalerie de Brégy, en qualité de lieutedant, et sept ans et demi dans les gardes du corps du Roi, dans la compagnie de M. le duc de Gèvres. A cette lettre est ajoutée la note suivante : « Quoy que je n'aies encore erseu auquenne satisfacion du sieur de Logardiere je consan que la faiere qui est devant nos segneurs les marechaux de France soict ranvoiée devant mesesieur

---

[1] « Lequel sieur de la Roullière auroit dit et representé que ledit sieur de Logardière, il y a quinze à seize moys, seroit allé, la force à la main, en la maison dud. feu sieur de la Godurie, son père, où, soubs un pretexte leger d'offence, il l'auroit exedé et maltrailté de coups de la maniere la plus indigne que l'on puisse maltrailter un gentilhomme. Il a persisté en sa plainte et demandé les reparations deües tant à la memoire dud. feu sieur son père qu'à luy, veu l'interest qu'il a dans une injure quy le touche de sy près... »

de la Roche Bardoul et de Getay, qui ont conoissance de la faiere, pour estre jugé définitivement comme il le jugeront à propos. Fait à Paris le 18 novembre 1684. François de Carré de La Roulliere, garde du corps du Roy... » M. de Marcé était alors premier lieutenant de la maréchaussée générale d'Anjou. La réponse des maréchaux de France, accédant à la demande du sieur de l'Augardière, est datée du 4 décembre. Baillif, docteur régent en la Faculté de médecine d'Angers, délivra, le 30 du même mois, un certificat constatant la maladie du prisonnier.

Paul de la Brunetière, chevalier, seigneur du Plessis-de-Gesté[1], se rendit à Angers pour y accomplir sa mission et travailler au jugement du différend, concurremment avec le sieur de la Roche-Bardoul[2]. Mais ce dernier était tombé gravement malade et il ne vint pas au rendez-vous fixé par son collègue qui se transporta seul auprès du captif. Celui-ci offrit de nouveau de donner au fils de son adversaire toutes les satisfactions reconnues nécessaires. Voici la fin de la sentence qui termine l'affaire : « Nous ordonnons aud. sieur de Laugardière d'eviter autant qu'il lui sera possible la rencontre du sieur de la Roullière, qu'il s'abstiendra d'entrer en tous lieux où il sera, mesme s'il se trouvoit par inadvertance en lieu où le sieur de la Roullière seroit le premier, qu'il en sortira sans y faire aucune demeure, que se trouvant l'une et

---

[1] Plessis (le), chât., c^{ne} de Gesté. Ancien fief relevant de la Forêt-Clérambault.
[2] Roche-Bardoul (la), f., c^{ne} de Chemillé.

l'autre en une mesme rue ou mesme chemin, led. sieur de Laugardière[1] observera de quel costé sera led. sieur de la Roullière et passera de l'autre, qu'ils s'abstiendront respectivement de toutes parolles ou discours desobligeants ou offensants et leurs deffendons toutes voyes de faict sous les peines portées par les ordonnances. » Ce jugement est daté d'Angers, le 3 janvier 1685. Le prisonnier fut rendu à la liberté le lendemain.

[1] Balthasar Legras portait : *D'argent à cinq fasces de sable, tes trois du milieu chargées de cinq fusées de gueules*. Selon une tradition populaire, deux frères de la famille Legras se seraient entretués. « La « tradition se justifie à peu près, dit M. C. Port, par un acte du « 4 juillet 1686, qui relate la sépulture, sous le banc des seigneurs, dans « l'église d'Andrezé, de Balthasar Legras, chevalier, seigneur de l'Au- « gardière, et de René de la Vallée, son beau-frère, « décédés le 2 juillet, « à la même heure ».

CHAPITRE IV

(1685-1688)

Louis de Bechameil, marquis de Nointel, intendant de la généralité de Tours, ordonne au grand prévôt d'Anjou de transférer secrètement « la nommée Chevalier » des prisons d'Angers à Paris, chez Mme de Miramion. — Les pensionnaires de la communauté des Pénitentes d'Angers. — Procès-verbal et procédure concernant les sieurs René Beauxamis et Pierre Prévôt, sieur de la Giraudière, prêtres de Pouancé, auxquels il avait été enjoint, par deux lettres du petit cachet, de se rendre au Séminaire d'Angers, pour y demeurer jusqu'à nouvel ordre. — M. de Meaussé, fils aîné du sieur de Coulaines, est cité à comparaître devant le grand prévôt d'Anjou. — Gabriel Constantin, IIe du nom, conseiller du roi, grand prévôt d'Anjou, correcteur de la Chambre des Comptes de Bretagne, est élu membre de l'Académie d'Angers. — Nouvelles poursuites contre le laquais de M. Lefebvre de l'Aubrière, conseiller au Parlement de Bretagne, accusé d'avoir « rompu un banc du Roy et les armes de Sa Majesté dans la paroisse d'Andard ». — Démêlés entre René de Colasseau, écuyer, sieur de Briacé, et François et Alexandre Drouillard, écuyers. — Mariage de Gabriel Constantin, IIe du nom, avec Perrine-Renée Leclerc des Émereaux. — Évasion des nommés Des Chaufours et Beaulieu, détenus au château d'Angers. — Interrogatoire de Claude Mangore, dit Des Rochers, caporal dans la compagnie du sieur de Reyhepont, capitaine au régiment de Piémont, de Joseph Margariteau, dit La Verdrye, soldat, de François Bellanger, dit Des Jardins, et de Pierre Sauleau, dit La Saulaie, autres soldats de la garnison, qui avaient monté la garde pendant la nuit de l'évasion. — Rapport des experts. — Les prisonniers du château d'Angers sous Louis XIV.

Le grand prévôt d'Anjou recevait, le 2 mai 1685, la lettre suivante qui lui était adressée par M. Louis de Bechameil, chevalier, marquis de Nointel, conseiller du roi en ses conseils, maître des requêtes ordinaire de son hôtel, « commissaire departy par Sa Majesté pour l'execution de ses ordres en la généralité de Tours [1] » :

« Monsieur,

« J'ay receu ordre du Roy de faire retirer la nommée Chevalier des prisons d'Angers et de la faire conduire à Paris chez Mad^e de Miramion [2]. Comme Sa Majesté souhaite qu'elle y soit transferée de maniere qu'on ne puisse pas l'enlever, je croy qu'il faut prendre le party de l'y faire mener par un de vos lieutenans ou exempts, accompagné de trois ou quatre de vos archers au plus, et dans une chaise que vous feréz louer. Je vous en adresse l'ordre en blanc que vous remplirez de celuy de vos lieutenans ou exemps que vous choisirez. Je l'escripts à M^r le lieutenant general et à Mons. le procureur du Roy affin que vous concertiez avecq eux les mesures que vous prendréz pour l'execution de cette commission. Il me parroist qu'il faut surtout qu'on ne sache point le jour qu'elle partira, mais je vous prie de me le mander un

---

[1] Louis de Bechameil, marquis de Nointel, était conseiller au Parlement de Paris et maître des requêtes depuis le mois d'avril 1674, lorsqu'il fut nommé, en 1680, intendant de la Généralité de Tours. Il occupa les mêmes fonctions à Châlons, en 1689, et à Rennes en 1692. Il fut fait conseiller d'État en 1700 et mourut le 3 mars 1703. Après le décès de son père, il avait été pourvu, en survivance, de la charge de surintendant des maisons, domaines et finances de Philippe, Monsieur, frère du roi. Il avait épousé Marie Colbert dont il eut plusieurs enfants. Il portait : *D'azur au chevron d'or accompagné de trois palmes de même*. Son portrait figure dans la belle galerie des tableaux de famille conservés au château de Brissac.

[2] Voir l'ouvrage intitulé : *Madame de Miramion, sa vie et ses œuvres charitables, 1629-1696*, par A. Bonneau-Avenant. Paris, Didier et Cie, 1874.

peu auparavant et celuy à peu près que vous croirez qu'elle devra arriver à Paris. J'auray soin de faire rembourser toute la depense qui sera faite, qu'il faudra mesnager le plus que vous pourrez.

« Je suis, Monsieur, vostre très humble et très obéissant serviteur.
« DE NOINTEL.
« A Tours, le 30 avril 1685. »

Cette mystérieuse lettre, qui semble extraite d'un roman d'Alexandre Dumas et qui figurerait avantageusent dans *Les trois Mousquetaires*, avait piqué vivement notre curiosité. Nous avons voulu tenter de découvrir l'histoire de « la nommée Chevalier » et de savoir pour quelle raison elle avait été enfermée dans les prisons d'Angers. Mais nos recherches ont été vaines [1]. Le roi aidait alors les gentilshommes à cacher leurs secrets de famille, ainsi qu'à empêcher les scandales donnés par les enlèvements, le jeu et la débauche. C'est ainsi, sans doute, que le marquis de Nointel avait reçu ordre de Louis XIV de conduire, sous bonne escorte, cette dame, à Paris, chez Mme de Miramion, née Marie Bonneau de Rubelle, veuve de Jean-Jacques de Beauharnais, chevalier, seigneur de Miramion et de la Couarde, conseiller au Parlement de Paris, mort le 2 novembre 1645, après six mois de

---

[1] Nous avons seulement constaté qu'il existait alors en Poitou, pays natal de Mme de Miramion, une famille Chevalier, dont les membres étaient seigneurs de la Frappinière et d'Availles. Plusieurs filles de cette maison étaient religieuses dans la contrée, de 1687 à 1730. Toutefois, rien n'indique si notre prisonnière avait des liens de parenté avec ces Chevalier.

mariage. En 1685, Mme de Miramion était supérieure des filles de Sainte-Geneviève, dites Miramionnes, qu'elle avait fondées. Elle était, de plus, directrice d'une maison de retraite chez elle, pour les femmes du monde, et d'une Maison de filles repenties. On lui confiait souvent des jeunes filles de bonne famille qu'elle ramenait au bien, où dirigeait vers la vie monastique [1].

Le 15 juin de la même année, le marquis de Nointel, pour se conformer aux volontés du Roi, décidait que les

[1] On amenait souvent, de Paris et d'autres lieux du royaume, aux Pénitentes d'Angers, des filles et des femmes condamnées à une détention temporaire. On y trouve, en 1682, la dame Poulaillon ; la fille Suleau, dite Lacroix, « devineresse, » en 1695. « Il y a d'autres femmes encore plus méchantes que la dame Poulaillon, enfermées dans la Maison des Pénitentes d'Angers, » écrit Pontchartrain à la Reynie, le 8 mai 1697. Cette dame Poulaillon était d'une très bonne et très honorable famille de Bordeaux. Condamnée à être décapitée par les commissaires de l'Arsenal, le 7 juin 1679, pour avoir tenté d'empoisonner et de faire assassiner son mari afin d'épouser son amant La Rivière, qu'elle avait connu en arrivant à Paris, elle obtint la commutation de sa peine en bannissement perpétuel et fut enfermée aux Pénitentes d'Angers pendant huit ans. Elle demanda, en 1697, à passer aux Bernardines. La Supérieure des Pénitentes était favorable à ce désir. L'année précédente, (le 17 août 1696), Pontchartrain écrivait à la Reynie pour lui dire qu'il avait appris que la demoiselle de Courcelles, épouse du sieur Prevost, âgée de 28 ans, « devineresse, » femme de mauvaise vie, « qui avoit vécu en débauche », condamnée au bannissement hors du royaume et envoyée aux Pénitentes d'Angers, le 16 octobre 1695, avait eu commerce avec la Dumirail, malgré les défenses de l'autorité supérieure. Le même jour, il enjoint à la religieuse chargée de la direction de l'établissement d'être plus vigilante dans l'exercice de ses fonctions. Le 26 du même mois, il charge M. d'Autichamp de faire corriger durement la Dumirail. Cette femme mourut le 21 mai 1697. Le 15 septembre suivant, Pontchartrain recommande à la Supérieure d'user de sévérité vis-à-vis de la Prévost, « en la châtiant et l'enfermant dans un lieu sûr. » Ces intéressants détails sont extraits des *Archives de la Bastille*, *Documents inédits*, publiés par François Ravaisson, conservateur-adjoint à la Bibliothèque de l'Arsenal.

sieurs René Beauxamis et Pierre Prévôt, prêtres, absents sans permission du Séminaire d'Angers, où ils étaient enfermés par son ordre, y seraient immédiatement réintégrés[1]. Afin de pourvoir à leur nourriture, il arrêtait que « leurs fruits et revenus » seraient saisis, « pour les deniers en provenant estre baillez et delivrez au supérieur ou procureur dudit seminaire, avec deffense aux debiteurs de s'en dessaisir en d'autres mains, à peine de payer deux fois et de tous despens, dommages et interrests ».

Le prévôt de la Maréchaussée d'Anjou fut aussitôt avisé de cette décision, datée d'Angers et signée Bechameil. François Gourand, Pascal Dupré et Laurent Guyon, archers, furent désignés par Gabriel Constantin, IIe du nom, pour se transporter dans la paroisse de Saint-Aubin de Pouancé[2], afin d'y mettre l'ordonnance à exécution, en vertu d'un ordre du 30 juin. Les deux personnages nommés dans les instructions du marquis de Nointel étaient justement redoutés de toute la contrée, ainsi que

[1] Dès le 23 novembre 1684, M. de Nointel adressait à Gabriel Constantin, IIe du nom, deux lettres de cachet, du 13 du même mois, relatives à ces deux prêtres, accusés de discours et d'actions blâmables, et leur enjoignant de se rendre immédiatement au Séminaire d'Angers. L'ordre leur en avait été signifié par Jacques Haran, archer de la maréchaussée provinciale d'Anjou, le 28 novembre. Tous les deux avaient apposé leur signature au bas de la copie, « pour certification d'avoir receu la lettre de petit cachet ». — Le logis Barrault, acquis en 1673 de Raoul Chalopin, sieur de la Bouchetière, par Joseph Lecerf, servait alors de Séminaire.

[2] La paroisse de Saint-Aubin formait une seigneurie distincte de la baronnie de Pouancé et qui avait été distraite au XVIe siècle de la seigneurie de Beauchesne au profit de Jean de l'Espine. Elle appartenait aux seigneurs de Baugé. (*Dict. hist. de M.-et-L.*, t. III, p. 171).

le prouve la lettre suivante adressée par le curé de Pouancé à « Monsieur, Monsieur Le Grand Provost d'Anjou à present en son chasteau de La Lorie. A La Lorie » :

« Monsieur,

« J'esperois que M^{rs} vos archers arrestroint prisonniers les deux prebstres, suivant les ordres du Roy, mais ayantz esté avertis, ils n'ont pu. Je croy que je le pourois faire, si j'en avois l'ordre, car ils ne se pouroint tant cacher qu'à quelque heure je ne susse le lieu où ils seront, et, lors qu'ils n'y seroient plus, il faut tout faire pour les empescher dire la messe, s'ils voulloient le faire, car ce sont des hommes viollands et qu'on ne peut reduire que par la grande force. Je vous suis, Monsieur, très obligé de la part que vous voullez bien prandre à la cause commune. Je vous suplie très humblement excuser ma liberté, estant, avec très profond respec,

« Monsieur,

« Vostre très humble et très obeissant serviteur,

« MARCHANDYE, curé de Pouancé.

« A Pouancé. Le 5 juillet 1685. »

Le 16 juillet, M. de Nointel annonce à Gabriel Constantin qu'il lui adresse une lettre écrite par les sieurs Beauxamis et Prévôt. Les deux prêtres y ont ajouté les sommations qu'ils viennent de faire au directeur du Séminaire de les recevoir. Ils prétendent n'avoir pas de quoi payer leurs pensions. L'intendant rappelle au grand prévôt que le roi a ordonné la saisie de leur temporel et a décidé que c'est avec cet argent qu'ils devront être nourris. Le 23 du même mois, Laurent Guyon, huissier immatriculé au siège présidial d'Angers, demeurant à la Chapelle-sur-Oudon, se rend à Pouancé. Il met aussitôt arrêt sur les biens de René Beauxamis et de Pierre Prévôt entre les mains de Julienne Doussin, veuve de Jean-Baptiste Boisnault. L'huissier interdit à cette femme de payer à Prévôt le fermage du Bois-Cochin. Il va ensuite prendre gîte à l'hôtellerie du *Cheval Blanc*. Le lendemain dimanche, « pour le respect et la reverance du saint jour », il interrompt l'exécution de l'ordonnance.

Le lundi 24, il achève sa besogne en interdisant à Clément Vallée, cordonnier, Mre Jean Homo, N. Fourier, veuve de René Goullier, « dite du Buisson », Louis Leray, laboureur, Pierre Poullain, journalier, Marie Hayer, veuve d'André Hunault, tous domiciliés à Pouancé, de verser aux deux prêtres les deniers qu'ils leur doivent. Il saisit également la moitié par indivis des grains et des fruits des fermes de la Grande et de la Petite-Giraudière et de la Tivinaie, exploitées par Maurice Letourneux, la veuve Pierre Houddée et Jean le Gendre.

Notre homme prend les mêmes mesures vis-à-vis des autres biens ruraux. Il cite : la vigne, cultivée par Beauxamis, « joignant la terre du sieur Coiscault, prestre, et celle de la cure ; la piesse de la Roche, non ensepmancée ; le jardin dudit Beauxamis ; le regeing et erbage du pré Cochin ; la piesse de la Petite-Lardière ; la pièce de la Vigne, le champ Coustard, non ensepmancés ; le regeing et erbage du Grand Pré, clos situé près le moulin à vant de Daugé ; celuy d'un autre petit pré sittué proche ledit Grand Pré joignant le pré du s⁰ de la Forrest d'Armaillé ; deux boisselées de terre dans la piesse de Bourgelais, non ensepmancées ; la pièce de terre nommée le Champ du Boys-aux-Moines, ensepmancée en bled noir ; la pièce de la Roche, non ensepmancée ; la moityé des effouilles des bestiaux desdits lieux de la Grande et la Petite-Giraudière et la Tivinaye. » « Jean Herbert, seiller, Nicolas du Chesne, rouettier, Maurille Letourneux et Jean Legendre, closiers, Mathurin Begu, hoste, Mathurin Chauvin, metayer », sont chargés de l'administration de ces biens. Le 25 août, les différents héritiers de défunt M͞re Pierre Beauxamis, en son vivant curé de Saint-Aubin[1], assistés de M͞re René Robin, avocat à Pouancé, s'opposaient à la saisie.

Un mémoire de Marchandye, le nouveau curé de Pouancé, nous renseigne sur les faits et gestes de René Beauxamis et de Pierre Prévôt, prêtres habitués en l'église paroissiale de Saint-Aubin. Voici un extrait de ce document : « Lesd. s͞rs ont esté mis au Seminaire d'Angers, par ordre du Roy, et ils ont sorty, sans permission, après y avoir esté, scavoir ledit s⁰ Beauxamis environ six mois et ledit s⁰ Prevost deux mois, d'où il

---

[1] Pierre Beauxamis, curé de Saint-Aubin de Pouancé dès 1661, mourut le 19 juillet 1676, âgé de 65 ans. René Marchandye fut curé de la même paroisse de 1682 à 1694. Il permuta à cette époque.

alla à Paris, où il a esté environ quatre mois. Ils sont de retour à Pouancé, scavoir led. Beauxamis le 15 may dernier et le sⁱ Prevost le 22 may suivant, sans avoir faict signiffier la permission de sortir dud. Seminaire. Ils continuent à vivre sans dependances, disant la messe, sans approbation de Monseigneur l'Evesque d'Angers[1] et faisant du mal à tout le monde, particullierement à ceux qu'ils croient avoir demandé leur chastiment.

« Le curé dudit Sⁱ Aubin ne peut estre en sureté de sa vie et n'ozera plus administrer les saincts sacremens aux paroissiens, parce que ces prestres le menacent et se vantent qu'ils le tüeront, de tout quoy ledit sⁱ curé a faict plaingte à Monseigneur l'Intendant, pour le supplier très humblement luy faire justice, autrement il seroit contraint, si ces prestres demeuroient à Pouancé, abandonner l'administration des sacremens... »

Le curé énumère les ressources de Beauxamis et de Prévôt. Les biens de Beauxamis valent cinquante livres de rente. Il a, en outre, une chapelle, appelée la chapelle de Saint-Jacques, desservie en l'église Saint-Aubin, dont le temporel monte à quatre-vingts livres. Il peut même vivre à l'aide des « gaignages de lad. église », sans toucher à ses revenus. Prévôt a cent cinquante livres de rente, qu'il prélève sur ses closeries. Il est titulaire de deux chapelles, celle de Saint-Maurice et celle de Saint-Jacques, desservies aussi dans l'église paroissiale, qui lui rapportent ensemble quatre-vingts livres. Les bestiaux des fermes des deux amis représentent plus de cinq cents

[1] Henri Arnauld, évêque d'Angers, de 1650 à 1692.

livres. Les meubles, qui ont été cachés avec les autres effets, peuvent être estimés à la même somme. En résumé, ces prêtres ont parfaitement le moyen de payer leur pension au Séminaire d'Angers.

Nous trouvons, dans le mémoire adressé par le même curé au prévôt de la maréchaussée d'Anjou, des détails complémentaires, fort peu édifiants, qui expliquent et justifient son ardent désir d'être débarrassé d'un voisinage aussi dangereux. Il a tout à redouter de ses ennemis irréconciliables et il s'est plaint déjà, plusieurs fois, de leurs violences, depuis trois ans et demi. Les rebelles ont publié contre lui un libelle diffamatoire et scandaleux. Ils vivent dans le désordre et le dérèglement. A diverses reprises, ils ont prononcé en public des paroles outrageantes « contre la personne auguste et sacrée du Roy, au lieu du *Domine salvum fac regem*, qu'ils ne voulloient chanter, insultant mesme ceux qui le chantoient ». Après avoir été obligés de se retirer du Séminaire d'Angers, comme nous l'avons dit, ils l'ont quitté et sont revenus à Pouancé.

Le 15 juin, continue l'auteur du mémoire, une ordonnance de prise de corps a été rendue contre eux pour les forcer à réintégrer le lieu qui leur avait été assigné, mais ils ont refusé d'obéir. Prévôt se promène dans le bourg de Pouancé, armé d'un fusil, ce qui est expressément défendu aux ecclésiastiques par les ordonnances de l'Église et de Sa Majesté. Pendant plusieurs jours, couchés sur le ventre et munis de leurs armes, ils ont attendu le curé dans un champ où il a l'habitude de se

LE CHÂTEAU DE LA LORIE

promener pour voir si son froment rouge commence à lever. Mais celui-ci a été averti et il s'est tenu sur ses gardes. Prévôt ne cesse de menacer le suppliant de le tuer, si bien que Marchandye, qui doit aller administrer, la nuit, les sacrements à ses paroissiens, craint sans cesse pour sa vie. Récemment, ce féroce personnage a été vu « déguisé en relligieux blanc, affin de surprandre plus facilement » son rival ! Les deux forcenés veulent tenter quelque mauvais coup, avant de sortir du pays, et ils ont pillé les bois de M. de Villeroy[1], malgré les gardes. Marchandye supplie donc le prévôt de la maréchaussée de venir à son secours.

Le 18 février 1686, sur le commandement de Monsieur Legrand, prévôt d'Anjou, signé par Gabriel Constantin, Claude Gibert, huissier, archer de la maréchaussée, demeurant à Thouarcé, remettait à François Chauvireau, dit l'Angevin, « vallet domestique », la copie de l'ordonnance des maréchaux de France relative à M. de Meaussé, fils aîné de M. de Coulaines, demeurant au château des Marchais. Cette habitation, située dans la paroisse de Faveraie, appartenait alors à Charles-Joseph de Meaussé, un des cent gendarmes de la garde, fils de François de Meaussé, époux de Marie de Fontenelle[2]. Gabriel Constantin, II° du nom, fut nommé, en 1686, membre de l'Académie d'Angers[3].

---

[1] Par contrat du 21 avril 1678, le maréchal François de Neuville, duc de Villeroy, mari de Marie-Marguerite de Cossé-Brissac, avait acquis la terre de Pouancé de son beau-père.

[2] *Dict. hist. de M.-et-L.*, t. II, p. 589.

[3] La création de l'Académie d'Angers, composée de trente membres, avait été autorisée par lettres-patentes du 10 juin 1685. L'installation se fit le 1er juillet 1686.

La même année, un état des revenus et dépenses de la famille Constantin fut dressé le 27 mars ; un autre fut rédigé le 27 avril 1688. On y voit d'abord que la moitié des gages des charges de receveur des tailles d'Angers, dont est pourvu M. Mydorge, revient en commun, pour l'année 1687, à deux mille cent quatre-vingt-treize livres ; seize charges d'archers de la maréchaussée générale d'Anjou appartiennent aussi en commun à Gabriel Constantin et à ses parents ; les gages de la charge de lieutenant en cette maréchaussée, attribuée à Monsr de la Giraudière-Payneau, reviennent pour trois quartiers à neuf cents livres. La pension de l'abbé Le Pelletier est de huit cents livres et celle de Mademoiselle Jacquine Le Pelletier est évaluée à mille livres. Madame de Varennes est allée à Paris, en 1686, afin de régler le reste des dettes de René Le Pelletier. Deux millions quarante mille deux cent cinquante livres d'une part et deux mille neuf cent quatre-vingt-six livres de l'autre composent le reliquat du compte.

L'affaire du laquais de M. Lefebvre de l'Aubrière, conseiller au Parlement de Bretagne, poursuivi pour avoir rompu « un banc du Roy et les armes de Sa Majesté dans la parroisse d'Andard », fut reprise en 1687. Gabriel Constantin, assisté de Barabé, son greffier, se transportait, le lundi 28 avril, sur les huit heures du soir, à la maison seigneuriale de Beuzon, près Écouflant[1],

---

[1] Beuzon, chât. et f. c^{ne} d'Écouflant. — Françoise Bluyneau, veuve de François Lefèvre, président au Parlement de Bretagne, avait reconstruit le château vers 1630.

mais il ne parvint pas à s'emparer du délinquant qui avait fui.

Le 28 décembre de la même année, René de Colasseau, chevalier, seigneur de Briacé et de Bouillé, se présentait devant Louis Quélier, écuyer, sieur du Grand-Marcé [1], conseiller du Roi, premier lieutenant de la maréchaussée générale d'Anjou, époux de Marie Bucher, assisté du greffier Mre Nicolas Marais. Il se plaignait des mauvais procédés de François et Alexandre Drouillard, qui répandaient des libelles et des chansons diffamatoires contre lui et contre sa femme, Charlotte de l'Épinay, chassaient journellement sur ses terres et le menaçaient de mort, en se vantant hautement de le tuer prochainement. Le seigneur de Briacé déclarait qu'il avait été obligé de mettre l'épée à la main, plusieurs fois, pour se défendre.

Il raconta que, revenant de la messe de Challain, le vendredi précédent, sur les onze heures du matin, il avait rencontré, sur le chemin qui mène de ce bourg à Candé, Alexandre Drouillard, qui l'y attendait. Ce dernier, qui s'appelle aussi le chevalier de la Barre, avait voulu obliger son adversaire à se mesurer avec lui ou avec son frère François. L'autre avait refusé, en disant que les ordonnances du roi interdisaient formellement les duels. L'affaire fut instruite et les témoins comparurent le 12 janvier 1688 devant le lieutenant de la maréchaussée. Voici leurs noms : Charlotte de la Rivière, Nicole Gaultier, François Baron, forgeron, et Marie Chazé, sa femme, Thomas Pipard, Madeleine Leroy,

---

[1] Marcé (le grand), f. c^{ne} de la Potherie.

Marie Legendre, Mathurine Gratien. Le chevalier de la Barre devait être conduit en prison pour y être interrogé.

Le 4 avril, François Drouillard, écuyer, sieur de la Barre, domicilié au château de la Bonnaudière[1], protestait contre les accusations du seigneur de Briacé devant Gabriel Constantin, assisté de Marc Le Merle, sieur de la Mothe, conseiller du Roi, assesseur à la Maréchaussée. Une sentence de M. Charles de Beaumont d'Autichamp, comte de Miribel, chevalier, « commandant pour le service de Sa Majesté au gouvernement d'Angers[2] », régla l'affaire. Il ordonna que les papiers dont se plaignait René de Colasseau lui seraient remis et interdit aux frères Drouillard de chasser, à l'avenir, sur les terres de leur voisin, qui, de son côté, devrait observer la même réserve vis-à-vis d'eux.

Le 8 janvier 1688, Gabriel Constantin, IIe du nom, épousait, par contrat passé devant Martin Fronteau-Gaudicher, notaire royal à Angers, Perrine-Renée Leclerc, fille de Mre Jean Leclerc, chevalier, seigneur des Émereaux[3], et de dame Renée Charlot. Présents : Joseph Constantin, prieur de Saint-Mars, Madeleine, Anne, Jacquine et Catherine Constantin, ses frère et sœurs. Le 12 du même mois, le mariage était célébré à Saint-Mau-

---

[1] Bonnaudière (la), chât. c[ne] de Challain.

[2] Cette charge se perpétua dans la famille jusqu'en 1789. Charles de Beaumont d'Autichamp fut membre de l'Académie d'Angers et en fut directeur en 1687. Il avait épousé en premières noces Louise de Rostaing et en secondes noces Françoise de Jouy. Il mourut le 25 mai 1692 et fut inhumé dans la chapelle du château.

[3] Manuscrit 1005 de la Bibliothèque d'Angers. — Voir la pièce justificative n° XII.

rille[1]. Le 18 novembre, on ondoyait à Saint-Michel-du-Tertre un fils des précédents, qui fut baptisé le 13 janvier 1689. Parrain : Mre Robert Constantin, chevalier, conseiller au Parlement de Bretagne. Marraine : Demoiselle Renée Gaultier, « dame des Bottes-Laurières », bisaïeule. L'enfant fut nommé *Gabriel-Félix*[2]. Une fille, appelée *Anne-Hermine*, fut ondoyée le 14 décembre 1689 dans la même église et baptisée le 10 janvier 1690. Parrain : Jacques Leclerc, écuyer, sieur de la Ferrière. Marraine : Dame Anne Le Pelletier, grand'mère de l'enfant[3].

Le 22 février 1691, on baptise un fils nommé *Camille*. Parrain : Me Jean-François Martineau, archidiacre de l'église d'Angers. Marraine : Dame Renée Charlot, épouse de Mre Jean Leclerc, écuyer, seigneur des Émereaux. Présents : Dame Renée Gaultier, bisaïeule de l'enfant, veuve de Mre Pierre Charlot, écuyer, « sieur des Bottes-Laurières », et Mre François Avril, seigneur de Pignerolles. Le 20 octobre 1692, un autre fils est ondoyé, puis baptisé le 10 novembre. On le nomme *Adolphe*. Parrain : Mre Jean Leclerc, écuyer, seigneur des Émereaux. Marraine : Madeleine Constantin, fille de feu Mre Gabriel Constantin, Ier du nom, et de dame Anne Le Pelletier[4]. Les généalogistes nous apprennent que d'autres enfants naquirent de cette union : *Jules*, chef de la seconde branche ; *Claude-Eugène*, qui fut seigneur de Bersenne,

---

[1] Manuscrit 1005 de la Bibliothèque d'Angers.
[2] *Ibid.*
[3] *Ibid.*
[4] *Ibid.*

capitaine dans le régiment de Piémont-Infanterie ; *François-Anne*, chanoine de l'église du Mans en 1721, prieur de la Roche-d'Iré en 1728, mort chanoine de l'église d'Angers en 1734. *Marthe-Mathilde* et *Julie*, qui ne se marièrent pas, à l'exemple d'Anne-Hermine. Nous parlerons plus loin de Gabriel-Félix. Jules-Camille, seigneur de Montriou, sous-lieutenant d'artillerie en 1724, combattit dès 1701 sur mer ; il mourut le 12 août 1725 au service du roi, par le naufrage d'un vaisseau du port de Rochefort, dit *le Chameau*, à l'entrée de la rivière du Canada[1].

Dans la nuit du jeudi 15 au vendredi 16 juillet 1688, une évasion eut lieu au château d'Angers, dont la garde avait été confiée au major Avril, en l'absence de Monsieur d'Autichamp, « lieutenant pour le Roy de lad. place ». Deux prisonniers, les nommés Des Chaufours et Beaulieu, détenus depuis deux ans par ordre de Sa Majesté, réussirent à s'enfuir au moyen d'une adroite « fracture, faicte sous une porte de bois condamnée, avec des barres de fer, laquelle est dans le fond de la chambre du costé droit du corps de garde dud. chasteau, en sortant ». Ils pénétrèrent ainsi dans une tour dominant les fossés de la forteresse. Ils y pratiquèrent une seconde ouverture, puis ils descendirent dans les fossés, au moyen d'une corde « faicte de laizes de linseuls », attachée à deux bâtons posés en travers d'une embrasure, et prirent la clef des champs.

---

[1] D'Hozier, Armorial général. Registre second. Première partie. A. Paris. MDCCLXI.

L'alarme fut donnée, le lendemain matin, par Claude Mangore, dit des Rochers, caporal de la compagnie du sieur de Reynepont, capitaine au régiment de Piémont, en garnison à Angers, qui vint pour visiter les prisonniers et trouva leur chambre vide. Averti de cette fâcheuse nouvelle, Gabriel Constantin monte à cheval, suivi de ses archers, qu'il divise en trois troupes, avec ordre de rechercher les fuyards et de les saisir par tous les moyens possibles. Le greffier, maître François Barabé, prévient Marc Le Merle, sieur de la Mothe, conseiller du roi, l'un des assesseurs en la maréchaussée, et le prie de se transporter immédiatement au château, pour y faire dresser « procès verbal de la fracture par expers et gens connaisseurs... »

Le Merle commence son enquête dans l'après-midi du vendredi 16 juillet. Il interroge le Major. Celui-ci lui dit que, la veille, la visite a été faite à sept heures du soir, selon l'usage, par La Montagne, sergent à la compagnie, qui est ensuite venu à l'ordre à neuf heures et lui a remis les clefs de la chambre où couchaient Des Chaufours et Beaulieu. « Tous les officiers et soldats de la garnison estans retirez, » Avril plaça la sentinelle sur le pont et ferma les deux portes du dehors, selon la manière habituelle. Prévenu de l'évasion, le lendemain matin, à sept heures, le Major se rendit au logement des prisonniers, avec le sieur de Caumont, lieutenant, et constata la fracture dont nous avons déjà parlé. Cette ouverture avait été pratiquée « par le moyen de la levée d'une grande pierre dure, qui faisoit partie du pavé de lad. chambre, qui a donné passage sous une porte condamnée et qui bouche l'entrée de la chambre dans la tour qui flanque le pont d'entrée du chasteau... Par ce moyen, estans entrez dans lad. tour, ils ont arraché quelques pierres de la gorge d'une ancienne embrasure, par laquelle ils sont sortis et descendus dans le fossé avec une espèce de corde faicte de leurs linceuls. » On suit, « dans led. fossé », la piste des fugitifs jusqu'au boulevard de la Basse-Chaîne [1] où est logé le capitaine de gabelle chargé de la garde du passage de la rivière.

Les sentinelles sont interrogées ensuite. Ces trois soldats, nommés Joseph Margariteau, dit La Verdrye, François Bellanger, dit Des Jardins, Pierre Sauleau, dit La Saulaie, ont monté la garde tour à tour ; le premier de dix heures du soir à minuit, le second de minuit à deux heures, et le troisième de deux heures à quatre heures du matin. La Verdrye a « redoublé » de quatre heures à six heures. Tous les trois n'ont rien remarqué de suspect pendant la durée de leur faction. La Verdrye ajoute qu'il s'est retiré sous la herse pendant la pluie d'orage qui inondait le pont. Les portes du château ont été ouvertes à quatre heures, selon la coutume. C'est Monplessis, soldat arrivant de la ville sur les sept heures du

---

[1] Pierre Donadieu de Puycharic avait construit, en 1592, le boulevard qui défendait les portes des Champs et de Toussaint et la place des Lices, abattu la Chambre des Comptes et le donjon pour en dégager l'entrée et les abords vers la ville. Les défenses furent complétées par le maréchal d'Aumont et le commandeur de la Porte, du côté de la Basse-Chaîne. Voir les quatre dessins que donne Bruneau de Tartifume, ms. 871, et un autre plus récent dans Berthe, ms. 897, f° 69. Voir aussi la nouvelle édition de Péan de la Tuillerie, p. 110, note 1.

matin, qui a vu le premier la corde attachée à l'embrasure et a donné l'alarme à la garnison. Le caporal Des Rochers s'est empressé d'ouvrir la chambre et a constaté l'évasion des prisonniers. Jamais les détenus ne recevaient d'autre visite que celle du médecin apothicaire ou du chirurgien. Ils n'ont pas eu de complice parmi les habitants d'Angers. Aussitôt, par ordre du Major, on arrête les trois soldats et le caporal de garde, puis on continue les perquisitions. Jacques Lointier et Guillaume Gaultier, maîtres maçons, procèdent à l'examen de la « fracture » et rédigent le procès-verbal de leur expertise[1]. Nous ignorons si les prisonniers évadés furent

---

[1] Les Archives de la Bastille contiennent la liste des prisonniers enfermés au château d'Angers par ordre du roi Louis XIV : M. de Beringhem, protestant, interné en 1686 ; MM. de Montginot, de Verdeille et de Romeron, « gens opiniastres dans la R. P. R., » en 1687 ; Philippe Leclerc de Juigné, sieur de Vrigny, fils de Georges Leclerc, baron de Juigné, et d'Élisabeth des Nouhes, mis à la Bastille après la révocation de l'Édit de Nantes, transféré en 1687 au château d'Angers, puis expulsé de France. Il avait épousé la veuve de Louis du Refuge. Crosnier, rédacteur au Mercure Burlesque de Hollande, associé à la comtesse de Roissy et à la Pallu, une de ses amies, qui pratiquaient les avortements avec une rare habileté. Il servait d'entremetteur et vendait des livres de sorcellerie. Le 24 mai 1687, Seignelay écrivait à M. d'Autichamp pour lui annoncer l'envoi de Crosnier et le prier de le garder soigneusement. En 1690, Crosnier se déclare protestant. Il voulait ainsi obtenir d'être mis hors du royaume comme les autres religionnaires prisonniers au château et précédemment renvoyés. M. de Lambert, chanoine, « dont la conduite a paru suspecte, » envoyé par Pontchartrain le 9 août 1691. Sa nourriture était payée 50 sous par jour. Il était mort le 3 juillet 1692. Crosnier s'évada en 1695, au moyen d'une ficelle qu'il avait faite de plusieurs écheveaux de fil qu'on lui avait permis d'acheter pour tricoter des bas, avec laquelle il descendit des murailles du château, « quoique très hautes. » Pelissier, de Toulouse, « visionnaire, » et Bligny, qui « se mêlait de mauvais livres, » internés en 1695 également. Ce Pelissier prétendait avoir trouvé le secret de la pierre philosophale. Arrêté par M. de Zurlauben en 1694, il avait d'abord été mis à la Bastille. Il fut rendu à la liberté le 17 octobre 1697. Sa femme, Marguerite de la Tour, avait été enfermée à la Salpêtrière.

repris ou s'ils réussirent à se soustraire aux actives recherches du grand prévôt.

Un rapport apostillé de M. d'Argenson, en février 1700, constate que Daniel de la Roque, originaire de Vitré, âgé de 40 ans, « accusé d'avoir fait commerce de livres défendus, » a été en prison au château d'Angers pendant six mois, puis a été transféré dans celui de Saumur. — Les femmes étaient aussi détenues dans cette même forteresse. On y voit Anne Robert, transférée de Belle-Isle, en 1693, impliquée dans l'affaire des empoisonnements, enfermée ensuite au couvent de la Visitation de Sainte-Marie du Mans. Mme de la Contaudière, « religionnaire opiniastre, » en 1694. Le 25 décembre 1709, M. d'Autichamp écrit à Voisin qu'il y a cinq femmes prisonnières au château d'Angers. Chacune recevait du roi 12 sous par jour, « tant pour leur nourriture, chauffage que blanchissage et beaucoup d'autres necessités. » Le vivandier déclarait ne pas pouvoir continuer à leur fournir les aliments, s'il n'était pas payé en argent comptant de tout le passé, car l'année avait été désastreuse et la disette terrible. Quatre de ces femmes étaient détenues depuis trente-deux ans en 1712. M. d'Autichamp réclamait leur mise en liberté. (*Archives de la Bastille, Documents inédits, ibid.*). — Nous avons parlé, plus haut, de la communauté des Pénitentes d'Angers. « Cet établissement, destiné à recueillir des femmes et des filles vivant dans le désordre, fut autorisé par lettres-patentes de mars 1642, et par la ville, le 3 juillet 1643. » Il fut installé dans un riche hôtel qui dépendait de l'abbaye Saint-Nicolas. « Les pensionnaires entretenues par leurs familles portaient l'habit du monde ; celles à la charge de la maison étaient vêtues de bleu. » L'hôtel des Pénitentes, maison vraiment remarquable, a été décrit par M. C. Port dans le *Dict. hist. de M.-et-L.*, t. I, p. 74, et dans la nouvelle édition de la *Description de la Ville d'Angers*, par Péan de la Tuillerie, pp. 478-479.

CHAPITRE V

(1688-1689)

Altercation, au château de Narcé, entre François Amys, écuyer, sieur du Ponceau, et Laurent Aveline, écuyer, sieur de Narcé, en présence de Louis d'Héliand, écuyer, abbé d'Ampoigné, et de plusieurs autres personnes. — Les deux adversaires sont cités à comparaître devant Louis Quélier, écuyer, seigneur du Grand-Marcé, conseiller du roi, premier lieutenant de la Maréchaussée générale d'Anjou, pour y faire leurs déclarations respectives. — Gabriel Constantin, IIe du nom, assiste à une assemblée de la Communauté des habitants de Château-Gontier. — Arrestation d'Isaac Georges, dit La Roche, marchand mercier, demeurant à Angers, sur la Place-Neuve, chez Pelissier, marchand brodeur, et de Samuel Pelisson, sieur de Montigny, en Quelaines, protestants nouvellement convertis, accusés d'avoir contrevenu aux édits du Roi et d'avoir entretenu des intelligences secrètes avec les ennemis de Sa Majesté réfugiés en Angleterre et en Hollande. — Interrogatoires des deux prisonniers amenés dans l'ancienne chapelle des prisons royales. — La Roche est transféré au Mans. — Ordre du Roi de conduire au château de Loches, le nommé Fouace, enfermé dans celui d'Angers. — Plaidoyer de Charles Gontard, sieur du Pin, en faveur de Jean Morillon, détenu dans les prisons du Roi à la requête de Gilles Duriot, sieur de la Durasserie, qu'il avait défié. — L'avocat demande que son client soit mis en liberté.

Le mardi 17 août 1688, François Amys, écuyer, sieur du Ponceau, habitant ordinairement en son logis de « Cherelles, paroisse de Bourg[1] », province d'Anjou, se présentait, en vertu des ordres envoyés le 15 du même mois par M. de la Varanne, devant Louis Quélier, écuyer, sieur du Grand-Marcé, conseiller du roi, lieutenant en la maréchaussée générale d'Anjou, pour lui exposer ses griefs contre Laurent Aveline, écuyer, sieur de Saint-

---

[1] Chérelles, ferme c[ne] de Soulaire-et-Bourg.

Mars et Narcé[1], demeurant habituellement dans sa maison, paroisse de Saint-Michel-du-Tertre, qui l'avait, disait-il, gravement offensé. La déposition de François Amys est très intéressante et présente un curieux tableau de la vie privée des gentilshommes, à la campagne, à la fin du xviie siècle. En voici le résumé :

Le jeudi précédent, 12 août, le sieur du Ponceau[2] était allé rendre visite à Laurent Aveline et à ses deux sœurs, Mesdemoiselles de Narcé, au château de ce seigneur, situé près de Brain-sur-l'Authion, à deux lieues environ d'Angers, « les croyant tous de ses amis et ayant coustume de les fréquenter souvent en cette ville. » Il arrive sur les dix heures du matin à Narcé, où il trouve les trois personnes qu'il désirait voir. On l'accueille très poliment, comme à l'ordinaire ; on l'invite « à déjeuner et boire un coup », en attendant l'heure du dîner. La conversation est animée et la réception cordiale. Chacun s'assied ensuite à sa place à table dans la salle à manger. Louis d'Héliand, abbé d'Ampoigné[3],

---

[1] Narcé, vill. et chât., c[ne] de Brain-sur-l'Authion. — Marie Duport était veuve de Laurent Aveline en 1713. — Les Aveline s'armaient : *D'azur au double chevron d'or, accompagné en chef de deux étoiles de même et en pointe d'une rose d'argent*, selon le Mss. 993. Audouys, Mss. 994, dit : *de deux étoiles de gueules et en pointe d'une feuille de même*. Le Mss. 14 dit : *... un chevron... et en pointe un croissant d'argent bordé de gueules*.

[2] François Amys, sieur du Ponceau, était fils de Pierre Amys, sieur du Ponceau, et de Marie Boylève. — Les Amys portaient : *D'argent au chevron de gueules, accompagné de trois feuilles de vigne de sinople, la tige en haut, posées deux en chef et une en pointe*. Devise : *Virtus et fidelitas*.

[3] Ampoigné, c[on] de Château-Gontier (Mayenne). — Les d'Héliand d'Ampoigné s'armaient : *D'or à trois aigles d'azur becquées et onglées de gueules, posées deux et une*.

« jeune gentilhomme écolier », âgé de seize ans, est présent. Le repas terminé, on continue à deviser et causer amicalement jusqu'à cinq heures du soir. L'abbé et la plus jeune des demoiselles se lèvent alors et jouent aux dames.

Désireux de regagner son logis, Amys salue la compagnie et se prépare à se retirer. Il demande si quelqu'un n'a pas des commissions à lui confier. Les deux sœurs veulent le retenir et l'invitent fort aimablement à rester jusqu'au lendemain. A ce moment, Aveline sort de l'appartement et, suivi de Louis d'Héliand, il gagne le bois voisin de l'habitation. Après avoir fait plusieurs tours de promenade, ils rentrent à la maison. Le sieur de Narcé ordonne à l'un de ses laquais « de tirer le cheval du sieur de Ponceau de l'ecurye et de l'attacher, sellé et bridé qu'il estoit, à la grille », puis il va à la cuisine, où il commande à l'un de ses gens de prendre la moitié des viandes destinées au souper, pour les porter, enveloppées dans une serviette, chez le nommé Prévôt, un de ses amis, demeurant au bourg de Brain-sur-l'Authion [1]. Il s'y rend, accompagné de l'écolier, à qui il dit, d'un ton mécontent, que François Amys ne lui plaît pas et qu'il voudrait bien « en estre defait ». A neuf heures du soir, ils reprennent ensemble le chemin du château.

Pendant ce temps, M. du Ponceau cherche à s'en aller. Les demoiselles renouvellent leurs amicales instances. Notre homme se laisse persuader. Il quitte son épée, la

[1] Brain-sur-l'Authion, canton S.-E. et arr. d'Angers. — La terre appartenait par acquit aux Rohan-Guéméné depuis 1642.

place sur un lit de repos, et suit les jeunes filles qui vont surveiller, dans la cour, « la mesurée des bleds que l'on avoit battu ledit jour ». La cadette reste ensuite à son poste, tandis que l'aînée conduit Amys dans le jardin. On rentre pour le souper, puis tous les trois vont dans le bois pour y goûter la fraîcheur après la chaleur accablante de la journée. Au bout de deux heures, l'une des demoiselles se plaignant de la migraine, on revient à la maison. M. du Ponceau souhaite le bonsoir à la compagnie et un valet, porteur d'un flambeau, l'introduit dans une chambre où il se déshabille et se met au lit paisiblement.

Après avoir lu pendant quelque temps, il éteint sa chandelle et s'endort. Soudain il est réveillé par la brusque apparition de Laurent Aveline. Il lui dit qu'il regrette de n'avoir pas eu l'honneur de souper avec lui. Mais l'autre lui réplique d'une voix furieuse : « Mordieu ! je ne trouve pas bon que vous soyez ici et je veux que vous en sortiez tout à cette heure, prenant avec la main la couverture pour l'arracher de dessus luy. » Amys, surpris de cette incartade inattendue, cherche à apaiser l'irascible seigneur, qui, loin de se calmer, lui assène un terrible coup de bâton. Poussé à bout, M. du Ponceau s'élance hors du lit et se rue sur son adversaire. D'une main, il le saisit à la gorge, et de l'autre il s'empare de son arme pour l'empêcher d'en faire usage de nouveau. L'abbé d'Ampoigné, accouru au bruit avec plusieurs autres personnes, sépare les combattants. Les demoiselles de Narcé surviennent à leur tour. Le malheureux Amys s'habille pendant que son ennemi l'injurie, le menace et le provoque en duel. « Croyant que quantité d'hommes qui parurent ayant façon de paysans pouvoient estre gens apostés par ledit de St Mars » pour l'assommer, l'infortuné se hâte de déguerpir, en disant seulement aux demoiselles : « Faut-il que je vous laisse à la mercy de ce brutal ! » Ces mots redoublent la colère d'Aveline qui se précipite sur l'imprudent pour le frapper encore une fois. Le coup, mal dirigé, atteint l'une des jeunes filles.

Enfin M. du Ponceau réussit à sauter sur son cheval. Mais l'autre le suit jusqu'au bout de l'allée, en brandissant son bâton et en apostrophant violemment son ennemi, « voyant qu'il n'avoit point de pistolets, non pas mesme son épée, qui luy fut neantmoings apportée et rendue en cachette dans le bois par le lacquais desdites demoiselles et par ledit abbé d'Ampoigné ». Amys se dirige alors vers Angers, où il arrive à minuit, très irrité de cette agression insolente et inexplicable. Le lendemain, il porte plainte au lieutenant de la maréchaussée et réclame l'intervention du marquis de la Varanne.

Messire René Magdelon de Saint-Offange, abbé commendataire de l'abbaye de Saint-Maur[1], cité comme premier témoin, déposait le jeudi 19 août, au sujet de cette affaire, dont il avait eu connaissance par le récit du

---

[1] René-Madelon de Saint-Offange, abbé commendataire de Saint-Maur en 1671, mort le 8 avril 1707. — Cette famille portait : *D'azur au chevron d'argent, accompagné de trois molettes d'éperon de même, posées deux en chef et une en pointe.*

jeune abbé d'Ampoigné, pendant une visite qu'il faisait à la dame de Chenedé, dans sa maison de la rue du Cornet[1]. Louis d'Héliand, entendu à son tour, confirmait cette déclaration. De son côté, Aveline se défendait en disant que le sieur Amys, « qui suppose estre gentilhomme et qui ne l'est pas », lui déplaisait depuis longtemps par ses mauvaises manières et ses propos déplacés. Il avait donc voulu l'écarter de chez lui, sans y parvenir, car « ledit sieur du Ponceau avoit pretendu, malgré luy comparant, et avec une hauteur injurieuse, avoir l'entrée en sa maison ». C'est pour cette raison que M. de Narcé avait été fort irrité de trouver son adversaire audacieusement couché dans son propre lit, dont il avait voulu l'expulser, en se contentant de le prier de sortir. Mais Amys avait riposté qu'il y resterait « malgré luy, ce qui l'obligea de luy tirer la couverte et luy dire de sortir, monter à cheval et s'en aller, sans luy avoir donné aucun coup, quoyque, sortant du lit, il se jetast à la crevatte de luy comparant et le prist à la gorge pour le maltraitter... »

La vérité semblant difficile à établir, un supplément d'information fut ordonné par le lieutenant de la maréchaussée, le 22 du même mois, comme le constate une

[1] Le nom de cette rue lui venait d'un tripot, jeu de paume ou de cornet, anciennement au coin du port Ayrault, que son propriétaire Alexis transporta plus tard dans la *rue des Aisses*. (Voir, dans Péan de la Tuillerie, pp. 341-343, la liste des principales maisons de cette rue.) On y remarque un *hôtel Constantin*, acquis le 17 mai 1747 par François Darlus de Montcler.— Les Chenede portaient : *D'or au chêne de sinople, posé sur un tertre ou terrasse de même, au chef de gueules chargé de trois étoiles d'or.*

LA STATUE DE MINERVE
(Cour d'honneur de la Lorie.)

lettre adressée par lui à Messire « René de la Varanne, chevalier, seigneur marquis de la Varanne, conseiller du Roy en ses conseils d'Ettat et privé, marechal de ses camps et armées, lieutenant general pour sa Magesté au gouvernemend d'Anjou et pays Saumeurois, baron et gouverneur de la ville et chasteau de la Fleche, baron de Cré et seigneur de la Belotiere et otres lieux, etc., etc. »

Gabriel Constantin était invité, le 10 juin de l'année suivante (1689), par Hue de Miroménil, à se rendre immédiatement à Château-Gontier, pour y assister à une assemblée de la Communauté des habitants, dans laquelle on devait choisir deux notables de la ville qui seraient chargés de prendre part à la désignation des logements destinés aux gens de guerre, suivant l'ordonnance du 8 du même mois[1]. Le grand prévôt était prié de veiller à empêcher les abus qui pourraient se commettre « en lad. assemblée par brigues factions ou autrement, tenant surtout la main que les peuples ayent une liberté entière de suffrages pour choisir ceux des habitants que bon leur semblera ». L'ordre était daté d'Angers.

Hue de Miroménil adressait, de Tours, le 3 juillet, à Gabriel Constantin, une lettre ainsi conçue :

« Monsieur,

« Vous trouverez cy joints deux ordres du Roy que je recois aujourdhuy, l'un pour arreter le nommé la Roche,

---

[1] Le marquisat de Château-Gontier appartenait alors à la famille de Bailleul. (Voir la *Généalogie des seignears de Château-Gontier*, par A. de Martonne, *Commission historique et archéologique de la Mayenne*, procès-verbaux, tome III, 1882-1883.)

l'autre pour le nommé Montigny, que je vous prie d'executer promptement et avec votre prudence ordinaire, observant, s'il vous plaist, de vous assurer de tous les papiers qui pourroient servir à descouvrir les commerces que ces deux par^{ers} ont dans les pays estrangers. Ensuitte de quoy il vous plaira les interroger, à l'effet de quoy je vous adresse des lettres qu'on leur a escrites dans lesquelles vous trouverez la matiere des questions que vous pourrez leur faire, ce que vous jugez bien, Monsieur, qu'il faudra traitter un peu delicatement, specialement sur aucuns points qu'il ne seroit pas de la bienseance d'enoncer et, comme il seroit dangereux de les laisser dans les prisons d'Angers, nous avons cru qu'il seroit bon de les depayser, traduisant la Roche dans les prisons du Mans et Montigny dans celles de Tours, après que vous aurez receu leurs interrogatoires, que je vous prie de m'envoyer avec les papiers, si aucuns se trouvent. Je me donne l'honneur d'en escrire à Monsieur d'Autichamp, affin que vous preniez la peine d'en communiquer avec luy et prendre là dessus les mesures convenables. Je suis tousjours avec beaucoup d'estime,

« Monsieur, vostre très humble et très obeissant serviteur,

« HUE DE MIROMENIL.

« J'oubliois de vous dire que l'ordre porte qu'ils se nourriront à leurs despens. »

L'une des lettres du roi était rédigée en ces termes :

« De par le Roy.

« Il est ordonné au sʳ Constantin d'arreter le nommé La Roche, demeurant à Angers, et de le conduire dans les prisons qui luy seront indiquées par le sʳ de Mirosmenil, commissaire desparty dans la generalité de Tours pour l'execution des ordres de sa Ma^{té}, Laquelle enjoint au concierge de le recevoir dans lesd. prisons, nourrir à ses despens et retenir jusqu'à nouvel ordre. Faict à Versailles le XVIIIe jour de juin 1689.

« Louis.

« Phelypeaux. »

Le porteur de cet important message, « envoyé par voye extraordinaire », arriva à Angers le mercredi 5 juillet, sur les six heures du soir, et le paquet fut remis à Gabriel Constantin, qui se hâta d'en prendre connaissance. Le grand prévôt lut les deux lettres du roi, la lettre de M. de Miroménil, l'ordre de l'intendant adressé au geôlier de la ville du Mans, ainsi que trois lettres écrites au sieur de Montigny. Suivi de plusieurs de ses officiers et archers, il sortit pour s'informer des demeures des accusés et s'empressa de « faire perquisition secrette de leurs personnes ». Il apprit que La Roche habitait dans la maison du nommé Pelissier, marchand brodeur, établi sur la place Sainte-Croix[1], mais

---

[1] Cette place « est d'une figure triangulaire et prend son nom de l'église paroissiale de Sainte-Croix. C'est à cette place où se tenoit le marché au pain et dans laquelle étoit le Minage ». (Péan de la Tuillerie, p. 290).

que, depuis quelques jours, il était parti pour Vihiers, d'où il ne devait revenir que le lendemain. Quant à Montigny, il sut qu'il résidait ordinairement dans la rue Toussaint[1], auprès de l'église Sainte-Croix, et que, toutefois, il était absent d'Angers, sans que l'on pût découvrir où il était allé. Il envoya alors trois de ses archers, François Gouraud, François et Jean Barabé, aux Ponts-de-Cé, avec mission d'y attendre le passage de La Roche et de s'emparer de lui. Puis il continua à rechercher en secret Montigny, que l'on supposait caché à Angers. Les archers revinrent, dans l'après-midi du lendemain 6 juillet, des Ponts-de-Cé, où ils avaient pris La Roche. Constantin, averti de leur retour, se transporta, avec François Besson et René Chevalier, « praticien », chez le sieur Pelissier, qui le conduisit dans la chambre de La Roche, où il lui montra deux coffres couverts de peau de veau et fermés « de clef ». La Roche avait prudemment emporté « lesd. clefs ». Pelissier fut alors chargé de la garde de ces coffres et le magistrat se retira.

Constantin entre dans la maison du sieur de Montigny. On interroge une fille nommée Blanchard, ser-servante de ce personnage. Elle répond que son maître est en ce moment à sa maison de campagne[2] située entre les villes de Château-Gontier et de Laval. David, l'un des exempts, devra s'y rendre, avec Laurent du Pré

---

[1] La rue Toussaint « longtemps en courtils et jardins fut en grande partie bâtie des deux côtés par les religieux. Vers l'ouest, les maisons s'appuient toutes à l'ancien mur de la cité. » (*Ibid.* p. 251, note 1).

[2] Montigné, f. c^{ne} de Quelaines; fief vassal de la baronnie de Quelaines. (*Dict. top. de la Mayenne*, p. 224).

et Symphorien Jouaron, tous les deux archers, afin d'y appréhender l'accusé et de l'amener à Angers. Le grand prévôt va ensuite, avec René Chevallier et Belanger, visiter le logis de Montigny, où il trouve son gendre nommé Gohier, ainsi que sa fille. Il les questionne. La fille offre au grand prévôt de lui montrer « tous les coffres et vaisseaux, à la reserve d'une petite cassette de bois, dont la clef manque, » et qui contient, sans doute, les papiers de son père. Cette cassette est facilement ouverte à l'aide de la pointe d'un couteau. Elle ne renferme que « quelques menus linges et autres hardes y relaissées. » Dans trois autres coffres, on découvre « plusieurs anciens vieilz papiers concernant seulement les affaires domestiques et de la famille dud. de Montigny. » En passant l'inspection des livres rangés sur de larges tablettes, Constantin remarque « une liace de plusieurs papiers concernans la Religion, enveloppés en un vieil couvercle de parchemin servant autresfois à couvrir un livre. » Ces pièces sont au nombre de douze. Il les prend et les emporte.

Il a appris en effet que, dans les maisons du sieur du Hallot, ancien écuyer de l'Académie d'Angers [1], et du sieur La Roche, marchand grossier, à *l'Enseigne des*

---

[1] L'hôtel Casenove fut acquis en 1629 du prince de Rohan par Joachim Martin, sieur des Loges, pour y transporter l'académie qu'il tenait rue de la Tannerie. L'établissement, d'abord prospère, tomba peu à peu. Repris en ville avec l'aide de la mairie par un sieur Hallot en 1650, il fut réinstallé à Casenove par François Avril de Pignerolles, chef d'une dynastie d'habiles écuyers qui rendirent l'Académie célèbre entre toutes « par leur douceur et leur politesse » (1682). (Péan de la Tuillerie, p. 212.)

Trois Merciers, nouveaux convertis, on a mis la main sur des papiers « dont on pourroit tirer des lumières de leur intelligence avec lesd. Montigny et la Roche ». C'est M. d'Autichamp qui a fourni cet utile renseignement. On fait donc une descente chez ces personnages, mais on y rencontre rien qui semble suspect. La Roche est conduit devant Constantin, interrogé, puis écroué sur le registre de la geôle des prisons royales de la ville et confié à la garde du concierge, qui doit le surveiller étroitement.

Le samedi 9 du même mois, sur les dix heures du matin, l'archer François Gouraud, ayant su que Montigny était revenu la veille de son voyage, pénètre dans la maison de la rue Toussaint, « chez les dames Blanchard, proche la Vieille Chartre[1] », où il est introduit auprès de l'accusé, qui lui annonce son intention de se présenter, le lendemain, devant les magistrats. L'interrogatoire a lieu à l'heure fixée. Montigny est mené à son tour en prison.

Les deux interrogatoires, subis à Angers, par La Roche et Montigny, renferment des renseignements très curieux sur la situation des protestants nouvellement convertis, après la révocation de l'édit de Nantes, et méritent d'être analysés. Le mercredi 6 juillet, La Roche comparaît devant Gabriel Constantin. Il déclare avoir nom Isaac Georges, dit La Roche, être marchand mercier et demeurer chez le nommé Pelissier, marchand

---

[1] C'est aujourd'hui la rue Rangeard.

brodeur, sur la Place-Neuve [1], où il est en pension depuis quatre mois environ. Il est âgé de cinquante ans. Jusqu'au mois de janvier dernier, époque de son retour d'Angleterre, où il a séjourné depuis six ans avec sa femme et ses enfants, il a professé la religion réformée, qui était celle de ses ancêtres. C'est à Paris, entre les mains du père Du Doué, jésuite, qu'il a abjuré le calvinisme, comme le prouvent les certificats dont il est muni. Il en a remis un au sieur Muzaud, secrétaire de l'évêque d'Angers. Avant de demeurer chez Pelissier, il a été en pension chez Moland, aubergiste à l'*Enseigne de St-Éloi* [2]. Sa femme et ses quatre enfants sont restés à Londres, où l'un exerce la profession d'orfèvre, l'autre est chez un marchand de soie, le troisième en apprentissage chez un peintre et la fille habite avec sa mère. Il a quitté l'Angleterre, à l'insu de sa famille, « avec la demoiselle de la Chapelle, cousine germaine de sa femme et fille du sieur du Bourdreu, ministre de Montpellier, laquelle fille est mariée au sieur de la Chapelle,

---

[1] La Place-Neuve était, « de Ste-Croix à la porte Angevine », le centre de la vie populaire, du bruit et du commerce. « La cohue de la Grande-Boucherie » formée de dix-huit bancs, s'alignait sous l'Évêché, derrière un côté de la rue, toute bordée de logis de chêne en colombages bariolés avec auvents sculptés, étages en encorbellements, pignons et toits pointus surmontés d'enseignes et de pendeloques capricieuses. Au milieu de la place, « à 7 pieds 1/2 du ruisseau », étalaient les revendeurs « de gibier, volages et potages », chargés d'une modique rente vers la ville et de l'entretien du pavé. L'*Oisellerie* était le canton des rôtisseurs-pâtissiers-traiteurs, où affluaient les étudiants et les voyageurs. (Voir un dessin de cette place dans Berthe et dans *Angers pittoresque*. — Voir aussi Péan de la Tuillerie, p. 146, note 1).

[2] Cette auberge n'est pas mentionnée dans la nouvelle édition de l'ouvrage de Péan de la Tuillerie.

advocat au Parlement de Bordeaux, demeurant à Ouzillac en Xaintonge. » Monsieur de Barillon, alors ambassadeur, avait été averti de son départ de Londres. La Roche ajoute qu'il avait déjà écrit, l'année précédente, à M. de la Reynie, lieutenant criminel de Paris, pour lui communiquer ses intentions. Depuis son abjuration, il est allé saluer ce magistrat et il a pris congé de lui avant de revenir à Angers.

Il avoue avoir reçu une lettre de sa femme, datée du 3 avril dernier. Il n'a pas d'autres papiers que ceux qui étaient dans le sac qu'il portait quand il a été arrêté. Ces papiers concernent ses affaires de famille. L'accusé est fouillé et on ne trouve sur lui aucun objet compromettant. On lui laisse les trois écus qu'il a dans sa poche, on lui lit le procès-verbal, il l'approuve et le signe.

Un deuxième interrogatoire, suite du premier, a lieu le lendemain jeudi 7 juillet. La Roche est amené devant le grand prévôt, dans l'ancienne chapelle des prisons royales. Il soutient n'avoir eu aucun commerce, par lettres ou autrement, depuis qu'il est revenu d'Angleterre, avec les nouveaux convertis de la province d'Anjou, qu'on soupçonne de chercher à contrevenir aux édits et ordonnances de Sa Majesté. Il a écrit seulement trois fois à sa femme. On lui demande si, dans ses différents voyages en Bretagne et en Poitou, il n'a pas eu des entrevues secrètes avec les gens mal intentionnés pour le bien de l'État qui lui avaient donné rendez-vous pour conspirer avec lui. Il répond qu'il est allé, uniquement, la semaine précédente, à Briacé, près Nantes, chez le sieur de Loudière, gentilhomme catholique, qui a saisi les immeubles de MM. Le Meignan, ses neveux et nièces, « dont luy répondant est créancier d'une somme de neuf à dix mil livres. »

Après avoir demeuré pendant trois jours chez M. de Loudière, il a séjourné à Nantes, où il a fait « ses pasques et communia en la paroisse de Saint-Sambin [1], dont il retira mesme le certificat, et dit que ce fut le sieur abbé Auvril de cette ville et grand doyen de l'églize de Saint-Pierre de Nantes qui adressa, luy répondant, au sieur curé de lad. paroisse de Saint-Sambin pour y faire ses pasques. » Il a quitté Nantes dimanche dernier pour se rendre à la Roche-Brochard, paroisse de Montilliers [2], demeure des Le Meignan, afin de se faire remettre un peu d'argent par ses débiteurs. Il a obtenu la cession de vingt années d'arrérages de quarante et une livres de rente dues à cette famille par le comte de Cavana. L'acte de cession a été passé le lundi devant le notaire de Gonnord, Urbain Boudreu. On le trouvera dans le sac de mocade saisi. C'est en revenant à Angers que La Roche a été arrêté aux Ponts-de-Cé. Il répète qu'il n'a pas fait d'autres voyages depuis son retour de Londres et qu'il n'a jamais eu de commerce avec les nouveaux convertis de la ville d'Angers. Ses relations avec le dehors se bornent aux visites qu'il doit à son frère et à son neveu,

---

[1] L'église Saint-Semblain ou Saint-Sambin, appelée depuis Saint-Similien, la plus ancienne des églises de Nantes. (Voir Girault de Saint-Fayeau, *Dictionnaire de la Loire-Inférieure*, page 105. — Bibliothèque d'Angers, H. 174.)

[2] Roche-Brochard (la), hameau, cne de Montilliers. La terre appartenait aux Lemeignan depuis 1575.

« marchands grossiers », établis sur la Place-Neuve et qui ont récemment abjuré le calvinisme. Il a servi de médiateur entre le sieur du Hallot, ancien écuyer de l'Académie d'Angers [1], et le sieur de Montigny, son beau-frère. Ce différend étant relatif à des intérêts de famille, il a écrit une ou deux fois au sieur Motet, neveu de M. du Hallot, retiré à Londres depuis trois ans. Comme du Hallot est âgé de près de quatre-vingts ans et a peine à tenir la plume, il lui a servi de secrétaire. Ces lettres ne parlaient que de la mort de la dame Pelisson, sœur du sieur de Montigny.

Il n'a assisté à aucune assemblée de nouveaux convertis. Pendant son séjour en Angleterre et en Hollande, il a lu des lettres pastorales attribuées à Jurieux, ministre de Rotterdam, et destinées à exhorter les réfugiés français à persévérer dans la religion réformée. Il n'a jamais eu connaissance que ces lettres aient été envoyées en France, « quoy que le bruit est couru qu'il s'y en reçoit et qu'elles y courent, ne croyant pas mesme que ce fust un crime d'en garder quelques unes sy elles leur estoient addressées par les voyes de la poste et dans les pacqués desquels il ne se trouve point de lettres, quoyque, dans la vérité, il n'en ayt point esté addressé à luy répondant, en son particulier, depuis qu'il est revenu des pays etrangers ».

[1] Comme nous l'avons dit dans une note précédente, le sieur du Hallot, écuyer ordinaire de la grande écurie du roi, avait tenté de fonder en 1648, à Angers, un manège avec l'aide de la Mairie qui lui allouait 300 livres et l'exemption des principales charges communes.

Constantin lui demande s'il ne sait pas que les nouveaux convertis d'Angers et des autres villes ne sont pas véritablement ralliés à la doctrine catholique, qu'ils s'entretiennent de leurs malheurs prétendus, qu'ils « se flattent de changemens et revolutions dans la religion par plusieurs envoys et receptions de fausses professies, qu'ils se communiquent les uns aux autres, et s'affermissent dans leur opiniatreté naturelle à ne pas rentrer dans la veritable eglize ». La Roche réplique que « Dieu seul voit dans les cœurs des hommes et qu'il ne leur laisse que l'extérieur sur lequel ils puissent juger et que, par consequent, ils se peuvent tromper sur des aparences ; qu'à son egard, il croit renplir les debvoirs d'un catholique romain en assistant à la messe, festes et dimanches et en frequentant les sacremens suivant l'esprit de l'eglize romaine. »

Le grand prévôt lui « remonstre » alors qu'il « n'a entierement reconnu la verité » et lui enjoint de la reconnaître. L'autre refuse d'accepter « la remonstrance et dit avoir repondu la verité » et, lecture faite de son interrogatoire, il persiste dans ses réponses et appose sa signature au bas de la pièce. Il constate aussi que le sac, qui a été saisi et sur lequel on a mis des cachets, lui appartient Ce sac est ouvert, on n'y trouve que des papiers d'affaires, une *Imitation de Jésus-Christ* et de vieilles hardes. Les deux coffres trouvés chez Jean-Arnault Pelissier sont également visités. Ils ne contiennent que des lettres et des vêtements. Parmi les papiers, on remarque une prophétie envoyée à La Roche, à Rotterdam, par le sieur Ravenel, marchand de Harlem. Deux lettres, l'une de la femme de l'accusé, l'autre de Ravenel, sont saisies, ainsi que la prophétie. On les enverra, avec la copie des interrogatoires signés par La Roche, à Monsieur de Miroménil.

Le samedi 9 juillet, Montigny est interrogé à son tour. Il dit s'appeler Samuel Pelisson, sieur de Montigny, demeurer à Angers, paroisse de Sainte-Croix, et être âgé de soixante-sept ans. Il a abjuré le calvinisme, qui était autrefois la religion de ses parents, au mois de janvier de l'année 1686, entre les mains de M. Le Royer, prêtre, curé de la paroisse de Saint-Laud, près Angers. Depuis, « il n'a plus vescu en l'exercice de lad. religion pretendue reformée ». Le grand prévôt le prie d'indiquer alors « en quelle relligion il a vescu, puisqu'il a cessé de faire profession de lad. religion pretendue reformée. » L'accusé réplique qu'il a suivi les préceptes de la religion « qui lui enseigne d'aimer Dieu de tout son cœur, de toute son âme, et son proschain comme soy mesme, suivant les saints commandemens de Dieu. »

Constantin, peu satisfait de cette explication, cherche à obtenir une réponse plus claire. Il demande à Montigny si, quand il a abjuré l'hérésie, il n'a pas promis de vivre désormais fidèle aux croyances de la religion catholique, apostolique et romaine, qui est la seule tolérée aujourd'hui dans le royaume. Pelisson, sans se déconcerter, riposte qu'il désire « vivre et mourir dans la religion catholique, apostolique et romaine, telle que saint Paul luy rend temoignage », que la foi est « renommée par tout le monde » et qu'elle est encore « à present crue en tout ce Royaume par tous ceux qui sont du sentiment de saint Paul et n'a autre chose à repondre à ce subjet... » Nouvelle insistance de Constantin, qui invite Montigny à préciser. Que veut-il dire et de quelles personnes entend-il parler, en déclarant qu'il est du sentiment de ceux qui suivent saint Paul ? « A dit qu'il entend parler et est, en ce faisant du sentiment de ceux qui, selon la doctrine de saint Paul, ne desirent sçavoir que Jésus-Christ et iceluy crucifié et qui, selon la doctrine de l'ancienne eglize, croyent que tout ce qui est necessaire à salut est contenu au *Credo* ou *Symbole des apostres*, et que tout ce qui est adjousté au-dessus est ou inutille ou contraire à la vraye foy... »

Il expose qu'il a quitté Angers pour aller à sa maison de Montigny, près Quelaines, entre Château-Gontier et Laval, afin de s'occuper de ses affaires personnelles, et qu'il en est revenu hier. Ayant appris que le grand prévôt désirait le questionner, il est venu le trouver pour lui répondre. Il ne se croit coupable d'aucune faute qui puisse donner lieu à une arrestation. Sa femme et ses enfants, qui sont : Madeleine Pelisson, veuve de Jacques Le Moine, avocat au baillage de Coutances, en Basse-Normandie ; Françoise Pelisson, épouse de Pierre Le Moine, frère du défunt; Marguerite et Marie, non mariées, qui se sont retirées en Angleterre[1], avant la révocation

---

[1] Les réformés qui avaient émigré s'étaient retirés en Angleterre, en Hollande et en Allemagne.

de l'édit de Nantes. Seule, Marthe-Suzanne Pelisson, sa fille aînée, demeurée avec lui, a renoncé à la religion réformée. Il a écrit plusieurs fois à sa famille, qui le sollicitait de venir la trouver, mais il s'y est refusé. Tous ses biens, y compris ses meubles et ses bestiaux, ont été saisis à la requête des receveurs des domaines du roi et de M. de Bechameil, ancien intendant de la généralité de Tours, si bien que son gendre, le nommé Gohier, marchand à Angers, à qui il avait loué la métairie de Montigny, pour le prix de deux cents livres par an, ne lui donne rien et verse tout entre les mains des receveurs. Il est donc dans une situation très précaire. Dans ses lettres à sa femme, il ne l'entretient que de leurs intérêts communs et ne lui parle jamais des affaires générales du royaume.

On lui reproche d'avoir continué à vivre, depuis son abjuration, malgré ses engagements formels, comme s'il n'avait pas renoncé à l'hérésie, d'avoir gardé des livres, des prières et des prophéties qui sont contraires aux doctrines de l'Église catholique, apostolique et romaine et aux édits de Sa Majesté. Il dit, qu'étant né dans la religion réformée et « n'ayant, jusqu'à present, pu estre bien instruit et informé qu'elle soit mauvaise, il n'a pu au vray la blasmer ». Toutefois, il s'est efforcé de s'éclairer sur les préceptes du catholicisme, il a remis au curé de Sainte-Croix, sa paroisse, « un memoire de certaines difficultés touschant la *Transsubstantion*, comme aussy entre les mains du sieur Pelisson, prebtre de la parroisse de St-Michel-de-la-Palud[1], son parent, affin de luy donner des eclaircissemens de ses difficultés ». Il attend leurs explications depuis un an. S'il n'a pas entendu la messe, c'est pour ne pas scandaliser les autres assistants et pour ne pas se rendre coupable d'hypocrisie. Le curé de Sainte-Croix[2] lui a conseillé lui-même de s'abstenir de fréquenter l'église, puisqu'il n'avait pas la foi complète, en lui disant qu'il valait mieux ne pas venir aux offices, tant qu'il ne serait pas un croyant sincère, car ce serait un sacrilège que d'assister à ces cérémonies dans de semblables dispositions.

Tous ses livres, qui étaient nombreux, lui ont été enlevés de sa métairie de Montigny par les sergents de Château-Gontier et, quant aux autres papiers concernant le calvinisme, il les a gardés par pure curiosité, sans y attacher d'importance. Ces papiers ont été donnés à sa fille Suzanne par la demoiselle Motet, de Loudun, adepte de la religion réformée, passée en Angleterre depuis quatre ou cinq ans. Il n'en a pris lecture qu'une seule fois et les a numérotés. Il ignore si, comme on le croit, certaines personnes, connues ou inconnues, courent les provinces pour exciter les nouveaux convertis à persister dans l'hérésie « et les porter à des resolutions contre l'Estat ». Il ne sait pas davantage si, comme on le prétend, La Roche n'est revenu de Londres en France que

---

[1] Cette église était située dans l'enclos de l'abbaye de Saint-Aubin et portait son chevet en travers à la hauteur de la rue Saint-Martin.

[2] L'édifice formait le coin de la rue Saint-Gilles, faisant face à la rue Saint-Aubin.

pour débaucher les nouveaux convertis et les emmener en Hollande et en Angleterre.

Enfin, Constantin demande à l'accusé s'il n'est pas vrai que les anciens réformés d'Angers et de la province, récemment ralliés à l'Église catholique, apostolique et romaine, se sont réunis plusieurs fois en conciliabules secrets, malgré les défenses expressés du Roi, pour conspirer ; qu'ils entretiennent des intelligences avec leurs amis des autres provinces et qu'il a participé lui-même à ces manœuvres[1]. Montigny répond qu'il est innocent. Le grand prévôt lui « remonstre » qu'il ne dit pas la vérité et lui enjoint « de la reconnoistre ». L'autre persiste dans ses déclarations et signe le procès-verbal. Les pièces saisies et l'interrogatoire sont envoyés à M. de Miroménil, en vertu d'une décision du grand prévôt, en date du dimanche 10 juillet. Montigny est immédiatement dirigé sur Tours, sous la conduite de deux archers, Nicolas Lescuyer et Pascal Dupré. Le lendemain, lundi 11 juillet, François Besson et André Épiard, autres archers de la maréchaussée d'Anjou, escortaient La Roche au Mans, où il était envoyé par une ordonnance de Constantin rendue la veille. Michel Regnard, concierge de la prison du Mans, était chargé de le garder soigneusement.

Le 14 septembre 1689, il était ordonné, par le roi, à Constantin de faire retirer du château d'Angers le nommé Fouace et de le diriger sur celui de Loches. Le

---

[1] Voir la pièce justificative n° XIII. — Tous les documents inédits, mis en œuvre dans ce chapitre, sont, comme les précédents, extraits, de la collection particulière de nos manuscrits.

STATUE DE MINERVE.
(Cour d'honneur de la Lorie.)

20 du même mois, M. de la Davière, « lieutenant pour le Roy et commandant es ville et chasteau de Loches et Beaulieu », reconnaissait que le prisonnier lui avait été remis par Barabé.

Au nombre des détenus enfermés dans « les prisons royaux d'Angers », en 1690, figurait Jean Morillon, incarcéré sur la plainte de Gilles Duriot, sieur de la Durasserie, qu'il avait défié. Il chargea de sa défense un des meilleurs avocats de la ville, Charles Gontard du Pin, dit Gontard le jeune, fils de n. h. André Gontard, sieur de la Perrière, avocat, et d'Élisabeth Verdier[1]. Charles-André Gontard, sieur de la Perrière, époux de Marie Boullay, frère de Charles Gontard du Pin, est connu sous le nom de Gontard l'aîné. La terre de la Perrière se composait d'une partie du bourg de la Pommeraie. Nous possédons le texte intégral du plaidoyer prononcé en faveur de Jean Morillon, dont nous donnerons quelques extraits instructifs, qui feront connaître le genre d'éloquence en usage au barreau d'Angers à la fin du XVIIe siècle :

« Messieurs,

« S'il est vray qu'il n'y ait rien dans le monde qui flatte plus agreablement le cœur de l'homme que la liberté, si c'est un trezor pretieux dont la divinne providence nous a fait les depositaires pour en jouir pendant nostre vie, si enfin cette liberté naturelle, suivant tous

---

[1] Voir l'ouvrage de M. Gontard de Launay sur *les Avocats d'Angers*, *de 1250 à 1789*.

les docteurs, est d'un prix inestimable, combien de doulleurs et de peines ne souffre point un homme libre à qui l'on ravit cet avantage avec violence, après en avoir gousté les douceurs pendant plus de quarante années et auquel, mesme au prix de tous les biens dont la fortune l'a pu gratifier, on refuse la jouissance de ce bonheur ! C'est dans cet estat miserable où la partie adverse a resolu de faire gemir le demandeur. Non contente de luy avoir fait esprouver tout ce que la saison rigoureuse de l'hiver a de plus rude et tout ce qu'une longue prison a de plus insupportable, elle s'oppose encore aujourd'huy à ce qu'il soit delivré de cet ennuyeux esclavage par une cession et abandonnement general de tous ses biens, quoy que ce soit un benefice introduit de droit pour delivrer les miserables de la rigueur de la prison.

« Messieurs, il est assez ordinaire de voir les amys les plus estroitement liez devenir tout d'un coup ennemys mortels les uns des autres, tels sont les deux parties qui plaident devant vous, car, quoy que les qualitez soient bien differentes, cependant elles ont conservé, pendant longtemps, une intelligence et une amitié parfaite, mais la fortune, jallouze d'une si douce vie et qui se plaist à la discorde, a bien sceu trouver moyen de les separer. Ce fut le sieur de la Duracerye-Duriot qui donna le premier lieu à ce changement. Il accusa en 1689 celuy pour qui je parle de luy avoir fait un deffy ; cette accusation fut portée devant le prevost des Mareschaux de France et le rapport fut faict par M^r le lieutenant criminel et, le 22 aoust 1688, ma partie fut condamnée aux despens pour toutte reparacion. Il y eut appel par devant nos seigneurs de la cour de Parlement, qui le confirmèrent par arrest, le 27 aoust 1689. Faute de payer la somme de 235 livres 17 solz, celuy pour qui je plaide a esté emprisonné ès prisons royaux de cette ville le 23 janvier dernier. Il nous a presenté sa requeste, le 24, aux fins de declarer l'emprisonnement fait de sa personne nul et injurieux; nul, estant fait sans que les sergens eussent de piesses en main, et injurieux, parce que les despens estants dettes civiles n'assujettissent point à la contrainte par corps, et qu'où la decharge de contrainte ne seroit pas jugée, il luy fut donné acte de ce qu'il faisoit cession de tous ses biens au dit sieur Duriot et autres pretendans ses creanciers et qu'il vous plust le recevoir au benefice de cession, etc., etc. »[1] L'avocat développe ensuite ses conclusions dans une longue et savante plaidoirie hérissée de citations latines.

[1] Ce fragment de plaidoyer est extrait d'un volume manuscrit, relié en veau rouge, qui fait partie de la collection de nos documents inédits sur l'Anjou et le Maine. Cet important recueil contient une curieuse série de plaidoiries et de consultations rédigées par les Gontard et par divers autres avocats angevins. Les pièces sont souvent raturées, corrigées, ce qui atteste que la rédaction en a été remaniée plusieurs fois. (Voir notre étude intitulée : *Un recueil de plaidoyers inédits des Avocats Angevins aux XVIIe et XVIIIe siècles, 1680-1730.*)

CHAPITRE VI

(1689-1700)

Lettre de M. le marquis du Bellay, lieutenant des Maréchaux de France, à Gabriel Constantin, IIe du nom, pour le prier de faire enregistrer ses lettres de provision. — Hue de Miroménil ordonne, au nom du Roi, au grand prévôt d'Anjou, de poursuivre les voleurs qui troublent la facilité du commerce et la paix publique. — Il lui enjoint aussi de réprimer les désordres commis par les cavaliers qui ont leurs quartiers d'hiver en Anjou et par les soldats de milice. — On les arrêtera et on les conduira en prison. — Procès criminel d'Antoine Durand, de Madeleine Bourre, sa femme, de Marie Gourdon et de Jean Grabot, vagabonds, accusés de nombreux vols et détenus dans les prisons du Roi à Angers. — Poursuites contre Jacques Joly. — Conflit entre Gabriel Constantin, IIe du nom, et les officiers du Présidial d'Angers. — Différend entre Joachim de Chénedé, écuyer, et Jacquine Le Pelletier, qui lui réclame un paiement de quatorze pistolles. — Arrêt contradictoire, rendu au Conseil d'État, tenu à Versailles, en faveur du grand prévôt d'Anjou, qui lui accorde « la séance » à la Chambre du Conseil et aux Assemblées publiques et particulières, après le Président. — Enregistrement des lettres de provisions d'Henri-François de Racapé, chevalier, seigneur de Magnannes, pourvu de l'état et office de lieutenant des Maréchaux de France au bailliage d'Angers.

Les papiers inédits de la famille Constantin ne mentionnent aucun événement intéressant de 1689 à 1693. Le 10 octobre 1693, Gabriel Constantin recevait de François-René du Bellay, lieutenant des Maréchaux de France au baillage et sénéchaussée d'Anjou, une lettre importante. Ce personnage disait qu'il était « necessaire, pour le service du Roy et l'execution de l'Edit de Sa Majesté, du mois de mars de la presente année mil six cent quatre vingt treize, portant creation d'un lieutenant de nosseigneurs les mareschaux de France et d'un office de garde de la Connestablie dans chaque Baillage et Seneschaussée du royaume », que ces lettres fussent enregistrées « dans les greffes des mareschaussées generale et provincialle d'Anjou », le plus tôt possible. Le grand prévôt s'empressa de faire droit à cette demande.

M. de Miroménil écrivait, le 15 janvier 1694, de Tours, la lettre suivante à Gabriel Constantin :

« Monsieur,

« Le Roy ayant été informé qu'il y a dans les provinces des voleurs qui troublent la facilité du commerce et la sûreté publique, l'intention de Sa Majesté est que vous fassiez continuellement, avec vostre Compagnie, tout ce qui est du devoir de vostre charge, la divisant par detachemens dans toutes les routtes de vostre ressort pour en tenir les chemins libres, et afin de me mettre en etat d'en rendre le compte que je dois à la Cour, vous m'envoyerez, s'il vous plaist, autant de vos diligences certifiées par les juges des lieux où les detachemens auront passé. Je suis avec estime,

« Monsieur,

« Vostre très humble et très obeissant serviteur.

« HUE DE MIROMENIL [1]. »

Le 29 janvier, nouvelle lettre du même à Gabriel Constantin :

---

[1] Voir, sur Hue de Miroménil, les *Archives d'Anjou*, par P. Marchegay.

« Monsieur,

« Les courses que nous avions crû ne vous demander que par precaution, deviennent tellement necessaires par le brigandage de plusieurs vagabons, coureurs et soldats, que je ne puis assez fortement vous recommander d'y veiller plus soigneusement que jamais.

« Vous avez particulierement à observer de plus près les Cavaliers qui sont en quartier d'hyver dans cette generalité, et les soldats de milice revenus dans leurs parroisses [1].

« La conduite que vous avez à tenir à l'egard des Cavaliers, est de les arrester prisonniers [2] quand vous les trouverez hors de leurs quartiers sans ordres de leurs officiers.

« Et pour les soldats de milice, au moindre desordre qu'ils commettront, vous devez aussy les emprisonner en quelque lieu que ce soit.

« A l'egard des vagabons, comme le nombre se multiplie, et que nous aprenons de divers endroits qu'ils se font redouter, il est de vostre devoir d'occuper par deta-

---

[1] Voir les chapitres relatifs à *la Garnison* et à *la Discipline*, dans *la Vie militaire sous l'Ancien Régime*, par Albert Babeau. — Les milices royales furent levées, surtout dans les campagnes, à partir de 1688. Elles étaient armées par l'État, et les miliciens déposaient leurs armes dans des magasins spéciaux lorsqu'ils rentraient chez eux. Le service forcé fut établi par Louvois en 1689.

[2] La prison était l'effroi des soldats qui la redoutaient plus que les châtiments corporels. « Savez-vous, dit l'auteur d'un curieux factum, qu'il y a des gens assez caustiques pour préférer cette dernière punition (les coups de plat de sabre), à celle de mettre un soldat au cachot où il est confondu avec des scélérats destinés, pour la plupart, à mourir sur l'échafaud et où il contracte des maladies mortelles ? »

chemens toutes les routtes, comme je vous l'ay dejà marqué, et, pour assurer le commerce, de vous trouver à touttes les foires et les marchés de vostre ressort, partageant mesme vostre troupe à cet effet, si besoing est.

« J'attendray les certificacions de semaine en semaine dans la forme que je vous ay marquée par ma precedente, ajoustant dans chacun quel nombre d'officiers et d'archers de vostre Compagnie auront paru dans chaque lieu de passage.

« Je dois vous dire que, sy aucune maréch^{ée} manque à ce faire avec diligence de nous en certifier, tous ses gages seront saisis. Vous estes en vostre particulier toujours trop bien porté au service pour croire que vous vous exposiez à cette retention. Evitez en les consequences, Sa Majesté ayant surtout à cœur le repos de ses sujets et la liberté publique.

« Surtout où vous trouverez que des Cav^{ers} auront pris des chevaux pour aller au sel ou autrement, dressez un procès verbal exact, faites le signer des habitans et me l'envoyez, afin de faire payer ces chevaux par les officiers qui ne veillent point à contenir leurs Cavaliers.

« Comme plusieurs de vos archers peuvent n'estre point montez ou avoir vendu leurs chevaux depuis les reveües, envoyez moy les noms. Nous mettrons ordre que leurs gages soient saisis jusqu'à ce qu'ils se soient mis en estat de servir. Vous pouvez mesme d'avance et de nostre ordre faire saisir leurs gages. Vous serez avoué de tous les moyens raisonnables pour parvenir à faire

faire le service dans un temps aussy pressant[1]. Je suis, avec estime,

« Monsieur,

« Vostre très humble et très affectionné serviteur.

« HUE DE MIROMENIL. »

Ces deux lettres prouvent que le nombre des voleurs était considérable et que les soldats n'avaient qu'une médiocre discipline à cette époque. Mais elles témoignent aussi de toute la sollicitude du roi de France pour la sécurité de ses sujets et le développement paisible du commerce dans ses états. Gabriel Constantin s'empresse d'obéir et d'envoyer ses archers faire la chasse aux vagabonds dans toutes les directions. Guillaume Audayne, exempt, flanqué de plusieurs de ses cavaliers, arrêtait, les 5, 6 et 7 mars de la même année, les nommés Antoine Durand, Madeleine Bourre, sa femme, Marie Gourdon, et Jean Grabot, coureurs de grands chemins, accusés de nombreux vols.

Le 7 mars, les accusés furent interrogés par Me Pierre Gouin, assesseur de la maréchaussée, puis mis en prison. Un autre voleur, appelé Joly, fut incarcéré peu après. Presque tous les objets saisis sur les quatre premiers avaient été pris, la nuit, chez Simon Meunier, marchand mercier, demeurant à Juigné-sur-Maine, dont ils avaient défoncé la boutique. M. François de la Giraudière-

---

[1] Voir également, dans l'ouvrage de M. Albert Babeau, cité plus haut, le chapitre intitulé *le Caractère*, qui retrace les désordres commis par les soldats et les punitions infligées aux coupables.

Payneau remplissait alors les fonctions de lieutenant du grand prévôt. M. de Crespy[1], procureur du roi, fut chargé d'instruire cette affaire, qui donna naissance à un grave conflit entre le Présidial et Gabriel Constantin, IIe du nom.

Me René Gouin, assesseur de la maréchaussée d'Anjou, avait rendu, le même jour, sur le réquisitoire du procureur du roi, une ordonnance portant qu'il serait informé contre les quatre voleurs. Le 19 mars, Audayne, l'exempt déjà nommé, procéda à l'information prescrite. Les témoins furent entendus, le même jour, et le procureur décida qu'ils seraient maintenus en prison jusqu'à la fin de l'instruction commencée. Une sentence de compétence fut rendue à ce sujet, « sur le veu de toutes les susdites procedures et informations, » le même jour, suivant, au Siège Présidial d'Angers, contre les délinquants, « attendu qu'ils sont vagabonds et qu'il s'agist de vol avec fractures, au pied de laquelle sentence est l'acte de la prononciation qui en fut faite auxd. accusés par le greffier du siège, qui leur bailla à chascun une copie, le mesme jour. »

Les conclusions de Messieurs les gens du Roi furent confirmées par un jugement rendu dans la chambre du conseil, le même jour, par MM. Payneau, lieutenant de la maréchaussée, et Le Merle, assesseur. Ce jugement fut lu, le même jour, aux accusés. La minute était signée de

---

[1] Les Crespy furent seigneurs de la Mabilière, de Chavigné, de la Lande, de la Perraudière, de Voisin. (Voir leurs armoiries dans l'*Armorial général de l'Anjou*, t. I, p. 444.)

Monsieur Gohin, président[1], de neuf conseillers et du sieur Payneau, mais non du sieur Le Merle, qui avait été obligé de sortir, se trouvant malade, tandis que les autres magistrats apposaient successivement leurs noms au bas du document. Messieurs du Présidial prétendaient que le jugement était nul, par suite de cette omission. Le 9 février 1695, ils rendaient une sentence dans ce sens et décidaient que le procès des quatre vagabonds serait l'objet d'une instruction nouvelle.

Constantin avait protesté, à plusieurs reprises, contre ces agissements. Le 11 mai, René Gouin avait interrogé les prévenus. Les témoins avaient comparu, au nombre de seize, cinq jours auparavant, devant Payneau et Jacques Gourreau, conseillers au Présidial[2], dans l'ancienne chapelle des prisons royales. Dès le 17 juillet 1694, Potée, archer huissier, avait sommé, à la requête du grand prévôt, de Payneau et de Le Merle, le procureur du roi, de remettre incessamment, au greffe de la sénéchaussée, la minute du premier jugement, « affin que ledit sieur assesseur la pust signer, s'en estant, comme il croyoit, oublié dans le temps que le greffier la faisoit signer,

---

[1] René Gohin, mort doyen du Présidial le 26 mars 1726. Il en avait été nommé président honoraire en 1703 et installé en cette qualité, le 3 décembre, par un discours de l'avocat du roi Javary, qui est conservé Mss. à la Bibliothèque d'Angers. — Les Gohin de Montreuil portaient : *Écartelé aux 1 et 4 d'azur à la croix pommetée d'or et aux 2 et 3 d'argent, à l'aigle éployée de gueules, membrée d'or.* (*Dict. hist. de M.-et-L.*, t. II, p. 275.)

[2] Jacques Gourreau, mari de Françoise Eveillard, nommé conseiller au Présidial en 1649, échevin perpétuel en 1650, premier secrétaire de l'Académie d'Angers, mort à la Véroulière le 17 septembre 1693, à l'âge de 75 ans, et inhumé le lendemain dans l'église Saint-André de Châteauneuf

ainsi qu'elle l'est, par dix de Messieurs du Presidial et par le sieur Payneau, lieutenant, led. sieur assesseur ayant esté obligé de s'en aller malade du Palais ».

Les requérants demandaient aussi au procureur de dire si les conclusions « cachettées par luy et mises audit procès estoient definitives ou preparatoires d'instruction seulement, n'en ayant point fait mention, ainsi qu'il avoit acoutumé, sur l'enveloppe, joint que, si elles n'estoient preparatoires, elles ne debvoient estre cachettées, mais au contraire leur debvoient estre communiquées, avec protestation, qu'à faulte de ce faire, le sieur procureur du Roy demeureroit responsable du retardement de la distribution dudit procès criminel. » Le même jour, le grand prévôt avait fait sommation au greffier du Présidial, M⁰ René Alleaume, de lui dire pour quelle raison et de quelle autorité « il retenoit la susditte minutte et en avoit signé copie ». Une lutte judiciaire s'était alors engagée entre les deux parties.

Le 25 juillet, Gabriel Constantin se plaignait en outre, au Grand Conseil, de la conduite du Présidial. Il disait que le nommé Jacques Joly ayant été constitué prisonnier par ses archers, le 25 mai, il avait « fait juger sa compétence et ensuite instruit le procès et mis en état d'être jugé, en sorte qu'il avoit été distribué le 5 juillet au sieur de Meliant-Boucault[1], l'un des conseillers, et à

---

[1] Les Boucault furent seigneurs de Meliand, de la Ville-au-Blanc, des Hommeaux, du Petit-Bois, de Pommerieux, de l'Augeardière, de la Bonnaudière, de la Cudinière, du Plessis-de-Juigné, etc. — Voir leurs armoiries et leur devise dans l'*Armorial général de l'Anjou*, t. I, p. 226.

luy délivré le même jour par le greffier de la mareschaussée, sans qu'il ayt voulu s'en charger sur le registre ».

Depuis ce temps, rien ne se termine ; l'affaire est sans cesse ajournée, sous divers prétextes. Gabriel Constantin s'en est plaint et on lui a répondu d'une façon maussade, ce qui prouve que les officiers du Présidial veulent lui être désagréables. Plusieurs fois déjà, les magistrats, mécontents de voir que Constantin a obtenu, « moyennant finances, » le droit d'avoir rang et séance « en la chambre du Conseil, après le Président », lui ont témoigné leur mauvaise humeur. Ils ont répondu à ses civilités par des actes de mépris, en jugeant et en instruisant les procès sans même l'avertir du jour des audiences. C'est eux qui ne veulent pas s'occuper de l'affaire du sieur Joly, et ils accusent Constantin de leur refuser son concours ! Le grand prévôt supplie donc le Grand Conseil d'obliger les membres du Présidial à s'acquitter de leurs devoirs envers lui et envers les prévenus. Le 21 août, un arrêt du Grand Conseil lui donnait satisfaction. Le substitut du procureur général, le lieutenant criminel et les officiers du Présidial reçurent l'ordre de comparaître devant cette haute juridiction.

Le 25 septembre, Roch Mirault, huissier à cheval du Châtelet de Paris, « demeurant en la parroisse de St Germain en St Laud-lez-Angers », signifia cette décision à Monsieur François de Crespy, écuyer, conseiller du roi, et son procureur au Siège Présidial, « demeurant rue de la Roë[1], en la parroisse de St Morille »; à Pierre Ayrault[2], écuyer, conseiller du roi, lieutenant criminel audit siège, « aussy demeurant à Angers, parroisse de St-Michel-du-Tertre », et « aux autres gens tenans led. siège, au domicille de leur greffier, René Alleaume, demeurant en la place du Pillory[3] de cette ville ».

Constantin avait constitué M. P. Cochin son procureur au Grand Conseil. Le 2 décembre, les officiers du Présidial obtenaient du Parlement de Paris un arrêt qui les déchargeait de l'assignation précédente et les autorisait à attendre la décision de la Cour qui aurait à juger le litige. Cet arrêt fut signifié à Constantin, le 9 décembre, par René Rozier, premier huissier audiencier au Présidial, qui fut assigné devant le Parlement. Un conflit éclata alors entre le Grand Conseil et le Parlement qui se disputaient le droit de trancher le différend. Le roi cita les parties devant son Conseil Privé par une décision du 24 décembre, sur le rapport du sieur Le Blanc, maître des requêtes de l'hôtel. L'avocat de Constantin était Me Benigne Varanne, « demeurant à Paris au cloistre St Germain l'Auxerrois... »

Le 20 janvier 1695, Constantin sommait, par l'inter-

---

[1] La rue de la Roë devait son nom à l'*Hôtel* de l'abbé de la Roë. Au coin de cette rue et de la rue du Chaudron, s'élevait l'hôtel de Crespy de la Mabilière, réunion de quatre maisons acquises successivement par les de Crespy, sur Villeneuve de Cazeaux, 1761, et François de Sesmaisons. (*Péan de la Tuillerie*, p. 394, note 1.)

[2] Voir, sur les Ayrault, le *Dict. hist. de M.-et-L.*, t. I, p. 178.

[3] Le nom de cette place lui venait « d'un pilier de bois ou de pierre portant les armes du seigneur de la terre, pour marque de justice et garni d'un collier ou carcan de fer pour y attacher les criminels. » (*Ibid.*, p. 346.)

médiaire de Roch Mirault[1], « Messieurs les officiers, président, conseillers et gens tenans le Siege Presidial d'Angers, de vouloir proceder au jugement du susd. procès criminel, distribué dès les XIII juillet et trois aoust precedens, et de luy donner pour cet effet jour et heure à se trouver avec eux en nombre suffisant dans la chambre du Conseil et avec les rang et seance à luy attribués comme prevost general d'Anjou par la declaration du Roy du 6 may 1692, protestant qu'ils sont et demeurent responsables du retardement dud. procès qu'ils ont causé de concert avec le sieur procureur du Roy depuis led. jour de juillet 1694 qu'il fut distribué ».

Comme nous l'avons vu plus haut, le 9 mars 1695, le Présidial avait ordonné que le procès serait recommencé. La décision avait été prise par ces magistrats « seuls et sans aucun officier de la mareschaussée... » Les gens du roi prétendaient que l'information faite par l'exempt Audayne, en conséquence de l'ordonnance du grand prévôt, du 7 mars 1694, était nulle, « pour avoir été faite contre et au prejudice de l'article 5 au titre second de l'ordonnance criminelle de 1670 » et qu'elle était entachée d'autres irrégularités.

Le roi donna raison à Constantin. Il cassa les décisions rendues par le Présidial le 2 décembre 1694 et le 9 février 1695. Il attribua au grand prévôt la connaissance de l'affaire des quatre vagabonds. Cette importante sen-

---

[1] Les Mirault étaient depuis longtemps huissiers à cheval du Châtelet. Jean-Baptiste-Christophe Mirault, né à Angers le 16 septembre 1725, chirurgien de l'Hôpital Saint-Jean, mort le 11 mai 1782, appartenait à la même famille.

tence portait en outre « que le prevost general d'Anjou auroit rang et seance dans les procès de sa competance immediatement après celuy qui presidera, et, à l'esgard des ceremonies et des assemblées publiques et particullieres, il en sera usé comme par le passé et ainsy qu'avant lesd. declarations ». Sa Majesté ordonne que le substitut du procureur général et les conseillers rapporteurs des procès « s'en chargeront sur le registre du greffe de la Mareschaussée et marqueront le jour et l'heure pour les remettre et juger incessamment ; que les officiers du Presidial donneront jour et heure aud. prevost pour travailler aux procès de sa competance, lequel jour sera marqué sur le registre du Presidial ; que, dans les affaires où ledit prevost aura esté jugé competant, le substitut luy fera les remonstrances et requisitions qu'il jugera à propos, mesme contre le greffier de ladite Mareschaussée, pour le compte des sommes et effets des accusés dont il aura esté saisy et pour estre ensuite, lesd. remonstrances et requisitions, portées et jugées au Presidial en presence dud. prevost ou luy deument appellé ; lesquels effets saisis sur les accusés par led. prevost seront toujours déposés au greffe de la Mareschaussée et non en celluy du Presidial, etc., etc. »

Constantin triomphait sur toute la ligne. Le 7 mars, M. Coudreau, de Tours, lui écrivait, pour le féliciter de son succès[1], dont il avait été averti par son oncle le président Bernin. Le même jour, Hue de Miroménil

---

[1] L'auteur de la lettre complimente, en termes chaleureux, Gabriel Constantin, sur ses « belles et justes entreprises ».

LA GRANDE TERRASSE DES JARDINS DE LA LORIE.

prévenait le grand prévôt d'Anjou qu'il invitait les membres du Présidial à ne pas s'engager dans une procédure inutile, concernant un soldat de marine détenu dans les prisons d'Angers et dont l'innocence venait d'être constatée. Il ajoutait qu'il rendrait compte au Roi des preuves de zèle que Constantin ne cessait de prodiguer et dont Sa Majesté serait heureuse d'être informée.

Le 12 avril 1695, une sentence de Monsieur le marquis du Châtelet, lieutenant des maréchaux de France en la sénéchaussée de Château-Gontier, condamnait M. Joachim de Chénedé [1], écuyer, demeurant à Angers, à rembourser à Mlle Jacquine Le Pelletier une somme de quatorze pistoles, qu'il lui devait depuis douze ans. Chénedé répondit, le surlendemain, qu'il s'était acquitté de cette dette de jeu entre les mains de M. d'Autichamp, lieutenant du roi en Anjou, et offrit d'en fournir la preuve par témoins. Une information avait été faite par le sieur de Marcé qui avait reçu les dépositions de Madeleine Trochon, demoiselle de Gaudrée, épouse du sieur de la Voisinière, et Marie Coueffé. L'écuyer fut condamné à payer cent quarante livres à la demoiselle Le Pelletier, mais il en appela. Après avoir entendu le rapport de M. Couvert, conseiller d'État, maître des requêtes ordinaire de l'Hôtel, les Maréchaux, par une sentence donnée à Trianon, le 19 juin, décidèrent que Chénedé comparaîtrait devant le

---

[1] Il était fils de Joachim Chénédé, sieur de la Plaine et de la Roche en Charcé, maire d'Angers en 1661-1662. époux de Louise Aveline de Narcé.

grand prévôt d'Anjou pour affirmer par serment qu'il avait payé ce qu'il devait.

Jacques Ray, tanneur, originaire de Bretagne, et Urbain Thiberge, tisserand, né à Contigné, étaient enfermés dans les prisons d'Angers en 1698. La même année, un arrêt du Conseil d'État, en date du 17 juin, confirmait les décisions antérieures relatives à Constantin et au Présidial d'Angers, qui étaient de nouveau en conflit. L'affaire avait été étudiée par le sieur Lambert d'Herbigny, conseiller du roi, maître des requêtes ordinaire, par Harlay de Fourcy[1] et par Chauvelin, conseillers d'État, « commissaires à ce députés... » Le Présidial avait confié sa cause à Mes Pierre Poirier et Robin, avocats, qui avaient été chargés par les magistrats d'offrir « de fournir au Trésor Royal à concurrence du fort principal et deux sols pour livre de la finance payée par le sieur Prevost, montant à cinq mille neuf cens quarante livres, moyennant qu'il plust à Sa Majesté leur en donner l'interest au denier vingt et leur conserver seulement les rang et prerogatives dont ils estoient en possession avec le sieur Prevost, à juste titre ». Gabriel Constantin avait donc remporté une seconde victoire.

Le 18 mai 1699, le grand prévôt rendait une ordonnance autorisant l'enregistrement des provisions de M. Henry-François de Racapé, chevalier, seigneur de Magnannes, pourvu de l'état et office de lieutenant des

---

[1] Ce conseiller d'État appartenait à l'illustre famille des Harlay, originaire de la Franche-Comté, qui se subdivisa en diverses branches et qui a fourni, depuis le XIVe siècle, un nombre considérable de grands officiers de la couronne et plusieurs magistrats illustres.

Maréchaux de France au bailliage d'Angers par lettres patentes données à Versailles le 6 février précédent, en remplacement de Mre François-René, marquis du Bellay, dernier possesseur de cette fonction et démissionnaire au profit du nouveau titulaire. « Monseigneur le maréchal, duc de Duras [1] », avait déjà reçu et installé le requérant [2].

[1] Jacques-Henri de Durfort, duc de Duras, maréchal de France, né en 1622, mort en 1704. Il servit en Italie, puis dans les Pays-Bas, et contribua à la conquête de la Franche-Comté, dont il reçut le gouvernement. En 1675, il obtint le bâton de maréchal, prit Philipsbourg et Manheim en 1688 et reçut la dignité de duc et pair en 1689.

[2] Voir notre *Histoire de Menil et de ses Seigneurs, d'après des documents inédits (1040-1886)*. — Tous les documents inédits, mis en œuvre dans ce chapitre, figurent dans la collection particulière de nos manuscrits.

CHAPITRE VII

(1700-1761)

Inventaires des mobiliers de la maison de la rue de la Croix-Blanche, à Angers, et du château de la Lorie, après le décès d'Anne Le Pelletier, veuve de Gabriel Constantin, Ier du nom, écuyer, seigneur de Varennes et de la Lorie, grand prévôt d'Anjou. — Estimations des bestiaux trouvés dans les métairies de la terre de la Lorie. — Poursuites contre Paul du Rasteau, écuyer, ex-lieutenant au régiment de Brissonnet, à la requête du sieur du Rieux, écuyer, lieutenant au même régiment, son créancier. — Ordre du Roi, adressé à Gabriel Constantin, IIe du nom, de détacher de sa compagnie onze archers bien équipés, sous le commandement d'un exempt, et de les envoyer d'Angers à l'armée de Metz. — Certificat de maladie délivré au soldat Joli-Cœur, par Pierre Pousse, maître chirurgien juré. — Information faite, à Angers, par le grand prévôt, à la suite d'un tumulte nocturne et d'une collision entre les soldats du régiment du Boulay et les habitants. — Le baron d'Oigonnelle, lieutenant au régiment du Boulay, est assiégé par Jannaux de la Bretonnière et par les étudiants dans la maison des demoiselles de Chantepie. — Les soldats viennent à son secours et défendent François Ledru, lieutenant au même régiment, attaqué par les assaillants. — Jamin, fils du maître d'armes, est blessé dans cette rixe. — Dépositions des divers témoins. — Le Roi décharge Gabriel Constantin. IIe du nom, d'un paiement de cinq mille quatre cents livres, en récompense de ses bons et loyaux services. — Les Constantin sont maintenus au rang des membres de la noblesse. — Mise en liberté de Suzanne-Jeanne du Coudray, veuve de messire Charles Perrault, chevalier, sieur de la Sablonnière, qui avait été enfermée aux Pénitentes d'Angers. — Gabriel-Félix Constantin, fils du précédent, épouse Marie-Louise-Charlotte-Sophie de Boylesve de Soucelles. — Il remplace son père, en qualité de grand prévôt d'Anjou, puis abandonne ce poste à son frère cadet, Jules Constantin, écuyer, seigneur de Marans, époux de Jeanne-Victoire de Crespy de Chauvigné.

Le 10 février 1700, Anne Le Pelletier, veuve de Gabriel Constantin, Ier du nom, écuyer, seigneur de Varennes et de la Lorie, grand prévôt d'Anjou, mourait dans son hôtel de la rue de la Croix-Blanche, à Angers. Elle fut inhumée le lendemain[1]. Le 14 du même mois, on procède à l'inventaire du mobilier laissé par la défunte en présence de Gabriel Constantin, IIe du nom, écuyer, conseiller du roi, grand prévôt d'Anjou, seigneur de la Lorie, fils aîné ; Joseph Constantin, prêtre, docteur en théologie, doyen de l'église d'Angers ; Louis de la Mothe, chevalier, seigneur de la Roche-Bardoul, mari de dame Catherine Constantin ; Anne et Jacquine Constantin, demoiselles, filles majeures, tous enfants majeurs et héritiers. Nous reproduisons, aux pièces justificatives, un extrait de cet inventaire, qui ressemble beaucoup à celui de 1683, fait après le décès de Gabriel Constantin, Ier du nom, mari d'Anne Le Pelletier[2]. Parmi les objets intéressants et les tableaux variés, on remarque : « *L'Enlevement d'Heleine* », entouré d'un cadre doré, et la garniture de la cheminée, composée de quinze pièces de porcelaine du Portugal.

Dix jours après, le 24 février, on fait l'inventaire du mobilier du château de la Lorie, qui est à peu près semblable à celui de 1683. Nous devons citer cependant : « Deux pieces de tapisserye, dont l'une de trois aulnes un quart de long, » qui représente « *le Triomphe de Joseph* », et une autre, « de deux aulnes, contenant *un homme armé en suport d'un ecu de gueulle à cinq lozanges mis en croix, le fond semé de billes d'or*, plus cinq autres pieces de haute lice à personnages, contenant douze aulnes, prizées ensemble trois cens

---

[1] Audouys, manuscrit 1005 de la Bibliothèque d'Angers.
[2] Voir la pièce justificative n° XIV.

livres » ; une autre tapisserie, « de neuf pieces, de haute lice, à personnages d'Auvergne, representant *l'Histoire de Jacob*, de ving aulnes de tour, prizée quatre cens livres, avec deux soubastements... » Au nombre des tableaux figurent deux peintures, l'une de « *M. Fouquet*, en bordure dorée, » et l'autre de « *M. Peujol*, en bois, prizés ensemble quinze livres[1]... »

Nous publions également, à la fin de notre volume, l'extrait de cet inventaire, qui contient des détails intéressants sur le prix du cidre, du vin, du blé, etc., etc. Ce document constate, en outre, que les métairies, visitées par Pierre Crosnier, Pierre Cartier et Barabé, étaient garnies de bétail en quantité suffisante, sauf à la Gaudine. L'estimation des animaux monte, à la Ducherie, à 819 livres ; à la Mezochais, à 477 livres ; à la Maison-Neuve, à 197 livres ; au Petit-Vaududon, à 140 livres ; au Grand-Vaududon, à 554 livres ; au Vieil-Perrin, 544 livres ; à la Gaudine, 48 livres ; aux Cormiers, à 719 livres ; au Souci, à 637 livres ; au Ponceau, à 127 livres ; à la Bottelerie, à 828 livres ; à la Gachetière, à 452 livres ; à la Beldantière, à 614 livres. A la Lorie, l'estimation s'élève à 465 livres. Le tout forme un total de 6,621 livres « sur lequel 4,194 livres 2 sols 3 deniers, pour ce qui appartient à la succession, non compris la prisée de la Martinais, qui est de 166 livres 6 sous ; de la Petite-Gautrais, montant à 20 livres, et de la Triboullerie, fixée à 60 livres, suivant l'ancien inventaire. »

---

[1] Voir la pièce justificative n° XV. — Un partage fut fait le 16 juillet 1700. (Voir la pièce justificative n° XVI.)

René Plaçais est chargé de gérer les affaires de la seigneurie en qualité de régisseur.

Le dimanche 3 avril 1701, Paul du Rasteau, écuyer, ancien lieutenant au régiment de Brissonnet, demeurant en la paroisse de Bonchamp, comparaissait devant Constantin, à la requête du sieur Durieu, écuyer, également ancien lieutenant au même régiment, qui lui réclamait le paiement d'une somme de soixante livres, portée sur un billet du 19 septembre 1696 et gagnée par lui au jeu sur son partenaire. Le débiteur ne nia pas la dette, mais déclara qu'il était pauvre et demanda une remise.

Le 11 mai 1702, un ordre du roi, daté de Versailles, enjoignait à Constantin de détacher de sa compagnie, aussitôt la lettre reçue, onze archers, des mieux montés et en état de service, avec un exempt, et de les faire partir d'Angers pour aller loger à Saumur, puis à la Chapelle-Blanche et enfin à Tours. Ils y rejoindront un lieutenant, deux exempts et trente-quatre archers détachés des compagnies du prévôt général de Touraine, des prévôts provinciaux de Touraine et du Maine et du prévôt des maréchaux de Loudun, qui se trouveront aussi à Tours, pour prendre tous ensemble le chemin de Metz, où ils recevront les instructions du sieur Catinat[1], maréchal de France et, en son absence, du sieur marquis de Varannes, lieutenant général des armées de Sa Majesté, commandant pour son service dans les évêchés de Metz, Toul et Verdun. Le trajet se fera par étapes

---

[1] Catinat (Nicolas), né à Paris en 1637, célèbre maréchal de France, mort en 1712.

jusqu'à Tours, « savoir l'exempt comme un mareschal des logis de cavallerye, et les archers comme des cavalliers et, quant ils seront arrivés à Metz, en payant, au moyen de la solde qu'ils recevront et du fourrage qui leur sera fourny pour leurs chevaux comme à la cavallerye ». Le sieur de Belloy, lieutenant du Roi au gouvernement de Metz, est chargé de les recevoir et de leur donner le logement et les vivres.

En conséquence de ces ordres, Constantin enjoignit, le 24 mai, à René Pisson et à Jacques Tessier, archers en résidence à Baugé, de se tenir prêts pour aller servir. Ils devaient être « bien montés, du moins de chevaux de dragons, c'est-à-dire de dix-sept à dix-huit paulmes de hauteur, et les archers armés de leurs sabres, pistollets de maistres, des mousquetons que nous leur avons cy-devant fourny, avec le ceinturon et bandoullière de buffle, bottez en bottes et vestes de justeaucorps de drap de cavallier gris blanc, parmenté de rouge, avec des boutons de lainne ou chameau de mesme couleur que le drap, manteau de drap bleu et chappeau bordé d'un galon d'argent de largeur d'un travers de doigt, housse de chevaux et fourreaux de drap rouge, bordé d'un simple galon de soye blanche ». Le receveur des tailles, payeur des gages à Baugé, leur donnera, pour les aider, la moitié de leur solde et, à chacun, cent livres de gratification. Cet argent sera pris sur les gages de tous les officiers et autres archers des compagnies de la maréchaussée d'Anjou « au sol la livre. » Ces soldats seront passés en revue, avant leur départ, par Constantin, le 31 mai, devant l'hôtellerie des Trois-Maures, à Saumur, avec les autres détachements, pour se rendre ensuite à Tours, le 3 juin, sous les ordres du sieur Asseline, exempt. Jean Boyreau, archer, porta l'ordre du grand prévôt à Baugé et, en l'absence du lieutenant Adam, il le remit au lieutenant assesseur Mansant, le 25 mai.

Le 10 février 1703, Pierre Pousse, maître chirurgien juré à Angers, certifiait avoir vu, visité, pansé et médicamenté « le nommé Joli-Cœur, de la compagnie de Monsieur Boucault, du régiment de Monsieur du Boulay, en formation dans la ville, » qui avait « une playe située en la partie moyenne et senestre de la poitrine, ayant de grandeur, en son entrée, la grandeur de l'ongle du petit doigt, et penetrante dans la capacité de ladite poitrine, à raison de laquelle il a une grande difficulté de respirer et dit ressentir de grandes douleurs dans le bas ventre. Et est ledit Joly Cœur en un danger imminent de la vie ; laquelle playe me paroist avoir esté faite par instrument perçant et transchant comme espée et autre faisant le semblable. » Ce certificat fut remis à Constantin, qui, d'après les ordres de M. d'Autichamp, lieutenant du Roi du gouvernement d'Anjou, fit une enquête sur les causes de cette blessure. On apprit qu'elle était le résultat d'une rixe entre les étudiants de l'Université et les soldats du régiment du Boulay.

Les dépositions des témoins entendus dans cette affaire sont très intéressantes et très variées. Jean Dugrais, notaire royal arpenteur à Craon, actuellement à Angers, âgé de vingt-six ans, dépose que, sur les dix heures du soir, dans la nuit de jeudi à vendredi dernier, étant dans sa chambre, rue Baudrière, il entendit le bruit de plusieurs personnes qui passaient. Il se mit à la fenêtre et vit des gens qui montaient vers la Place-Neuve. L'un d'entre eux dit : « J'en ay jetté un sur lesd. ponts [1], j'ay tué un homme, » ce qu'il répéta à différentes reprises, ajoutant qu'il avait perdu son épée, en criant : « Rendez moy mon épée. » Une autre voix reprit : « C'est mon amy Dreux, » puis les inconnus s'éloignèrent. Un quart d'heure après, survint une troupe de sept ou huit personnes, peut-être les mêmes, dont l'une portait un flambeau allumé et l'autre avait une épée sous le bras et réclamait son fourreau. Ces hommes s'arrêtèrent à causer avec d'autres devant l'hôtellerie des *Six-Perdreaux* [2]. Ils suivirent ensuite la rue Baudrière : quelques-uns disaient qu'ils allaient au *Cheval-Blanc* [3]. Le lendemain, le témoin apprit que Jamin, maître d'armes, cherchait son fils.

On entend ensuite Jacques Oudart, tailleur, âgé de cinquante ans, demeurant paroisse de la Trinité. Jeudi dernier, sur les neuf heures du soir, le sieur Jannaux,

[1] Voir, sur les Grands-Ponts d'Angers, l'ouvrage de Péan de la Tuillerie, pp. 410-413 et la note 1 de la page 413. Ils avaient été restaurés sous les mairats de N. Gohin, 1655, et de J. Élye, 1661. Ils portaient, sauf aux deux extrémités, une double rangée de maisons en partie bâties sur pilotis, pour la plupart ouvroirs d'orfèvres et de changeurs (*Ibid.*).

[2] Cette hôtellerie n'est pas mentionnée dans la nouvelle édition de la *Description de la ville d'Angers*, etc.

[3] L'hôtellerie du *Cheval Blanc*, rue Saint-Aubin, « où descendaient, dès le xve siècle, les grands personnages et dont l'hôte, Alexandre Rebondy, sauva la vie au maire, menacé dans la rue Pinte par des laquais (1613) ». (*Ibid.*, p. 265, note 2).

fils de Jannaux, avocat au siège présidial, entra dans sa boutique, sans épée ni bâton, et lui demanda si les demoiselles de Chantepie, ses parentes, étaient au logis. Le tailleur lui répondit que ces jeunes filles étaient dans leur appartement en compagnie du baron d'Oigonnelle, officier au régiment du Boulay. Le jeune homme ne monta qu'à moitié de l'escalier et en redescendit aussitôt. Un quart d'heure après, Oudart, étant encore dans sa boutique, entendit crier dans la rue : « A moy, soldats ! » Jeanne Repussart, femme du précédent témoin, âgé aussi de cinquante ans, confirme cette déposition.

Marguerite Doy, femme d'Étienne Saint-Paul, « hôtesse vendant vin aux *Six-Perdreaux*, rue Baudrière, parroisse St-Maurice, » âgée de cinquante-sept ans, raconte que, jeudi, sur les sept heures du soir, le nommé Cardinal, l'un des sergents du régiment de Boulay, entra dans son cabaret, qu'il fréquentait depuis plusieurs jours, et se plaignit d'avoir été assailli, au haut de la rue Baudrière, par trois inconnus qui voulaient le tuer et avaient mis l'épée à la main. Derrière lui survinrent trois hommes, dont l'hôtesse en reconnut deux seulement ; l'un était le fils Jannaux, l'autre Bardoul, demeurant derrière les Carmes[1], et le troisième, vêtu d'un costume « gris galonné de fert », semblait plus grand que ses camarades. Seul, Jannaux était armé. Les nouveaux venus demandèrent à boire. La femme les fit

[1] Voir dans Ballain, p. 342, un dessin du couvent des Carmes. — Voir aussi le *Répertoire Archéologique*, 1867, p. 334. — Voir la *Description de la ville d'Angers*, etc., pp. 421-426.

entrer dans un petit cabinet voisin et se prépara à aller à la cave pour y chercher du vin. Elle fut alors fort surprise de voir Jannaux s'élancer, l'épée nue, sur le sergent, qui se reposait tranquillement auprès du feu. Heureusement, elle eut le temps de s'interposer. Le jeune homme « habillé de gris de fert » entraîna son camarade et ils sortirent, sur l'injonction de Marguerite Doy, qui les congédia en s'excusant de n'avoir pas de bon vin à leur offrir. Le sergent les reconnut pour ceux qui l'avaient attaqué. Deux heures après, le témoin entendit des gens qui rapportaient qu'on venait « de faire une tuerie, que c'étoit Jamin que l'on ramenoit, et que mesme, son père, avec des messieurs, aux flambeaux, le cherchoit... »

François Fortin, âgé de vingt-sept ans, marchand de drap de laine, demeurant rue Bourgeoise[1], dépose que, le soir de l'événement, étant auprès du feu avec sa femme, il vit arriver le baron d'Oigonnelle, suivi de son valet, qu'il connaît comme étant officier dans le même régiment que le capitaine Le Bacle, son proche parent. Peu après se présentèrent Jannaux et le chevalier de Moutier, « écolier étudiant en droit à l'Université d'Angers[2] », ayant chacun une canne à la main. Ils demandèrent s'il n'y avait pas moyen de causer un moment;

---

[1] Aujourd'hui rue Beaurepaire. C'est la rue que Péan appelle la *rue des Ponts*. Le pont se prolongeait primitivement jusqu'à la fontaine Pié-Boulet.

[2] Les Grandes Écoles, « un des plus beaux bastiments d'Angers », dont les six pignons portaient chacun l'écusson d'une des nations universitaires. Voir le dessin dans Bruneau de Tartifume.

le marchand leur répondit que ce serait avec plaisir et le baron offrit un siège au chevalier, pendant que son ami entr'ouvrait familièrement les rideaux du lit, « qui étoient à demi fermés. » Le témoin, étonné de ces façons singulières, lui dit : « Que cherchez-vous donc ? » A quoi l'autre riposta « que ce n'estoit pas la compagnie qui estoit là, il n'y avoit qu'un moment ». Fortin, mécontent, répliqua qu'il ne comprenait pas ce que cela signifiait, que sa maison n'était pas mal notée et qu'il l'engageait à sortir. Les deux jeunes gens s'en allèrent. « Vers les minuit », ils revinrent, suivis de plusieurs autres, et frappèrent bruyamment à la porte de la maison, en invectivant grossièrement le témoin, qui était monté dans son grenier et avait ouvert la fenêtre pour connaître la cause de ce tapage. Le tumulte dura jusqu'à trois heures du matin, les assaillants ne cessant de vociférer, de blasphémer et de vomir des injures atroces contre Fortin et contre sa femme, si bien que le baron fut obligé de rester enfermé avec son valet, car il craignait d'être assassiné par ces forcenés qui le guettaient. Andrée Blaizonneau, âgée de trente-quatre ans, épouse du précédent, confirma sa déposition.

Jacques Leroy, âgé de vingt-et-un ans, « compagnon tanneur de son metier, » sortant du cabaret du *Petit-Panier*[1], pour se rendre chez Brisset, boucher, rue de l'Ecorcherie, où il loge depuis huit jours, en attendant

---

[1] Ce cabaret n'est pas mentionné dans la *Description de la ville d'Angers*.

qu'il trouve du travail, a entendu crier « vers les Grands-Pontz, » quelqu'un qui disait : « A moy du Boulay ! On me veut assassiner ! » Il a vu une troupe de gens inconnus, dont l'un avait l'épée nue, qui couraient « vers led. Grands-Pontz ». Il est allé jusqu'à la Trinité et il en est revenu au bout d'une demi-heure. Il a rencontré, en regagnant son logis, des habitants qui racontaient que « les Ecoliers du droit avoient voulu jeter un officier du Boulay dans l'eau ».

Pierre Guillain, âgé de vingt-trois ans, « tailleur d'habitz, parisien, arrivé du dix sept janvier dernier en cette ville, où il n'a pu encore trouver de travail, logé chez Ronsin, marchand boulanger, rue de la Parcheminerie [1] », sortant « d'un petit cabaret et bouschon près la Trinité, et se retirant le long de la Grande-Rue, y étant vis-à-vis la rue des Carmes, » a entendu les mêmes paroles que le précédent témoin. Il a vu plusieurs personnes rassemblées, l'épée à la main, « qui se battoient rudement. » Il s'est alors retiré « dans lad. rue des Carmes » et, en revenant, « au bout d'un gros quart d'heure », il a appris, par des bourgeois qui devisaient à haute voix sur les Grands-Ponts, que les écoliers en droit avaient voulu entrer de force dans une maison où était un officier du régiment du Boulay, pour l'insulter « au sujet d'une demoiselle qui y étoit ». Il ajoute que le vacarme fut grand et que, depuis la rue des Carmes

---

[1] Cette rue prenait son nom de la réunion des parcheminiers qui y demeuraient.

jusqu'à la porte Chapelière [1], beaucoup d'habitants, réveillés par ce tumulte nocturne, étaient aux fenêtres.

Philippe Guillemin, domestique du baron d'Oigonnelle, lieutenant au régiment du Boulay, fait une déposition importante. Il a escorté son maître, jeudi dernier, sur les six heures du soir, chez les demoiselles de Chantepie, de l'autre côté des ponts. La femme Fortin l'a engagé à avertir l'officier qu'on voulait le jeter à l'eau et à conseiller à celui-ci de se retirer de bonne heure, pour ne revenir qu'après souper. Le valet avertit le baron quand, sur les sept heures, le lieutenant quitta les demoiselles de Chantepie afin d'aller prendre son repas. En retournant chez ses amies, à huit heures et demie, le sieur d'Oigonnelle commanda à son domestique de se rendre auprès du sieur François Ledru, son cousin, lieutenant au même régiment, « logé chez le sieur Ducerne, notaire royal de Coulombier », pour le prier de venir le trouver. Quand Guillemin ramena l'ami de son maître, ils trouvèrent, devant la demeure des jeunes personnes, où le baron les attendait, une troupe de gens armés. L'un d'entre ces inconnus se sépara de ses compagnons et s'avança vers Ledru, qu'il saisit à la gorge, après avoir remis son épée au fourreau, et lui demanda « s'il n'estoit pas Monsieur Ledru, officier du Boulay ». L'autre répondit que « c'estoit luy même ». Son agresseur fit quelques pas en arrière, dégaîna et invita brusquement le lieutenant à l'imiter. Ledru se mit en garde et appela

---

[1] Le carrefour de la Porte Chapelière était un des plus grands passages de la ville. On y vendait des légumes, des fruits, du poisson, etc.

STATUE DU GRAND ESCALIER INTÉRIEUR DE LA LORIE

au secours, car il était entouré par une dizaine d'assaillants intrépides et déterminés. A son cri, quelques soldats sortirent du cabaret du *Petit-Panier*, où ils avaient soupé : deux avaient leurs épées et les autres ne s'étaient munis que de bâtons. Un combat fort inégal s'ensuivit. Dans la mêlée, les nommés Joli-Cœur, de la compagnie du sieur Boucault, capitaine, et La France, de celle du sieur de Prouville, furent blessés par les écoliers qui prirent la fuite. Peu après, le baron descendit de la chambre des demoiselles de Chantepie et, suivi de Ledru, reprit le chemin de son logement chez la dame Baubigné, hôtesse dans la rue des Forges[1].

François Ledru, âgé de vingt-deux ans, lieutenant au régiment du Boulay, logé chez le sieur Ducerne, notaire royal, habitant rue Saint-Laud, cousin germain du baron d'Oigonnelle, dit que, jeudi dernier, entre huit et neuf heures du soir, prévenu par le domestique de son parent, il se dirigea vers la demeure des demoiselles de Chantepie, où était l'officier. Il trouva plusieurs hommes armés, devant la porte, qui bloquaient la maison. L'un d'eux, le jeune Jamin, fils de Jamin, le maître d'armes, le provoqua insolemment, ce qui l'obligea à se mettre sur la défensive, en criant au secours. Des soldats accoururent et un combat s'engagea, dans lequel Joli-Cœur et La France furent blessés. Les assaillants se retirèrent aussitôt. Le témoin remarqua que, parmi eux, figurait le

---

[1] « La rue des Forges, dit Péan, est celle qui conduit à l'église de Saint-Pierre, par la rue de la Roe ; elle prend nom au coin de la rue St-Laud, où vient aboutir ladite rue de la Roe. » (*Ibid.*, pp. 298-299). Ce nom lui venait des forges appartenant au chapitre de Saint-Pierre.

nommé Jannaux, fils du sieur Jannaux, avocat au siège présidial, « qui avoit atrouppé les autres », et qui alla se cacher dans « la maison qu'on appelle les Tourelles [1] ». On lui a dit que les camarades de Jannaux étaient des écoliers en droit, qui avaient pris les armes « par la jalousie dudit sieur de ce que led. sieur baron d'Oigonnelle frequentoit lesd. demoiselles de Chantepie… »

Françoise Lemercier de Chantepie, « fille, aâgée de seize ans ou environ, demeurant, avec sa sœur, chez Oudart, marchand tailleur en cette ville, parroisse de la Trinité, sur les Grands-Pontz, rue Bourgeoise », dit qu'elle était en train de causer, jeudi soir, entre neuf et dix heures, avec sa sœur et le baron d'Oigonnelle, dans leur chambre, en présence de sa servante, Marie Pasquier, quand elle entendit « le sieur de la Bretonnière-Jannaux, son cousin, faire grand bruit dans la chambre basse, sans avoir distingué ce qu'il disoit, mais bien qu'il juroit, ce qui fist que la femme dud. Oudart appela la servante d'elle deposante, laquelle descendit le degré, fut quelque temps à revenir dans la chambre et, à son retour, dit ces parolles : Mesdemoiselles, voilà monsieur de la Bretonnière mort, on le tue ! » Le baron s'écria qu'il allait le secourir au péril de sa vie et s'élança dans la rue, mais la demoiselle de Chantepie le retint et, « quand il fut à la porte, la batterie » était terminée.

---

[1] « La cour des Tourelles, où est le bureau du Mont-Pitié ou Piété, institué en 1684, par M. Henri Arnauld, évêque d'Angers. » Cet hôtel était ainsi désigné dès 1392. « A mi hauteur de la façade, sur la rue [Bourgeoise], deux gracieuses tourelles sculptées, encadrent un petit logis, dont la courtine porte un écusson, au-dessous duquel est écrit : LES TOURELLES. (*Ibid.*, pp. 416-418.)

Marie Pasquier, « fille, aagée de vingt six ans », servante des demoiselles de Chantepie, dépose que, sur l'appel de la femme du tailleur Oudart, elle descendit jusqu'à la moitié de l'escalier, où elle trouva le sieur de la Bretonnière, qui lui dit que « c'estoit à Monsieur le baron à qui il en vouloit ». Le reste de son récit est conforme au précédent. Il en est de même de la déposition de Gilles Hamart, âgé de vingt-six ans, « compagnon couvreur d'ardoize », logé chez Frouin, sergent, qui a vu un homme jeter son épée ensanglantée dans la rivière. Marie Bahonneau, fille, âgée de dix-neuf ans, servante du sieur Lamy, marchand cirier, demeurant place Sainte-Croix, n'apprend rien de nouveau. Elle dit seulement que, jeudi dernier, sur les dix heures du soir, le jeune Jamin, entré dans la boutique, en compagnie d'un nommé Papinnière, demeurant rue Haute-Mulle[1], et habillé d'un costume « gris de fer, gallonné », demanda une épée. Elle lui répondit qu'elle n'en avait pas et ils s'en allèrent. Nicolas Salmgue, âgé de vingt ans, « cordonnier de son mestier, travaillant dans la boutique de Hermeron, marchand cordonnier en cette ville proche le Ronceray[2] », et « Bon François Lequin, âgé de dix-neuf ans, écolier étudiant au College des Peres de l'Oratoire de cette ville[3], logé au *Petit-Panier*, parroisse de la

---

[1] Cette rue tombe dans la rue Saint-Évroult, qui était bordée d'un côté par le couvent des Jacobins, de l'autre par l'hôtel Crochard et par les trois maisons du chapitre de Saint-Maurice. (Péan de la Tuillerie, *ibid.*, p. 104, note 1.)

[2] Voir, sur cette abbaye, le même ouvrage, pp. 505 et suivantes.

[3] L'établissement de l'Oratoire avait été autorisé par la ville, sur la demande de Marie de Médicis, le 15 novembre 1619, et par lettres

Trinité, où il prend ses repas », qui a vu des hommes jeter leurs épées dans la rivière, sont entendus à leur tour. L'information faite par Gabriel Constantin fut close le lundi 12 février 1703.

Le 28 août 1703, un arrêt du Conseil du roi ordonne, « qu'en payant, par le sieur Constantin, lieutenant de robe courte en la maréchaussée d'Angers, la somme de 300 livres et 2 sols pour livre, à quoi a été modérée la taxe de 2,000 livres, il jouira des droits, gages, privilèges et fonctions attenant audit office [1]. »

Le 12 mai 1704, Lachaut, secrétaire général, adressait à Constantin une ordonnance des Maréchaux de France pour Monsieur le marquis de Senonnes. Le maréchal de Joyeuse commandait au grand prévôt d'Anjou de la faire signifier immédiatement à Monsieur des Moulins-Vieux et de la lui renvoyer avec le procès-verbal de la réponse. Le 20 du même mois, Jean Barabé, archer, se transportait au château de la Perrinière [2], paroisse de Saint-Germain, près Montfaucon, appartenant à M. des Moulins-Vieux. Ce dernier avait pour conseil Messire Claude Pocquet de Livonnière, conseiller du Roi au Présidial d'Angers, professeur de droit français à l'Université [3].

---

patentes du 22 février 1620. Le 31 octobre de la même année, les Pères acquirent de Françoise Harouys, veuve de Pierre Bernard de la Jumelière, l'hôtel Lancreau. L'église, reconstruite en 1621, bénie en 1677, est devenue l'église de la paroisse Notre-Dame. (*Dict. hist. de M.-et-L.*, t. I, p. 92.)

[1] Voir la pièce justificative n° XVII.

[2] Perrinière (la), chât. et f. c^{ne} de la Renaudière et par extension c^{ne} de Saint-Germain-lès-Montfaucon.

[3] Claude Pocquet de Livonnière, né le 18 juillet 1651 à la Gravoire, c^{ne} de Valetz (Loire-Inférieure), célèbre jurisconsulte angevin, mort à Paris le 31 mai 1726, mari de Renée Quatrembat.

Le 6 octobre, M. de Launay demandait à Constantin de lui envoyer la réponse faite à l'archer Gouraud par le sieur Ange Poisson, avocat au Parlement, demeurant à Angers, à qui le sieur Raphaël Meslier, commandant pour le roi au château de Péronne, réclamait une somme de trois cent cinquante livres, prix d'un cheval, « poil alzan. » Poisson avait vendu, au bout de deux mois, l'animal, au nommé Tillement, « parfumeur à Paris, rue Saint-Anthoinne, » moyennant soixante livres seulement.

Gabriel-Félix Constantin, fils aîné du grand prévôt, Gabriel Constantin, II° du nom, fut reçu page du roi dans la Grande Écurie le 1ᵉʳ avril 1705, mousquetaire dans la première compagnie en 1709, cornette dans le régiment de Royal-Piémont-Cavalerie en 1710. Par commission du 13 décembre de la même année, il fut nommé capitaine d'une compagnie de cavalerie dans le régiment d'Heudicourt. Gabriel Constantin, II° du nom, n'avait cessé de déployer un zèle infatigable dans l'exercice de ses difficiles fonctions. Ses remarquables qualités étaient fort goûtées de ses supérieurs qui savaient lui rendre justice.

Le 2 janvier 1712, M. de Bercy écrivait, de Paris, à M. Chauvelin, la lettre suivante, qui mérite d'être reproduite :

« Monsieur,

« Sur le compte que Monsieur Desmarets a rendu au Roy du contenu en la lettre que vous m'avez ecrite en faveur de Mʳ Constantin, Prevost general et Provincial de la Mareschaussée d'Anjou, et des services qu'il a rendu les dernières années dans les fonctions de ses charges, Sa Magesté a bien voulu le decharger du payement des 5,400 livres qui luy estoient demandées par le Traittant de la Comptabilité. Je vous prie de le faire sçavoir au s^r Tissier, Directeur de cette affaire, affin qu'il cesse touttes sortes de demandes et de poursuites contre Mr Constantin.

« Je suis, avec un très grand respect, Monsieur, vostre très humble et très obeissant serviteur.

« DE BERCY. »

M. de Bercy prévint aussi, le mêmé jour, Constantin, de cette intéressante nouvelle. Le 5 du même mois, Chauvelin conseillait au grand prévôt de remercier M. de Bercy de son amicale protection. Le 4 février 1715, une ordonnance confirmait la maintenue de Gabriel, Anne et Jacquine Constantin dans les rangs de la noblesse[1]. Le 30 juillet, une ordonnance royale mettait en liberté la dame Suzanne-Jeanne du Coudray, veuve de messire Charles Perrault, chevalier, seigneur de la Sablonnière, fille de défunt messire Charles du Coudray, chevalier, seigneur de la Vaugetière, et de dame Madeleine d'Andigné, enfermée depuis 1691 aux Pénitentes d'Angers[2].

---

[1] Voir la piece justificative n° XVIII.

[2] Voir notre étude intitulée : *Un recueil de plaidoyers inédits des avocats angevins aux XVIIe et XVIIIe siècles* (1680-1730).

Le 13 août, un arrêt acceptait l'offre du sieur Constantin et, en conséquence, permettait au grand prévôt d'Anjou d'acquérir les offices créés par l'arrêt de mars pour composer la compagnie du lieutenant criminel de robe courte à la résidence de Cholet, « à la charge, par lui, d'en payer la finance [1] ». Par lettres du 18 juillet 1717, Gabriel-Félix Constantin était nommé commissaire inspecteur des Haras du Roi dans la province de Touraine, Anjou et Maine. Il était ensuite fait chevalier de l'ordre militaire de Saint-Louis créé le 14 juin 1722, puis capitaine dans le régiment de Lorraine en avril 1723.

Le vendredi 18 février 1724, son père, voulant le faire recevoir « en la charge de prévost général », à sa place, tous les deux allèrent, en vertu de la commission du 12 décembre 1723, rendre visite, « en habit d'ordonnance », aux membres du Présidial d'Angers, « lesquels, estant en la Chambre du Conseil, ont esté présents à l'interrogatoire fait à mondit sieur de la Lorie, par M. Boucault, comme le plus ancien conseiller de cette Compagnie, attendu que MM. les premiers juges se sont trouvés parents au degré prohibé de mondit sieur de la Lorie, lequel n'a point pris place en la Chambre du Conseil, parce qu'il n'y en a que dans les affaires de sa compétence, et que, par l'arrêt du Conseil du 17 juin 1698, obtenu par MM. de la Compagnie contre M. Constantin père, le prévost général n'a le pas et rang, dans toutes les cérémonies publiques et particulières, qu'au milieu de la

---

[1] Voir les pièces justificatives n°ˢ XIX, XX et XXI.

Compagnie ; ainsi tous MM. de la Compagnie ont levé le siège et se sont retirés, sitôt que mondit sieur de la Lorie a eu prêté serment, et a esté arresté que MM. iront en ce jour voir, en robe, MM. Constantin, père et fils, ce qui a esté fait, et, le samedi 29 de ce mois, les lettres de prévost général de mondit sieur de la Lorie ont esté lues, l'audience tenante, la sentence prononcée par nous Riollan, syndic et conseiller ».

Le nouveau prévôt général, qui s'intitulait seigneur de Daillon et de la Lorie, s'était uni, le 15 janvier 1719, à Louise-Charlotte-Sophie de Boylesve de Soucelles, fille de feu Charles-Joseph Boylesve de Soucelles, écuyer, seigneur de Noirieux, conseiller au Parlement de Bretagne, et de Louise-Françoise de Grimaudet de la Croiserie [1]. Furent présents : Mre Antoine de l'Éperonnière, chevalier, seigneur de Vriz, cousin germain de l'épouse, Mre Gabriel-François de Grimaudet, chevalier, seigneur de la Croiserie, aïeul maternel de l'épouse, Mre Charles-Louis-François-Joseph Boylesve, chevalier, seigneur de Soucelles, frère, Mre Nicolas Boylesve, clerc tonsuré, seigneur de Noirieux, oncle paternel ; Mre Sébastien Louet, chevalier, seigneur de Longchamps, conseiller au Siège Présidial, et dame Marie-Jeanne Charlotte Boylesve, son épouse, oncle et tante de l'épouse, etc., etc. Il en eut plu-

---

[1] Le contrat de mariage fut ratifié le 15 avril 1721. Gabriel Constantin reçut en dot, par avancement d'hoirie, la terre de Daillon, située en la paroisse des Cerqueux-de-Maulévrier, acquise en 1710 de Louise de Gergant, veuve de Charles de la Porte. (Voir la pièce justificative n° XXII.)

sieurs enfants : Gabriel-Félix-Joseph Constantin, écuyer, né le 3 janvier 1721 ; Charles-François Constantin, écuyer, né le 30 avril 1723 ; Gabriel-Camille Constantin, écuyer, né le 2 avril 1724 ; Jules Constantin, né le 1ᵉʳ octobre 1725 ; Paul-Félix-Hugues-Adolphe-Alexandre Constantin, né et ondoyé le 21 juin 1729 ; N. Constantin, née le 12 février 1722, et Sophie Constantin, née le 3 octobre 1726. Le 8 janvier 1737, le prévôt général partageait la succession de ses père et mère avec ses frères et sœurs.

Le 14 juin 1722, le sieur Constantin avait été nommé chevalier de Saint-Louis [1].

Le 9 novembre 1728, M. Jules Constantin, chevalier, seigneur de Marans, grand prévôt de la généralité de Tours, frère du grand prévôt d'Anjou, épousait, à Saint-Michel-du-Tertre, Jeanne-Victoire de Crespy de Chauvigné, fille de Mʳᵉ François-Julien de Crespy, chevalier, seigneur de Chauvigné, et de dame Catherine de la Motte. Furent présents : Mʳᵉ Gabriel Constantin, frère de l'époux ; dame Sophie Boylesve, sa femme ; Mʳᵉ François-Anne Constantin, chanoine de l'église d'Angers et prieur de Roche-d'Iré ; Mʳᵉ Claude-Eugène Constantin, chevalier, seigneur de Bersenne, capitaine au régiment de Piémont ; Dˡˡᵉˢ Anne-Hermine Constantin, Marthe-Mathilde Constantin, et Julie Constantin, frères et sœurs ; Mʳᵉ Jean Leclerc, chevalier, seigneur des Émereaux, et dame Françoise du Mesnil, son épouse ; dame Françoise Leclerc, marquise de la Feronnaye ; Mʳᵉ René Charlot, sei-

[1] Voir la pièce justificative n° XXIII.

gneur des Loges, président au Siège Présidial d'Angers, parents de l'époux ; dame Catherine de la Motte, veuve de Mre Julien-François de Crespy, chevalier, seigneur de Chauvigné, à présent femme de Mre René Charlot, chevalier, seigneur des Loges, président au Siège Présidial d'Angers, mère de l'épouse ; dame Marthe de Meguyon, veuve de Mre Julien-François de Crespy, chevalier, seigneur de Chauvigné, aïeule ; dame Marie-Anne Maunoir, veuve de Mre Jean de la Motte, conseiller audit Siège Présidial, tante ; Jean-Baptiste-Adrien de Crespy, frère ; Jean Catton, écuyer ; Mre Nicolas Boguais de la Boissière et dame Dominique-Louise Pasqueraye de la Touche, son épouse ; Mre Jacques-Louis de Crespy, prieur de Ballée, oncle ; Mre François de Crespy, chevalier, seigneur de la Mabilière, cousin issu de germain ; Mre Abel-François Goyran, ancien-assesseur de l'Hôtel de Ville d'Angers. Jules Constantin avait été nommé, en 1724, capitaine dans le régiment de Piémont [1].

Au mois de juin 1729, Jules Constantin, écuyer, seigneur de Marans, second fils de Gabriel Constantin et de Perrine Leclerc, remplaça son frère dans la charge de prévôt général d'Anjou. Il rendit visite à tous les membres du Présidial, conduit par M. Le Marié, conseiller à ce siège, son parent, et fut installé dans ses nouvelles fonctions. Il prit place dans la Chambre du

---

[1] Audouys, mss. 1003 de la Bibliothèque d'Angers. — De ce mariage naquirent : Jules-Gabriel Constantin, écuyer, né le 18 août 1731 ; Joseph-Eugène Constantin, écuyer, né le 25 avril 1733, et Julie-Victoire Constantin, née le 26 mai 1739. (D'Hozier, *ibid.*)

Conseil, puis il vint s'asseoir « au parquet, au banc de MM. les gens du Roy », pendant qu'on lisait ses lettres de provision et les actes de sa réception à la Connétablie. M. Gohin, assesseur, tenait l'audience. Le soir du même jour, les conseillers allèrent le voir chez lui, en robe, accompagnés de M. Le Marié. Le sieur de Marans donna sa parole d'honneur, aux membres de la Compagnie, « de ne point tirer à conséquence tous les arrêts et édits rendus en sa faveur pour le pas et la place, et d'en user ainsi que l'a fait M. son père, suivant les billets que luy et son père ont donné à cette compagnie avant leur réception [1]... »

Un arrêt du 20 novembre 1730, rendu en Conseil du roi, ordonna l'exécution de celui du 17 juillet 1659 et décida que Gabriel Constantin, écuyer, ancien prévôt général de Touraine, Anjou et Maine, pourvu des deux offices de correcteur de la Chambre des Comptes de Bretagne, serait payé annuellement d'une somme de 800 livres par le receveur général des finances de Bretagne en exercice [2].

Le 29 janvier 1737, les habitants de Vézins [3] s'ameutèrent sur le grand chemin, armés de bâtons ferrés et de

---

[1] Registres du Présidial d'Angers, *ibid.*, année 1729.
[2] Voir la pièce justificative n° XXIV.
[3] Vézins, c^{ne} canton et arr. de Cholet. — La seigneurie de Vézins, qualifiée de marquisat, appartenait alors à Josué-Augustin de la Taste, sieur de Pitrac, chevalier de Saint-Louis, premier capitaine des grenadiers du régiment du roi, époux de Marie-Madeleine de la Touche-Limousinière. Le septier du marquisat contenait 16 boisseaux pour 13 des Ponts-de-Cé.

fusils, et pillèrent les blés des meuniers de Chemillé[1]. Une seconde scène de pillage eut lieu le 1er février. Le sieur Constantin, prévôt général, fut chargé d'arrêter les chefs coupables, Jacques Buro et Martin Girard, par arrêt du 15 avril[2].

Le 26 mai 1739, on baptise Julie-Victoire, fille de Jules Constantin, chevalier, seigneur de Marans, et de Jeanne-Victoire de Crespy[3]. Gabriel-Félix Constantin mourut en 1743. Le 31 octobre 1757, on enterrait, « dans l'église de Sainte-Catherine-lez-Angers », le corps de Louise-Charlotte-Sophie Boylesve de Soucelles, veuve de Mre Gabriel-Félix Constantin de la Lorie, âgée de cinquante-sept ans[4]. Le 30 mai de la même année, Julie-Victoire Constantin, fille de Jules Constantin, chevalier, seigneur du Planty, prévôt général de la maréchaussée de Touraine, et de Jeanne-Victoire de Crespy, se mariait, dans l'église de Saint-Maurille d'Angers, avec Messire Georges-Gaspard-François-Auguste-Jean-Baptiste de Contades, colonel du régiment de Berry-Infanterie, fils de Messire Louis-Georges-Érasme de Contades et de

---

[1] Chemillé, chef-lieu de canton et arr. de Cholet. — La seigneurie était aux mains de Colbert de Maulévrier. La *mesure* ancienne contenait 16 boisseaux pour 13 boisseaux et une écuellée des Ponts-de-Cé.

[2] On amena ces deux prisonniers au château d'Angers. — Voir la pièce justificative n° XXV. — Un arrêt du Conseil du roi, en date du 5 juillet 1737, valida la procédure commencée par le sieur Constantin. — Voir la pièce justificative n° XXVI.

[3] Extrait du registre des baptêmes de la paroisse Saint-Maurille d'Angers. Le parrain était Claude-Eugène Constantin, capitaine au régiment de Piémont. La marraine était la demoiselle Adélaïde Constantin.

[4] Audouys, mss. 1003 de la Bibliothèque d'Angers.

Françoise-Nicole Magon [1]. Le 12 mars 1758, on baptise Érasme-Gaspard, fils des précédents. Parrain : Érasme de Contades, brigadier des armées du Roi, grand-oncle du père de l'enfant [2]. Le 11 octobre 1759, baptême de Louis-Gabriel-Marie, fils des mêmes [3].

[1] Audouys, mss. 1003 de la Bibliothèque d'Angers.
[2] *Ibid.*
[3] *Ibid.* — Louis-Gabriel-Marie de Contades épousa, de son côté, Perrine-Julie Constantin de la Lorie. — Tous les documents inédits, mis en œuvre dans ce chapitre, font partie de notre collection particulière de manuscrits relatifs à l'Anjou, sauf les inventaires, qui sont conservés au château de la Lorie.

CHAPITRE VIII

(1761-1799)

Charles-François-Camille Constantin, seigneur de la Lorie, époux de Mlle Élisabeth-Jeanne Lefebvre. — Mort de Charles-Auguste Constantin, fils du précédent. — Gabrielle-Marie-Élisabeth Constantin s'unit, dans la chapelle de la Lorie, à N. de Marmier, colonel du régiment de Lorraine-dragons. — Le château de la Lorie et ses dépendances. — La vie d'un grand seigneur angevin à la fin du xviiie siècle. — Charles-François-Camille Constantin assiste aux Assemblées de la noblesse d'Anjou pour l'élection des députés aux États Généraux. — Sa mort et son tombeau dans l'église de la Chapelle-sur-Oudon. — Occupation et dévastation du château de la Lorie par les troupes républicaines. — Procès-verbal des dommages causés par les Bleus et par les Chouans, tant dans l'habitation que dans les métairies de la Plesse, du Tremblay, de la Botellerie et de la Lorie. — Évaluation des pertes subies. — Procès-verbal dressé par les citoyens Marsollier, adjoint au maire de la commune de Sainte-Gemmes-d'Andigné, et Poisson, entrepreneur de bâtiment, demeurant à Saint-Sauveur-de-Flée, en présence du citoyen Meignan, adjoint au maire de la commune de la Chapelle-sur-Oudon.

Le 16 janvier 1761, on baptise, à Saint-Maurille d'Angers, François-Gaspard, fils de messire Georges-Gaspard-François-Auguste, marquis de Contades, brigadier des armées du roi, et de Julie-Victoire Constantin de Marans. Le 12 mars 1762, baptême d'Érasme-Gaspard de Contades, fils des mêmes[1]. Le 30 octobre 1763, on ondoyait, dans l'église de Saint-Denis de la même ville, une fille des précédents.

La même année, messire Charles-François-Camille

---

[1] Audouys, manuscrit 1005 de la Bibliothèque d'Angers, vol. I, p. 867.

Constantin, né le 30 avril 1723, second fils de Gabriel-Félix Constantin, seigneur de la Lorie, de Daillon, etc., et de Louise-Charlotte-Sophie Boylesve de Soucelles, héritier des Constantin de la Lorie, prévôts généraux et provinciaux d'Anjou, épousait Élisabeth-Jeanne Le Febvre, fille de Louis Le Febvre, « originaire d'Amérique[1] ». Pendant l'hiver, il demeurait à Angers dans son bel hôtel de la rue de la Croix-Blanche qui formait le coin Sud-Ouest de la rue du Chaudron, récemment supprimée par la rue Bodinier. Quant aux Constantin de Marans, ils habitaient dans la rue Puette, un peu au-dessus de la rue Cordelle, la Porée, ancien logis autrefois à la nation du Maine, passé ensuite des Chotard aux Bouchard de la Touche[2]. La Porée de Jumelles était aussi aux Constantin.

Le 28 juin 1769, on baptisait, à Saint-Pierre, Charles-Auguste Constantin, fils du seigneur de la Lorie. Le parrain était Messire Gaspard-Auguste, marquis de Contades; la marraine, la demoiselle Sophie Constantin, tante du nouveau né[3]. Cet enfant, objet d'une ardente tendresse et à qui souriait déjà un radieux avenir, avait eu pour précepteur Pierre-Henri Marchand, depuis curé de Baracé en 1779, membre du directoire du département en 1793, de nouveau curé de Baracé, puis de Saint-Georges. Il fut enlevé, tout jeune encore, à l'affection de ses parents, et inhumé, le 15 avril 1778, dans l'église

---

[1] *Notes généalogiques sur les Constantin de la Lorie.*

[2] Péan de la Tuillerie, *Description de la ville d'Angers*, deuxième édition, pp. 398-399 et 152.

[3] *Archives de Maine-et-Loire*, GG. 181.

STATUE DU GRAND ESCALIER INTÉRIEUR DE LA LORIE

de Saint-Pierre [1]. Il était le seul garçon et, dit un généalogiste, « ici finit la suite du nom de Constantin par les mâles [2] ».

Sa sœur, Gabrielle-Marie-Élisabeth, fille des mêmes, épousa, dans la chapelle du château de la Lorie, le 9 avril 1782, Messire François, comte de Marmier, colonel du régiment de Lorraine-dragons, fils de Messire François-Philippe de Marmier, chevalier, marquis de Marmier, seigneur d'Auvainville, Dinville, Auxforges, Pagni-la-Blanche, etc., ci-devant lieutenant-colonel du régiment de cavalerie de la reine, chevalier de l'ordre de Saint-Louis, et de dame Marie-Catherine du Chastelet, son épouse [3]. Le comte de Marmier décéda l'année suivante, laissant son épouse grosse d'un fils dont elle accoucha peu après [4]. Sophie Constantin, restée fille, demeurait dans une maison voisine de celle de son frère, Gabriel Constantin [5]. Jules Constantin de Marans, chevalier de Saint-Louis, prévôt de la maréchaussée de Touraine, époux de Jeanne-Victoire de Crespy, était mort en 1775. Sa femme avait été enterrée à Saint-Maurille d'Angers le 8 mars 1779. Leur fille unique, Julie-Victoire, épousa le marquis de Contades [6]. Madame de Marmier avait un hôtel dans la rue du Pot-de-Fer.

---

[1] Audouys, *ibid.*
[2] *Ibid.*
[3] *Ibid.* — Voir aussi Thorode, manuscrit 1531 de la Bibliothèque d'Angers.
[4] Audouys, *ibid.*
[5] *Notes généalogiques sur les Constantin de la Lorie.*
[6] *Archives de Maine-et-Loire.* Anciens registres de la paroisse de Saint-Maurille.

M. de la Lorie demeurait souvent à Angers, comme nous venons de le dire, dans son hôtel. « Il avait tous les tons d'un grand seigneur d'alors ; il était aussi le plus riche propriétaire de la ville et tenait le plus grand état de maison. Il avait beaucoup voyagé, et longtemps séjourné en Italie et en Angleterre, où il avait pu former d'intimes liaisons avec la famille de lord Chatam », qui vint lui-même à Angers en 1760 et dont le fils, le fameux William Pitt, séjourna à l'Académie d'équitation. « Il avait acquis un haut degré d'instruction et il possédait éminemment le goût des arts[1]. » Ce personnage avait plusieurs laquais et un valet de chambre, luxe qu'il partageait alors avec l'évêque et l'abbesse de Fontevrault. C'était un ami des philosophes dont il avait adopté les doctrines.

La Lorie était devenue, grâce aux soins intelligents du maître du lieu, le centre et le rendez-vous favori de la noblesse angevine. Autour du château seigneurial se groupaient un haras modèle, garni d'étalons de différents pays, et de vastes étables où se rangeaient des bêtes à cornes choisies parmi les espèces les plus remarquables. On admirait, dans les larges écuries, des types variés de chevaux issus des races les plus justement renommées. De longues rangées de chênes séculaires, à la puissante ramure, bordaient les avenues de ce superbe domaine. Des serres chaudes, magnifiquement installées, où on cultivait l'ananas et d'autres raretés, avaient été placées

---

[1] *Souvenirs d'un nonagénaire. Mémoires de François-Yves Besnard*, publiés par C. Port, t. I, p. 231.

sous l'habile direction d'un jardinier hollandais, qui avait aussi la surveillance générale des serviteurs employés à l'entretien du potager et du parc, où les plantes précieuses alternaient avec les arbres rares. La pomme de terre, peu connue encore, était l'objet de soins spéciaux. De belles plantations entouraient les jardins et un bois taillis conduisait aux bords de l'Oudon. Des terrasses splendides, reliées au parterre par des escaliers et décorées de statues, dominaient un radieux horizon de verdure. Une cour d'honneur donnait accès au château. Au-dessous de la Minerve, debout dans une niche et surmontant la porte principale de l'habitation, on lisait cette courte inscription : *Paciferæ Minervæ*.

L'intérieur était meublé avec un luxe de bon goût. Des tableaux de maîtres, des tapisseries de haute lice, des meubles élégants et des pendules de Boule embellissaient les nombreux appartements. L'escalier était orné de statues allégoriques. On conservait une collection de portraits de famille, parmi lesquels celui d'Anne Lepelletier, dame de la Lorie, femme de Gabriel Constantin, dont nous avons déjà parlé. La salle de bal avec sa coupole, sa tribune, ses marbres, ses trumeaux[1], ses glaces, avait très grand air. La chapelle avait été nouvellement restaurée. La bibliothèque anglaise pouvait être citée comme un modèle du genre, car tous les ouvrages utiles et instructifs y étaient rassemblés.

[1] Deux de ces trumeaux portent les inscriptions suivantes : *Entre l'amour et la folie ce pauvre monde est baloté. — L'un est le doux sommeil et l'autre l'espérance.*

Chaque invité à la Lorie avait un domestique personnel à la chambre et à la table. Les voisins affluaient au château, parmi lesquels les d'Andigné de Sainte-Gemmes, du manoir de la Blancheraie, les Dieuzie et d'autres. Les étrangers de passage, et en particulier les Anglais de l'Académie d'équitation[1], aimaient à se joindre aux officiers supérieurs des Carabiniers de Saumur et de la cavalerie en garnison à Angers, pour visiter cette superbe résidence, où ils étaient accueillis avec une faveur particulière. MM. les comtes de Damas, Boson, de Surgères, colonel du régiment Dauphin-dragons, de Marmier, colonel en second du Royal-Lorraine-cavalerie, etc., se pressaient dans ces salons hospitaliers. Mademoiselle de la Lorie, musicienne distinguée, « pinçait de la harpe en s'accompagnant de la voix, et cela d'une manière ravissante[2] ». On lisait *la Gazette*, *le Mercure de France*, quelques articles de *l'Encyclopédie* ou d'autres livres savants. On faisait aussi de la tapisserie, et les officiers eux-mêmes s'occupaient, à l'exemple du ministre Choiseul, à « prendre l'aiguille » et à « se braquer sur un métier[3] ». M. de la Lorie amenait souvent la conversation sur le terrain des sujets sérieux et instructifs. Quelques invités composaient des charades et des jeux d'esprits. Les calembours amusaient aussi la société. De leur côté les jeunes officiers se plaisaient parfois à

---

[1] Cette Académie, « longtemps la mieux entretenue du royaume, » était dirigée par les Avril de Pignerolles, écuyers renommés. On y venait d'Allemagne, d'Angleterre et de Hollande.

[2] *Souvenirs d'un nonagénaire*, t. I, pp. 248-249.

[3] *Ibid*, p. 250.

mystifier les hôtes du château. C'est ainsi que M. de Damas racontait un jour « comme quoi ayant résolu de passer l'hiver précédent hors de France, mais incertain si ce serait à Berlin ou à Londres, il avait placé son chapeau sur le bout de sa canne avec résolution de se décider pour celle de ces deux villes, vers laquelle s'arrêterait la corne de devant, et que s'étant fixée sur la direction de Londres, c'était là qu'il était allé dépenser ses 500 louis ». Il prétendait aussi « qu'excepté les pièces où se tenait la famille royale, toutes les autres n'étaient éclairées qu'avec des chandelles, et quelquefois réduites au nombre de deux, » tant était grande la mesquinerie de la Cour [1].

On menait donc une joyeuse existence à la Lorie, on y dansait, on y soupait, on s'y distrayait de mille manières et on y goûtait cette « douceur de vivre, » tant regrettée depuis par ceux qui l'avaient connue. Tout dans cette opulente demeure respirait la félicité. On y savourait l'élégance, le charme et les raffinements d'un luxe de bon aloi. C'était la grande vie, digne de vrais seigneurs habitués aux plaisirs délicats et aux nobles délassements. La révolution allait disperser les brillants éléments de cette société d'élite qui perpétuait en Anjou les saines traditions du passé et le culte des mœurs policées.

Le seigneur de la Lorie est cité dans le *Catalogue des Gentilshommes d'Anjou et pays Saumurois* « qui ont pris part ou envoyé leurs procurations aux Assem-

---

[1] *Souvenirs d'un nonagénaire*, p. 253.

blées de la Noblesse pour l'élection des députés aux États généraux de 1789[1] ».

Le 10 février 1791, Charles-François-Camille Constantin de la Lorie décédait à l'âge de 68 ans. Il fut inhumé dans le bras gauche du transept de l'église de la Chapelle-sur-Oudon dédiée à St-Martin de Vertou. Une inscription funéraire devait perpétuer le souvenir de cet homme de bien, « charitable pour les pauvres », qu'il avait su « occuper de travaux utiles », suivant les termes de l'épitaphe.

Au mois de décembre de l'année 1793, le château de la Lorie fut dévasté et les dépendances devinrent la proie des flammes. Depuis le commencement des troubles jusqu'à la paix définitive, les républicains et les chouans occupèrent tour à tour, à diverses reprises, les bâtiments devenus vides et silencieux, où ils commirent les plus regrettables dégradations. Nous devons à l'extrême courtoisie de M. le marquis de Saint-Genys, le peintre distingué, dont tous les amis de l'art appréciaient le remarquable talent, la communication de plusieurs documents inédits, qui contiennent, sur les différents séjours des troupes à la Lorie, des détails très intéressants. Le chemin de ronde, tracé par les Bleus qui voulaient se transporter rapidement, en cas d'alerte, sur Segré, sans être vus, subsiste encore aujourd'hui.

Le quinze floréal an V, le citoyen Gâtinais, « procureur general et special de la citoyenne Gabrielle Maris (sic)

---

[1] Voir la page 10 de ce *Catalogue*, publié par MM. Louis de la Roque et Édouard de Barthélemy. Paris, E. Dentu, 1864.

Elisabet Constantin, veuve Marmier, propriétaire du ci devant château et terres de la Lorie, » adressait une requête « aux citoyens administrateurs composent l'administration minicipal du canton de Segré, departement de Maine et Loire. » Nous reproduisons sa pétition en respectant l'orthographe fantaisiste de ce personnage. Nous ferons de même pour les extraits du procès-verbal dressé par les experts délégués, dont le style défectueux conservera ainsi toute sa saveur originale; toutefois, pour plus de clarté, nous avons rétabli la ponctuation absente.

Le citoyen Gâtinais expose donc que, « l'an trois et une partie de l'an quatre, il y a eü de cantonnée dans laditte maison de la Lorie differant corps de troupes republicaine, notamment les chasseurs de Bardon [1], qui y ont resté trois mois, les cavaliers du deuxieme deux mois, six compagnies de sapeure sept mois, le troisieme bataillion de la demi brigade de La Lallier quatre mois et demie, et differants autres corpts qui ont resté un mois et autres quinze jours; d'autres, huit jours, suivant les [ordres] qu'ils recevoient, de maniere que laditte maison de la Lorie a servïe de cazerne pendant deux ans et quelques mois, pendant lequel temps il s'y est commis par la troupe de la Republique des degats et degradation de toutes especes des plus considerable, tant sur les

---

[1] Antoine-Marie Bardon avait recruté en Maine-et-Loire une compagnie franche, formant le corps dit des *Bardonnais*, qui guerroya activement contre les Vendeens et les Chouans. Il fut tué le 30 mars 1795 au combat du Pont-Barré, au château des Petites-Tailles, par un paysan royaliste.

meubles, glaces, carlages, vitrages, plafond, parquets, cheminée de marbre et autres ornements et meme plusieurs murs endommagé... »

L'exposant demande donc aux citoyens administrateurs d'ordonner que la maison de la Lorie soit visitée par des experts, qui seront chargés de dresser un procès-verbal estimatif « tant des dégradations commises que du loyer de laditte maison ayant servie de cazerne, affin que laditte puisse estre authorisée, d'après votre raport, à reclamer les indemnités düe, d'après quelles seront arbitrées et estimés par les experts nommé par vous à cette effet, au moien que le prix des dittes reparations occasionnées par le sejour des troupes republicaine, ainsi que le pri du loyer de la maison, qui sera fixé par vos experts, puissent estre comptée en diminution pour l'année presente et suivante, celle arrierée etant payé ».

Le 21 floréal, l'administration municipale de Segré, après avoir entendu le rapport du commissaire du directoire exécutif, décide que les citoyens Marsollier, adjoint au maire de la commune de Sainte-Gemmes-d'Andigné[1], et Poisson, entrepreneur de bâtiment, demeurant à Saint-Sauveur-de-Flée, seront choisis comme experts et dresseront, en présence du citoyen Meignan, adjoint au maire

---

[1] La paroisse de Sainte-Gemmes-d'Andigné, peuplée de nombreux manoirs, était un des principaux centres de la Chouannerie. Le prieuré avait été transformé en caserne et était occupé, en l'an IV, par une bande qui fut attaquée et détruite le 12 pluviôse par l'adjudant-général d'Alancourt. L'ancien curé, François Charron, nommé maire en 1790, avait quitté le pays en 1791 et s'était rangé parmi les Chouans. Il était « regardé comme le pape du pays » dit une lettre de l'an VI. (*Dict. hist. de M.-et-L.*, t. III, p. 353.)

de la commune de la Chapelle-sur-Oudon, un procès-verbal détaillé des dégâts, fixeront « le prie du loyer et le total estimatif des malversations commise par les troupes republicaine... » La délibération est signée : Chollet, adjoint, Babot, agent, E. B. Bancelin [1], Aynault, président, et Marsollier, adjoint.

Le 22 messidor, les experts procèdent à leur enquête minutieuse. Dans la salle à manger, le carrelage « en carreaux de rairie entrecoupé de carreaux d'ardoise », les murs, la peinture, le poêle et les deux « chérubins » qui le décorent, les carreaux de vitre, les serrures des portes et des fenêtres sont en piteux état. Il en est de même dans l'antichambre. La cheminée de marbre est brisée. Le salon d'hiver n'a pas été mieux traité. Tous les appartements ont été dévastés. Les carrelages, les parquets, les serrures, les ferrures, les carreaux de vitre, les murs, les peintures, le papier, les tapisseries, les portes, les fenêtres, les vergettes, les lambris, les baguettes, les panneaux, les cheminées, les tables, les armoires, les commodes, les chaises, les fauteuils, les meubles, les boiseries, les glaces, les rampes en fer ou en bois des escaliers, les marches « en pierres de rairie »,

---

[1] Bancelin (Esprit-Benjamin), né le 5 mai 1764 à Angers, receveur du district de Segré en 1790, maire le premier du 1er novembre 1790 au 6 brumaire an II, commandant de la garde nationale, administrateur, puis commissaire du district, président de l'administration du canton en 1794, commissaire aux pacifications de la Jaunais et de la Mabillais en 1795, plus tard contrôleur des contributions directes à Segré sur la recommandation du général Hédouville, juge suppléant près le Tribunal de Segré en 1811, mort dans la nuit du 27 au 28 décembre 1842. Il a laissé des rapports intéressants et une correspondance curieuse. (*Ibid.*, t. I, pp. 193-194).

les plafonds, les planchers, les lits, les rideaux, le vitrage de l'orangerie, les châssis de la serre chaude, le mobilier des fermiers, les chambres des serviteurs, les statues de la balustrade de la terrasse et leurs socles [1], le parterre, le bassin, les façades, les toits, etc., etc., ont tour à tour subi les outrages d'une soldatesque effrénée.

Les bois de lit et les rideaux ont été presque tous brûlés par la troupe ainsi que les chaises, les placards, les portes, les armoires, les commodes. Les soldats avaient l'habitude de couper leur bois sur les planchers ou les carrelages des appartements. Les cloisons sont défoncées. Les tapisseries de haute lice, déchirées, pendent par lambeaux. Les vergettes ont disparu. La bibliothèque a été saccagée. La chapelle n'a pas été épargnée. Le bénitier, l'autel, les bancs sont très endommagés. Les Bleus ont percé la toiture du château en divers endroits pour donner passage à la fumée et ont criblé les plafonds de coups de fusils. Ils allumaient leurs feux au milieu des chambres. Cinq fois l'habitation a failli devenir la proie des flammes. Deux mille trois cents bouteilles ont été vidées. Toujours sur le qui-vive, les Républicains ont voulu se protéger contre l'attaque des Chouans, très nombreux dans la région. Ils ont donc construit des retranchements et se sont servi d'une quantité assez considérable de tuffeaux « pour faire des forteresses ».

Le procès-verbal des experts se termine en ces termes :

---

[1] Le procès-verbal mentionne « la teste de cheval à reparer, marches et un lion à refaire à neuf ».

« Pour, pendant 3 ou 4 ans, à differante fois, avoir logé,
« cazerné la cavallerie, l'infanterie, au nombre de
« 800 hommes à la fois, estimont le loyer de valoir, pen-
« dant 2 ans, la somme de 800 livres. Fait et arresté le
« present etat de degradations et malversation que nous
« avons trouvé à la maison de la Lorie, et en avont fait
« l'estimation à notre ame et conscience, montant à la
« somme de quatorze milles huit cent quinze livres.
« A la Lorie, le 23 messidor an 5me. Signé : René Poisson,
« Marsollier, René Meignant, adjoint. »

Le 30 messidor suivant, l'administration municipale du canton de Segré, après avoir pris connaissance du rapport des experts, déclarait qu'il y avait lieu d'indemniser la citoyenne Marmier sur les fonds mis à la disposition du département, « considérant qu'il est constant que la maison de la Lorie a servie de cazerne par interime aux differant corps militaire cantonné dans notre arrondissement pendant l'espasse de quatre années environ. » Cette décision était signée : Chollet, adjoint, Jallot, agent, Esnault, président, E. B. Bancelin, Lefèvre, secrétaire.

Le 29 vendémiaire, an VIII, Gâtinais se présentait devant Claude Giron, juge de paix du canton de Segré[1], muni d'une procuration de la citoyenne Marmier, et faisait la déclaration des objets qui lui avaient été enlevés, « tant par la force armée des républicains, que par celle des royalistes, depuis le mois de prairial, an VII, jusqu'à

---

[1] Claude Giron était maire de la Chapelle-sur-Oudon en 1790.

la reddition des armes des Chouans qui existoient alors[1]. »
Quatre bœufs ont été volés dans les métairies de la Plesse, du Tremblais[2], de la Botellerie et de la Lorie, situées dans la commune de la Chapelle-sur-Oudon[3]. Vingt-sept setiers six boisseaux de grains ont été pris à la Lorie et dans d'autres lieux de la terre seigneuriale. Trois milliers de foin et deux milliers de paille, ainsi que dix barriques de cidre, manquent dans les granges et les caves. Si on ajoute à ces pertes l'estimation de divers autres dégâts, évalués à trois cents francs, on peut fixer le chiffre des dommages à la somme de seize cent six francs cinquante centimes [4].

[1] La pacification définitive datait du 25 janvier 1800.

[2] Tremblais (les), f. c^ne de la Chapelle-sur-Oudon. — En est sieur n. h. Jean Guyard, 1540. (*Archives de Maine-et-Loire*, C. 105, f° 368.) — Yves de Guyard, 1580, mari de Marie Guinefolle, mort le 22 octobre 1609.

[3] La paroisse de la Chapelle-sur-Oudon, qui se trouvait en pleine Chouannerie, fut pillée à plusieurs reprises. Dubois, curé constitutionnel, nommé le 11 mai 1791, remplaçait René Forget, dont il avait été le vicaire. Il demandait « à garder avec lui son petit curé, qui n'a jamais sifflé mot contre la Constitution ». Arrête néanmoins, Forget fut détenu au Séminaire d'Angers et périt, croit-on, dans une noyade à Montjean ou à Nantes. (*Dict. hist. de M.-et-L.*, t. II, p. 621.)

[4] Voir la pièce justificative n° XXVII. — Ces intéressants documents font partie des pièces inédites conservées au château de la Lorie.

PIÈCES

JUSTIFICATIVES

I

Donation faite par M⁰ Jacques Constantin, seigneur de Montriou, conseiller du roi en ses conseils, doyen de la Chambre des Comptes de Bretayne, à ses enfants. (24 mai 1652.)

Donation faite le vendredi 24 du mois dernier de l'an 1652 par Me Jacques Constantin, sgr. de Montriou, conseiller du Roy en ses Conseils, Doyen de sa Chambre des Comptes de Bretagne, demeurant dans la ville d'Angers, à Mre Jacques Constantin, sgr. d'Aulnay, conseiller du Roy au parlement de Bretagne, à Mre Robert Constantin, abé de Brignon, et à Mre Gabriel Constantin, sgr. de Varennes, conseiller du Roy, correcteur en sa chambre des Comptes de Bretagne, enfans de son premier mariage avec feue dame Anne Martineau, et ce en vertu de la clause portée dans le contrat de son second mariage accordé le 3 août 1647 avec dame Jeanne Martineau, alors sa femme, et passé devant Me René Moreau, notaire à Angers, savoir : audit sr. d'Aulnay, son fils ainé, de sa charge de conseiller au Parlement de Bretagne, dont il étoit pourvu pour la somme de 45.000 livres, plus du tiers de ce qui lui apartenoit dans la succession non encore partagée de feue dame Jaquine Rousseau, dame de la Fraudière, ayeule paternelle des enfans, et du tiers des meubles de la succession de dame Anne Brossaye, leur ayeule maternelle; audit Robert Constantin, abé de Brignon, de la somme de 46.000 livres. dans le paiement de laquelle devoient entrer un contrat de 2000 livres en principal sur m^e Florent de L'Hommeau et d^{elle} Jeanne Triguinausa, sa femme, Christophe le Pauvre, s^r de Lavau, et sa femme, par acte du 29 mai 1621, reçu par Deille, notaire, un autre contrat de la somme de 1200 livres en principal sur le s^r Abraham Chalopin, élu en l'élection d'Angers, et d^{elle} Marie du Mortier, sa femme, par acte du 31 mars 1615, et la somme de 2000 livres qui lui avoit été donnée pour les bulles de son abaye de Brignon ; et audit Gabriel Constantin, s^r de Varennes, de la charge de conseiller du Roy, correcteur en la chambre des Comptes de Bretagne, dont il étoit pourvu, avec la somme de 17.000 livres, pour le paiement de laquelle il lui délaisse, entr'autres choses, la somme de 675 livres due par feu m^r Constantin, abé de Rocheserrière, le fief de Landeronde, avec les vignes qu'il avoit pris, et la rente de m^{re} César de Langan, chr. sgr. baron de Boisferrier, et la somme de 95 livres qui avoit été payée à son aquit à feu Louis d'Hostel, sgr. du Jeu de Paume du Pélican ; cet acte dans lequel il est inséré que lesdits donataires ne pourroient point se marier sans le consentement dudit s^r donateur, leur père, fut passé à Angers en présence de m^r René Lenfan et François Ogier, praticien à Angers, et reçu par René Simon, notaire royal à Angers.

Bibl. nat. Carrés de d'Hozier, tome 199, fol. 258. Original en parchemin.

STATUE DE CHIEN, TERRASSE DE LA LORIE
(XVIIIᵉ Siècle)

II

Arrêt qui ordonne que la Chambre des Comptes de Bretagne devra procéder à l'enregistrement et vérification des lettres patentes du 28 février 1648, contenant que les correcteurs de cette Chambre participeront aux épices ainsi que les « Présidents, M^{es} auditeurs, avocats et Procureurs généraux », et qui enjoint en conséquence aux receveurs généraux des finances de la province de payer à Me Gabriel Constantin, Ier du nom, conseiller de Sa Majesté, correcteur en la Chambre des Comptes, la somme de douze cents livres. (14 mai 1653.)

Sur ce qui a esté représenté au Roy en son Conseil par Me Gabriel Constantin, conseiller de Sa Majesté, correcteur en la Chambre des Comptes de Bretagne, que Sa Majesté ayant par arrest de son Conseil du 2 octobre 1647, et par ses Lettres pattantes expédiées en conséquence le 28e febvrier en suivant pour les causes et considérations y contenues, ordonné que lesdits correcteurs participeroient aux espices de ladite Chambre, ainsy que les Présidents, M^{es} auditeurs, advocats et Procureurs généraux d'icelle, qu'à cet effect lesdits correcteurs seroient à l'advenir compris dans les départements des dits Espices, Et que, pour indemniser les autres Officiers de ladite Chambre, il seroit annuellement laissé fonds dans les estats de la recepte génerralle des finances de la dite Province de la somme de XVI^c livres, à raison et sur le pied de huict cents livres pour chacun desdits offices de Correcteurs, en payant par eux la finance, à laquelle ils seroient pour ce modérément taxez audit Conseil, La dite Chambre, au lieu de procéder en la manière accoustumée à l'enregistrement et vériffication desdites Lettres pattantes, auroit, par un monopole, ouvertement entre lesdits Présidents, M^es et Auditeurs, et sur l'opposition à ce formée par les Auditeurs, quoy que sans interest, rendu arrest le XVIIIe juin 1650, par le quel, après avoir, soubz le prétexte d'imaginaires parentez, contre touttes les formes et l'usage inviolable de la dite Chambre, fait sortir du bureau ceux des M^es qu'ils présumoient debvoir en quelque façon contrarier leur volonté, elle auroit débouté lesdits correcteurs de l'effect et enregistrement desdictes Lettres, et, affin de rendre cet acte de désobéissance plus solennel, fait deffences à tous les officiers de ladicte Chambre d'en obtenir par cy après de semblable, à peine d'interdiction, ordonné que lesdites Lettres seroient mises au coffre secret de la dite Chambre pour y avoir recours quand besoing sera, et arresté qu'il ne pourra estre à l'advenir délibéré sur semblables Lettres que les semestres assemblez, et tous les officiers du grand bureau à ce mandez par Lettre circulaire, et mesmes qu'il ne pourra estre donné arrest sur les affaires de cette qualité, que la pluralité des voix n'aye passé des deux tiers au tiers, ainsy qu'il est praticqué en la réception desdits officiers; Duquel arrest Sa Majesté ayant eu advis, elle auroit creu que la dite Chambre rentreroit à son debvoir, si elle s'explicquoit encore mieux de son intention. Pour ce regard, par ses Lettres de Jussion du 15 décembre 1650, adressées à la dicte Chambre, Elle luy avoit expressement ordonné l'enregistrement desdites Lettres nonobstant ledit arrest, mais bien loing, par la dite Chambre, d'y défférer avec respect, elle auroit sur ce rendu un second arrest le V mars dernier, par lequel s'opiniastrant d'avantage au refus dudit enregistrement et d'empêcher l'effect desdites Lettres, elle auroit lesdits semestres assemblez, et après plusieurs et innutiles remises, de nouveau débouté le supliant de l'effect desdictes Lettres, avec intératives deffences à Luy de se retirer devers Sa Majesté pour obtenir semblables Lettres, sur les peines portées par ledit premier arrest de ladite Chambre, dont l'entreprise sur l'aucthorité de Sa Majesté est tant plus innexcusable que ladite Chambre ne s'est pas mesme voulu souvenir de ses formes et a tellement prétexté l'animosité et l'emportement de quelques particuliers, à son usage et à ses maximes ordinaires, qu'elle a mieux aymé se réduire et s'asujectir à la nouvelle nécessité d'assembler ses officiers par des Lettres circulaires, d'admettre des récusations contre ceux desdits officiers qu'elle a creu plus propre à luy inspirer la defferance respectueuse qu'elle estoit obligée d'avoir pour les ordres et les volontez de sadite Majesté, Et enfin de délibérer en pareilles matières à la pluralité des voix des deux tiers au tiers, ce qui ne s'estoit point encore praticqué aux affaires de cette nature, Requeroit ce supliant qu'il pleust à Sa Majesté,

Veu ledit arrest du Conseil dudit jour 2e octobre 1647, Lesdites Lettres pattantes expédiées en conséquence le 28 febvrier 1648, le dit arrest de la dite Chambre du XVIIIe juin 1650, Procès verbal du s^r de La Tullaye, l'un desdits M^{es} de ladite Chambre, contenant sa déclaration contre les récusations pour ce contre luy admises en ladite Chambre à cause de ses alliances avec l'un desdits collecteurs et ses protestations de nullité de l'arrest qui interviendroit en la dite Chambre sur les Lettres du 19e dudit mois de juin audit an, lesdites Lettres de Jussion dudit jour XVe décembre suivant, ledit arrest de ladite Chambre sur ladite Jussion du Ve mars dernier, Ouy le raport du s^r commissaire à ce député, et tout considéré,

Le Roy, en son Conseil, sans avoir esgard ausdits arrests de la dite Chambre des Comptes desdits jours XVIIIe juin 1650 et V^e mars derniers que Sa Majesté a cassez et annulez, ensemble tout ce qui s'en est ensuivy, a ordonné et ordonne que, sans s'arrester à l'opposition desdits auditeurs, ensemble à touttes autres faictes et à faire dont Sa Majesté les a en tant que de besoing dès à présent débouttez et deboutte, il sera incessamment par elle passé oultre à l'enregistrement et vériffication pure et simple desdites Lettres pattantes dudit 28e jour febvrier 1648, et ce dans trois jours après la signiffication qui sera faicte du présent au Procureur général de ladite Chambre. Aultrement et à faulte de ce faire par ladite Chambre dans ledit temps et icelluy passé, veult et entend sadite Majesté que le présent arrest serve et tienne lieu d'enregistrement et de vériffication desdites Lettres. Ce faisant a ordonné et ordonne que le supliant sera payé de ladite somme de douze cents livres par les receveurs généraux de finances de ladite province ou payeur des gages et droits de la dite Chambre suivant le fondz pour ce laissé par chacun an dans les Estatz de sadite Majesté. A quoy faire ils seront contraincts comme pour les deniers et affaires de sadite Majesté, moyennant quoy lesdits receveurs et payeurs en demeureront bien et vallablement deschargez en vertu du présent arrest nonobstant tous arrestz de radiation de ladite somme qui pourroient avoir esté ou estre rendus sur les comptes de ladite recepte généralle. Faisant sadite Majesté les expresses deffences à ladite Chambre des Comptes de rendre à l'advenir de semblables arretz à peine aux opérants de privation de leurs charges. Enjoint sadite Majesté audit Procureur général de tenir la main à l'execution du présent arrest et de l'advertir des empeschements qui y pourroient estre apportez aux peines cy dessus et d'en respondre en son propre et privé nom auquel effect touttes Lettres de Jussion et autres à ce nécessaires seront expédiées audit supliant.

Signé : Séguier. Molé. Hénaut. Servien. Fouquet.

A Paris, le XIIIe May m. VI^c cinquante trois.

Archives nationales E. 256. 4K.

III

Arrêt qui ordonne que Me Gabriel Constantin, Ier du nom, conseiller de Sa Majesté, correcteur en la Chambre des Comptes de Bretagne, subrogé aux droits de Me Jacques Le Mercier, aussi correcteur en ladite Chambre, jouira d'une somme annuelle de seize cents livres, à titre d'épices, et sera payé à deux termes par les receveurs généraux des finances de la province. (17 juillet 1659.)

Sur la requeste présentée au Roy en son Conseil par Me Gabriel Constantin, conseiller de Sa Majesté, correcteur en sa Chambre des Comptes de Bretagne, tant en son nom que comme subrogé aux droits de Me Jacques Le Mercier, aussy correcteur en ladite Chambre, contenant que Sa Majesté ayant par arrest dudit Conseil du deuxiesme octobre 1647, et par ses Lettres pattentes expédiées sur icelluy, ordonné que les deux correcteurs créez par Édit du feu roy son père du mois de may 1632, participeroient aux espices de ladite Chambre, ainsy que les Présidens, maîtres, Auditeurs, advocats et procureurs généraux d'icelle, qu'à cet effect lesdits correcteurs seroient à l'advenir compris dans les Départements desdits espices, et que pour indemniser les autres officiers de ladite Chambre, il seroit annuellement laissé fondz dans les estatz de la recepte généralle des finances de ladite province de la somme de XVI^c livres, à raison de VIII^c livres pour chacun des deux offices de correcteurs en payant par eux la finance à laquelle ils seroient modérément taxez audit Conseil, La dite Chambre, au lieu de vériffier lesdites Lettres, auroit débouté lesdits correcteurs de l'effect et enregistrement d'icelles par arrest du 18e juin 1650, avec deffences à tous les officiers d'icelle Chambre d'en obtenir de semblables à peine d'interdiction, ordonné que lesdites Lettres seroient mises au coffre secret de ladite Chambre pour y avoir recours quand besoin seroit et arresté qu'il ne pourrait estre cy après délibéré sur semblables Lettres que les semestres assemblez et tous les officiers du grand bureau à ce mandés par Lettres circulaires, mesmes qu'il ne pourroit estre donné arrest sur les affaires de cette qualité que la pluralité des voix ne passast des deux tiers au tiers, lequel arrest auroit donné lieu à des Lettres de Jussion du XVIe octobre 1650. Sur les quelles la dite Chambre auroit rendu un second arrest le VIe mars 1653, par lequel elle auroit encore débouté lesdits correcteurs de l'effect desdites Lettres avec deffences d'en obtenir de semblables, de quoy ledit supliant s'estant plainct audit Conseil, par arrest d'iceluy du XIIIIe May 1653, sans s'arrester à l'opposition des auditeurs et à toutes autres faictes et à faire, auroit entre autres choses ordonné qu'il seroit incessamment procédé à l'enregistrement et vériffication pure et simple des dites Lettres pattentes dudit jour XVIIIe febvrier 1648. Ce faisant, que lesdits deux correcteurs seroient paiez par chacun an de la dite somme de XVIe livres par les receveurs généraux des finances dudit pays ou payeur des gages et droitz de la dite Chambre, suivant le fondz pour ce laissé dans les estatz de sadite Majesté. A quoy faire ils seroient contrainctz comme pour les propres deniers et affaires de sa dite Majesté, quoy faisant ilz en demeureroient bien et vallablement deschargez nonobstant tous arrests de radiation de la dite somme qui pourroient avoir esté et estre donné, auquel effet touttes Lettres de Jussion seroient expédiées. Mais au lieu, par la dite Chambre, de procéder à l'enregistrement du dit arrest et Lettres patentes sur iceluy, elle auroit, par son arrest du septiesme mars dernier, rendu sur la requeste du supliant, ordonné que les séances seroient assemblées au mercredy XXVIe dudit mois, pour délibérer sur icelle et qu'à cet effect il seroit escript par le greffier à tous les officiers du grand bureau de l'un et de l'autre semestre de se trouver audit jour à la délibération de la dite requeste, sur laquelle n'ayant esté par la dite Chambre diffinitifvement prononcé, ledit supliant a esté conseillé de recourir de rechef à sadite Majesté à ce qu'il luy pleust, en considération de la finance paiée en ses coffres, tant par le supliant que par ledit Mercier aux droitz du quel il est subrogé pour participer aux dits espices et que le fondz de la dite somme de XVI^c livres est laissé dans les estatz de sa dite Majesté commuer la dite attribution de XVI^c livres de pied d'espices en nature d'engagement de domaine de Sa Majesté sur la recepte générale des finances de la dite province, et en conséquence ordonner que le dit supliant, ses hoirs et ayans cause jouiront de la dite somme de XVI^c livres et en seront paiez sur leurs simples quictances par chacun an par demyes années aux termes de St Jean et Noël par les receveurs généraux des finances du dit pais en exercice ; à quoy faire ilz seront contrainctz comme pour les propres deniers et affaires de Sa Majesté tant de ce qui en peult estre deub de reste que pour l'advenir. Ce faisant que les dites sommes par eux ainsy payées leurs seront passées et allouées en la despence de leurs comptes et que touttes Lettres à ce nécessaires seront expédiées.

Veu la dite requeste, lesdite Lettres pattentes, arrests dudit Conseil et de la dite Chambre, Ouy le rapport du s^r Bordier, intendant commissaire à ce députté et tout considéré,

Le Roy, en son Conseil, ayant esgard à la dite requeste, a commué la dite attribution de seize cens livres de pied d'espices en nature d'engagement de domaine de Sa Majesté sur la recette générale des finances de la dite province, et en conséquence ordonne que le dit Constantin tant en son nom que comme subrogé dudit Le Mercier, ses hoirs et ayans cause, jouiront de la dite somme de seize cens livres et en seront paiez sur leurs simples quictances par chacun an par demyes années aux termes de St Jean et Noël, et ce par les receveurs généraux des finances du dit païs en exercice ; à quoy faire ilz seront contrainctz comme pour les propres deniers et affaires de Sa Majesté tant de ce qui luy en peult estre deub de reste que pour l'advenir. Ce faisant que les dites sommes par eux ainsy paiées seront passées et allouées en la dépence de leurs comptes en vertu du présent arrest et en conséquence du quel touttes Lettres nécessaires seront expédiées.

Signé : Séguier. Fouquet. Bordier.

A Fontainebleau, le XVII juillet m VI^c cinquante neuf.

Archives nationales E. 326^B.

IV

Lettres d'honneur données à maître Jacques Constantin, sieur de Montriou, doyen des maîtres ordinaires de la Chambre des Comptes de Nantes. (27 juillet 1659.)

Lettres d'honneur données à Fontainebleau le 27e de juillet 1659 à maître Jacques Constantin, sieur de Montriou, conseiller en son conseil, doyen des maîtres ordinaires de sa chambre des Comptes de Nantes, en considération des services qu'il avoit rendus tant dans l'exercice de ladite charge pendant 39 ans qu'en plusieurs autres emplois importans dont il s'étoit dignement acquité, lequel office de maître des Comptes, ledit sieur de Montriou avoit resigné à maître N.... Frain ; les lettres signées Louis et plus bas par le Roy, de Lomenie, furent registrées au greffe de ladite chambre des Comptes par arrest du 20e aoust 1659.

Signé : Forcheteau.

Bibl. nat. Carrés de d'Hozier, tome 199, fol. 261. Original en parchemin.

V

Compte fait entre Mre Gabriel Constantin, Ier du nom, seigneur de Varennes et de la Lorie, conseiller du roi, grand prévôt d'Anjou, et Charlotte Constantin, veuve de Mre César de Langan, chevalier, seigneur du Bois-Febvrier. (11 juillet 1664.)

Compte fait le 11 du mois de juillet de l'an 1664, entre m^{re} Gabriel Constantin, sgr de Varennes et de la Lorie, conseiller du roy, grand prévost d'Anjou, demeurant à Angers, fils et héritier en partie de feu m^{re} Jaques Constantin, sgr de Monriou, conseiller du roy, doyen de sa Chambre des Comptes de Bretagne et subrogé aux droits dudit feu sr de Monriou, en cette partie, par acte du 24 mai 1652, reçu par Simon, notaire à Angers, d'une part, et dame Charlotte Constantin, veuve de m^{re} César de Langan, chevalier, sgr du Bois Febrrier, et fille et unique héritière de m^{re} Gabriel Constantin, sgr de la Fraudière, conseiller du roy en ses Conseils, doyen de la Cour de Parlement de Bretagne, savoir des sommes que ledit feu sr de Monriou avoit payées pour ladite dame du Bois Febrrier et pour le feu sgr d'Aulnay Constantin, son frère, religieux. Par ce compte ladite dame de Bois Febvrier se trouve redevable envers ledit sr de Varennes au dit nom de la somme de 4.897 livres 12 sols, sur laquelle, déduction faite de celles qu'il avoit reçues à compte par acte des 13 9bre 1655, reçu par m^{re} Antoine Charles, notaire de la même ville, ladite dame restoit seulement débitrice de la somme de 398 livres 16 sols qu'elle paye comptant au sr de Varennes. Ce compte passé à Angers, en présence de m^r René Moreau et René Gaudin, praticien, demeurant dans ladite ville, et reçu par François Crosnier, notaire royal à Angers.

Bibl. nat. Carrés de d'Hozier, tome 199, fol. 264. Original en papier.

VI

Déclaration de la noblesse de la famille Constantin.
(26 août 1671.)

Arrest de la Chambre établie par le roy pour la réformation de la noblesse en Bretagne, rendu à Rennes le 26ᵉ août 1670, par lequel messire Jaques Constantin, chevalier, sieur de Sainte Mare de la Jaille, conseiller en la Cour, mʳᵉ Robert Constantin, chevalier, sieur de Montriou, aussi conseiller en la Cour, mʳᵉ Gabriel Constantin, chevalier, sieur de Varennes, aussi conseiller du roy et correcteur en la Chambre des Comptes de Bretagne, et messires Gabriel, Joseph et Jaques Constantin, ses enfans, après avoir déclaré qu'ils portoient pour armes : *d'azur à un rocher d'or posé sur une mer flotante de sa couleur*, sont déclarés, ensemble leurs descendans en légitime mariage, nobles et issus d'extraction noble, et comme tels il est permis aux dits Jaques Constantin, Sᵗ Mare et Robert Constantin de prendre les qualités d'écuyer et de chevalier et aux autres de prendre celle d'écuyer, etc. Cet acte signé.:

J. Le Clavier.

Bibl. nat. Carrés de d'Hozier, tome 199, fol. 266. Original en parchemin.

VII

Lettres d'honneur données à Gabriel Constantin, Ier du nom, sieur de Varennes, conseiller et correcteur en la Chambre des Comptes de Bretagne. (25 février 1677.)

Lettres d'honneur données à Saint Germain en Laie le 25e de février 1677 à Gabriel Constantin, sieur de Varennes, conseiller et correcteur en la Chambre des Comptes de Bretagne, lequel s'étoit dénier volontairement de la dite charge en faveur de maître Bonaventure Guy; par ces lettres, Sa Majesté met en considération les longs et agréables services dudit sr de Varannes dans l'exercice de ladite charge depuis 31 ans, à l'imitation du sieur Constantin, son père, lequel l'avoit aussi servi et les roys ses prédécesseurs pendant 39 ans, dans la charge de maître ordinaire en sa Chambre des Comptes de Bretagne ainsi qu'il paroissoit par les lettres d'honneurs que Sa Majesté lui en avoit accordées; celles-ci signées Louis, plus bas, par le roi, Arnould, et scellées, furent enregistrées le 13e mars 1677 en la Chambre des Comptes de Bretagne par arrest séparé et signé :

CHEVALIER.

Bibl. nat. Carrés de d'Hozier, tome 199, fol. 267. Original en parchemin.

VIII

Inventaire complet de la vaisselle, des meubles, des tapisseries, des tableaux, des livres, des papiers, du linge, de l'argenterie, des provisions diverses, des ustensiles, instruments, outils et autres objets trouvés dans le Château, dans la Chapelle et dans les dépendances du lieu seigneurial de la Lorie, paroisse de la Chapelle-sur-Oudon, après le décès de Gabriel Constantin, Ier du nom, écuyer, seigneur de Varennes et de la Lorie, conseiller du roi, prévôt général et provincial d'Anjou, époux d'Anne Le Pelletier, d'après le procès-verbal dressé par Nicolas Berthelot et Guillaume Sizé, marchands angevins, le mardi 7 décembre 1683.

Inventaire faict en la maison seigneurialle de la Lorye, parroisse de la Chapelle-sur-Oudon, des meubles, tiltres, papiers et enseignements demeurez en lad. maison de la communauté d'entre deffunct Gabriel Constantin, vivant escuyer, seigneur de Varennes et de la Lorye, conseiller du Roy, prevost general et provincial d'Anjou, et dame Anne le Pelletier, son epouze et à present sa veuve, à la requeste de lad. dame le Pelletier, en consequence d'ordonnance par elle obtenue de Monsieur le Lieutenant General d'Angers, le dix neuf octobre dernier, signée Boylesve. Auquel Inventaire procedant, en presence et du consentement de Gabriel Constantin, aussi escuyer, fils aisné dud. deffunct et de lad. dame, à present pourveu desd. charges de conseiller du roy, prevost general et provincial d'Anjou, et de noble et discret Jean-Baptiste le Pelletier, prieur des prieurez de Ste Gemme près Segré et la Magdelaine de Pouancé, curateur pourveu, quant à l'effet dud. inventaire, aux personnes et biens de damoiselles Magdelainne, Anne, Jacquinne et Catherinne Constantin, Joseph, Jacques et Erasme Constantin, tous enfans mineurs dud. deffunct et de lad. dame requerante, a esté vacqué par moy François Barabé, huissier et archer en la Mareschaussée provincialle d'Anjou à Angers, y demeurant parroisse St-Pierre, receu pour exploitter au Siège Presidial dud. lieu soubsigné, avec et en presence de Nycolas Berthelot, marchand de soye et grossier et ancien consul de lad. ville d'Angers, et Guillaume Sizé, aussy marchand, et tous deux y demeurants parroisse de Sainct-Maurille, pris et convenus par lesd. parties pour appretier lesd. meubles en toute loyautez et conscience, ce qu'ils ont promis faire aux protestations faictes par lesd. partyes que leur presence et consentement ne pouvant nuire ny préjudicier à leurs droictz respectivement et ainsy que chacun d'eux y ont fondé suivant la coustume de ce pais et dusché d'Anjou, dont chacun d'eux faict reserve par exprès et dont ils ont requis acte, que leur ay decerné en tant que je puis et doibs et ensuitte vacqué aud. Inventaire, ainsy que cy après il ensuit. Sont signez en l'Original : Anne PELLETIER, B. PELLETIER, G. CONSTANTIN, sans prejudice de mes droictz, M. BERTHELOT et G. SIZÉ.

Du mardy septiesme jour de decembre l'an mil six cent quatre vingt trois.

Premierement

Dans la Cuisine de lad. maison se sont trouvez une grande poisle chaudière, contenant dix sceaux, apprétiée à la somme de quinze livres, cy . . . . XV l.

Item, une autre moyenne poisle chaudiere de cuivre, contenant environ de trois à quatre sceaux d'eau, apprétiée à la somme de six livres, cy. . . . . VI l.

Item, deux tripieds de fer servant aux poisles, prisez, ensemble, à quarante solz, cy. . . . . XL s.

Item, deux poisles à queüe pour fricasser, cinq poislons de cuivre de differentes grandeurs, cinq marmittes avec leurs couvercles de cuivre, scavoir une desd. marmittes de cuivre rouge, une de cuivre jaulne, une petite de fonte et deux de fer, six poislettes de cuivre servant à faire confitures, l'une desquelles est fort petite, le tout apprétié, ensemble, à la somme de quarante livres, cy . . . XL l.

Item, un passonnier avec son passet, trois chaudrons, un poislon à trois pieds, trois passeiz, une cueiller de pot, deux ecumoirs, deux lampes, trois chandelliers à queüe, quatre chandelliers à pied, trois tourtieres couvertes, deux casserolles à trois pieds couvertes, un godet, une casserolle avec un mansche, le tout de cuivre jaulne et rouge, le tout prisé, ensemble, à la somme de trante et six livres, cy. . . . . XXXVI l.

Item, quatre petits tripieds de fer pour mettres sur le pottager, deux cassés, une de cuivre, l'autre de fer, une poisle à chastaignes, cinq brosses, tant grandes que petites, deux grands chesnets de fer, une paelle à feu, une paire de pincettes, un garde casse et une cremaillere, le tout de fer, apprecié, ensemble, à la somme de treize livres, cy. . . . . XIII l.

Item, un mortier de marbre avec son pilon de buis, prisez, ensemble, à cent solz, cy. . . . . C s.

Item, un cousteau à deux mains et un rotissoir, prisez, ensemble, à cent solz, cy. . . . . C s.

Item, un bacquet de cuivre, une fontaine de cuivre, une baignoire aussy de cuivre avec son entonnoir et son sceau de cuivre et deux cocquemars de cuivre, un moyen et un fort, le tout prisé, ensemble, à la somme de cinquante et une livres, cy. . . . . LI l.

Item, trois sceaux à puizer de l'eau, prisez quinze solz, cy. . . . . XV s.

Item, six plats moyens, huicts petits, six assiettes creuses, trois douzainnes d'assiettes plattes, un grand bassin de cuisinne, un flacon, un pot, deux pintes, une chopinne, deux septiers, une escuelle à oreille, deux casserolles, plus quatre grands plats, deux douzainnes d'assiettes, quatre autres assiettes Mazarinnes, un pot à disner avec son dessus, huict plats et douze assiettes à petits bords, un bassin pour les malades et une seyringue. Le tout d'estain, tant fin que commun, pesant ensemble le nombre de cent cinquante livres et prisé unze solz la livre, l'un portant l'autre, ce qui faict, ensemble, la somme de soixante dix sept livres dix solz, cy. . . LXXVII l. X s.

Item, douze petits moules à paste, six plus grands à biscuits, une syringue à massepain avec ses moules, le tout de fer blanc, prisez, ensemble, trante solz, cy.   XXX s.

Item, une vielle table en hesteau avec ses deux bancelles, un vieil petit cabinet en figure de garde manger et deux fenestres, celle d'en bas fermant à clef, une brosse bancelle et un vieil marchepied et deux planches d'aisses attaschez au planscher de lad. cuisinne et servant à mettre les ustancilles d'icelle et un gros billot et un bacquet, le tout de bois de peu de valleur et prisez, ensemble, à six livres, cy . . . . VI l.

Et de lad. cuisinne sommes transportez dans la boulangerie où se sont trouvez une vieille hugemet, quatre farinniers de bois couverts, une grande panne emmuraillée avec un tuyau de cuivre pour jetter la lexive en la poisle, trois autres pannes, dont une est cassée et ne sert qu'à mettre les cendres, lesd. pannes de terre rouge et prisez ensemble à douze livres, non compris la panne emmuraillée et aussi compris aud. article, deux vieles aisses et une vielle bancelle de bois, cy. . . . . XII l.

De lad. boulangerie sommes transportez dans une grande chambre haulte de lad. maison, où se sont trouvez scavoir : une tapisserie de haute lice d'Auvergne à potheaux, contenant sept pieces, qui fait ensemble dix huict à dix neuf aulnes, prisée la somme de six cens livres, cy. . . VI^c l.

Item, un lict de velours vert, doublé de taffetas de la mesme couleur, composé de quatre rideaux, deux cantonnieres, deux bonnes graces, trois pentes, trois sousbassementz, le tout de velours avec quatre pommes, le dossier, le fond et la courtepointe et les petites pentes dedans de taffetas vert garny de crespinnes, franges et molets de la mesme couleur, deux foureaux des quenouilles du pied aussy de taffetas, le bois dud. lict de noyer, une paillasse, un lict de plume avec la taye de couettye, le travers lict aussy de couttil, un mattelas de laine couvert de futaine dessus et dessoubz avec une couverture de toille d'indienne avec du cotton ; deux fauteuils, quatre chaises, trois pliants avec leurs housses d'Aumalle verte garnie de crin foncée de cengles ; une table de bois de noyer avec sa layette couverte d'un tapis de taffetas vert garnye de franges et rolets de soye doublée de sarge d'Aumale ; deux gueridons de bois de noyer ; un petit miroir à placque de vermeil ; deux petits tableaux avec les bordures de bois doré ; un tapy de mocquade aurore et rouge ; deux petits chenets avec chacun une pomme cuivre et deux crussantz de fer attaschez à la cheminée ; une paire de pincettes, une de tenailles et la pelle à feu, le tout de fer poly ; un soufflet ; un grand rideau de toille de cotton de trois lezes avec la vergette et pitons de fer. Le contenu au present article appretié, tout ensemble, à la somme de quatre cent quatre vingt livres, cy . . . . IV^{c}LXXX l.

Item, dans un petit cabinnet à costé de lad. grande chambre sur la cour verte de lad. maison, s'est trouvé trois pièces de tapisserye de Bergamme ; un petit lict de bois de noyer avec un tour de futaine blanche à grain, composé de quatre rideaux, deux bonnes graces, trois sousbastements, le fond, le dossier, la courte pointe, quatre pommes nouées de ruban ponceau de laine, une paillasse, un lict de plume dans une taye de couettie, le travers lict de mesme, un matelas de laine couvert d'un costé de fustaine et de toille jaulne de l'autre, une couverture de laine blanche ; un montauban de sapin avec un careau de velours violet ; une chaise de bois noircy, garnie de soye ; le tout estimé, ensemble, à la somme de soixante dix livres, cy . LXX l.

Item, dans une petite chambre sur l'orangerie à costé de la susd. grande chambre, cinq pieces de vielle tapisserye de Bergamme ; une table de bois de noyer avec deux layettes ; un tapy aussy de Bergamme ; un petit lict de bois de noyer avec un tour de quatre rideaux, fond et dossier d'etoffe de La Porte de Paris, aurore et vert, une paillasse, un lict de plume avec taye de couettil et une seconde taye de toille blanche, un mattelas de laine couvert d'un costé

LE SALON DES GLACES.
(Château de la Lorie)

de fustaine et de l'autre de toille blanche, une couverture de toille blanche, une courte pointe de futaine à grain, un travers-lict de couttil ; trois grandes chaises foncées de bois ; quatre plus petites ; deux tabouretz ; le tout couvert de sarge verte avec des franges et des moletz de soye de la mesme couleur ; deux chesnets de fer avec les pommes de cuivre et un rideau de vielle toille avec la vergette et les pitons de fer au devant de la fenestre ; le tout prisé, ensemble, à la somme de quatre vingt dix livres, cy. . . . . LXXXX l.

Item, dans une chambre nommé la *Chambre de la Chisne*, derriere la cheminée de la susd. grande chambre, cinq pieces de tapisserye de haute lice à personnages d'environ douze aulnes de tour ; un bois de lict de cinq pieds de bois de noyer, de peu de valleur, avec un tour de lict, dossier, fond, courte pointe et quatre rideaux de taffetas de la Chisne ; une paillasse, un lict de plume avec du taye de couetil couvert d'une seconde taye de toille blanche, une couverture de laine blanche, plus autre petit lict aussy de taffetas pareil au grand avec un rideau plissé, deux bonnes graces, un petit rideau de ruelle, le dossier, le font de bois, une paillasse, une couette de lict de plume, un travers lict, un matelas de laine, une couverture de laine blanche et une courte pointe de fustainne à grain, lesd. rideaux de lict garnis de frange et molets de soye ; une table de bois de noyer avec ses deux layettes garnie d'un tapy de point de Hongrie ; six chaises de mesme point ; deux petits tableaux ; deux petits chenets de fer avec les pommettes de cuivre ; une paire de pincettes et deux rideaux de toille de colton avec les vergettes et pitons au devant de la fenestre de la chambre ; le tout prisé, ensemble, à la somme de trois cents dix livres, cy. III^{c}X l.

Item, dans la grande salle haulte de la maison dans laquelle on entre de la Chambre appelléc la *Chambre de la Chisne* cy dessus, trois pieces de tapisserye de haute lice à personnages, de façon d'Auvergne, d'environ six à sept aulnes de tour ; seize chaises de bois couvertes d'ouvrage ; un grand tapy à petit point ; une table de bois de noyer ; deux grands chenets de cuivre ; quatre rideaux d'estamine rouge aux quatre croizées ; un tableau à quadre doré de l'*Histoire de l'Enlevement de la Belle Heleine*, le tout appretié, ensemble, à la somme de deux cent cinquante trois livres, cy.................... II^cLIII l.

Item, dans une autre chambre au bout de la grande salle cy dessus, sept pieces de tapisserye de haute lice à personnages, d'environ de seize à dix sept aulnes de tour, de façon d'Auvergne antique ; un charlict de bois de noyer avec un dossier et trois pentes de petit point ; un fond de sarge verte ; quatre rideaux de vieil taffetas aurore et vert à frange et mollets de soye ; une paillasse, un lict de plume, un matelas de laine, un travers lict, une couverture de laine blanche, une courte pointe de fustainne, led. matelas couvert de fustainne ; un autre bois de lict de pareille grandeur aussy garny d'un dossier et trois pentes à petit point, le fond de bois ; quatre rideaux aussy aurore et vert ; une paillasse, un lict de plume et un matelas couvert de fustainne ; un travers lict de couëtil, une couverture de laine blanche, une courtepointe de fustainne blanche à grain ; deux petits tableaux avec les bordures vernies ; deux fauteuils, six chaises et deux pliants couverts de gros point ; une table de bois de noyer avec son tapy de Turquie ; deux chesnets avec les pommettes de cuivre ; deux rideaux de vieille toille, vergettes et pitons de fer à les tenir au devant des deux fenestres de lad. chambre et un tableau, estant au devant de la cheminée, de la representation de *Trois Déesses* ; le tout appretié, ensemble, à la somme de cinq cent quarante livres, cy .... V^c XL l.

Item, dans une autre chambre de laquelle on entre de la chambre cy dessus et laquelle est dans le pavillon qui respond à celuy où est bastye la grande chambre cy devant inventoriée après la boulangerye, une vieille tapisserye de Bergamme composée de sept pieces et ayant environ de vingt trois à vingt quatre aulnes de tour ; un vieil charlict de bois de noyer avec trois pentes et un dessin de drap brodé à petit point avec une crespinne de soye verte ; quatre rideaux qui en font six cousus ensemble ; quatre bouquets à pommettes sur le hault des quenouilles dud. charlict ; une courtepointe de taffetas vert et une couverture de laine verte ; une paillasse, une couette ensouillée de couttil et couverte de toille ; un matelas de laine couvert de toille des deux costez ; quatre fauteuils et deux chaises et un petit banc de bois, le tout couvert de point ; un petit tapy de mocquade et une petite table de bois de noyer ; une paire de chenets avec leurs pommettes de cuivre et un tableau sur la cheminée representant *La Fortune* et un rideau de vieille toille avec les vergettes et pitons de fer à le tenir devant la fenestre de lad. chambre ; le tout estimé, ensemble, à la somme de deux cent trante livres, cy . . IIᶜ XXX l.

Item, dans le cabinnet de la chambre, un meschant bois de lict garny d'un fond et d'un dossier de toille ; cinq rideaux de fustainne à grain ; une paillasse, un lict de plume garny de coutil, une taye de grosse toille, un matelas de laine couvert d'un costé de fustaine et de toille de l'aultre ; un travers lict de couetil, une couverture de laine blanche et deux petits tabourets de gros point ; le tout apprecié, ensemble, à la somme de quarante livres, cy. XL l.

Et l'heure de midy advenüe, avons remis, du consement de partyes, la continuation desd. prés. à l'aprèsdisnée et nous sommes retirez pour prendre notre refection. Sont signez en l'original : A. Pelletier, N. Bertelot, D. Pelletier, G. Constantin, sans préjudice de mes droits, et G. Sizé.

Item, dans la chambre sur la salle d'armes, dans laquelle cousche le precepteur et enfants de lad. dame, qui estudient, un vieil bois de lict de bois de noyer ; un dossier, trois rideaux et deux bonnes graces de sarge violette avec de petites franges de soye, une paillasse, un matelas de laine couvert de fustainne d'un costé et de toille de l'autre, une meschante vieille couette garnye de plume, un travers lict, le tout ensemble de couttil ; deux mantes de laine bleue et blanche de peu de valleur; un autre plus petit charlit de bois de noyer, le fond de sapin entouré de trois rideaux, un dossier et deux bonnes graces aussy de sarge violette et à petite frange de soye, deux matelats de bourre plaine, l'un couvert tout de toille et l'autre moitié de fustaine, un travers lict, une paillasse, une couverture de laine blanche ; une table de bois de noyer à layette; trois meschantes chaises et un meschant tabouret ; deux petits chesnets de fer et une paire de pincette, le tout estimé à la somme de cent cinq livres, cy. . . . . CV l.

Item, dans la chambre ou couschent les valetz de chambre et autres allans et venans, deux charlicts et une couschette garnies scavoir l'un desd. charlicts d'un tour de Bergame de peu de valeur, une paillasse, un matelas, un travers lict et une couverture de sarge jaulne de peu de valleur, l'autre d'une paillasse, un vieil matelas, une meschante couverture de laine blanche ruinée en plusieurs endroicts ; un vieil petit lodier et un pauvre lict garny de plume avec un tour de lict de vieille sarge verte scavoir un dossier, trois rideaux, deux bonnes graces, le tout sans frange et la couschette d'un vieil matelas de boure, une couverture de laine blanche et d'un travers lict de couetil ; une table de bois de noyer avec sa layette fermant à clef; deux vieilles chaises de bois ; le tout prisé, ensemble, à la somme de soixante livres, cy . . . . LX l.

Item, dans la chambre basse où couschent les lacquais, quatre couschettes de bois de chesne garnye chascunne d'un matelas de fillasse et bourre, paillasse, travers lict, couverture de couetil et de chascunne une vieille couverture de laine blanche ruinées et percées en plusieurs endroictz ; le tout prisé, ensemble, à la somme de quarante livres seulement, cy. . . . . XL l.

Item, dans une autre chambre basse où demeuroit cydevant le jardinier, un meschantz grand coffre de bois et un vieil bois de lict, sans fond, ny fonçaille, et une vieille paillasse ; une vieille establye avec un valet de s^e et un justeme appellé une asne de bais, le tout servant aux metiers du menuizier et tonnellier ; le tout prizé, ensemble, la somme de centz solz, cy . . . . C s.

Item, dans la chambre où sont logez les valets et servantes de basse cour, un vieil bois de lict garny de quatre vieilles pantes d'ouvrage, une paillasse, un matelas, un travers lict de couetil, une couverture de belinge brun ; un vieil lodier ; un grand vieil coffre de bois à l'antique fermant à clef ; un vieil buffet, un garde manger ; une vieille table portée sur treteaux et deux vieilles bancelles ; deux rouez à filler ; trois chaises de paille ; quatre petits chaudrons de cuivre, deux servants à traire les vasches, contenant, tout ensemble, à l'estimation de quatre seaux d'eau ; une paelle de fer à feu ; une poisle à frire ; un poislon ; une ceuiller de cuivre ; trois vieilz seaux, l'un d'iceux à liens de fer et une marmitte de fer, plus un vieil cuvier de bois ; trois vieils sacs à tasser farinne ; un travouil ; le tout prizé, ensemble, à quarante livres, en ce compris un petit chandellier de cuivre, cy. . . . . XL l.

Item, dans la chambre à costé de celle cy dessus, une vieille couschette garnie d'une paillasse, un travers lict ensouillé de toille, un vieil matelas de boure et fillasse, deux vieilles couvertures de laine ; une vieille hugemet ; neuf pots et une potinne, le tout de terre, et un vieil meschant grand coffre de bois fermant à clef ; le tout prizé, ensemble, à la somme de quatorze livres, cy. . . XIV l.

Item, dans un appenty de la basse cour, une vieille couschette, sans paillasse, une vieille couette et un vieil travers lict, le tout ensouillé de toille, une vieille couverture de belinge blanc et un meschant lodier ; le tout prizé, ensemble, à dix livres, cy . . . . X l.

Item, dans la chambre appellée la chambre des filles, sur la cuisine de lad. maison, un vieil bois de lict, avec un fond de toille, un dossier et trois pentes d'ouvrage, trois rideaux et deux bonnes graces de sarge rouge, une paillasse, une meschante couette de couetil, un matelas couvert de fustaine, une couverture rouge, une verte assez uzée et un travers lict degarny de plume et ensouillé de couetil ; plus un autre lict dans lad. chambre composé d'un vieil charlict de bois de noyer, un fond de sarge blüe, trois rideaux, deux bonnes graces, le dossier, trois pentes avec des ouvrages, une vieille paillasse, une bonne couette garnie de plume ensouillée de couetil neuf, un matelas couvert moitié de fustaine et moitié de toille, un travers lict aussy garny de plume et ensouillé de fustaine blansche, une couverture de laine bleüe ; plus une couschette dans la mesme chambre garnye d'une paillasse, un matelas, un travers lict ensouillé de couetil neuf et une vieille couverture de laine blansche ; une grande paire de presses ou armoires de bois de noyer à plusieurs fenestres et layettes fermant à clef ; deux coffres de bois fermant à clef ; deux ronds de cuivre à dresser linge ; deux terms de fer à mettre feu soubz lesd. ronds avec une pelle de bois servant auxd. ronds ; deux meschantes escuelles de fer ; deux meschantes chaises de paille, et, dans le passage à entrer dans lad. chambre, une meschante armoire de bois avec un vieil grand bahu de cuir ; le tout prizé et estimé, ensemble, à la somme de cent cinquante livres, cy. . . . . CL l.

Item, dans la petite salle basse de lad. maison dans laquelle ordinairement on mange, un lict de repos avec deux matelas dont l'un est couvert de mocade et de crinz au dedans et l'autre de boure bordé de la mesme mocade à fleurs aurores et vertes ; douze chaises pliantes, vulgairement nommées peroquetz, couvertes de pareille mocade ; un travers lict servant au susd. lict de repos ; une table de bois de noyer pliante par quatre endroicts ; une autre table servant de buffet et deux tapis de sarge verte ; une petite table de bois noyer couverte aussy d'un tapis vert et deux rideaux d'estamine rouge avec les vergettes et pitons qui les tiennent au devans des deux fenestres de lad. petite salle ; deux cartes, l'une de *France* et l'autre du *Canal du Languedoc;* une horloge sonnante avec ses poids ; un grand crucifix peint sur papier collé sur toille ; une paelle à feu, une paire de pincettes, une de tenailles et deux vieils landiers ; le tout prizé, ensemble, à la somme de cent cinquante sept livres, cy . . . . CLVII l.

Item, dans l'office à costé de lad. petite salle, une armoire de bois de chesne à deux fenestres fermant à clef ; un coffre de bois où l'on met la chandelle ; une table ; un banc et des tablettes, le tout de bois et l'une d'icelle attaschée au planscher ; un petit terrier ; le tout estimé, ensemble, à la somme de XIV livres, cy. . . . . XIV l.

Item, dans la chambre à costé de lad. petite salle dans laquelle cousche lad. dame Le Pelletier, veuve dud. feu sieur de Varennes, quatre pieces de tapisserye de haute lice à personnages et une cinquiesme pièce, fort petite, contenant lesd. cinq pièces de tapisserye ensemble environ de neuf aulnes de tour ; un charlict de bois de noyer avec un fond dossier, deux grands rideaux, deux bonnes graces, trois petites pentes, le tout de sarge roze brunne ; quatre pommettes, une paillasse, un matelas de laine, une couette de travers lict garnie de plume et un oreillez de couetil et d'une taye de toille blansche par dessus ; un autre matelas de crin en toille jaulne, une courte poincte d'indienne picquée garnye de cotton, deux petits oreillers ; un petit lict de repos de bois de la Chisne, avec deux matelas et le traversin, le tout couver d'etoffe roze brune ; un carreau de velours rouge ; un cabinet de bois de noyer noircy fermant à clef à quatre fenestres ; un contoir entablé de bois de noyer fermant à clef couvert d'un tapy vert ; une autre petite table de bois de noyer avec son tapy aussy vert ; deux quendais de bois noircy ; une chaire de commodité de bois de noyer garnye d'un matelas et d'un carreau couvert de sarge roze brunne et ferrée pour se renverser ; deux grands fauteuils de paille et deux moyens ; six chaises de paille et bois peint en noir ; quatre autres chaises de bois de noyer; trois fauteuilz de bois tourné et le tout foncé de paille; un paravent à trois portes de toile verte; deux tableaux, l'un à quadre de bois et l'autre aussy à quadre de bois doré; un petit miroir à quadre d'ebenne, orné de petites placques d'argent; une grille de fer, deux croissants, une paelle, une pincette et deux tenailles aussy de fer; plus une courte pointe de toile de cotton picquée blansche servant au susd. lict et deux rideaux de toile ouvrée avec les vergettes et pittons où sont attaschez lesd. rideaux, tout le contenu au present article, estimé, ensemble, à la somme de quatre cent vingt et quatre livres, cy. . . . . IIII^c XXIV l.

Item, dans le cabinnet à costé de lad. chambre sur la cour verte de lad. maison, un petit lict de bois de noyer garny d'un dossier et fond de sarge rouge, deux rideaux et deux bonnes graces de sarge drapée de mesme couleur, une paillasse, une couette couverte de coutil et garnye de plume et d'une taye de toile blansche, un matelas de laine couvert de fustainne doublé de toile blansche, un travers lict garny de plume et ensouillé de couetil, deux couvertures ou mantes de laine blansches dont l'une est fort petite; un jeu de trictracq garny de ses dames et une chaise de bois de noyer foncée de paille; le tout estimé, ensemble, à la somme de soixante-quinze livres, cy. . . . . . LXXV l.

Item, dans une autre chambre où couschent les damoiselles filles de lad. dame Le Pelletier, veuve, à costé de celle cy dessus, une grande paire d'armoires de bois de noyer à quatre fenestres fermant à clef; une autre paire d'armoires de bois de sapin à deux fenestres aussy fermant de clef; plus une autre paire d'armoires de bois de chesne à deux fenestres, qui ferment aussy de clef; plus une quatrième armoire en forme de campois à deux fenestres aussy fermant de clef, lad. armoire de bois de noyer; deux licts de bois de noyer garnis de chacun trois pentes d'ouvrage avec crespinne de laine, chacun quatre rideaux et deux bonnes graces, un dossier, le tout de sarge de crin rouge et les fonds de toile rouge, deux paillasses, deux matelas de laine, deux coüettes et deux travers lict garnis de plume et ensouillez de coutil, deux couvertures de laine blansche; trois grandes vieilles chaises couvertes de sarge rouge; deux petits miroirs à quadre de bois; un justomme appellé moyne avec un petit chaudron de fer à mettre feu, le tout servant à chauffer lict; le contenu au present article prisé, ensemble, à la somme de deux cent vingt livres, cy . . . . II^c XX l.

Item, dans la chambre où couschent le coscher et palfrennier proche les escuyries, deux couchettes de bois de chesne garnyes de chacunne une paillasse, un travers lict garny de plume onsouillé de couetil, un matelas de bourre et de chascunne une couverture ou mante, l'une blansche, et une vieille betuze où se met l'avoinne pour les chevaux; le tout prizé, ensemble, à la somme de trente livres, cy . . . . XXX l.

Item, dans une chambre basse où cousche le jardinier de la maison, une vieille petite couschette de bois de chesne garnye de deux petits matelas de laine et bourre, un travers lict garny de plume et ensouillé de toille, une vieille mante de laine blansche; le tout estimé, ensemble, à la somme de quinze livres, cy . . . . XV l.

Item, deux arrozié de cuivre servant au jardin; trois volants; quatre rasteaux; une paelle de fer à bescher; deux houettes à racler les allées; deux besches plattes à la mode de Pouetou; une cobesche, le tout servant au jardin; deux grandes paires de cizeaux à tondre et un autre justomme de fer croschu servant aux carreaux de la fontaine; le contenu au present article estimé, ensemble, à la somme de dix sept livres, cy . . . . XVII l.

Item, un sciot; un villeberquin; un fer à deux manscheaux; deux clavereulz; une verloupe; un rabot; deux bonnets; deux liens; un grand cizeau de fer; trois pincettes qui servent à accommoder les espalliers du jardin; le tout prizé, ensemble, compris un petit poislon de cuivre à fondre colle et plusieurs ferrailles de peu de valleur, à la somme de cent solz, cy . . . . C s.

Item, lad. dame nous a représenté unze fusilz de differentes grandeurs et l'un d'iceux à deux coups ; plus deux vieils mousquetons et deux halbardes ; le tout prizé et estimé, ensemble, à la somme de deux cent livres, cy. II^c l.

Item, douze cueillers et douze fourchettes et deux petites sallieres, le tout d'argent et pesant ensemble neuf marcs six onces, prisez à vingt sept livres chaque marc, ce qui faict, ensemble, la somme de deux cent soixante et trois livres et cinq solz, cy. . . . . II^c LXIII l. V s.

Item, six draps de toille de Gizors en cinq quarts de large fort fins ; plus neuf autres draps de toille, aussy fort belle, et d'environ trois aulnes et demye de long et deux aulnes trois quarts de large ; desquelz neuf draps, il y en a aucuns de toille plus fine que les autres ; lesd. draps prisez scavoir les six de toille de Gizors vingt et deux livres chaque drap, et les neuf autres prisez douze livres la piece, le tout faisant, ensemble, deux cent quarante livres, cy . . . . II^c XL l.

Item, six nappes de toille de lin de deux aulnes de long et une et demye de large, estimées six livres chaque nappe, ce qui fait, ensemble, trente six livres, cy. . . XXXVI l.

Item, deux autres nappes de toille baitissiere de deux aulnes de longueur et une et demye de largeur, prisées un escu pièce, ce qui faict, ensemble, dix huict livres, cy. . . . . XVIII l.

Item, deux autres nappes aussy de toille, estimées quarante solz piece, ce qui fait, ensemble, quatre livres, cy . . . . IV l.

Item, dix douzaines de serviettes fines, estimées dix livres chaque douzaine, ce qui faict pour les dix douzaines cent livres, cy . . . . C l.

Item, neuf douzaines d'autres serviettes de toille blanche commune et un peu uzées, prisée quatre livres chaque douzaine, ce qui fait pour les neuf douzaines trante six livres, cy. . . . . XXXVI l.

Item, un lict non tendu de toille indienne avec ses rideaux, pentes, bonnes graces et fond de lict, le tout prisé, ensemble, à la somme de cinquante livres, cy. L l.

Item, douze draps de toille de brin presque neufve, de sept aulnes chaque drap, estimez douze livres piece, ce qui faict pour les douze cent quarante et quatre livres, cy . . . . CXLIV l.

Item, un lict non tendu de taffetas d'Angleterre vert avec des franges et molets de soye verte et aurore composé de deux grands rideaux et deux bonnes graces plissées, le fond vert doublé de sarge d'Aumalle de pareille couleur, servant à couvrir douze tant chaises que pliants, plus les couvertures des six chaises et trois pliants de point d'Auvergne de frange de soye ; tout ce contenu au present article estimé à la somme de cent livres, cy . . . . . C l.

Item, un pacquet de fil de lin blanschy pesant douze livres, prisé trante sept solz chaque livre, ce qui faict, ensemble, dix huict livres, cy . . . . XVIII l.

Item, douze aulnes de toille blanche en trois quarts, contenant douze aulnes, prisée vingt et quatre solz chaque aulne, ce qui faict, ensemble, quatorze livres huict solz, cy . . . . XIV l. VIII s.

Item, neuf aulnes de toille blanche de brin, aussy prizée vingt quatre solz la livre, ce qui faict, ensemble, dix livres seize solz, cy . . . . X l. XVI s.

Item, vingt et quatre draps de toille de lin my uzez, contenant vingt et une aulnes le couple, prisez cent solz pièce, ce qui faict pour les vingt quatre six vingt livres, cy . . . . CXX l.

Item, douze autres draps de toille de lin et de quatorze aulnes le couple, plus que my usez, prisez quatre livres dix solz la piece, cy . . . . LIIII l.

Item, neuf autres draps de toille de brin de mesme qualité et grandeur que les douze cy dessus, aussy prisez quatre livres dix solz chaque drap, ce qui faict quarante livres dix solz, cy . . . . XL l. X s.

Item, quatre autres draps de toille de brin de dix huict aulnes le couple, plus que my usez et prisez soixante solz piece, ce qui faict douze livres, cy . . . . XII l.

Item, vingt et six douzaines de serviettes de brin, my

usées, prisées cent solz la douzaine, ce qui faict cent trante livres, cy . . . . CXXX l.

Item, une petite couverture de pied de toille de cotton picquée, prisée quatre escus, cy . . . . XII l.

Item, quatre douzaines de nappes de toille de brin de cinq quarts de large et une aulne trois quarts de long, prisez à dix huict livres la douzaine, ce qui faict soixante et douze livres, cy . . . . LXXII l.

Plus huict autres nappes de toille de brin de deux laises, prisées quarante solz piece, ce qui faict seize livres, cy . . . . XVI l.

Item, vingt et trois autres petits draps de toille de brin de douze aulnes le couple, prisez quarante solz piece, ce qui faict quarante six livres, cy . . . . XLVI l.

Item, dix huict autres meschantes nappes de grosse toille, prizée dix sept pieces, ce qui faict neuf livres, cy . . . . IX l.

Item, six autres meschantes nappes, aussy de toille, prisez dix sept pieces, cy soixante solz . . . . . . LX s.

Item, quatre douzaines de draps neufs de grosse toille de reparation, de dix aulnes le couple, prisez cinquante solz piece, ce qui faict six vingt livres, cy . . . . CXX l.

Item, quatre autres douzaines de draps, aussy de dix aulnes le couple et plus que my usez, prisez vingt solz pièce, ce qui faict quarante huict livres, cy. . . XLVIII l.

Item, six poches de toille, prizée quinze solz chaque poche, ce qui faict vingt sept livres, cy . . . . XXVII l.

Tout le susd. linge, toille, fil et licts non tendus tirez des coffres et vaisseaux cy dessus inventoriez, fors lesd. poches, et le tout remis et relaissé chacun en son lieu, du consentement desd. partyes.

Item, dans la cave de sad. maison, se sont trouvées huict pipes un quart de vin, tant vieil que nouvel, et dont il y en a trois quarts de vin de vollier, ainsy que l'a declaré la dame de Varennes, prizé vingt et quatre livres la pipe, ce qui faict cent quatre vingt dix huict livres, cy . . CLXXXXVIII l.

Item, se sont trouvez dans les greniers, tant dans lad. maison de la Lorye qu'en celle de Vaududoz, les grains cy après mesurez par René Plassais, cy devant domestique de lad. dame requerante, scavoir dans le grenier du Vaududoz cinquante septiers de bled seigle, mesure de Segré, prizé douze livres le septier, ce qui faict six cents livres, cy. . . . . VI^c l.

Dans les greniers de la maison de la Lorye, dix neuf septiers aussy de bled seigle à la mesme mesure, prisé douze livres le septier, ce qui faict deux cens vingt huict livres, cy. . . . . CCXXVIII l.

Plus neuf septiers de froment rouge à mesme mesure de Segré, prisé quinze livres le septier, ce qui faict cent trante cinq livres, cy . . . . CXXXV l.

Item, sept cent boesseaux d'avoine, mesure d'Angers, de laquelle lad. dame a declaré en avoir achepté et payé trois cent vingt cinq livres le cent, lesd. sept cent bouesseaux prisez aud. prix de vingt cinq livres le cent, ce qui faict, en tout, cent soixante quinze livres, cy. . . . . . CLXXV l.

Item, quatre septiers de mestail, bled, seigle et avoine, mesure de Segré, prisez neuf livres le septier, ce qui faict trante et six livres, cy . . . . XXXVI l.

Item, dans la Chapelle de lad. maison de la Lorye, trois chasubles, une de velours noir avec les rolle et fanon aussy de velours noir et un voille de satin, le tout garny d'une dentelle d'argent fin; l'autre de velours à fond de satin blanc avec le fanon et estolle aussy de velours à fond de satin avec un voille de tabis à fleurs de plusieurs couleurs, doublé de taffetas rouge, le tout orné de guippure blanche, et la troisiesme d'un brocard à petites fleurs de differentes couleurs avec l'estolle et le fanon aussy de brocard et le tout doublé de taffetas incarnat et orné aussy d'une guippure blanche; un voille de moire blanche avec de la broderye de soye et une dentelle d'or et d'argent autour; le tout estimé, ensemble, à cent livres, cy. . . . . . . C l.

Item, un missel romain in folio et un autre in quarto, prizé entre les partyes à la somme de dix livres, cy . X l.

Item, une croix et deux chandeliers de bois doré et plusieurs boucquets d'hyver ; un devant d'autel de peinture fine et deux chandelliers en branche de cuivre doré attachez au lambris de lad. chapelle ; le tout non apprectié du consentement des partyes.

Item, trois aubes, deux de toille blanche, une uzée et ornée de grosse dentelle avec deux amicts et deux ceintures et la troisieme de toille de Holande, presque neufve, ornée de dentelle fine avec un amict et la ceinture ; plus deux rideaux de toille de cotton avec les vergettes et pitons qui les tiennent attachez aux deux fenestres de lad. chapelle ; le tout prizé, ensemble, à trante six livres, cy . . . . XXXVI l.

Item, huict nappes servant à l'autel de lad. chapelle, tant grandes que petites et toutes de toille blanche et prizée, ensemble, dix livres, cy . . . . X l.

Item, deux vieils tapis, l'un de Turquie, rompu en plusieurs endroictz, servant à couvrir les marches du devant, et l'autre de petite fustaine de couleur, servant à couvrir le dessus dud. autel ; une petite clochette de cuivre rouge et servant à sonner lors de l'elevation du Sainct Sacrement ; trois corporeaux d'une toille de Holande très fine avec les purificatoirs ornez de dentelle fine d'Angleterre ; le tout estimé, ensemble, à quinze livres, cy . . . . XV l.

Deux vieils carreaux et quatre petits agenouilloirs couverts de mocade.

Item, douze petites serviettes pour l'autel et douze petits purificatoirs, le tout de toille blanche, avec deux enveloppers pour le calice, l'estuit du calice d'argent cy après et une petite lanterne sourde ; le tout prizé, ensemble, à quarante solz, cy . . . . XL s.

Item, un calice en plateinne ; deux choppineaux ; une boiste à mettre du pain à chanter ; une croix et deux chandelliers, servant à l'autel, et le tout d'argent cizelé et pesant, ensemble, treize marcs et demy deux onces, estimé trante livres le marc ; ce qui faict, ensemble, la somme de quatre cent douze livres, cy . . . . IIII^c XII l.

Item, dans un pavillon de la cour verte de lad. maison de la Lorye qui repond à la Chapelle, un jeu de billard de bois de noyer orné de son tapy de drap vert et clous dorez ; six billards de bois de Brezil garnis d'yvoire ; sept billes d'yvoire ; dix huict petits tableaux ; une grande carte du *Monde ;* huict autres cartes en tailles douces avec les gorges de bois noircy ; deux autres tableaux, l'un d'*Une Nopce* et l'autre d'*Orphée, peintures de Flandre ;* plus un grand tapy de toille verte servant à couvrir led. billard ; le tout estimé, ensemble, quatre vingt livres, cy . . LXXX l.

Item, dans la basse cour, trois vaches en poil rouge, de differents aages ; quatre autres mères vaches, aussy en poil rouge, fors une en poil noir ; quatre torres de deux ans, fors une qui vient à trois ans, et trois veaux de l'année, prisez par René Plassais, demeurant au lieu de la Doyzelerye, en lad. parroisse de la Chapelle, pris pour priser par lesd. partyes, attendu que lesd. sieurs Berthelot et Sizé ont dit le prix desd. bestiaux n'estre de leur connoissance, scavoir les trois vaches à trante escus, les quatre autres à quatre vingt cinq livres, les quatre torres à soixante livres et les trois veaux à huict escus les trois ; le tout faisant, ensemble, deux cent cinquante et neuf livres, cy. IIᶜ LIX l.

Item, quatre cochons de l'année et une grande truye d'environ deux ans, prisez, tout ensemble, par led. Plassais à vingt sept livres, cy . . . . . — . . . . XXVII l.

Item, vingt neuf pieces de bergail, prisez par led. Plassais à trente cinq solz piece, ce qui faict, ensemble, la somme de cinquante livres quinze solz, cy . . . . L l. XV s.

Item, un grand mulet en poil brun et une asnesse en poil gris, prisez ensemble par led. Plassais et lesd. sieurs Berthelot et de Sizé, compris les bas qui leur servent, à la somme de cent cinquante livres, cy. . . . . CL l.

Instruments et outils servant au jardin.

Item, trois scies à travers ; deux fourches ; deux picqs ; un picq perrier ; trois tranches, deux plattes et une fourchée ; un vouge ; deux paelles ; un sciot ; une serpe ; un hachereau ;

trois coings de fer ; une faux avec son marteau et l'enclume et une lievre ; le tout de fer et prisez, ensemble, à trante livres, cy. . . . . XXX l.

Item, dans l'orangerie, trante et quatre pieds de citronniers, tant grands que petits, compris les quaisses de bois dans lesquelz sont huict grands pots de feance façon de porcellainne, plains de jasmins, et vingt et deux autres pots terins, aussy plains de jasmins et plusieurs autres potées de differentes plantes et fleurs ; le tout prizé, ensemble, à la somme de cinq cent livres, cy. . CCCCC l.

Item, un vieil moulin à bras à moudre bled avec la meule et autres ustancilles y servant ; prizé, le tout ensemble, à trante livres, cy. . . . . XXX l.

Item, une tremée de bois garnye de fil de fer, servant à greller les bleds et autres grains, prizée douze livres, cy. . . . . XII l.

Item, comme à l'estimation de dix chartées de foing, dans les grenniers où se met la provision des chevaux d'escuyrie ; plus environ de six autres chartées de foing, dans le fenil de la basse cour ; plus environ de dix chartées de paille ; le tout non estimé, du consentement des partyes, attendu que le tout est reservé pour la provision des bestiaux cy dessus prisez, du mulet et asne aussy cy dessus estimez et des chevaux qui le seront cy après.

Item, deux tombereaux, un petit et plus grand avec les roües ferrées et aixieux de fer ; plus un grand chariot à quatre roües ferrées et deux aixieux de fer ; le tout prisé, ensemble, à la somme de cinquante livres, cy. . . . L l.

Item, cinq cents trante et cinq livres de lin broyé, estimé quinze livres le cent l'un portant l'autre, ce qui faict, ensemble, quatre vingt cinq livres cinq solz, cy. LXXXV l. V s.

Item, cinq cens vingt et deux livres de chanvre broyé, prisé dix francs le cent, ce qui faict, ensemble, cinquante deux livres quatre solz, cy . . . . LII l. IV s.

Item, quatre vingt dix boesseaux de noix, prisez douze solz le boesseau, ce qui faict, ensemble, cinquante et quatre livres, cy . . . . LIV l.

LE SALON DES GLACES.
(Château de la Lorie.)

Les susd. lin, chanvre, noix, segle, avoine, fromant et fourages procedants de la recolte et cueillette de lad. terre de la Lorye et ses dependances, de l'année presente mil six cens quatre vingt trois, suivant la declaration de lad. dame Le Pelletier.

Item, lad. dame a declaré avoir donné au nommé Guerin, tessier, demeurant au bourg de la Chapelle, soixante et seize livres de fil de repazon et quarante et quatre livres de fil d'estouppe, le tout blanchy; plus cinquante et une livres de crin, aussy donné aud. Guerin.

Plus soixante et quinze livres de fil d'estouppe blanc donné au nommé Gasnier, aussy tessier de la parroisse de Ste-Gemme près Segré; le tout pour mettre en grosse toille.

Item, cinq milliers trois quarts de merain, un quart de busserye et trante et quatre pilles de fonsailles pour servir auxd. merains, le tout estant empillé au devant de la maison appellée la Menuizerye, dependant du lieu seigneurial de la Lorye; desquels merains et fonsailles l'appreciation a esté differé jusques à la vente que lad. dame Le Pelletier en fera le plus tost qu'il luy sera possible.

Item, le nombre de quatre mil pieces de cherpente, soliveaux, chevrons et colombage estant au bout de lad. maison appellée la Menuiserye; de laquelle cherpente l'estimation a aussy esté differée jusques à la vente que lad. dame de Varennes a aussy promis en faire aussy tost qu'elle le pourra et dont elle se chargera du prix au pied des presentes.

Item, dans lad. maison de la Menuizerye 584 pieds d'aissis et six milliers trois cens de latte, le tout non appretié du consentement des partyes, attendu qu'elles le reservent pour servir aux reparations des moulins et de la maison de la metairye et clozerie dependants de ced. lieu seigneurial de la Lorye.

Ce faict, sommes entrez dans un cabinnet estant au fond de la chambre où couche d'ordinaire la dame de Varennes et qui a veüe sur la petite cour où s'exposent les orangers, lequel cabinnet lad. dame declare estre celuy dud. deffunct sieur de Varennes, son mary, dans lequel lieu se sont trouvez un couloir de bois de noyer à six layettes sans clefs ny serures, estimé à huict livres, cy. . . . . VIII l.

Item, deux pliants couverts de gros point et une chaise de paille, estimez, ensemble, cent solz, cy. . . . . C s.

Item, une escritoire de bois avec deux petits cornets et deux petits travers d'argent et une autre couverte de verre avec son pied et garniture d'argent; le tout estimé à dix livres, cy . . . . X l.

Item, un petit alambic de cuivre à tirer des essences de fleurs, prizé huict livres, cy. . . . . VIII l.

Item, dans deux fenestres dud. cabinnet grillées de fil de fer ou laiton et non fermantes de clef, se sont trouvez jusques au nombre de cent quatre vingt quinze tomes de livres, reliés tant en veau que parchemin, de differente grandeur, plusieurs et diverses intitulés, qui n'ont esté inventoriez par le menu du consentement desd. partyes et par elles estimez, attendu que lesd. sieurs Berthelot et Sizé ont dit que ce n'est de leur connoissance ; le tout estimé à la somme de deux cent livres, cy. . . . . CC l.

Item, dans deux autres fenestres dud. cabinnet fermantes à clef, se sont trouvez plusieurs papiers, la description et inventaire desquelz nous avons remis du consentement desd. partyes à jeudy prochain, attendu la feste de demain, jour de la Conception de la Vierge, et l'heure de huict heure du soir sonnée et passée, auquel jour de jeudy lesd. partyes en portent assignation huict heure du matin en cette dite maison seigneurialle de la Lorye, parroisse de la Chapelle-sur-Oudon.

Dont et du tout avons faict et dressé ces presentes, desquelles lecture faicte auxd. partyes et appreciation desd., les ont avec nous soubsignées led. jour. Sont signez en l'original : Anne Peletier. B. Peletier. G. Constantin, sans prejudice de mes droicts. N. Berthelot. P.-G. Sizé. F.-G. Barabé. Controllé à Segré le huitiesme decembre mil six cens quatre vingt trois par le sieur du Poirier.

Archives du château de la Lorie.

IX

Inventaire complet et estimation des bestiaux trouvés, après le décès de Gabriel Constantin, Ier du nom, écuyer, seigneur de Varennes et de la Lorie, conseiller du roi, grand prévôt d'Anjou, époux d'Anne Le Pelletier, dans les métairies et closeries qui dépendaient de la terre seigneuriale de la Lorie, d'après le procès-verbal dressé par Pierre Barré, métayer, et René Plaçais, marchand, tous les deux habitants de la paroisse de la Chapelle-sur-Oudon, le samedi 11 décembre 1683.

Et premier, sur la métairye de la Dusserye, se sont trouvez une cavalle, son poulain et un cheval prisez quarante livres ; deux bœufs du timon, quatre vingt dix livres ; deux de la cheville, quatre vingt dix livres ; deux de devant, cinquante livres ; deux bouvards, soixante livres ; deux toreaux et une tore, trante six livres ; vingt neuf brebis, estimées trante cinq solz pièce, qui faict ensemble cinquante livres quinze solz ; cinq vaches, quatre vingt livres ; quatre veaux, vingt deux livres ; cinq cochons et une truye, vingt six livres. Toutes lesd. sommes faisant ensemble celle de cinq cens quarante quatre livres quinze solz, dans laquelle somme led. sieur de Varennes est fondé en la moitié, cy, pour lad. moitié, deux cens soixante douze livres sept solz six deniers, cy. . . . . 272 l. 7 s. 6 d.

Sur la métairye de la Miossaye, deux bœufs du timon, prisez par lesd. experts quatre vingt cinq livres ; deux de la cheville, à quatre vingt livres ; deux devant, à soixante huict livres ; un bouvard, douze livres ; vingt et huict pieces de bergail, à trante huict solz piece, ce qui faict trante neuf livres dix huict solz ; deux petits chevaux entiers, vingt quatre livres, et quatre cochons, douze livres. Le tout revenant ensemble à la somme de trois cens vingt livres dix huict solz, de laquelle somme moitié appartenoit aud. feu sieur de Varennes, montant à cens soixante livres neuf solz, cy. . . . . 169 l. 9 s.

Sur la clozerie de la Maison Neufve, quatre meres vaches, prisées soixante quinze livres ; une torre et un veau, dix huict livres ; quatre cochons et une truye, vingt livres ; vingt pieces de bergail, prizées trante deux solz piece, ce qui faict trante deux livres. Le tout revenant ensemble à cent quarante cinq livres, ce qui faict, pour la moitié en laquelle estoit fondé le feu sieur de Varenne, soixante douze livres dix solz, cy. . . . . 72 l. 10 s.

Sur le Petit Vaududoz, trois meres vaches et une torre, prizées ensemble par lesd. experts à quatre vingt livres ; deux veaux d'un an, à dix livres, et trois porcqs, à treize livres. Le tout revenant ensemble à cent trois livres, de laquelle somme en appartient aud. feu sieur de Varennes quatre vingt unze livres, comme il parroit par led. bail dud. lieu cy dessus inventorié, et la moitié du surplus montant six livres, ce qui revient ensemble à quatre vingt dix sept livres, cy. . . . . 97 l.

Sur la métayrie de Grand Vaududoz, huict bœufs de harnois, prisez ensemble par lesd. experts à deux cens quatre vingt dix livres ; trois vaches, prisées quarante cinq livres ; une torre de deux ans, dix livres ; deux veaux d'un an, dix livres ; un cheval, une jumant et son poulain, trante livres, et vingt et une piece de bergail à trante solz piece, ce qui faict trante et une livre dix solz ; une grande truye de deux ans et trois petits porcqs, à vingt livres. Le tout revenant ensemble à quatre cens trante et une livres dix solz, en la moitié de laquelle somme montant à deux cens quinze livres quinze solz led. sieur de Varennes estoit fondé et encor en celle de soixante deux livres que la veufve René Gaudin, à present femme de (laissé en blanc),

Vaillant, metaiere aud. lieu, est obligée de payer pour avoir moitié auxd. bestiaux, suivant l'acte cy devant inventorié, estant au pied du bail audict Gaudin, lesd. deux sommes faisant ensemble celle de deux cens soixante dix et sept livres quinze solz, cy . . . . 277 l. 15 s.

Sur le lieu du Vieil Perrin, six bœufs de harnois, prisez ensemble par lesd. experts, cens quatre vingt livres ; deux bouvards, quarante livres ; deux torreaux, vingt quatre livres ; trois vaches, trante livres ; deux veaux d'un an, douze livres ; quatre cochons de noriture, seize livres ; une jumant et un cheval aveugle, vingt livres, et dix sept pieces de bergail, à trante solz piece, vingt cinq livres dix solz. Le tout revenant ensemble à trois cens quarante sept livres dix solz, et à cent soixante et treize livres quinze solz, pour la moitié en laquelle led. feu sieur de Varennes estoit fondé, cy. . . . . 173 l. 15 s.

Sur la clozerie de la Gaudinne, deux vaches prizées par lesd. experts à quarante livres ; un veau d'un an, six livres ; un cochon, quatre livres. Ce qui faict en tout cinquante livres, cy. . . . . 50 l.

Sur la métayrie des Cormiers, quatre bœufs, prisez ensemble par lesd. experts à cens soixante livres ; un autre bœuf, quarante livres ; deux autres bœufs, soixante livres ; deux bouvards, quarante livres ; deux torreaux venants à deux ans, trante livres ; cinq vaches, à quatre vingt livres ; une torre, à douze livres ; trois veaux de laict, vingt et une livres ; quatre petits cochons et une torre, dix huit livres ; un cheval et une poulloche, trante six livres ; trante pieces de bergail, à trante solz piece, quarante cinq livres. Toutes lesd. sommes revenant ensemble à cinq cens quarante deux livres, et pour la moitié en laquelle estoit fondé led. feu sieur de Varennes à deux cens soixante unze livres, cy. . . . . 271 l.

Et quand à la métairye du Soucy, les bestiaux n'ont point esté apprefiez, du consentement des partyes, attendu que, par le bail dud. lieu cy devant inventorié, il parroist que Jean le Mesle, métayer, en a reçu pour la somme de quatre cens cinquante sept livres dix solz du feu sieur de Varennes (et) est obligé d'en relaisser pour pareille somme à la fin de son bail, ce que lad. dame de Varennes a declaré que led. prisage n'a augmenté ny diminué depuis led. bail, qui n'est que du vingt huict novembre de l'année derniere mil six cens quatre vingt deux, partant cy lesd.   457 l. 10 s.

Sur la closerye du Ponceau, il y a pour cens vingt quatre livres dix solz de bestiaux appartenant aud. deffunct et lesquelz Pierre Ronflé, clozier, est obligé par acte estant au pied du bail de remplasser jusques à convenance de pareille somme. Pourquoy n'ont esté lesd. bestiaux inventoriez par le meme, du consentement desd. partyes, partant cy lad. somme de. . . . . 129 l. 10 s.

Sur le lieu de la Botellerye, huict bœufs et harnois, prisez ensemble par lesd. experts, trois cens livres ; trois torreaux venants à deux ans, trante livres ; cinq vaches, à cent livres ; trois veaux de laict, à vingt livres ; vingt huict pieces de bergail, à trante solz piece, à quarante deux livres ; un cheval, une jumant et son poulain, à quarante cinq livres, et quatre cochons, seize livres. Le tout revenant ensemble à cinq cens cinquante trois livres, de laquelle somme deduisant trois cens dix livres pour une part à trante six livres par an, faisaient ensemble 346 livres, dont led. feu sieur de Varennes auroit contribué aud. prisage, et encore deduisant quarante cinq livres, dont Yves Thibault, à present métayer sur led. lieu, aurait aussi contribué. Reste desd. 553 livres cens soixante et deux livres d'augmentation ou accroissement de prisage, en la moitié de laquelle augmentation montant 81 livres led. sieur de Varennes estoit fondé, et partant il se trouve que desd. 553 l....

Sur la métairye de la Bassetière, six bœufs de harnois, prisez ensemble à deux cens soixante dix livres ; un bouvard, vingt livres ; deux torreaux, vingt quatre livres ; trois vaches, trante six livres ; trois torreaux venants à un an, quinze livres ; quatre cochons, treize livres ; vingt et une piece de bergail, à vingt cinq solz piece, vingt six livres cinq solz ; une poulloche, à vingt sept livres. Le tout revenant à quatre cens trante et une livres cinq solz, dont en appartient aud. sieur de Varennes trois cens vingt huict livres, suivant l'acte du 13 avril 1676 cy dessus inventorié, et moitié au surplus montant à cinquante et une livres sept solz six deniers, lesd. deux sommes revenant ensemble à celle de trois cens soixante et dix neuf livres sept solz six deniers, cy . . . . 379 l. 7 s. 6 d.

Sur la métairye de la Beldantiere, quatre meres vaches, prisées ensemble par lesd. experts à quatre vingt livres ; deux torreaux, à trante livres ; dix huit brebis, vingt sept livres, à trante solz piece ; quatre cochons, à douze livres ; six bœufs de harnois, trois cens livres ; deux autres bœufs, cinquante livres ; trois veaux, vingt et une livres ; une cavalle, son poulain et une autre jumant, à quarante livres. Ce qui revient, le tout ensemble, à cinq cens soixante dix livres, dans la moitié de laquelle somme lad. dame de Varennes a déclaré qu'elle croit que la métairye dud. lieu est fondée et led. sieur de Varennes en lad. moitié, partant cy. . . . . 280 l.

La description, inventaire et appreciation ont esté faictes et continuées avec les susd. experts qui ont dict ne scavoir signer, en presence, tant de lad. dame requerante, que desd. sieur Constantin, son fils aisné, et noble et discret Jean Baptiste Pelletier, curateur susd., et est le tout demeuré chaque chose en son lieu et place et en la possession et disposition de lad. dame de Varennes, requerante, qui s'en est volontairement chargée, le tout sans prejudicier aux droicts des partageants respectivement.

Dom et du tout a esté faict et dressé la presente continuation de procès verbal pour servir et valloir aux partyes ce qu'il appartiendra par moy Francois Barabé, huissier et archer susd. et soubzigné, led. jour sabmedy onziesme decembre aud. an mil six cens quatre vingt et trois, assisté de Laurent Guyon, aussy huissier, demeurant en cette parroisse de la Chapelle sur Oudon, avec moy. Et lesd. partyes soubsignez sont signez en l'original : Anne Pelletier. B. Pelletier. Constantin, sans prejudice de mes droictz. F. Barabé et Guyon present.

Controllé à Segré le douze decembre mil six cens quatre vingt trois par le sieur du Poirier.

Archives du château de la Lorie.

X

Inventaire complet des ustensiles divers, de la vaisselle, des meubles, des tapisseries, des tableaux, des livres, des papiers, des armes, du linge, de l'argenterie, des coffres, des objets précieux, des miroirs, des pendules, des porcelaines, des vêtements, des chevaux, des carosses, etc., trouvés dans la maison de la rue de la Croix-Blanche, paroisse Saint-Pierre d'Angers, où était décédé Gabriel Constantin, Ier du nom, écuyer, seigneur de Varennes et de la Lorie, conseiller du roi, grand prévôt d'Anjou, époux d'Anne Le Pelletier, d'après le procès-verbal dressé par Nicolas Berthelot et Guillaume Sizé, marchands angevins, le mercredi 29 et le jeudi 30 décembre 1683.

Et le vingt et neufiesme decembre aud. an mil six cens quatre vingt et trois, ce requerant lad. dame de Varennes Constantin et par vertu de lad. requeste et ordonnance par elle obtenue et donnée par Monsieur le lieutenant general d'Anjou à Angers le dix neufiesme jour d'octobre dernier, l'inventaire et description des meubles, tiltres, papiers et enseignements demeurez de la communauté d'entre led. sieur de Varennes Constantin et lad. dame requerante dans sa maison de la rüe de la Croix Blanche, parroise de St Pierre de la ville d'Angers, où il seroit decedé, ont esté par moy François Barrabé, aussy huissier en la mareschaussée provinciale d'Anjou à Angers, reçu au siege presidial d'Angers pour exploitter et y demeurant dite parroisse de St-Pierre, faictz et continuez en presence et du consentement de Gabriel Constantin, escuyer, seigneur de La Lorye, conseiller du Roy, prevost general et provincial d'Anjou, et de noble et discret Jean-Baptiste Pelletier, prieur de la Magdelaine de Pouancé et Ste Gemmes près Segré, curateur aux personnes et biens desd. autres enfans mineurs de lad. dame et desd. deffunct quant aud. inventaire et autres actions à diriger entre eux et lad. dame leur mere, sans par lesd. partyes comparantes prejudicier à leurs droictz. Pour l'appreciation desquelz meubles elles ont d'abondant convenu de Nycolas Berthelot, marchand de soye et grossier et antien consul de cette ville d'Angers, et dud. Guillaume Sizé, aussy marchand (à) Angers, y demeurant parroisse St-Maurille et par lesquelz lad. appreciation faicte en leurs loyautez et conscience ainsy qu'il ensuit.

Premierement.

Dans la cuisinne de lad. maison, trois marmittes de cuivre rouge avec le couvercle aussy de cuivre et une de fonte, estimez ensemble à trante cinq livres, cy. . . . XXXV l.

Item, trois poissonniers de cuivre rouge, un grand et deux plus petits, prisez ensemble quinze livres, cy. XV l.

Item, trois poislettes à confitures, une de cuivre jaulne et les autres de cuivre rouge, prisées ensemble à douze livres, cy. XII l.

Item, un poislon à trois pieces, de cuivre rouge, deux casserolles de cuivre rouge et trois cocquemars aussy de cuivre rouge, un grand et deux plus petits ; le tout prizé ensemble à seize livres, cy . . . . XVI l.

Item, trois tourtiers avec les dessus, quatre poislons à

queües de differentes grandeurs, deux lampes et trois chandelliers et une cueiller de pot ; le tout de cuivre et prizé ensemble à quatorze livres, cy . . . . XIV l.

Item, une escumoire, un grand passet, un plus petit, deux fricquets ; le tout de cuivre jaulne et rouge ; deux poisles à queües, une petite et une grande, trois chaudrons d'airain, le plus grand d'un sceau et demy ; prizé, le tout ensemble, à huict livres, cy. . . . . VIII l.

Item, une grande marmitte de fer, quatre couvertures de cuivre, une casserolle de cuivre, deux reschaux de cuivre, un grand fourneau de fer, une cloche de fer à faire cuire fruict, deux grands chesnets, deux casses de fer, l'une grande et l'autre plus petite ; une paelle en fer et des pincettes aussy de fer et une garde casse, une grille, trois broches, un trepied rond et deux autres en triangle, une cremaillere et une vieille poisle à chataignes ; le tout de fer et prizé ensemble à la somme de vingt livres, cy. . XX l.

Item, deux vieilz mortiers de marbre, rompus en plusieurs endroictz et prisez ensemble quarante solz, cy. XL s.

Item, un rotissoir de fer, dont le poids est de tuffeau, prizé cent solz, cy . . . . C s.

Item, une vieille grosse table de bois de chesne avec deux vieilles bancelles aussy de bois de chesne et un vieil coffre de bois de noyer fermant à clef et un cousteau de fer à hacher la viande ; le tout prizé à cent solz, cy. . . C s.

Item, le nombre de cent cinquante et une livre de vaisselle d'estain, tant creuze que platte, prizée à unze solz la livre, ce qui revient ensemble à la somme de quatre vingt deux livres dix solz, cy . . . . IIII^{xx} II l. X s.

Dans un petit cabinnet au pied de la montée, trois mousquetons, dont l'un est à deux coups, avec deux bandollieres de cuir jaulne ; le tout prizé ensemble à vingt livres, cy. . . . . XX l.

Item, une bouteille de gros verre et une bouteille de verre de fougere et crystal, le tout prisez ensemble à six livres, cy. . . . . VI l.

Item, dans l'office estant au hault de lad. cuisinne s'est trouvée une vieille paire d'armoires de bois de chesne, prizées soixante solz, cy. . . . . LX s.

Item, une vieil table ronde de bois de noyer, une autre de quatre pieds de bois de chesne et trois mannes d'ozier propres à mettre le couvert pour servir sur la table et deux vieux coffres ou bahuts fermant à clef, plus une autre vieille table en hesteau portée sur sa carrye de bois de chesne et lad. table de bois de sapin; le tout prizé ensemble à six livres, cy . . . . VI l.

Item, quatre grands plats, dix plus petits, deux grandes assiettes marines, six assiettes creuses, trois douzaines de petites assiettes plattes, deux flacons avec chaisnes, deux soucouppes, un reschault avec son pied, un poislon, une grande sallière, deux petites, un vinaigrier, un sucrier, une esguiere couverte, deux autres esguieres non couvertes, un cocquemard avec son couvercle, un chandellier qui est un Cupidon tenant deux branches à mettre chandelles ou bougies, quatre grands flambeaux ronds, quatre moyens quarrez, quatre petits, un bassin à faire le poil, avec un cocquemard couvert, une escuelle oreille couverte, une tasse à deux anses, un grand bassin rond, deux autres en ovalle, une petite lampe, une douzaine de cueillers, six autres plus petites, une douzainne de fourchettes et une escumoire; le tout d'argent, poinçon de Paris et gravé des armes dudict feu seigneur de Varennes et pesant, le tout ensemble, trois cens marcs et demy, prizé vingt et sept francs le marc, ce qui revient ensemble à la somme de huict mil cent treize livres dix solz, cy . . . VIII^m CXIII l. X s.

Item, quatorze cousteaux à manche d'argent, estimez à la somme de cent livres, cy. . . . . C l.

Item, deux bources de jettons d'argent, contenant tout ensemble le nombre de cent quatre vingt huict jettons qui se sont trouvez de la pesanteur de trois marcs cinq onces, prisez cinq et six livres le marc, ce qui faict quatre vingt quatorze livres cinq solz, cy . . . . . . IIII^{xx} XIV l. V s.

Item, quatre petits chandeliers de cuivre, prisez ensemble quatre livres, cy. . . . . IV l.

Item, un crochet à pezer et deux balances à bassins de cuivre avec les poids aussy de cuivre de differentes pezées jusques à quatre livres, prizé ensemble à soixante dix solz, cy. . . . . LXX s.

Item, dans la salle basse, une tenture de tapisserye de Flandre de verdure, contenant six pieces, prizées quatre cens livres, cy. . . . . IIII^c l.

Item, douze chaises en perroquets et sept tabourets, un lict de forme avec son matelas de soubattement, deux fauteuilz et deux chaises, le tout couvert de mocade undée et un tapy aussy de mesme mocade; le tout prizé ensemble à soixante livres, cy . . . . LX l.

Item, deux gueridons et deux tables de bois de noyer, l'une plus grande et l'autre moindre avec son tapy de drap vert ; le tout prizé ensemble à quinze livres, cy . . XV l.

Item, deux petits chesnets de fer et deux grandes tables de bois de sapin en ovale ; le tout prizé ensemble à quatre livres, cy. . . . . IV l.

Item, un tricquetrac avec ses dames, dez et cornez, le tout d'ebenne, yvoire et corne; prizé quinze livres, cy. XV l.

Item, un rafraichissoir de marbre avec son pied aussy de marbre ; prizé, le tout, à vingt livres, cy . . . . . XX l.

Item, deux chasubles avec les estolles et fanons, l'une de velours noir avec satin blanc et l'autre de moire violette; le tout prizé ensemble à trante trois livres, cy . . XXXIII l.

Item, dans la chambre de lad. dame de Varennes, une tapisserye de Bergamme de cinq pieds, prizée à trois pistolles, cy. . . . . XXX l.

Item, deux charlicts de bois de noyer de pareille grandeur avec les vergettes de fer et fonsailles entourez d'une housse de sarge d'Aumalle brunne, fond et dossier de mesme etoffe, garnis de chacun une paillasse, un lict de plume avec les traversins, le tout ensemble de coutil ; trois couvertures ou mantes de laine blanche, dont deux etant sur un desd. licts et la troisième sur l'autre ; deux courtepointes de toille d'indienne, et le tout neuf, fors lesd. mantes de laine blanche, et prizé ensemble, compris deux matelas de laine, à la somme de deux cent seize livres, cy. . . . . II^c XVI l.

Item, six chaises, compris deux fauteuils de bois de noyer tourné, le tout couvert de sarge d'Aumalle pareille à la housse des susd. lictz, et six autres chaises de bois de noyer foncées de paille ; le tout prizé ensemble à trante trois livres, cy . . . . XXXIII l.

Item, deux tables de bois de noyer à layettes, fermant à clef, la plus petite desd. deux tables couverte d'un petit tapy de sarge vert ; le tout appretié, ensemble, à huict livres, cy . . . . VIII l.

Item, un coffre fort tout de fer, avec sa serrure, ouvrant et fermant par sur le couvercle ; estimé, compris son petit soubastement, à quatre vingt livres, cy . . . . LXXX l.

Item, un cabinnet de bois de poirier peint en noir, ouvrant et fermant, à deux fenestres, dont a été faict ouverture et sy sont trouvez plusieurs papiers, desquelz l'inventaire a esté reservé à estre faict cy après, du consentement desd. partyes ; led. cabinnet prizé vingt livres, cy . XX l.

Item, un autre petit cabinnet de bois de poirier, aussy peint en noir, ouvrant à quatre fenestres garnies de leurs ferrures, dans lesquelles lad. dame requerante a declaré qu'il y a des papiers, desquelz l'inventaire a aussy esté reservé, du consentement desd. partyes ; led. petit cabinnet prizé à vingt cinq livres, cy. . . . . XXV l.

Item, un petit coffre de bois de poyrier, aussy peint en noir, façon d'ebene et fermant à clef, avec son soubastement, prizé à six livres, cy. . . . . VI l.

Item, une pendulle, prizée à soixante livres, cy . LX l.

Item, une tablette de bois de noyer avec huict tomes de differents livres de devotion, lad. tablette prizée par led. Berthelot à quarante solz et lesd. huict tomes de livres de devotion prisez entre les partyes, attendu que led. sieur Berthelot a declaré que ce n'est de sa connoissance, à dix livres ; le tout faisant, ensemble, douze livres, cy. . . . . XII l.

Item, un petit benistier d'argent vermeil doré, pesant un marc, prizé trante livres par led. sieur Berthelot, cy. XXX l.

Item, trois petits tableaux de mignature, dont l'un est *Une Magdelaine*, l'autre l'*Image de St François de Salle* et le troisiesme aussy une *Image de St Joseph ;* prisez ensemble par lesd. partyes, attendu que le sieur Berthelot a declaré n'en pouvoir dire au vray la valleur, à la somme de trante livres, cy. . . . . XXX l.

Item, une grille de fer avec la pelle à feu, les tenailles et pincettes ; le tout prizé par led. sieur Berthelot à six livres, cy . . . . VI l.

Item, dans la chambre des damoiselles, filles de lad. dame de Varennes, dans laquelle chambre on entre de celle de lad. dame, se sont trouvées quatre pieces de tapisserye de Bergame, prizées quinze livres, cy. . . . XV l.

Item, un petit charlict de bois de noyer, entouré de rideaux de fustaine de la Porte de Paris, au nombre de quatre, le fond et dossier de pareille fustaine ; deux mantes de laine blanche, une couette, un traverslict garni de plume ensouillé de couetil, avec une taye pardessus, un matelas de laine couvert de fustaine ; le tout prizé, ensemble, à soixante livres, cy. . . . . LX l.

Item, trois paires d'armoires de bois de noyer, fermant à deux fenestres et à clef, prizées ensemble à trante livres, cy. . . . . XXX l.

Item, une autre petite armoire de bois de noyer, fermante à deux fenestres et faicte en forme de contoir, prizée à six livres, cy. VI l.

Item, deux petites tables de bois de noyer avec layettes, prizée quatre livres, ensemble, cy. . . . . IV l.

Item, deux petits chesnets de fer, prisez à dix solz, cy . . . . X s.

Item, dans la petite salle d'en hault, dans laquelle on mange, une tapisserye de feüillage renversé d'Auvergne, contenant dix pieces, au moyen de ce que l'une d'icelles a esté coupée par la moitié, et dont il y en a seulement sept tendües dans la petite salle, plus trois autres serrées dans le garde meuble, ainsy que l'a declaré lad. dame de

Varennes; lad. tenture de tapisserye de haute lice, prizée à la somme de quatre cens livres, cy . . . . IIII^c l.

Item, deux fauteuils et six chaises de bois de noyer couvertes de mocade et prizées, ensemble, à douze livres, cy. . . . . XII l.

Item, trois tables de bois de noyer, deux à layettes et la troisiesme en façon de gueridon, couverte de sarge verte, qui y est clouée, compris un vieil tapy vert estant sur l'une des tables à layettes; le tout prizé à la somme de dix livres, cy . . . . X l.

Item, trois autres tables, dont deux sont de bois de sapin et la troisiesme ronde, de bois de chesne et pliante, prizées à quatre livres dix sols, cy . . . . . . IV l. X s.

Item, un petit cabinnet de bois de sapin à une seule fenestre, fermant à clef, prizé à quatre livres, cy. . IV l.

Item, un autre cabinnet de bois de noyer, peint en noir et fermant à clef à deux fenestres garnies de fil de fer; led. cabinnet prizé à douze livres, cy . . . . XII l.

Item, le nombre de quatre vingt huict tomes de differents livres et la plus grande partie de nouvelle impression et composition, prisez par lesd. partyes, attendu que led. sieur Berthelot a declaré n'estre de sa connoissance, à la somme de cens livres, cy . . . . C l.

Item, une armoire de bois peint en noir ouvrant et fermant à deux fenestres avec clef, prizée à la somme de dix huict livres, cy . . . . XVIII l.

Item, un rafraichissoir ou cuvette de cuivre rouge, prizée quinze livres, cy . . . . XV l.

Item, un vieil rideau de toille de trois toises estant suspendu avec une vergette de fer audevant de la fenestre, prizé à cent solz, compris la vergette, cy . . . . . . C s.

Item, deux petits chesnets, une paelle à feu et des pincettes; le tout en fer et prizé à quatre livres, cy . . IV l.

Item, dans la grande chambre haulte sur la salle basse et dans laquelle grande chambre on entre de la petite salle d'en hault cy dessus, une tapisserye de haute lice d'*Arnaud* et d'*Armide*, contenant sept pieces, dont il y en a seulement cinq tendues dans lad. grande chambre ; prizées, lesd. sept pièces, à la somme de huict cens livres, cy . . . . VIII^c l.

Item, un charlict de bois de noyer avec ses trois vergettes de fer et fonsailles, entouré de deux branches de rideaux et deux bonnes graces, trois pentes, fond, dossier et petites pentes, le tout de damas vert garni de frange et frangettes de soye verte et aurore ; une housse pardessus de sarge d'Aumalle verte ; quatre pommes sur le hault des quenouilles ; un somier de crin, une couette et un traverslict garnis de plume et ensouillez de couetil ; un matelas de laine, une couverture ou mante de soye, avec une courtepointe d'indienne picquée couleur de feu et blanc ; le tout prizé, ensemble, à la somme de deux cens cinquante livres, cy . . . . II^c L l.

Item, huict chaises et deux pliants de bois de noyer avec des housses de sarge d'Aumalle vert ; le tout prizé, ensemble, à la somme de cinquante livres, cy. . . . L l.

Item, deux grandes chaises de commodité couvertes de mocade aurore et blanc avec les coussins couverts de velours rouge cramoisy ; le tout prizé, ensemble, à la somme de quarante livres, cy . . . . XL l.

Item, un cabinnet d'ebenne grize avec des filets d'yvoire, orné de cuivre doré, une table pareille et deux gueridons aussy d'ebenne et de mesme structure ; le tout prizé, ensemble, à la somme de quarante livres, cy . . . XL l.

Item, un grand mirouer, bordure d'ebenne de vingt huict poulées, orné de placques de cuivre doré et à glace de Venise, prisé à la somme de six vingt livres, cy . CXX l.

Item, une aulne de tapisserye de Flandre estant au derrier dud. mirouer, prizé vingt livres, cy. . . . XX l.

Item, deux tableaux à quadres dorez, prisés à vingt quatre livres, cy . . . . XXIV l.

Item, un petit coffre de vraye la Chisne, fermant à clef, en façon de bahut, avec un soubastement de bois de noyer, peint en noir ; le tout prizé à la somme de cens livres, et dans led. coffre ne s'est trouvé aucune chose, cy. . C l.

Item, douze pieces de veritables porcellaines de diffe-

Héliog. Dujardin

LE SALON DES GLACES
(Château de la Lorie)

rentes formes et figures, estant sur le susd. cabinnet d'ebenne grize, prisées, ensemble, à la somme de cent cinquante livres, cy . . . . CL l.

Item, une grille à chenests avec la pincette, paelle et fourchette; le tout de fer et prisé, ensemble, à la somme de douze livres, cy . . . . XII l.

Item, dans le susd. cabinnet d'ebenne grize, s'est trouvé quatre garnitures de boutons d'argent, un petit porte-bougie de filigrane d'argent et plusieurs autres menües hardes que les partyes ont declaré ne meriter d'estre plus particullierement inventoriées ; lesd. boutons et porte-bougie pezant, avec quelque autre menüe argenterye, le tout ensemble, six marcs une once ; prisez vingt six livres le marc, ce qui revient à cent cinquante neuf livres cinq solz, cy . . . . CLIX l. V s.

Item, deux grands rideaux d'un lay et demy de bazin croizé, de longueur de deux aulnes et demy et estant audevant des deux croizées de lad. grande chambre suspendüe à deux grandes vergettes de fer ; le tout prizé, ensemble, à quinze livres, cy. . . . . XV l.

Item, dans une autre grande chambre sur le portal, une tapisserye de haute lice, verdure de Flandre, avec quelques petits personnages, composée de sept pieces, dont il y en a seulement cinq tendues dans lad. chambre et les deux autres dans le garde meuble de lad. maison, ainsy que l'a declaré lad. dame ; lesd. sept pieces de tapisserye prizées, ensemble, à neuf cens livres, cy. . . . . IX^c l.

Item, un charlict de bois de noyer avec ses vis et vergettes de fer, entouré de quatre rideaux, deux bonnes graces, deux cantonnieres, trois pentes, trois soubastements de drap gris, avec des bandes d'ouvrage de soye, le tout doublé de taffetas baré vert, aurore et blanc, fond, dossier et courte pointe de mesme taffetas, le tout garny de frange et frangettes de soye aurore et blanc ; quatre pommes sur les quenouilles ; une paillasse, une couette et un travers lict ensouillé de couetil avec taye de toile blanche, un matelas de laine, une couverture de laine blanche et une courte pointe d'indienne picquée couleur de feu et blanc ; tout le contenu au present article prisé à la somme de deux cens quatre vingt livres, cy.   II° LXXX l.

Item, sept chaises et fauteuilz de bois de noyer tourné, couverte d'une sarge d'Aumalle verte, au nombre de quatre seulement ; lesd. sept chaises et fauteuilz prizées cent solz la piece, ce qui faict, ensemble, trante cinq livres, cy . . . . XXXV l.

Item, une petite table de bois de noyer aux fillets d'ebenne et une layette, prizée quatre livres, cy. .   IV l.

Item, un grand mirouer à bordure d'ebenne et la glace tachée en plusieurs endroictz, pour ce, à trante livres, cy. . . . . XXX l.

Item, une piortiere de planche de soye couleur de feu et aurore, doublée de toille, prizée à quinze livres, cy.   XV l.

Item, deux petits landiers de fer à pommettes de cuivre, prisées à quarante solz, cy . . . . XL s.

Item, un petit tapy vert servant à la petite table cy dessus, prisé quarante solz, cy. . . . .   XL s.

Item, dans le petit cabinnet estant au coing de la cheminée de lad. chambre, le nombre de (laissé en blanc), porcellaines de differentes figures et grandeur, prisées, tout ensemble, à cent cinquante livres, cy. . . . .   CL l.

Item, un petit tableau à quadre doré representant led. *deffunct seigneur de Varennes*, led. tableau marqué faict par le sieur Nanteuil, en l'an 1662, prizé six louis d'or, cy. . . . . LXVI l.

Item, une piece d'estamine double, couleur brunne, contenant trante cinq aulnes, prisées trante cinq solz l'aulne, ce qui faict, ensemble, soixante et une livres cinq solz, cy. . . . . LXI l. V s.

Item, deux aulnes et demye de mocade aurore et verte, prizées cinquante solz l'aulne, cy, six livres cinq solz . . . . VI l. V s.

Item, deux rideaux de vieille toille blanche attachez avec des vergettes de fer audevant des deux fenestres de lad. grande chambre de sur le portal, prizés à huict livres, cy . . . . VIII l.

Item, un tableau de *Paisage* estant aussy dans lad. chambre, prizé à dix livres, cy. . . . . X l.

Item, dans la Chambre dud. sieur Constantin, fils aisné dud. deffunct et de lad. dame, une tenture de tapisserye de haute lice à personnages, façon de Flandre, composée de six pieces sur deux aulnes un quart de hault, estimée à deux cent cinquante livres, cy. . . . . II^c L l.

Item, un charlict de bois de noyer avec des vergettes de fer, entouré de quatre rideaux d'escarlatte, pante et soubastement et dossier aussy d'escarlatte avec des franges et frangettes de soye aurore, quatre pommes sur lesd. quenouilles, une paillasse, une couette et travers lict ensouillez de couetil, un matelas de laine, deux couvertures de laine blanche, une courte pointe d'indienne ; le tout prizé, ensemble, à cent vingt livres, cy. . . CXX l.

Item, six petits fauteuilz couvers d'escarlatte, avec frangettes de soye, prisez à trante six livres, cy. . . XXXVI l.

Item, deux grands vieilz fauteuilz couvers d'indienne et deux grandes chaises de commodité couvertes de mocade aurore et bleües ; le tout prizé, ensemble, à trante et quatre livres, cy . . . . XXXIIII l.

Item, un cabinnet d'ebenne ouvrant à deux fenestres et plusieurs layettes fermant à clef, dans lequel il ne s'est rien trouvé dependant de lad. communauté suivant la reconnoissance des partyes ; led. cabinnet prizé à quatre vingt livres, cy. . . . . LXXX l.

Item, un petit mirouer à quadre d'ebenne orné de cuivre doré, prizé à vingt cinq livres, cy. . . . . XXV l.

Item, quatre portes paravent garnyes de sarge verte, prizées à douze livres, cy. . . . . XII l.

Item, deux petites tables de bois de noyer, l'une garnye d'un tapy de sarge rouge et l'autre couverte d'un drap vert ; le tout prizé six livres, cy. . . . . VI l.

Item, un grand tableau d'une *Melancholie* à quadre quarré et doré, prisé six pistolles, cy. . . . . . . LX l.

Item, un autre tableau d'une *Suzanne entre deux vieil-*

lards, aussy à quadre quarré et doré, prisé à trante livres, cy. . . . . XXX l.

Item, deux autres petits tableaux à quadres aussy quarrez et dorez, l'un de la *Representation d'un Enfant nud* et l'autre du *Petit Enfant Jesus*, prisez, ensemble, à la somme de vingt et deux livres, cy. . . . . . . XXII l.

Item, deux autres tableaux desd. *feu seigneur de Varennes* et de *lad. dame, sa veufve*, prisez, ensemble, à la somme de vingt et deux livres, cy . . . . . . XXII l.

Item, un autre tableau d'un *Paisage*, prizé huict livres, cy . . . . VIII l.

Item, une grisle de fer servant à tenir le bois dans la cheminée, prizée quatre livres, cy. . . . . IV l.

Item, dans deux cabinnets estant à costé de lad. chambre, il s'est seulement trouvé un petit lict avec quatre rideaux de sarge d'Aumalle verte, avec une paillasse, un matelas de laine, un travers lict garny de plumes, une mante de laine blanche; le tout prizé, ensemble, à trante trois livres, cy . . . . XXXIII l.

Item, deux paires de presses, l'une de bois de sapin et l'autre de bois de chesne, toutes deux ouvertes et fermantes à deux fenestres et dans lesquelles presses se sont trouvez les habitz et hardes dud. sieur Constantin aisné, non appretiées comme à luy appartenant en particulier, suivant la reconnoissance desd. parties; lesd. presses, compris une vieille petite table de bois de chesne, prisées à douze livres, cy. XII l.

Item, trois pieces de vieille tapisserye de Bergamme, prisée à six livres, cy . . . . VI l.

Ce faict, attendu l'heure d'environ sept heures du soir, avons, du consentement desd. partyes, différé et remis la continuation des presentes à (laissé en blanc), en cette maison et demeure de lad. dame de Varennes en laquelle lesd. partyes portent assignation. Sont signez en l'original : Anne Pelletier. B. Pelletier. G. Constantin, sans prejudice de mes droictz. P. Berthelot. G. Sizé et Barabé.

Controllé à Segré le trante uniesme decembre 1683 par le sieur du Poirier.

Et, le trantiesme jour desd. mois et an, nous, huissier archer susd. et soubsigné, sommes transportez d'abondant en la demeure de lad. dame de Varennes, à la requeste et presence de laquelle et aussy en presence dud. s⁰ Constantin, son filz aisné, et dud. sieur Jean-Baptiste Pelletier, curateur, nous avons, avec led. sieur Berthelot, pris par lesd. partyes pour priser, continué le present inventaire ainsy qu'il ensuit.

Item, dans deux petites chambres en galtas au dessus des remises de carosses, dans lesquelles deux petites chambres couchent d'ordinaire les lacquais et domestiques de lad. dame, se sont seulement trouvées deux vieilles couchettes garnies de chacunne une vieille paillasse, un matelas de bourre, un travers lict et une mante de laine blanche : le tout prisé, ensemble, par led. sieur Berthelot, à la somme de trante livres, cy . . . . XXX l.

Item, dans l'une desd. chambres en galtas, le nombre de quatre cens bouesseaux d'avoine, mesure des Ponts de Cée ; prisez à la somme de cent livres, à raison de ving cinq livres le cent, cy . . . . C l.

Item, dans une chambre en galtas estant au dessus dud. sieur Constantin, fils aisné de lad. dame et dud. deffunct seigneur de Varennes, deux petits charlicts de bois de noyer entourez de chacun cinq rideaux d'une meschante sarge verte, les fonds de toille et l'un d'iceux garny d'une paillasse, une couette ensouillée de couetil, un matelas de laine, un travers lict aussy de couetil et l'autre aussy garny d'une paillasse, un matelas de laine, un travers lict de plume et d'une couverture ou mante de laine rouge, prisez, ensemble, à la somme de soixante et dix livres, cy . . . . LXX l.

Item, un petit lict de cengle garny d'une paillasse, un matelas et un pavillon de Bergamme barrée ; le tout prizé à dix huict livres, cy . . . . XVIII l.

Item, quatre chaises de bois de noyer garnies de toille verte, dont est une chaise de commodité garnye d'un petit matelas couvert d'une parure de velours vert ; le tout prizé à huict livres, cy. . . . . VIII l.

Item, une petite table quarrée de bois de noyer, estimée trante solz, cy . . . . XXX s.

Item, trois grands vieilz bahuts fermant à clef, prisez six livres, cy . . . . VI l.

Item, une grande vieille paire d'armoires, ouvrant et fermant à clef, à deux fenestres, prisée à dix livres, cy. X l.

Item, dans l'un desd. bahuts se sont trouvez seize carreaux ou coussinets, deux d'iceux couverts de velours rouge avec un gallon or et argent fin ; cinq couverts de brocard or et argent et neuf aussy de brocard rouge et blanc ; dans un autre desd. bahuts s'est aussy trouvé un lict d'ouvrage doublé de satin bleu, composé de six rideaux, deux cantonnieres, trois pentes, trois sousbastements, un dossier de satin bleu picqué et une courte pointe aussy de satin bleu picqué ; plus les couvertures de douze chaises à six pliants, aussy d'ouvrage pareil au lict et le tout de point d'Angleterre de laine et soye ; plus quatre pommettes à mettre sur les quenouilles dud. lict ; le tout appretié, ensemble, compris le fond dud. lict aussy de satin, à la somme de douze cens livres, comprenant lesd. coussins et generalement tout le contenu du present article, cy. XII^c l.

Item, dans une chambre estant au dessus de la grande chambre de dessus la salle basse de lad. maison, deux petits charlicts de bois de noyer entourez de chacun six rideaux et bonnes (graces), trois petites pantes, fond et dossier de sarge rouge, garnis de chacun une paillasse, une couette et traverlict ensouillez de couetil, un matelas de laine et de chacun deux couvertures de laine de diverses couleurs ; le tout prizé, ensemble, à la somme de cent vingt livres, cy. . . . . CXX l.

Item, un pannier de clisse, avec une paillasse, un matelas de laine et un travers lict et une couverture de laine blanche ; le tout prizé, ensemble, à la somme de quinze livres, cy. . . . . XV l.

Item, deux grands coffres bahuts, couleur de cuir noir et fermant à clef, prisez, ensemble, à dix livres, cy. . X l.

Item, six chaises de bois de noyer garnies de toille, prizées à neuf livres, cy. . . . . IX l.

Item, un rond de cuivre à dresser linge, une petite poislette de fer à mettre feu soubz le rond et le pied ou selle de bois dud. rond et deux petits chesnets de fer et une vieille paelle à feu aussy de fer ; le tout prizé, ensemble, à douze livres, cy. . . . . XII l.

Item, dans plusieurs desd. presses, armoires, coffres et vaisseaux se sont trouvez les linges, draps et serviettes cy après. Et premier, vingt et quatre draps de toile de brin, blanche, de douze aulnes le couple et deux de large, prisez à deux escus piece, ce qui faict, ensemble, la somme de cent quarante et quatre livres, cy . . . . CXLIIII l.

Item, douze autres draps de toille de lin, de quatorze aulnes le couple et de deux aulnes de large, prisez à cent vingt livres, cy. . . . . CXX l.

Item, douze autres draps de mesme toille, grandeur et largeur, my usez, estimez quatre livres la piece, ce qui faict la somme de quarante huict livres, cy. . . . . XLVIII l.

Item, treize douzaines de serviettes de toille de lin, my uzée, estimées six la douzaine ; ce qui faict, ensemble, la somme de soixante dix huict livres, cy. . . . LXXVIII l.

Item, douze nappes de toille de lin d'un lay et demy et deux aulnes de long, my uzées, prisées quarante solz piece ; ce qui faict, ensemble, vingt quatre livres, cy. . . . . XXIV l.

Item, une courtepointe de toille de cotton, fine, picquée en boutes, estimée à cent livres, cy. . . . . C l.

Item, trois douzainnes de serviettes damassées avec trois nappes ; le tout estimé quatre vingt dix livres, cy. . . . . XC l.

Item, deux douzainnes de serviettes de toille de lin, très fine, de cinq quarts de long et de trois quarts et demy de large, prisées trante livres la douzainne ; ce qui faict soixante livres, cy. . . . . LX l.

Item, une douzaine de toilles de petite Venize, avec une nappe de pareille sorte, estimée quinze livres, cy. XV l.

Item, six draps de toille de Hollande de douze aulnes piece, estimez vingt quatre livres la piece; ce qui faict, ensemble, cent quarante quatre livres, cy. . . CXLIIII l.

Item, six draps de toille de Gizors de cinq quarts de large, et fort fine et presque neufve, prisez vingt et deux livres la piece; ce qui faict, ensemble, cent trante deux livres, cy . . . . CXXXII l.

Item, une douzaine et demye d'autres draps de toille de lin, fine, de douze aulnes chaque drap, prisez vingt livres la piece; ce qui faict et revient, ensemble, à trois cent soixante livres, cy. . . . . III^c LX l.

Item, six douzaines de toille de lin, fine, de treize aulnes la douzaine, estimées quinze livres la douzaine; ce qui faict quatre vingt dix livres, cy. . . . . LXXXX l.

Item, deux grandes nappes, l'une plaine et l'autre ouvrée de toille fine, de deux aulnes et demye de large sur cinq aulnes de long, chaque nappe, prisées, ensemble, à quatre pistoles, ce qui faict la somme de . . . . XL l.

Item, six autres douzaines de serviettes de toille de lin, un peu uzées, prisées dix livres la douzaine, cy. . . X l.

Item, dix nappes de toille de lin, presque neufve, de deux aulnes et demye de long sur une et demye de large, prisées sept livres dix solz, chaque nappe; ce qui faict soixante quinze livres, cy. . . . . LXXV l.

Item, trois autres douzaines de serviettes de toille de lin, my usez, prisées dix livres la douzaine, cy. . XXX l.

Item, quatre petites nappes de toille damascée et une de toille fine, prisées ensemble quatorze livres, cy. . XIV l.

Item, deux douzaines de serviettes de toille de petite Venize, plus que my uzées, les deux douzaines prisées cent solz, chaque douzaine, cy. . . . . X l.

Item, quatorze douzainnes de serviettes de toille de brin, my uzées, d'unze aulnes la douzainne, prizées cent solz, chaque douzaine, cy, pour les quatorze douzaines. LXX l.

Item, dix sept douzainnes d'autres serviettes de toille de brin, neufves, aussy d'unze aulnes la douzainne, prizées huict livres, chaque douzainne ; ce qui faict cent trante six livres, cy . . . . CXXXVI l.

Item, vingt quatre nappes de toille de brin, de cinq quarts de large et une aulne et demye de long, prizées trante solz piece ; ce qui faict trante six livres, cy. XXXVI l.

Item, huict autres nappes, de deux aulnes de long sur une aulne et demye de large, de toille de brin, my uzées, prizées à trante solz piece ; ce qui faict douze livres, cy. . . . . XII l.

Item, dix huict autres draps de toille de brin, en reparation, de six aulnes, chaque drap, tous neufs, prisez à un escu piece ; ce qui faict cinquante quatre livres, cy. LIIII l.

Item, dix huict autres petits draps, de pareille toille et de quatre aulnes, chaque drap, aussy neufs, prisez quarante solz piece ; ce qui faict trante six livres, cy . . XXXVI l.

Item, douze autres draps de toille de brin, en reparation, de cinq aulnes piece, neufs, prisez cinquante solz piece ; ce qui revient à trante livres, cy. . . . . XXX l.

Item, douze autres draps de pareille toille, de cinq aulnes, chaque drap, my usez, estimez trante solz piece ; ce qui faict dix huict livres, cy. . . . . XVIII l.

Item, une douzainne et neuf autres draps de toille de reparation, my usée, et de cinq aulnes, chaque drap, prisez trante solz piece ; ce qui revient à quarante neuf livres dix solz, cy . . . . XLIX l. X s.

Item, dix huict housses de fustaine à grain servant à couvrir les chaises et pliants, mentionnez dans l'article cy dessus de douze cens livres, lesd. housses estimées trante solz piece ; ce qui revient ensemble à dix huict ilvres, cy. . . . . XVIII l.

Item, dans un des greniers de lad. maison s'est trouvée une grande paire de presses de bois, picquée de vers en plusieurs endroictz, ouvrantes à deux fenestres et fermant à clef, prizées six livres, cy . . . . VI l.

Et ouverture faicte de lad. paire de presses, s'est trouvé dans icelle une grande courtepointe de taffetas vert doublé de taffetas rouge, picquée, prizée à quarante livres, cy. . . . . XL l.

Item, dix couvertures de chaises pliantes de drap gris, avec frange de soye et une vieille courtepointe de mesme, drap, aussy ornée de frange de soye, le tout picqué de teignes en plusieurs endroictz, et prizé, ensemble, à vingt livres, cy . . . . XX l.

Item, se sont trouvées dans lesd. presses plusieurs autres vieilles hardes, qui n'ont esté estimées, attendu le peu de valeur.

Item, dans led. grenier, un vieil coffre fermant à clef, duquel ouverture faicte, sy sont trouvez lesd. habitz dud. deffunct. Premierement, un justaucorps et une culotte, le tout d'estame de laine brune, avec deux paires de bas d'estame, l'une de soye et l'autre de laine ; le tout prizé à quinze livres, cy . . . . XV l.

Item, huict autres habitz dud. deffunct, de drap tirtaigne, estamine et droguet à la Dauphine, de differentes couleurs ; des haultes chausses, culottes et justaucorps, plus une culotte de ratine rouge ; deux vieilz pourpoints noirs de sarge de Rome et moire ; quatre vestes de taffetas noirs et gris compris, une de satin ; le tout estimé, ensemble, à deux cens livres, compris une robbe de chambre d'esté de taffetas gris rouge, cy. . . . . II^c l.

Item, une brandebourg de camelot de Holande, doublée de ratinne, le tout couleur de nouezette, dont le collet est orné dud. gallon d'or fin, estimée quarante livres, cy. XL l.

Item, douze paires de bas d'estame de Sainct Maixant, de plusieurs couleurs, estimez, ensemble, vingt livres, cy. . . . . XX l.

Item, une petite escharpe de taffetas noir avec une petite frange d'argent, estimée cens solz, cy. . . . . C s.

Item, deux espées, l'une de garde et poignée d'argent, et l'autre aussy d'argent doré, et deux autres petites espées, l'une de dueil et l'autre de cuivre doré avec une petite poignée d'argent ; lesd. quatre espées prizées, ensemble, à soixante livres, cy. . . . . LX l.

Item, trois bastons, l'un de commandant garny d'yvoire, l'autre en becquille d'yvoire ornée de cuivre doré, avec le baston noir, et le troisiesme une cane avec sa pomme d'yvoire ; le tout prizé à six livres, cy. . . . . . . VI l.

Item, dans led. grenier, un brazier garny de pommettes de cuivre et de sa poislette de cuivre à deux petites anses ; le tout estimé à six livres, cy. . . . . VI l.

Item, cinq vieilz chappeaux gris et noirs, à deux desquelz il y a deux laizes, dont une est d'argent et soye et l'autre de vermeil d'oripeau, plus sept perruques ; le tout prizé, ensemble, à vingt livres, et trouvé avec les susd. habitz, cy. . . . . XX l.

Item, sept vieilles chaises et cinq pliants, le tout de bois de noyer et differentes façons, prizées, le tout, à dix livres, cy . . . . X l.

Item, dans le garde meuble de lad. maison trois matelas de laine, prisez, ensemble, à trante six livres, cy. XXXVI l.

Item, une petite couette de plume ensouillée de couetil, prizée huict livres, compris les petits traverslicts, cy. VIII l.

Item, trois petits tours de lict de sarge jaulne et rouge et fort usez, prisez quinze livres, cy. . . . . XV l.

Item, un lict d'indienne composé de quatre rideaux, le fond et dossier aussy d'indienne couleur de feu et blanc, avec quatre pommettes à mettre sur les quatre quenouilles ; le tout prizé en la somme de quarante livres, cy. . XL l.

Item, trois tours de tapy de petit point avec frange de soye verte, prizez trante livres, cy. . . . . XXX l.

Item, un pavillon de Bergamme et deux petites mantes blanches, estimé, le tout ensemble, à quinze livres, cy. . . . . XV l.

Item, une vieille robbe de chambre de camelot d'Holande gris, doublé de panne de velours couleur de noizette ; une autre robbe de chambre de triveline doublée de taffetas vert et une petite couverture de pied de taffetas jaulne et rouge ; le tout estimé, ensemble, à quarante livres, cy. . . . . XL l.

Item, un grand manteau de camelot d'Holande, orné d'or, galon d'or fin au collet les deux costez et au derriere, estimé à soixante dix livres, cy . . . . LXX l.

Item, deux grands tapis de Turquie et un autre petit ; le tout estimé, ensemble, à six vingt livres, cy. . . . C^{xx} l.

Item, un autre grand tapy de pied de Turquie, estimé cent vingt livres, cy. . . . . C^{xx} l.

Item, quinze couvertures de cuir doré à couvrir des chaises et un tapy aussy de cuir doré ; le tout, ensemble, estimé à vingt cinq francs, cy. . . . . XXV l.

Item, deux pieces de meschante tapisserye de Bergamme commune, estimez soixante solz, cy . . . . LX s.

Item, quatre soubastements de haute lice, estimez dix huict livres, cy. . . . . XVIII l.

Item, un petit justeaucorps de drap de Berry, gris de fer, doublé d'un ras rouge garny d'une petite tresse d'or et argent avec une garniture de boutons or et argent fin, avec un petit galon d'or et argent fin sur les manches, prizé à quinze livres, cy. . . . . XV l.

Item, trois vieilz bahuts de mediocre grandeur et un petit, une vieille table couverte d'une vieille porte avec quelques vieilles aisses de bois, sur laquelle vieille table sont les hardes cy dessus ; lesd. bahuts, tables et aisses, prisez, ensemble, à quatre livres, cy. . . . . IV l.

Item, deux paires de soulliers neufs, deux paires de vieux et une vieille paire de botte ; le tout estimé, ensemble, à douze livres, cy. . . . . XII l.

Item, deux pois en façon de marmitte de France, prisez, ensemble, à soixante solz, cy . . . . LX s.

Item, deux petits oreillers de duvet, prisez à quarante solz, cy . . . . XL s.

Item, cent soixante livres de laine nette de juin, prizée douze solz la livre ; ce qui revient, ensemble, à la somme de quatre vingt seize livres, cy. . . . . LXXXXVI l.

Item, quatre soubastements de bois de noyer à mettre des coussins ou carreaux, prisez à soixante solz, cy. LX s.

Item, une paire de chesnets à pommettes de cuivre et une autre paire toute de fer, estimez, le tout ensemble, à douze livres, cy . . . . XII l.

Item, dans le petit bahut cy dessus appretié avec les trois vieux de mediocre grandeur, s'est trouvé le linge dud. deffunct sieur de Varennes, scavoir une douzaine et demye de chemises de toille fine et desliée, enrichie de grande dentelle, et demye douzaine d'autres chemises de pareille toille et dont la dentelle est plus petite, estimées toutes, les unes portant les autres, à cent solz piece, ce qui faict, pour les vingt quatre, cent vingt livres, cy . . . . CXX l.

Plus une douzaine d'autres chemises de toille fine sans dentelle prizées quatre livres dix solz la piece; ce qui revient, pour les douze, à quarante huict livres, cy. XLVIII l.

Item, trois grosses chemises de nuit de grosse toille et dix calçons de toille; le tout estimé à quatorze livres, cy . . . . XIV l.

Item, trois camisolles de bazin, estimées six livres, cy . . . . VI l.

Item, trois paires de bas de cotton, dix paires de chaussons, neuf petites calottes de toille à porter soubz la perrucque, huict coueffes de bonnet neufves et neuf vieilles, cinq dessus de bonnet, une trousse picquée, deux peignoirs, deux paires de bas à bottes, deux serviettes à faire le poil; le tout prizé, ensemble, à vingt livres, cy . XX l.

Item, deux crevattes de point de France et brodées, une crevatte de point de France non brodée, prizées, ensemble, à vingt escus, cy . . . . LX l.

Item, deux crevattes de point à la Reine, plus deux petites crevattes quarrées de dentelle d'Angleterre; lesd. quatre crevattes estimées à quarante livres, cy . . XL l.

Plus trois autres petites crevattes de dentelle d'Angleterre brodées, deux autres grandes crevattes de dentelle d'Angleterre, estimées, toutes ensemble, trante cinq livres, cy . . . . XXXV l.

Item, deux paires de manchettes de point de France, brodées, trois paires de manchettes de point à la Reine, sans bride, et quatre autres paires de manchettes de point d'Angleterre; le tout estimé, ensemble, à trante six livres, cy . . . . XXXVI l.

Item, un petit bahut fermant à clef, prizé trante solz, cy . . . . XXX s.

Quant aux habitz de lad. dame et ses enfants, chemises et autre menu linge, points de dentelle servant à leurs personnes, ilz n'ont esté inventoriez ni appretiez, du consentement de toutes lesd. partyes.

Item, dans la chambre du cocher estant sur l'escuirye et un corps de logis estant separé de lad. maison et audevant d'icelle, deux couchettes de bois de chesne, deux matelas, deux paillasses, deux traverslicts garnis de plume et trois mantes de laine, deux vertes et une blanche, un grand coffre de bois et un petit bahut ; le tout estimé, ensemble, à trante cinq livres, cy . . . . XXXV l.
Item, un autre petit bahut, estimé quarante solz, cy. . . . . XL s.

Item, dans le grenier audessus de lad. chambre se sont trouvées à l'estimation de huict charretées de foing, non estimées, du consentement des partyes, attendu qu'elles sont destenües pour la provision des chevaux de lad. dame.

Item, dans lad. escuirye se sont trouvez trois chevaux de carosse, appartenants à lad. communauté, et quatre autres chevaux de selle, appartenants aud. sieur Constantin, fils aisné, ainsy que lad. dame et lesd. autres partyes l'ont declaré et reconneu. Lesquelz, pour cet effet, n'ont esté appretiez, mais seullement les trois dependantz de la communauté, lesquelz ont esté estimez ensemble, compris un autre petit cheval entier, aussy servant au carosse, lequel lad. dame a declaré estre chez un mareschal à la Jaillette, pour le remedier d'un pied dont il est boisteux et a esté desolé, compris aussy le harnois et quelques autres vieilz, qui ne peuvent servir, la somme de (laissé en blanc).
Item, un grand carosse, doublé par le dedans de velours rouge, quatre rideaux de damas, deux coussins de pareil velours rouge et deux grandes glaces de Venize, estimé à six cens livres, cy. . . . . VI^c l.
Item, un autre carosse de deuil, doublé au dehors et au dedans de drap noir. plus un autre vieil petit carosse de

campagne, doublé de cuir noir; lesd. deux carosses estimez, ensemble, à la somme de deux cens cinquante livres, cy. . . . . II^c L l.

Et sont tous lesd. trois carosses esquipez et prests à rouller.

Item, une betuse, fermant à clef, dans laquelle se met l'avoinne à norir lesd. chevaux, prizée à quarante solz, cy. . . . . XL s.

Et sont tous les meubles trouvez dans lad. maison, inventoriez et appreciez cy dessus demeurez, du consentement de toutes lesd. partyes, en leurs lieux et places, possession et disposition de lad. dame de Varennes, qui s'en est volontairement chargée, en attendant la discution de ses droictz et actions avec ses enfants; et quant aux tiltres et pappiers, avons remis à en faire la description et inventaire au (laissé en blanc), du consentement desd. partyes, auquel jour elles en portent assignation en cette maison.

Dont et du tout a esté faict et dressé le present procès verbal, en presence desd. partyes et du sieur Berthelot, duquel elles avoient convenu pour l'appreciation susd. par moy, huissier et archer susd. et soubsigné, led. jour. Sont signez en l'original : Anne Pelletier. J. B. Pelletier. G. Constantin, sans prejudice de mes droictz. N. Berthelot. G. Sizé et F. Barabé.

Controllé à Segré le trente et un decembre 1683 par le sieur du Poirier.

Archives du château de la Loric.

XI

Extrait de l'inventaire des titres, papiers et pièces diverses trouvés dans la maison de la rue de la Croix-Blanche, paroisse Saint-Pierre d'Angers, où était décédé Gabriel Constantin, Ier du nom, écuyer, seigneur de Varennes et de la Lorie, conseiller du roi, grand prévôt d'Anjou, époux d'Anne Le Pelletier, d'après le procès-verbal dressé par François Barabé, huissier, les 18, 19, 20 et 21 avril 1684.

Le 18 avril 1684, sur les huit heures du matin, François Barabé, huissier et archer, en présence de la dame de Varennes, du sieur abbé Pelletier, curateur susdit, et du sieur Constantin, procédait à l'inventaire des titres et papiers conservés dans la maison de la rue de la Croix-Blanche, à Angers. Nous avons extrait de ce long inventaire les indications les plus intéressantes. On remarque que le sieur de Varennes inscrivait avec un soin minutieux, sur chaque registre de son « papier journal », les mentions exactes de toutes ses recettes et de toutes ses dépenses.

« Item, une coppie en papier du contract de mariage d'entre le deffunct s^r de Varennes et lad. dame Anne Pelletier, requerante, passé devant Des Mazieres, notaire royal (à) Angers, le 9 décembre 1652. Signé : Des Mazieres.

« Item, une liasse de papier contenant unze pieces, lesd. deux premieres sont deux coppies d'un acte par Mre René Simeon, notaire royal (à) Angers, le 24 may 1652, par lequel deffunct Mre Jacques Constantin, vivant seigneur de Montriou, époux de Jeanne Martineau, fait donaison à Messires Jacques et Robert les Constantin et aud. deffunt s^r de Varennes, ses enfants, de plusieurs deniers et sommes de deniers mentionnées. Les deux coppies signées dud. Siméon.

LE SALON DES GLACES.
(Château de la Lorie.)

« La troisiesme est un acte par Mre François Crosnier, notaire royal (à) Angers, le 19 janvier 1663, entre led. deffunct seign. de Varennes et ses deux freres en forme de partage des propres et meubles de leur père. Signé : Crosnier.

« La quatriesme est un acte soubz seings privez faict entre led. deffunct seign. de Varennes et lesd. s^rs, ses frères, touchant les biens dud. deffunct sieur, leur pere, en datte dud. jour 19 janvier 1663 et du lendemain.

« Le septiesme est une coppie d'un contract de vente faict devant led. Crosnier, le 19 janvier 1663, par led. deffunct seigneur de Varennes et lad. dame Pelletier, sa femme, ès qualitez par luy prises, de la terre de Varennes à n. h. Jacques Avril, sieur de la Chaussée, pour la somme de quarante neuf mil livres. Les huict et neuf et dix sont trois pieces soubz seings privez concernant le susd. contract d'acquest faict par led. sieur Avril.

« L'unziesme est un mesmoire escrit de la main dud. deffunct seigneur de Varennes concernant les biens qu'il auroit euz dud. deffunct sieur son père ; led. mesmoire non signé ny datté.

« Item, une coppie dud. escrit privé en forme de contre-lettre, dont l'original est rapporté, signé : Cosnier, en datte du 3 avril 1659, touschant la vente faicte par led. deffunct seigneur de Varennes aud. Cosnier d'une charge de correcteur en la Chambre des Comptes de Nantes pour vingt cinq mil trois cens livres et dont, neantmoins, le veritable prix n'estoit que de vingt trois mil trois cens livres ; lad. coppie signée, par collation : Salomon de la Thulaye, Bonneau et Beron, notaire royal à Nantes, qui a la minutte.

« La seconde est une coppie non signée d'un traicté de la vente faicte devant les notaires royaux à Nantes, le 2 février 1661, par damoiselle Marie Meneust, veuve du sieur Mathurin Cosnier, sieur de la Grande-Haye, de sa charge de correcteur en la Chambre des Comptes de Nantes au sieur de la Jouelière-Lamoureux, pour vingt huict mil cinq cens livres, à la charge d'en payer vingt mil livres aud. deffunct sieur de Varennes. La troisiesme et derniere est une coppie de compte portant acquet de lad. dame de vingt mil livres receüe par led. deffunct seigneur de Varennes dud. sieur de la Joueliere-Lamoureux, passé devant lesd. notaires royaux de Nantes le 16 mars 1665. Signé : Belon.

« .Item, une coppie de transaction passée le 18 decembre 1662 devant Mre Louis Charon, notaire royal (à) Angers, entre damoiselle Jeanne Martinneau, veufve dud. deffunct Mre Jacques Constantin, vivant seigneur de Montriou, pere dud. deffunct seigneur de Varennes, et M^{res} Jacques [1] et Robert Constantin et led. deffunct seigneur de Varennes, sesd. enfants de son premier mariage. Lad. coppie signée : Charon.

« Item, une coppie, signee par collation Bommier et Crosnier, de la vente faicte par led. deffunct sieur de Montriou devant lesd. notaires royaux à Nantes, le douze juillet 1659, de sa charge de conseiller du Roy, m^{tre} ordinaire de ses comptes en Bretaigne, à Mre René de Pontval, president auxd. comptes, pour le prix et somme de quatre vingt douze mil cinq cens livres, provisions en main.

« La cinquiesme est un acte passé devant la Cour Royale dud. Nantes entre Mre Salomon de la Thulaye, procureur de la dame Martinneau, veufve dud. sieur de Montriou, et Mre Claude Bédé, comme procureur dud. deffunct seigneur de Varennes et de ses deux frères, portant acquit des sommes y mentionnées payées aud. sieur de la Thulaye aud. nom, led. acte en datte du 10 mars mil six cens soixante et quatre. Signé : Beron et Ovary, notaires.

« Le premier en parchemin est un acte passé le trois febvrier 1670 devant Charlet, notaire royal (à) Angers, par lequel lad. dame Martinneau auroit fondé en l'eglize de Saveniere les litanies de la Vierge pour les causes portées par led. acte. La seconde et troisiesme sont deux acquitz, l'un du 15 mars 1669 signé : Aucent, curé dud. Saveniere,

---

[1] Jacques Constantin épousa Marie Le François. Il fut seigneur de Saint-Maur.

de la somme de 15 l. à luy payée par led. sieur de Varennes, pour lesd. litannies, chantées en l'eglize dud. lieu, et l'autre pareille somme de quinze livres aussy payée par led. sieur de Varennes et lad. dame Martinneau le 5 febvrier 1670.

« La premiere est une minute d'acte passé par led. Crosnier, notaire, le 18 novembre 1659, par lequel Mre Robert Constantin reconnaît, qu'à sa priere et requeste, Mre Jacques Constantin, son pere, a emprunté la somme de huict mil livres par divers contracts dont il promet acquitter led. seigneur son père, lad. somme ayant esté payée sur le prix de sa charge de conseiller au parlement de Bretaigne. Les deuxiesme et troisiesme sont deux lettres missives dud. sieur R. Constantin, abbé du Brignon.

« Item, une liasse de trante et sept quittances en papier de la pantion de 500 livres, payée au Couvent de la Visitation d'Angers pour sœur Marie Constantin, sœur dud. deffunct seigneur de Varennes, religieuse aud. couvent, à commencer de la dernière année eschüe le 23 mars 1663 jusque et y compris la demye année eschüe le 22 mars 1682, plus huict autres quittances des pansions payées au couvent pour mesdemoiselles Magdelainne et Catherine Constantin, filles dud. seigneur de Varennes, du temps qu'elles ont esté aud. couvent.

« Item, une liasse de trante et trois quittances en papier de la pantion de deux cens livres payée à compter de la derniere annee eschüe par advence le 2 decembre 1662 jusque du 2 decembre 1679, par led. deffunct seigneur de Varennes, à la Dame Prieure de Saincte Catherinne lez Angers, à cause de deffuncte sœur Françoise Constantin, religieuse aud. couvent.

« Item, une liasse de papier et enveloppe sur laquelle est escrit de la main et escriture de lad. dame de Varennes, ainsy qu'elle l'a reconnu : Papier et quittance de la dot de ma fille, religieuse à Sainct-Georges de Rennes, et de partie des depences pour ses meubles et habictz ; lad. liasse contenant quatorze pieces. La premiere est l'acte faict soubz signature privée de l'entrée de damoiselle Marie Constantin, fille dud. deffunct seigneur de Varennes et de lad. dame Pelletier, aud. couvent de Sainct-Georges, led. 20 juin 1679, signé de Dame Magdelainne de la Fayette, abesse dud. couvent, et plusieurs religieuses dud. lieu, portant led. acte payement de la somme de deux mil livres, sur celle de quatre mil livres, pour la dot de lad. damoiselle Constantin, et ce des deniers du deffunct seigneur, son pere, avec stipullation de payer les deux mil livres de restant et autres façons d'habitz et ameublements necessaires à l'estat et condition de religieuse de lad. damoiselle Marie Constantin, et outre luy payer la somme de cens cinquante livres, par chascun an, de pansion viagere; et au pied dud. acte est un soubz seing privé de lad. dame abbesse et religieuse dud. couvent, en datte du 16 aoust 1680, portant reconnoissance d'avoir receu ces deux mil livres pour reste et payement de la dot de la damoiselle Constantin, aussy des deniers desd. seigneur et dame de Varennes, et qu'ilz lui ont fourni les habitz et ameublement de sa chambre, le temps de son noviciat estant finy et elle jugée capable et receüe par lad. dame abbesse et sa communauté à faire sa profession le dimanche le suivant.

« Item, la premiere desd. pieces s'est l'original des lettres d'honneur de maitre des comptes à Nantes accordées par Sa Majesté à Mre Jacques Constantin, sieur de Montriou, pere dud. deffunct sieur de Varennes, le vingt six juillet 1659, après trante neuf années de services, lesd. lettres signées : Louis, et plus bas : par le Roy, de Lomenie, enregistrées en la Chambre des Comptes le 20 aoust aud. an. La seconde sont autres lettres de provision accordées par Sa Majesté aud. deffunct sieur de Varennes Constantin, le 5 janvier 1646, de l'office de son conseiller correcteur en la Chambre des Comptes de Bretagne, signées, sur le reply : Par le Roy, de Maule, et scellées. La troisieme sont lettres d'honneur de lad. charge de correcteur accordées par Sa Majesté aud. deffunct sieur de Varennes, après trante et une année de service, le 23 febvrier 1677, signées : Louis, et plus bas : Par le Roy, Arnauld, et scellées. La quatriesme est l'arrest d'enregistrement desd. lettres en lad. chambre du 13 mars 1677, signées : Chevallier, et scellées.

« Lesd. pieces en papier au nombre d'unze sont certificats et extraictz des baptesmes desd. enfants issus du mariage d'entre led. deffunct seigneur de Varennes et lad. dame Pelletier.

« La seiziesme et derniere, en parchemin, est un extraict de la Chambre establie par le Roy pour la reformation de la Noblesse du pais et duché de Bretaigne, en datte du vingt et six aoust 1670, signé : J. le Clavier, par lequel lad. Chambre declare Jacques, Robert, Gabriel et autres Gabriel, Joseph et autre Jacques Constantin, et les descendantz en mariages legitimes, nobles, issus d'extraction noble, et comme tels leur permet de prendre la qualité d'escuyer et de chevallier et les maintient à jouir de leurs droictz et privileges attribuez aux nobles de lad. province de Bretagne et que leurs noms seront employez au rolle desd. nobles de la seneschaussée de Nantes, lesd. seize pieces paraphées et cottées par deux XX.

« Item, la grosse en papier des saisies reelles, cryées et bannies de la Terre de la Lorye et autres heritages y mentionnez, faictes à la requeste de Mre Christophle Fouquet, seigneur de Chaslain, sur Mre René Pelletier, commencées le 19 may 1657, parachevées le 18 septembre aud. an. Lad. grosse signée : Hersandeau, huissier. Au pied de laquelle est l'acte de certiffication desd. cryées, du 28 mars 1657, signées : Bouchard ; lad. grosse reliée en parchemin.

« Item, la grosse en parchemin de l'adjudication faicte par decret, expedié au Chastelet de Paris le 6 juillet mil six cens soixante et un, de lad. terre de la Lorye et autres heritages vendus et adjugez aud. deffunct seigneur de Varennes sur led. sieur Pelletier, pour la somme de cens dix mil livres ; lad. grosse signée : Lucé et L'Escuyer, paraphée par nous et cottée par deux CC.

« Item, une coppie d'obligation de cens quatre mil cinq cens livres empruntées de Pierre Firmin, bourgeois de Paris, par led. deffunct seigneur de Varennes et lad. dame Pelletier, son epouze, pour employer au payement de la consignation qu'ilz estoient tenuz de faire ès mains de Louis Betarle, escuyer, receveur des consignations du Chastellet de Paris, pour le prix de lad. Terre de la Lorye et autres heritages, lad. obligation passée devant les notaires du Chastellet le 29 septembre aud. an mil six cens soixante et un. Au pied de laquelle coppie d'obligation est un acte portant qu'elle avoit esté acquittée par lesd. sieurs et dame de Varennes le 3 febvrier 1662; lad. coppie est signée desd. notaires. La seconde est la minute originalle de lad. obligation signée desd. notaires de Paris ; au pied de laquelle est un acte d'acquittement d'icelle, signé : Firmin et desd. notaires. La troisiesme en parchemin est la quittance signée dud. sieur Botault, receveur des consignations, de lad. somme de cens dix mil livres à luy payée par led. deffunct seigneur de Varennes, sçavoir vingt quatre mil livres en l'acquit et descharge d'Armand Pelletier, prevost general et provincial d'Anjou, pour le prix de trois maisons, sises en cette ville d'Angers, adjugées aud. sieur de Varennes par le susd. decret et dont il avoit faict declaration au proffit dud. sieur Armand Pelletier, et quatre vingt six mil livres pour le prix de lad. Terre de la Lorye et de ses dependances, lad. quittance dattée dud. jour, 23 septembre mil six cens soixante et un.

« Item, une grosse du contract d'acquest desd. moulins de la Chapelle-sur-Oudon, faict pardevant Mre Claude Garnier, notaire royal (à) Angers, le seize octobre 1663, par led. sieur de Varennes, acquereur de n. h. Jean Herpin, vendeur, pour le prix et somme de trois mil cinq cens livres, payez contant.

« Item, une grosse et une coppie du contract d'acquest faict de la metairye de la Gachetiere devant led. Crosnier, notaire royal (à) Angers, le 10 janvier 1671, par led. deffunct sieur de Varennes, acquereur d'Estienne Paigis, marchand, pour le prix et somme de trois mil six cens unze livres.

« Item, une coppie du contract d'acquest faict par le

deffunct sieur de Varennes devant Mre Symphorien Guesdon, notaire royal (à) Angers, le 16 décembre 1679, de Mre Pierre Hunault, docteur en la Faculté de la Medecinne dud. Angers, et de damoiselle Jeanne Jurois, sa femme, du lieu et metayrie de la Belledentiere, en la parroisse de St Gemme près Segré, pour le prix et somme de quatre mil livres, payables dans cinq ans auxd. denommez en l'acquit des ventes et ce pendant l'interrest. Et au pied est la quittance de la somme de deux cent vingt livres pour composition desd. rantes et issues payées à n. h. Pierre Verdier, fermier de la Tousche à l'Abbé.

« Item, le contract d'acquest de la clozerie de la Tribouillerie, en la parroisse de Vritz, faict par le deffunct seigneur de Varennes devant Mre François Crosnier, notaire royal aud. Angers, le 19 aoust 1664, d'un nommé René Leduc, pour la somme de treize cens livres.

« Et nous ont, en cet endroict, lad. dame de Varennes et led. sieur Constantin, son fils aisné, declaré que lesd. tiltres et provisions des charges et offices de prevost general et provincial d'Anjou et de lieutenant criminel de robbe courte de la ville d'Angers, appartenant aud. deffunct seigneur de Varennes et dont il estoit pourveu au temps de son decedz, sont à present entre les mains de Monsieur Le Bel, auditeur des Comptes à Paris, auquel elles ont esté envoyées avec les provisions des charges de prevost general et de prevost provincial d'Anjou obtenües soubz le nom dud. sieur Constantin filz, qui y est presentement pourveu, et que les provisions dud. deffunct sieur de Varennes en la descharge de prevost provincial sont dattées du 29 octobre 1663 et signés sur le reply : Par le Roy, Salmon. Celles de prevost general et lieutenant criminel de robbe courte sont aussy de mesme datte, et ne se souviennent de la datte de celles dud. sieur Constantin filz, croyent neantmoings qu'elles sont du mois de mars 1683.

« Item, une coppie d'arrest du Conseil d'Estat, signé, par collation : Salmon, en datte du 2 octobre 1647, par lequel Sa Majesté, voulant pourvoir à ce que les conseillers correcteurs de sa Chambre des Comptes de Bretagne participent aux epices de lad. Chambre, leur attribüe le droict desd. epices, veut et ordonne qu'ilz soient employez à l'advenir dans le departement des epices de lad. Chambre, et pour indempenser les autres officiers d'icelle, ordonne qu'il sera laissé fond dans les estats de la recette generalle des finances dud. pays de lad. année et des suivantes de seize cens livres à raison de huict cens livres pour le pied d'epices à chascun des deux officiers et correcteurs, en payant par eux finance modérée.

« La seconde est une autre coppie de declaration du Roy addressante à ses Gens tenantz sa Chambre des Comptes de Bretagne, en datte du 28 février 1648, portant confirmation de sad. atribution de droict d'epices auxd. correcteurs, en payant finance modérée; lad. coppie, signée : Beron et Bernard, notaires royaux à Nantes.

« La troisiesme et quatriesme sont deux copies signées, par collation à l'original : Salmon, de deux quittances de chacunne la somme de six mil livres, payée par Gabriel Constantin et Jacques le Mercier, correcteurs en la Chambre des Comptes de Bretagne, pour avoir droict de participer aux epices de lad. Chambre.

« La cinquiesme est une minutte originalle de l'acquisition faict par led. deffunct sieur de Varennes Constantin, le 18 may 1650, de la charge de correcteur en lad. Chambre des Comptes de Nantes à luy vandüe par Jacques le Mercier, sieur de l'Escluze, avec tous les gages et droictz en dependantz, mesme le droict de pieces y attribuez, pour et moyennant le prix et somme de vingt quatre mil cinq cens livres. Ensuitte duquel est une quittance finalle ou prix de lad. charge passée devant De Lesbaupin et Lucas, notaires royaux à Nantes, le 2 avril mil six cens cinquante et neuf, entre n. h. Michel Le Mercier, prieur des Flerançais, l'un des tuteurs des enfans mineurs dud. deffunct sieur de Varennes, d'autre.

« Item, une piece en parchemin, (qui) est un contract faict par devant les notaires au Chastellet de Paris, le cinq decembre 1663, signé : Brunneau et Remond, vers lequel la minutte est demeurée de la vante faicte par led.

deffunct seigneur de Varennes, à Mre Joseph Prud'homme, de la charge de lieutenant du prevost general de nos seigneurs les mareschaux de France en Tourainne, pour le prix et somme de huict mil livres.

« Item, une coppie de traicté passé par Noël Drouin, notaire royal aud. Angers, le 7 janvier 1681, de la vante faicte par led. sieur de Varennes Constantin de l'office de lieutenant en la Mareschaussée d'Anjou à Mre François Payeneau, sieur de la Giraudière, pour la somme de dix huict mil livres, payable dans dix ans et à l'interrest du denier vingt.

« Item, une grosse de traité passé devant les notaires royaux de Tours, le 13 may 1681, de la vante faicte par led. deffunct sieur de Varennes à Mre Daniel Dorion, de la charge de conseiller du Roy, lieutenant du prevost general de Tourainne, pour la somme de neuf mil livres, lors du fournissement des provisions, et le reste dans six ans, lors suivant à trois payementz esgaux et avec l'interrest.

« Item, trois baux du lieu et clozerie de la Porée, appartenant au deffunct sieur de Varennes, le premier du 26 aoust 1666, faict par deffunct Mre Nicolas Martinneau, pbre, devant Mre Louis Chantelou, notaire royal à Foudon, à François Chantelou, pour la somme de six vingt quinze livres par an ; le second et le troisiesme aussy faicts aux susd.

« Item, coppie d'un bail faict le 8 febvrier 1677 devant Mre Pierre Thibaudeau, notaire royal en cette ville, par led. deffunct seigneur de Varennes, à Marye Brehuyer, veufve Thomas Choisnet, et à Pierre Choisnet, son filz, de la maison où ilz estoient lors demeurantz, size au Pallais de cette ville, pour la somme de trante livres, à la charge que led. sieur Constantin jouiroit de la chambre haulte, pendant la foire de la Sainct-Martin.

« Item, un escrit privé, signé Babin, par lequel led. sieur de Varennes Constantin a promis fournir, (à) Angers, tout le cercle provenant de ses bois taillis de la Lorye, pendant quatre années, aud. Babin, quitte de voiture, pour la somme de quarante livres par cent, moitié lors de la livraison et moitié trois mois après ; en faveur duquel marché, led. sieur Constantin promet donner, aud. Babin, par chascunne des quatre années, une couverture de cercle de pippe ; led. escrit est en datte du 14 febvrier 1681.

« Item, un billet consenty aud. sieur de Varennes, de la somme de quatre cens livres, pour vendition d'un cheval ; ledit billet, en datte du 8 octobre 1674, est signé : Du Bonnet.

« Item, une coppie d'obligation de Gabriel Constantin, fils aisné du deffunct sieur de Varennes, de la somme de quatre mil livres d'argent, à luy prestée par le sieur Jullien Le Double, marchand bourgeois, à Paris, pour employer au paiement de la charge d'Enseigne au Regiment des (gardes) françoises de Sa Majesté, dont led. sieur Constantin estoit en terme de traitter avec promesse de faire ratiffier et obliger led. deffunct sieur de Varennes, son père, et lad. dame Pelletier, sa mère.

« Item, deux coppies de baux des droictz d'aides des vins qui se pouvoient vendre et debiter, tant en gros qu'en detail, en la parroisse de la Chapelle-sur-Oudon, en datte des 7 janvier et 22 septembre 1678.

« Item, une liasse de dix sept quittances pour le louage de la maison de Monsieur de la Grüe, où demeuroit led. sieur de Varennes.

« Item, une liasse de pieces concernant la succession de deffunct René Pelletier, pbre, vivant doyen de Candé et curé du Bourg d'Iré, mort en l'an 1681. »

Archives du château de la Lorie.

XII

Contrat de mariage de Me Gabriel Constantin, IIe du nom, écuyer, seigneur de la Lorie, grand prévôt d'Anjou, avec Perrine Renée Le Clerc des Emereaux. (8 janvier 1688.)

Gabriel Constantin, écuyer, seigneur de la Lorie, grand prévost d'Anjou, fils aîné et principal héritier noble de feu m^{re} Gabriel Constantin, écuyer, seigneur de Varennes et de la Lorie, grand prévost d'Anjou, et de dame Anne Le Pelletier, sa veuve, accordé le 8e janvier 1688 avec demoiselle Perrine Renée Le Clerc, fille de feu Jean Le Clerc, écuyer, seigneur des Emereaux, et de dame Renée Charlot, sa veuve, en faveur duquel mariage la mère de ladite future lui constitue en dot la somme de 50,000 livres. Ce contrat, par lequel il est stipulé que les biens du futur consistoient en ce qu'il en jouissoit alors dans les trois charges qu'il avoit de prévost général d'Anjou, prévost provincial d'Anjou et lieutenant criminel de robe courte d'Angers, et aussi dans la somme de 15,000 livres en meubles, fut passé devant Martin Gaudicher, notaire royal à Angers, et en présence de dame Renée Gautier, ayeule de la future épouse, veuve de Pierre Charlot, écuyer, sieur des Boteloriers; Jaques Charlot, son oncle maternel, écuyer, sieur des Boteloriers; de dame Marie Emont, sa tante paternelle, à cause de Jaques Le Clerc, son mari, écuyer, sieur de la Ferrière; de dame Marthe Lefèvre de La Saluère, veuve de m^{re} Guillaume Lanier, chevalier, seigneur de Baubigny, conseiller du roi au grand Conseil; de Charles de Poisson, écuyer, seigneur de Neufville, son cousin; de dame Andrée Moreau, femme de François Morant, écuyer, sieur de la Chaverière; m^{re} Jean Batiste Le Pelletier, prieur commandataire du prieuré de Ste Gemme près Segré et de

Pouensay, oncle maternel du futur époux ; demoiselle Jaquinne Le Pelletier, sa tante maternelle ; dame Anne Le Jeune, aussi sa tante, à cause de feu m^re Armand Le Pelletier, son mari, écuyer, sieur de la Lorie, grand prévost d'Anjou ; m^e Guillaume Martineau, seigneur de la Fosse, conseiller du roi au siège présidial d'Angers, grand oncle maternel dudit futur époux ; de m^re Joseph Constantin, prieur de Saint Marc, et demoiselles Madeleine, Anne, Jaquine et Caterine Constantin, ses frère et sœurs ; de m^re François Martineau, son cousin, prestre archidiacre et chanoine en l'église d'Angers, et encore en présence de maître Jean Daburon et Jaques Sallaire, praticiens, demeurans à Angers.

Bibl. nat. Carrés de d'Hozier, tome 199, fol. 268. Original en parchemin.

XIII

Interrogatoires d'Isaac Georges, dit La Roche, marchand mercier, et de Samuel Pelisson, sieur de Montigny, protestants nouvellement convertis, accusés d'avoir contrevenu aux dispositions de l'Édit de Nantes et d'avoir entretenu des intelligences secrètes, en Angleterre et en Hollande, avec les ennemis du Roi. Ces interrogatoires sont faits à Angers par Gabriel Constantin, IIe du nom, écuyer, seigneur de la Lorie, conseiller du Roi, grand prévôt d'Anjou, les 6, 7 et 10 juillet 1689.

Interrogatoires du sieur La Roche.

Interrogatoires faicts à Angers par nous, Gabriel Constantin, escuyer, seigneur de la Lorye, conseiller du Roy, grand prevost d'Anjou, present Me François Barabé, nostre greffier, au nomé Isaac Georges, dit la Roche, ce jour arresté, en consequence de l'ordre du Roy, à nous addressant, donné à Versailles, le vingt huict juin dernier, signé Louis et plus bas Phelippeaux, aux quels interrogatoires procedans, avons vacqué comme sensuit.

Du mercredy sixieme jour de juillet l'an mil six cent quatre vingt neuf.

Serment pris dud. Georges, dit la Roche, et enquis de ses noms, aage, qualité et demeure, a dit avoir nom Isaac Georges, dit la Roche, marchand, demeurant en cette ville chez le nommé Pelissier, marchand brodeur à la Place Neufve, où il est en pension depuis environ quatre mois seulement et estre aagé d'environ cinquante ans.

Interrogé s'il n'a pas cy devant fait profession de la religion pretendue reformée et quelle religion il professe à present?

A dit qu'il est vray qu'estant issu de père et de mère marchands en cette ville qui professoient la religion pretendue reformée, luy, accusé, a vescu en la même religion, avec sa famille, jusques au mois de janvier dernier, qu'estant revenu d'Angleterre, où il avoit passé, dès il y a six ans, avec sa femme et ses enfans, il fist abjuration de la religion pretendue reformée, à Paris, entre les mains du père Du Doué, jesuite, qui luy donna ses certificats, dont il en deposa un entre les mains du sieur Muzaud, secretaire de Monsieur l'evesque d'Angers. Il dit que led. certificat se trouvera en l'un des deux coffres fermans à clef chez le sieur Pelissier, son hoste, en la maison duquel, avant de venir demeurer, il avoit été en pension chez le nomé Moland, hoste ou aubergiste de la maison où pend pour enseigne l'image St Eloy.

Interrogé où est à present sa feme et le surplus de sa famille?

A dit que sa feme, avec quatre de leurs enfants, sont restés à Londres où l'un est orfebvre; l'autre est chez un marchand de soye, le troisieme en apprentissage chez un peintre et le quatrieme, qui est une fille, auprès de sa mère. A l'inseu desquels femme et enfans, luy repondant sortit d'Angleterre avec la damoiselle de la Chapelle, cousine germaine de sa femme et fille du sieur du Bourdreu, ministre de Montpellier, laquelle fille est mariée au sieur de la Chapelle, advocat au Parlement de Bordeaux, demeurant à Ouzillac en Xaintonge ; que luy repondant et lad. damoiselle de la Chapelle sortirent d'Angleterre de la connoissance de Monsieur de Barillon, lors ambassadeur, mesme que, plus d'un an auparavant, luy repondant avoit ecrit et communiqué par lettres son desseing à Monsieur de la Reynye, lieutenant criminel de Paris ; et, depuis qu'il eût fait abjuration, alla salluer plusieurs fois led. sieur de la Reynye en son hostel en lad. ville de Paris, mesme prist congé de luy avant de venir en cette ville, de laquelle luy repondant est natif.

Interrogé sy, depuis qu'il est de retour d'Angleterre, il n'y a pas escrit et receu plusieurs lettres ?

A dit que, depuis qu'il est de retour d'Angleterre, il a ecrit jusqu'à trois lettres à sa femme à Londres, mais qu'il n'en a receu qu'une seule de sa femme, laquelle lettre est du trois avril dernier et se trouvera dans l'un des deux coffres qu'il a en la maison de Pelissier, son hoste.

Ce faict et attendu qu'il approsche de l'heure de minuit, avons remis à demain la continuation du present interrogatoire, duquel lecture faite aud. la Roche, il a persisté en ses reponses, et, enquis, a dit à mesme temps n'avoir autres papiers sur luy que ceux qui sont dans un sac mocade trouvé sur luy lors qu'il a esté arresté, et lesquels papiers estant dans led. sac regardent seulement ses affaires particulières. Ainsy a assuré. Lequel sac, ayant esté cacheté par le repondant du cachet à luy relaissé, est demeuré en la garde de nostre greffier, en attendant qu'il soit demain par nous fait inventaire et descriptions desd. papiers et autres choses si avenues s'y trouvent.

Et le repondant ayant esté exactement fouillé en nostre presence, il ne s'est trouvé saisy d'aucune chose qui nous ayt paru debvoir luy estre osté, et nous avons remarqué qu'il n'a qu'environ deux escus et une piece d'un escu de mesme monnoye qui lui ont pareillement esté relaissez.

Dont et du tout ayant fait le present procès verbal et d'iceluy donné lecture au repondant, il a assuré qu'il contient verité, et l'a, avec nous, signé :

CONSTANTIN.   Isaac George LA ROCHE.
BARABÉ, greffier.
1689.

Et le lendemain jeudy septieme dud. mois, aud. an, nous grand prevost d'Anjou susd., present led. Barabé, nostre greffier, sommes transporté dans l'antienne chapelle des prisons royalles d'Angers et en icelle mandé et fait venir led. Georges, dit La Roche, pour continuer de l'ouïr et interroger; à l'effect de quoy, serment de luy reiteré et enquis,

A dit comme cy devant avoir nom Isaac Georges, dit La Roche, marchand mercier, natif de cette ville et y demeurant, aagé de cinquante ans.

Interrogé si, depuis qu'il est de retour d'Angleterre, il n'y a pas eu de commerce par lettres ou aultrement et communiqué avec les nouveaux convertis de cette province d'Anjou de plusieurs desseings contraires aux edicts et declarations de Sa Majesté au subjet des nouveaux convertis ?

A dit que non et n'avoir eu aucun autre commerce en Angleterre, sinon qu'il a ecrit par trois differentes fois à sa femme, de laquelle il n'a receu qu'une seulle lettre, qui est dans l'un de ses coffres comme il a dessus dit.

Interrogé si, dans les differens voyages qu'il a fait de cette ville, tant en Poitou que Bretagne, il n'a pas eu de commerce avec les gens malintentionnés pour le bien de l'Estat et si ce n'estoient pas des rendez vous qu'ils prissent ensemble pour en conferer ?

A dit n'avoir fait autres voyages que celuy qu'il fist la semaine s^{te} derniere à Briacé, trois lieues au delà de Nantes, chez le sieur de Loudiere, gentilhomme de tout temps catholique romain, au subjet qu'il est saisisant des biens immeubles des sieurs les Meignans, aussy gentilshommes, ses nepveux et niepces, dont, luy repondant est creancier d'une somme de neuf à dix mil livres ; de chez lequel sieur de Loudiere revenant, après y avoir sejourné trois jours et passant à Nantes, luy repondant fist ses pasques et communia en la parroisse de Saint-Sambin, dont il retira mesme le certificat, et dit que ce fut le sieur abbé Auvril de cette ville et grand doyen de l'eglize de Saint-Pierre de Nantes qui adressa luy repondant au sieur curé de lad. parroisse de St-Sambin pour y faire ses pasques ; que dimansche dernier il partit encore de cette ville et se rendit en la maison desd. sieurs le Meignan appellée la Roche-Broschard, parroisse de Montillers, pour tascher d'estre par eux payé de quelque partye de son deub ; par quoy, ils luy ceddèrent vingt années d'arrerages de quarante et une livres de rente et pretendent leur estre deube par le sieur comte de Cavana, de laquelle cession fut passé acte lundy dernier devant notaire de Gonord, lequel acte est dans le sac de moccade qui fut saisy sur luy répondant, lorsque passant le jour d'hyer sur les Ponts-de-Cé et revenant en cette ville il fut arresté, et soustient n'avoir fait autres voyages que les deux cy dessus, depuis qu'il est de retour d'Angleterre dans cette ville.

Interrogé s'il n'a pas eu de commerce secret et particulier avec quelques nouveaux convertis de cette ville et s'ils ne se sont pas assemblez en lieux particuliers et en plusieurs conferences, ensemble, contre les deffenses de Sa Majesté portées par ses edictz et declarations ?

A dit n'avoir eu aucun commerce avec les nouveaux convertis, fors avec ceux de sa famille, qui sont un sien frère et un nepveu marchands grossiers tenans boutique ouverte à la Place-Neufve et aussy nouveaux convertis ; qu'il a esté mediateur de quelque different qu'ont eu ensemble les sieurs du Hallot, antien escuyer de l'Academye de cette ville et de Montigny-Pelisson, son beau-frère, au subjet d'interestz de famille ; pour lequel sieur du Hallot, nouveau converty aussy bien que led. de Montigny, son beau-frère, luy repondant a mesme ecrit une ou deux lettres addressantes au sieur Motet, nepveu dud.

LE POÊLE DE LA SALLE A MANGER DE LA LORIE.
(XVIIIᵉ Siècle.)

sieur du Hallot, à Londres, où il s'est retiré depuis trois ans et dit avoir ecrit les lettres à la requisition dud. sieur du Hallot, parce qu'il a doresnavant peine à ecrire, estant aagé de près de quatre vingts ans, nonobstant quoy il signa lesd. lettres, qui ne parloient que de la mort de la dame Pelisson, sœur dud. de Montigny, et desnye avoir assisté à aucune assemblée de nouveaux convertis et n'a pas mesme eu connoissance qu'il s'en soit fait aucune.

Interrogé s'il n'a pas connoissance que plusieurs nouveaux convertis de cette ville ont receu des lettres circulaires de la part de leurs Ministres reffugiés dans les pays etrangers pour les exhorter à s'assembler contre les deffenses du Roy et à faire des retractations publiques de leur abjuration de la religion pretendue reformée?

A dit qu'il a veu et leu en Angleterre et en Holande des lettres pastoralles attribuées au sieur Jurieux, ministre de Roterdam, pour exhorter les reffugiés de France à perseverer en la religion pretendue reffformée, mais n'avoir aucune connoissance particulière qu'il en ayt esté envoyé en France, quoy que le bruit est couru qu'il s'y en reçoit et qu'elles y courrent, ne croyant pas mesme que ce fust un crime d'en garder quelques unes sy elles leur estoient addressées par les voyes de la poste et dans les pacquets desquels il ne se trouve point de lettres, quoy que, dans la vérité, il n'en ayt point esté addressé à luy repondant en son particulier, depuis qu'il est revenu des pays etrangers.

Interrogé s'il n'a pas une connoissance pleine et entiere que les nouveaux convertis de cette ville, et generalement tous ceux qu'il connoist, ne sont point veritablement convertis, s'entretiennent de leurs malheurs pretendus, se flattent de changemens et revolutions dans la religion par plusieurs envoys et receptions de fausses professies qu'ils se communiquent les uns aux autres et s'affermissent dans leur opiniatreté naturelle à ne pas rentrer dans la veritable Eglize?

A dit que Dieu seul voit dans les cœurs des hommes et qu'il ne leur laisse que l'exterieur sur lequel ils puissent juger et que, par consequent, ils se peuvent tromper sur des aparences ; qu'à son egard, il croit remplir les debvoirs du catholique romain en assistant à la messe, festes et dimanches et en frequentant les sacremens suivant l'esprit de l'Eglize romaine.

Luy avons remonstré qu'il n'a entierement reconnu la verité, luy enjoignant de la reconnoistre.

A desnié la remonstrance et dit avoir repondu la verité. Lecture faite de ses interrogatoires et reponses cy dessus, a persisté en ses reponses et a signé.

  Constantin. Isaac Georges La Roche.

Ce fait, après que led. Isaac Georges, s^r de la Roche, a reconnu les cachets apposez au sac de mocade sur luy saisy le jour d'hyer estre sains et entiers, et dit qu'il luy apparoit tel qu'il estoit lorsque luy repondant en fut trouvé nenty, le jour d'hyer, et qu'iceluy La Roche a signé sa reconnoissance :

        Isaac Georges La Roche,

Nous avons, en sa presence, fait ouverture dud. sac de mocade dans lequel ne s'est trouvé autre chose que plusieurs papiers comme sentences, obligations et autres actes concernans tous quelques debtes actives deubes aud. repondant, notamment par lesd. sieurs les Meignans. Nous n'avons pas creu debvoir faire plus ample inventaire et avons le tout remis dans le sac avec un acte passé le quatrieme du present mois devant Urbain Boudreu, notaire à Gonord, portant cession et transport aud. Isaac Georges de la Roche par led. sieur le Meignan et consors d'une somme de cinq cent quarante six livres treize sols et quatre deniers à prendre sur le sieur comte de Cavana, lequel acte led. Georges a dit estre la mesme cession qui luy fut faite lundy dernier comme il a cy dessus repondu ; lesquels papiers et sac, dans lequel s'est encore trouvé un petit livre de l'Imitation de Jésus et quelques vieilles menues hardes, avons rendu et restitué aud. Georges qui s'en est contenté et a signé.

  Constantin. Isaac Georges La Roche.

Et à l'instant ayant fait apporter de la maison du sieur Jean Arnauld Pelissier, marchand brodeur de cette ville, et en sa presence, dans cette ancienne chapelle des prisons, deux petits coffres, l'un quarré long et l'autre qui est une malle ronde, tous deux couverts de cuir de veau en poil, desquels deux coffres nous avons, le jour d'hyer, chargé led. Pelissier sur ce qu'il nous avoit dit qu'il appartenoit aud. Isaac Georges, sr de la Roche, lequel, en effet, a reconnu lesd. deux coffres apportés et à luy representés pour luy appartenir, ensemble tout ce qui est en iceux ; et après les avoir visités, les ayant trouvés fermez de clef, a dit qu'il reconnoist que les deux coffres sont au mesme estat qu'ils estoient dimanche dernier au matin lorsqu'il partit de la maison dud. Pelissier, son hoste, pour aller à la Roche-Brochard. Ainsy a dit et a signé.

CONSTANTIN.   Isaac Georges LA ROCHE.
        PELLISSIER.

Après laquelle reconnoissance, lesd. deux coffres ayant esté ouverts par led. de la Roche et avec les clefs qu'il a representé en presence d'iceluy Pelissier et de Nycolas Lecuyer, l'un de nos archers, se sont trouvez dans led. coffre quarré plusieurs vieilles hardes à son usage d'homme et plusieurs papiers et lettres ; dont ayant pris lecture et iceux examiné, nous n'avons estimé debvoir surcharger le present procès verbal que d'une lettre missive commençant par ces mots : *De Londres, ce 3 avril*, et suscritte : *A Monsr. Isaac La Roche, marchand, Angers*; laquelle lettre led. la Roche a dit estre de sa femme et la seule qu'il a receu des pays etrangers depuis qu'il en est de retour; de plus une autre lettre missive dattée à Harlem le 4 juin 1688, jeudy, signée : De Ravenel, et suscritte : *A Monsr. de la Roche, de présent à Rotterdam*, avec une feuille de papier couppé dont un feuillet et demy est tout ecrit d'une histoire et narration de prophetie ; lesquelles lettre et histoire led. la Roche a reconnu luy avoir esté ecrite de Harlem à Roterdam où il estoit au temps du datté de la lettre par le sieur Ravenel, l'un de ses amis, marchand à Harlem, et que l'histoire de la prophetie, qu'il croit estre une imagination fantastique, est connue en ce Royaume aussy bien qu'en pays etranger.

Lesquelles trois pieces ayant esté contresignées par led. la Roche : *Ne varientur*, sont demeurées cy jointes; après quoy, led. la Roche ayant remis toutes ses menues hardes, ses actes et papiers dans led. coffre quarré et iceluy reffermé de clef, il a fait ouverture de l'autre coffre ; dans lequel ne s'estant trouvé autre chose que des hardes à son usage, nous luy avons fait le tout ramasser et à luy relaissé iceux deux coffres et ce qui est dedans. Dont nous avons clos et arresté le present procès verbal pour servir à ce qu'il appartiendra. Dont lecture faite, lesd. la Roche, Pelissier et Lescuyer, l'un de nos archers, l'ont avec nous signé et reconnu qu'il contient verité.

  Constantin. Isaac George La Roche.
          Pelissier.
    Lescuyer.

De l'ordonnance de nous, grand prevost d'Anjou susd., M⁶ François Barabé, greffier, s'est desaisy des trois pieces cy dessus saisyes sur led. la Roche et par luy reconneus, et nous les a remis entre les mains avec coppye des susd. interrogat. et responces, pour envoyer le tout à Monsieur de Myromesnil, intendant. Ce que nous avons, ce jour, fait par Nycolas Lescuyer, Pascal Dupré, deux de nos archers, dont led. greffier demeure deschargé.

Fait à Angers le dixieme jour de juillet l'an mil quatre cent quatre-vingt-neuf.

    Constantin. Barabé, greff.
          1689.

Interrogatoires de Samuel Pelisson, sieur de Montigny.

Interrogatoires faicts à Angers par nous Gabriel Constantin, escuyer, sieur de la Lorye, conseiller du Roy, grand prevost d'Anjou, present M⁶ François Barabé, nostre greffier, au sieur de Montigny Pelisson, sur l'ordre du Roy à nous addressant et donné à Versailles le XXVIII juin dernier, auxquels interrogatoires procedans avons vacqué comme s'ensuit.

Serment pris dud. de Montigny et enquis de ses noms, aage, qualité et demeure, a dit avoir nom Samuel Pelisson, sieur de Montigny, demeurant en cette ville, parroisse de Saincte-Croix, estre aagé d'environ soixante et sept ans.

Interrogé quelle religion il professe et d'où vient que depuis quelques jours il s'est absenté de cette ville ?

A dit qu'estant natif de cette ville de parens qui estoient de la religion pretendue reformée, il a fait profession de la mesme religion jusques au mois de janvier de l'année mil six cent quatre-vingt-six, qu'ayant fait abjuration de la religion entre les mains du sieur le Royer, p^{bre} curé de la parroisse de St-Laud, près cette ville d'Angers, il n'a, depuis, plus vescu en l'exercice de lad. religion pretendue reformée.

Interroge en quelle religion il a donc vescu, puisqu'il a cessé de faire profession de lad. religion pretendue reformée ?

A dit avoir vescu en la religion qui lui enseigne d'aimer Dieu de tout son cœur, de toute son âme, et son proschain comme soy mesme, suivant les saints commandemens de Dieu.

Interrogé si, en quittant la religion pretendue reformée, il n'a pas protesté de professer à l'advenir la religion catholique, apostolique et romaine, qui est la seulle qui se doibt à present professer en ce Royaume ?

Auquel interrogatoire led. Pelisson a repondu qu'il desiroit vivre et mourir dans la religion catholique, apostolique et romaine, telle que saint Paul lui rend temoignage ; que sa foi estoit renommée par tout le monde, et qu'elle est encore à present creüe en tout ce Royaume par tous ceux qui sont du sentiment de saint Paul et n'a autre chose à repondre à ce subjet.

Interrogé ce qu'il veut dire, de quelles personnes il entend parler en disant qu'il est du sentiment de ceux qui suivent saint Paul ?

A dit qu'il entend parler et est, en ce faisant, du sentiment de ceux qui, selon la doctrine de saint Paul, ne desirent sçavoir que Jésus-Christ et iceluy crucifié, et qui, selon la doctrine de l'ancienne eglize, croyent que tout ce qui est necessaire à salut est contenu dans le *Credo* ou *Symbole des Apostres*, et que tout ce qui est adjouté au-dessus est ou inutille ou contraire à la vraye foy.

Et satisfaisant à la derniere partye du second interrogatoire cy dessus, a dit qu'il ne s'est point absenté de cette ville, sinon que, lundy dernier, il en partit pour se rendre à sa maison de Montigny, parroisse de Claines, entre Chateaugontier et Laval, où il avoit affaire, et d'où il arriva en cette ville le jour d'hyer au soir, où, ayant appris que nous faisions recherche de sa personne, il est à la matinée de ce jour venu nous trouver avec François Gouraud, l'un de nos archers, pour scavoir le subjet, n'ayant pas connoissance d'avoir delinqué ny donné lieu à sa detention.

Interrogé qui sont ceux de sa famille qui ont abjuré la religion pretendue reformée et qui sont ceux aussy qui ont mieux aimé s'en aller dans les pays etrangers que de faire lad. abjuration ?

A dit que, de sa famille, il n'y a eu que Marthe-Suzanne Pelisson, l'aisnée de ses filles, avec luy demeurant en cette ville, qui ayst fait abjuration. Sa femme et ses autres enfants, qui sont : Magdelaine Pelisson, vᵉ Jacques Lemoine, vivant avocat au baillage de Coutance, en Basse-Normandie; Françoise Pelisson, mariée à Pierre le Moyne, père dud. deffunt ; Margueritte et Marye Magdelaine Pelisson, ses deux autres filles non mariées, estant touttes passées en Angleterre avant la suppression de l'Edit de Nantes. Et dit n'avoir autres enfants que les susd.

Interrogé s'il n'a pas eu, depuis, commerce par lettres avec sa femme et sesd. enfants, mesme avec autres personnes de sa parenté et connoissance passés en pays etrangers et leur a fait mesme tenir plusieurs sommes de deniers?

A dit qu'il est vray qu'il a eu commerce de lettres avec sa femme et ses enfans passés en Angleterre, qui l'avoient convié de s'en aller avec eux, ce qu'il n'avoit voulu faire.

Et pour ce qui est de l'argent, dit que, quand sa femme se retira, elle emporta tout ce qu'elle put tirer d'argent et d'effets, en sorte qu'elle laissa luy repondant en grande necessité, joint que tous les biens de luy repondant, dont on a pu avoir connoissance et notamment la metairye de Montigny, ont esté et sont encore à present saisis, avec tous les meubles et bestiaux, à la requeste des Receveurs des domaines du Roy et de l'authorité de Monsieur de Bechameil, cy devant intendant de la généralité de Tours ; en sorte que le sieur Gohyer, cy devant marchand en cette ville et gendre de luy repondant, qui lui avoit passé bail de la metairye de Montigny a deux cens livres de ferme par chaque année, est obligé de payer la ferme ès mains des receveurs, en consequence des saisyes faites sur luy repondant, faute de pouvoir par luy rendre compte des biens de lad. ferme. Et ainsy, bien loing qu'il puisse luy envoyer de l'argent ny à ses enfans, il n'en a pas pour la subsistance de luy même.

Interrogé sy, de temps en temps, sa femme et ses enfans et autres de sa parenté passés en Angleterre ne luy ont pas fait scavoir l'estat des affaires de ce pays, et, luy repondant, reciproquement l'estat de celles de ce Royaume ?

A dit que, quand il a écrit à sa femme et à ses enfans, il ne leur a parlé d'autre chose que de ses affaires particulieres et domestiques.

S'il n'a pas eu desseing, depuis son abjuration, de se retirer en Angleterre pour s'y joindre avec sa famille, affin de pouvoir, nonobstant son abjuration, vivre en la religion qu'il a quittée ?

A dit avoir desjà cy dessus repondu que sa famille, qui est en Angleterre, a souhaité qu'il la joignist, et que, s'il en a eu quelque pensée, il ne s'en souvient pas ; du moings elles n'ont pas esté assez fortes pour l'obliger à les mettre à execution.

S'il n'est pas vray que, depuis son abjuration, il a, nonobstant, vescu ainsy que s'il ne l'avoit point faite, ayant tousjours retenu et gardé des livres et mesme plusieurs papiers de prieres, protestations et pretendus pronostiques contraires à la religion catholique, apostolique et romaine et aux deffenses portées par les edits et ordonnances royalles faites à ce subjet?

A dit qu'estant né dans la religion pretendue reformée et n'ayant, jusqu'à present, pu estre bien instruit et informé qu'elle soit mauvaise, il n'a pu au vray la blasmer, et, nonobstant, a employé tout le soing et la diligence qui lui a esté possible pour se faire instruire en la religion catholique, mesme a mis entre les mains du curé de Ste-Croix de cette ville, sa parroisse, un memoire de certaines difficultés touschant la Transubstantion, comme aussy entre les mains du sieur Pelisson, p^{bre} de la parroisse de St-Michel-de-la-Palud, son parent, affin de luy donner des eclaircissemens de ses difficultés, ce qu'ils n'ont point encore fait, quoy qu'il y ayt un an, et depuis Pasques dernier; à l'esgard du sieur curé de Ste-Croix qui a les memoires, que s'il n'a pas assisté aux mystères de l'Eglize catholique, comme on l'avoit requis, ce n'a esté que par un desir louable de ne scandalizer personne de crainte de commetre un sacrilege ou du moings une hypocrisie en assistant à des mysteres dont il n'est pas entièrement persuadé, selon mesme le conseil et l'advis de gens de probité et entre autres du sieur curé de Sainte-Croix, qui luy auroit dit qu'il valloit mieux s'en abstenir que d'y assister et n'y pas croire, attendu que ce seroit un sacrilege. Pour ce qui des livres, il en avoit beaucoup, tant de ceux concernans la religion que ceux qui ne la regardoient pas, qui luy furent tous pris et emportés dè sa metairye par des sergens de Chateaugontier. Il dit qu'il n'en a pas achepté aucuns depuis son abjuration et que, s'il a eu quelques papiers concernans la religion pretendue reformée, il ne les a retenus que par curiosité, ne croyant pas qu'ils fussent d'aucune consequence.

Sy, dans les lettres qu'il a envoyées à sa famille et qu'il en a receues d'Angleterre, ils n'ont pas ecrit quelque chose de contraire à l'obeissance et au respect qu'ils doibvent à nostre Roy, comme estant leur prince naturel?

A dit que non et que, pour son regard, si sa famille

est tombée en cette faute, dont neantmoings il n'a pas connoissance, on ne peut pas justement en rien imputer à luy repondant, parce qu'il n'est plus maistre d'eux ny de leurs actions.

Representation [est] faite aud. repondant d'une liace de douze papiers, tant en fueilles, fueillez et morceaux de papier que cahyers, par nous cottés par premiere et derniere, enveloppés en un vieil couvercle de parchemin servant autrefois à couvrir un livre, le tout par nous saisy en la maison du repondant de cette ville, comme il est raporté en nostre procès verbal des cinq et sixieme de ce mois.

Led. de Montigny Pelisson ayant visitté les papiers representés, les a tous recognus pour avoir esté pris et osté de dessus des tablettes et de parmy quelques livres dans la maison en cette ville, où ils estoient enveloppés dans led. viel couvercle de parchemin et avoient esté donnés à la damoiselle Marthe-Suzanne Pelisson, sa fille et nouvelle convertye, par la damoiselle Motet, de Loudun, de la religion pretendue reformée, passée en Angleterre depuis quatre à cinq mois au plus. Mais soustient luy repondant qu'aucun des papiers, memoires et cahyers ne sont ecrits de sa main et ne s'en est aultrement servy que pour les avoir leus une seulle fois, par curiosité seullement, et a iceux aussy cottés par premiere et derniere : *Ne varientur.*

Interrogé s'il n'a pas connoissance que, contre les declarations du Roy, plusieurs personnes de la religion pretendue reformée, cognues ou incognues, courent les provinces pour exciter les nouveaux convertys à demeurer dans leurs anciens sentimens et à les porter à des resolutions contre l'Estat ?

A dit n'avoir aucune connoissance du contenu en l'interrogatoire.

Interrogé s'il ne sait pas que le nommé Isaac Georges, dit la Roche, n'a repassé d'Angleterre en ce Royaume que pour debaucher quelques uns des nouveaux convertis et les emmener en Holande et en Angleterre ?

A dit que non.

Interrogé s'il n'est pas vray que les nouveaux convertys

de cette ville et autres endroits de la province d'Anjou se sont assemblés plusieurs fois, en des lieux secrets, depuis les deffenses de Sa Majesté, pour prendre des conseils sur des desseings contraires à l'estat de ce Royaume, qu'ils ont intelligence secrete avec les nouveaux convertis des autres provinces, s'escrivant les uns les autres, et que luy repondant particippe à ce commerce,

A desnié avoir jamais eu connoissance ni participé au contenu de l'interrogatoire qu'il croit très faux et supposé.

Luy avons remonstré qu'il n'a dit la verité, luy enjoignant de la reconnoistre.

A desnié la remonstrance et dit avoir respondu la verité.

Lecture faite de son interrogatoire et reponses, a persisté en ses reponses, assuré qu'elle contient verité et signé.

CONSTANTIN. PELISSON.

De l'ordonnance de nous grand prevost d'Anjou susd. et soussigné, Mre François Barabé, nostre greffier, s'est desaisy des douze pièces cy dessus, représentées aud. s^r Pelisson de Montigny et par luy reconnues, et nous les a remises entre les mains avec coppye desd. interrogatoire et reponses cy dessus, pour envoyer le tout à Monsieur de Myromesnil, intendant à Tours, avec la personne dud. de Montigny ; ce que nous avons fait et du tout chargé Nycolas Lescuyer et Paschal Dupré, deux de nos archers, dont led. greffier demeure dechargé.

Fait à Angers le dixieme jour de juillet l'an mil six cent quatre-vingt-neuf.

CONSTANTIN. BARABÉ [1].

---

[1] Ces documents font partie de la collection de nos manuscrits inédits, relatifs à l'*Histoire de l'Anjou et du Maine*.

XIV

Extrait de l'inventaire de la vaisselle, des meubles, des tapisseries, des tableaux, des livres, des papiers, des armes, du linge, de l'argenterie, etc., trouvés dans la maison de la rue de la Croix Blanche, paroisse St-Pierre d'Angers, où était décédée la dame Anne Le Pelletier, veuve de Gabriel Constantin, Ier du nom, écuyer, seigneur de Varennes et de la Lorie, conseiller du roi, grand prévôt d'Anjou, d'après le procès-verbal dressé par François Barabé, huissier, le 14 février 1700.

Le jeudi 14 février 1700, Gabriel Constantin, IIe du nom, écuyer, conseiller du roi, grand prévôt d'Anjou, seigneur de la Lorie, Joseph Constantin, prêtre, docteur en théologie, doyen de l'église d'Angers, Louis de la Mothe, chevallier, seigneur d'Aubigné, mari de dame Madeleine Constantin, François de l'Epronnière, chevalier, seigneur de la Rochebardoul, mari de dame Catherine Constantin, Anne et Jacquine Constantin, demoiselles, filles majeures, tous enfants et héritiers de défunt Gabriel Constantin, Ier du nom, écuyer, seigneur de Varennes et de la Lorie, conseiller du roi, grand prévôt d'Anjou et de « deffuncte Anne le Peletier, » son épouse, procédaient à l'inventaire du mobilier laissé par leur mère dans sa maison d'Angers. Cet inventaire, dressé par François Barabé, huissier et archer, ressemble beaucoup à celui qui avait été fait au décès de Gabriel Constantin, Ier du nom. Nous en avons donc seulement extrait les détails qui nous paraissent les plus curieux et ceux qui n'étaient pas mentionnés dans l'acte de 1683.

« Dans la cuisinne. — Item, deux casserolles garnies de leur manche de fer, prisées six livres, cy . . . . 6 l.

« Item, trois petites tourtieres avec leurs couvercles de cuivre, usées, prizées trois livres dix solz, cy. . 3 l. 10 s.

« Item, un petit chaudron poessonnier de cuivre jaulne, cinq couvertieres, aussy de cuivre, prisés, ensemble, à soixante solz, cy . . . . 60 s.

« Item, trois poeslons et deux passets de moyenne grandeur, usés, prisés quarante cinq solz, cy. . . . . . 45 s.

« Item, une broche de feu à main, prizée six solz, cy. . . . . 6 s.

« Item, un chaudron tenant une seillée et demye ou environ, prizé cent dix solz, cy. . . . . 110 s.

« Item, deux casses, un petit tripied, deux porte-plats, le tout de fer, prizés quarante solz, cy . . . . . . 40 s.

« Item, deux coustaux, un tranchelard, une serpe avec une petite ecuelle de cuivre, prizés, ensemble, quinze solz, cy. . . . . 15 s.

« Item, deux poesles de fer à frire avec une poesle percée et usée, prisées soixante solz, cy. . . . . . 60 s.

« Item, deux lampes et trois chandeliers de pottin, prisés à quatre livres, cy . . . . 4 l.

« Item, un caignard de fonte de fer, prisé vingt solz, cy. . . . . 20 s.

« Item, un crochet servant à pezer, prisé vingt sols, cy. . . . . 20 s.

Dans l'Office :

« Item, un moulin de bois de chesne servant à passer la farine, prisé quinze livres, cy. . . . . 15 l.

« Item, une huche de bois de noyer, prisée quatre livres, cy. . . . . 4 l.

« Item, soixante sept livres de vaisselle d'estain commun, tant creuses que plattes, prisées quatorze solz la livre ; font quarante six livres dix huit sols, cy . . . 46 l. 18 s.

« Item, trente neuf livres de vaisselle d'estain fin, prisé dix huict sols la livre, et trois douzaines d'assiettes ; font trente cinq livres deux solz, cy . . . . 35 l. 2 s.

« Item, deux vieux coffres, formant valize, couvers de cuir noir, prisés quarante sols, cy. . . . . 40 s.

« Dans la chambre du cocher :

« Item, une littiere couverte de cuir, garnie et usée, prisée huict livres, cy. . . . . 8 l.

« Item, une grande couverture servant au mulet et usée, prizée quarante sols, cy . . . . 40 s.

Dans « une petite etude au bas de l'escallier » :

« Cinq potées de beure, pezant cinquante livres de beure net, prizée quinze livres, cy. . . . . 15 l.

« Item, trente cinq livres de chandelles de suif, aussi à trente livres le cent, deux caisses de sapin où l'on met lad. chandelle, prisées, ensemble, unze livres, cy. . . . 11 l.

Dans le grenier :

« Item, une couverture de mulet, de drap gris avec de la frange de soye rouge, usée, prizée trois livres, cy. 3 l.

« Item, divers effets, six mannequins et une echelle à tendre tapisserie, le tout prisé, ensemble, dix livres, cy . . . . 10 l.

« Item, trente boesseaux de bled, seigle, prizé à seize livres le septier, prizés quarante livres, cy. . . . . 40 l.

« Item, quatre vingt onze livres de fil de brin, prizé seize sols la livre; font soixante livres, cy . . . . . 60 l.

Dans la chambre « où est deceddée lad. deffuncte dame de Varennes » :

« Item, la garniture de la cheminée, porcelainne et bocaraux de Portugal, composée de quinze pieces avec leurs pieds et leurs couvercles dorés, prizés, ensemble, à la somme de trente livres, cy. . . . . 30 l.

« Item, une paelle à feu, une pincette, dix tenailles et d'autres petites pinces de fer et d'assier avec deux boules et un petit soufflet, prizés, ensemble, huit livres, cy. 8 l.

Dans le petit cabinet « proche le lict de lad. deffuncte » :

« Item, trente petits livres reliés en vau, prizés, ensemble, neuf livres, cy . . . . 9 l.

Dans la « garde robbe à costé de lad. chambre » :

« Item, une petite paire de chevrettes, prizée à huit sols, cy . . . . 8 s.

« Item, deux paires de devidoire, prizées dix sols, cy. . . . . 10 s.

Dans le petit salon :

« Item, deux auvalles de sapin de moyenne grandeur, prizées trente solz, cy. . . . . 30 s.

« Item, un tableau représentant *l'Enlevement d'Heleine*, garni de son cadre doré, prizé à vingt sols, cy. . . 20 s.

« La chambre sur le portal est celle de lad. damoiselle Jacquine Constantin, et les meubles y estant, qui n'ont esté inventoriés, luy appartiennent, à la reserve de la tapisserie de haute lice de Flandre à verdure en huict pieces, contenant vingt trois aulnes, et desquelles huict pieces sont semblables et les deux autres sont dissemblables et prisées neuf cens livres, cy. . . . . 900 l.

« Les meubles de la chambre qui joint et qui est celle de la demoiselle Anne Constantin n'ont esté inventoriés. Ils appartiennent à lad. damoiselle, à l'exception de la tapisserye, laquelle nous reconnoissons appartenir à Monsieur de la Rochebardoul.

Dans l'Office :

« Premier un grand bassin, deux eguieres, un grand plat, deux petits, quatre assiettes creuses, une mazarine, une douzaine d'assiettes plattes, deux salieres, une ecuelle à oreille, une tasse, quatre flambeaux, deux mouchettes avec leur tombeuz, un sucrier, un poeslon avec son pied, une cueiller gravée, douze cueillers, douze fourchettes, une petite cueiller pour les malades, une boite à pain à chanter avec une chaisne, le tout d'argentz, prizé à trente deux livres le marc, ce qui fait, ensemble, trois mil trois cent quarante huit livres, cy. . . . . 3.348 l.

« Item, un calice de vermeil doré, cizelé, avec patène aussi de vermeil doré, pezant trois marcs quatre onces, prizé à six livres le marc ; font cent vingt six livres, cy. . . . . 126 l.

« Item, un fer à faire les oublies et un gaufrier, aussi de fer, prizés vingt sols, cy. . . . . 20 s.

« Item, douze coustaux à manche d'argent, prisés une livre, cy. 1 l.

« Item, un mortier de marbre noir avec son pilon de buis, prizé à trois livres dix sols, cy. . . . . . 3 l. 10 s.

« Item, une balance à bassin de cuivre avec deux livres de poids de cuivre, le tout prizé trois livres, cy . . . 3 l.

« Item, un grand bassin d'estain commun, pezant sept livres, prizé à quatorze sols la livre ; fait quatre livres dix huit sols, cy. . . . . 4 l. 18 s.

Dans la cave de la maison :

« Deux busses de vin nouveau en fut neuf, prizé cinquante livres, cy. . . . . 50 l. »

L'énumération du linge est aussi longue que celle du précédent inventaire. On y remarque des draps « de toille de brin chaudoré ». Le linge est partagé en six portions égales. L'inventaire est clos le mardi neuf février 1700. Il est signé par G. Constantin, J. Constantin, L. de la Mothe, De Lesperonnière, Anne Constantin et Jacquine Constantin.

Sur une autre feuille, on lit un petit inventaire du 8 du même mois, relatif aux « chasubles, aubes, estolle, manipulle, missel romain, etc. » Ces objets ont été retenus par M. d'Aubigné.

Archives du château de la Lorie.

XV

Extrait de l'inventaire de la vaisselle, des meubles, des tapisseries, des tableaux, des livres, des papiers, des armes, du linge, de l'argenterie, du vin, du cidre, du blé, des semences et des provisions, trouvés dans le château de la Lorie et dans ses dépendances, après le décès de la dame Anne Le Pelettier, veuve de Gabriel Constantin, Ier du nom, écuyer, seigneur de Varennes et de la Lorie, conseiller du roi, grand prévôt d'Anjou, d'après le procès-verbal dressé par François Barabé, huissier, le 24 février 1700. — Prisée et estimation de tous les bestiaux et autres animaux domestiques, trouvés dans les seize métairies qui dépendaient de la terre seigneuriale de la Lorie, ainsi que de ceux qui garnissaient les dépendances du château, d'après le procès-verbal rédigé par Pierre Crosnier et Pierre Cartier, experts, du 25 février au 17 mars 1700.

Le 24 février 1700, on procède à un inventaire du mobilier de la Lorie, dont nous donnons des extraits, comme nous l'avons fait pour l'inventaire du mobilier de la maison d'Angers :

La description de la cuisine est à peu près semblable à celle de l'inventaire de 1683.

Dans la boulangerie :
« Un blutteau de bois de chesne et sapin, prizé dix livres, cy. . . . . 10 l.

« Item, une huche, trois fariniers, un haisteau, le tout de bois de chesne, avec deux claies, un sac, une vielle table aussi de bois de chesne, dix paillons, le tout prizé, ensemble, avec la selle à buée, à cinq livres, cy. . . . . 5 l.

L'ÉGLISE DE LA CHAPELLE-SUR-OUDON.

Dans la chambre de la Chine :

« Item, deux pieces de tapisserye, dont l'une, de trois aulnes un quart de long, est le *Triomphe de Joseph*, et la seconde, de deux aulnes, contenant *un homme armé en suport d'un ecu de gueulle à cinq lozanges mis en croix, le fond semé de billes d'or*, et cinq autres pieces de haute lice à personnages, contenant douze aulnes, prizées ensemble trois cens livres, cy. . . . . 300 l.

Dans une autre chambre « qui est dans le pavillon dessus le bocage » :

« Item, une tenture de tapisserye de neuf pieces, de haute lice, à personnages, d'Auvergne, representant *l'Histoire de Jacob*, de vingt aulnes de tour, prizée quatre cent livres, avec deux soubastements, cy . . . . 400 l.

« Les Aumosniers couchent dans la chambre sur la salle d'arme. »

Dans la chambre où sont logées les servantes de basse cour :

« Item, deux rouets et un travouil uzé, prisés ensemble vingt solz, cy . . . . XX s.

Dans la chambre du jardinier :

« Item, trois fourches de fer, un broc, deux faux, un pic, deux pelles, deux fauscilles, quatre tranches fourchées, une tranche platte, une barre de fer, deux vieux essieux, trois mechantes serpes, un hachereau, trois coins de fer, une hache et une serpe à tailler la vigne, un vouge, trois grandes scies, le tout de fer prizé, ensemble, quinze livres, cy . . . . 15 l.

« Item, deux petites charettes avec leurs essieux de fer, prizées ensemble six livres, cy. . . . . 6 l.

Dans la chambre du cocher :

« Une selle et deux vieux bas, prizés ensemble cinquante solz, cy. . . . . 50 s.

Sous la remise :

« Item, sous la remise de carosse, un carosse de campagne, couvert de cuir noir, usé et rompu, prizé quinze livres, avec un carreau, cy. . . . . 15 l.

Dans la chambre des filles :

« Item, un rond d'airain avec sa selle de bois de chesne et un caignard de fonte de fer cassé, prizés cent dix sols, cy . . . . 110 s.

« Item, un moyne de bois et plaques de fer blanc et un petit chaudron d'airain, prisés, ensemble, trente-cinq sols, cy . . . . 35 s.

« Item, un marchepied de bois de noyer, fermant à clef, prizé quarante sols, cy. . . . . 40 s.

Dans l'office :

« Une fontaine de cuivre rouge, garnie de la quenelle, prizée trente deux livres, cy . . . . 32 l.

Dans la chambre basse « où couchoit lad. deffuncte dame de Varennes » :

« Item, deux tableaux l'un de *M. Fouquet*, en bordure dorée, et l'autre de *M. Pujol*, en bois, prizés, ensemble, quinze livres, cy. . . . . 15 l.

Dans le cabinet de « lad. deffuncte » :

« Item, deux caves couvertes de cuir noir fermant de clef, garni l'une de neuf bouteilles et l'autre de six, prizées, ensemble, dix livres, cy . . . . 10 l.

« Item, une ecritoire couverte de cuir, une bource de velours garnie de jettons, un trebuchet garni de ses petites balances et poids, une lanterne sourde, le tout prisé, ensemble, soixante sols, cy . . . . 60 s.

Dans le grenier sur l'orangerie :

« Item, treize cent soixante livres de lin, à quinze livres le cent, l'un portant l'autre ; font ensemble deux cent quatre livres, cy . . . . 204 l.

« Item, deux cent quarante livres de chanvre, à deux sols la livre ; fait ensemble vingt quatre livres, cy . 24 l.

« Item, cinquante trois livres de fil, à quatre sols la livre ; fait dix livres douze sols, cy. . . . . . 10 l. 12 s.

« Item, une baignoire de cuivre rouge avec l'entonnoir et le sceau, prizés, ensemble, cinquante livres, cy. ·50 l. »

L'inventaire des chambres, de la chapelle, du linge est presque semblable au précédent. Nous remarquons seulement la mention du linge de basse-cour, des « draps de toille d'étoupe », des torchons, des poches, d'une « grelle », d'un van, d'un « cousteau de percoir, etc. »

On trouve dans la cave : « dix pipes de cidre, tant vieux que nouveau, prisé à quatorze livres dix sols la pipe ; fait ensemble cent quarante cinq livres ; item, six pipes en douze busses de vin nouveau, prizé vingt quatre livres la pipe ; font ensemble cent quarante quatre livres ; item, une busse de vin de volier, prizée sept livres ; » dans la petite cave : « deux busses de vin gasté, de deux feuilles, prizées quatorze livres les deux ensemble. »

On visite ensuite « la menuizerie, grande cave de la Lorye » et la « maison seigneurialle du Vaududon », où on trouve « soixante quatre viels futs et pipes, prizés ensemble à la somme de quatre vingt seize livres ; » on y remarque aussi « dix huict futs de vieilles busses et trois caveaux, prizés ensemble à quatorze livres douze sols ; cinq pieces de vieilles portoires, prisées ensemble à quarante sols », ainsi que des pièces de noyer, de chêne, des lattes, du bois de charpente, « des fournitures de cercles vieux pour pipes et pour busses, etc..... » On y voit « un charnier avec la valleur d'un bon porc sallé et un autre charnier vide, prizés ensemble à trente livres. »

Un mémoire de Madame de Varennes constate « le nombre
« des bleds et froments qu'elle avoit dans ses greniers, et
« entre autres, au Vaududon, dans le grand grenier,
« soixante dix septiers six boesseaux, mesure de Segré,
« que René Plaçais, agent de ma maison, vendra quand la
« vente sera ; dans la chambre haute, neuf septiers neuf
« boesseaux de froment. René en vendra 6 septiers, le
« reste sera gardé à sepmence. » René Plaçais déclare,
le 15 mars 1700, avoir vendu ces « neuf septiers sept boes-
« seaux de froment, mesure de Segré, qui ont fait 15 sep-
« tiers 9 boesseaux, mesure d'Angers, la somme de trois
« cent livres, qui fait vingt francs le septier. Plus a vendu
« trois cent cinquante bouesseaux de seigle avec quatorze
« boesseaux de froment, ce qui a fait sept chartées entieres,
« et le tout mesure de Segré, à raison de cent livres, qui

« .est quarante solz le boesseau, et est à remarquer que les
« 14 boesseaux de froment sont donnés parce que led.
« seigle n'est pas grellé, cy 700 livres. Cy la somme de mil
« livres que led. Plaçais a payé à messieurs les heritiers,
« suivant la quittance qui lui en est donnée. » Une note
manuscrite de Madame de Varennes constate qu'elle a dans
le grand grenier de la Lorye, sur le pressoir, vingt-huit
setiers de boisseaux de reste de son domaine. En déduisant les retenues, il reste à vendre, par René Plaçais,
« soixantre trois septiers huit boesseaux ».

Pierre Crosnier et Pierre Cartier, experts, sont chargés,
avec F. Barabé, huissier, de faire, du 25 février au 17 mars
1700, l'estimation du total des bestiaux des métairies,
« affin de regler avec les metayers et colons les sommes
dans lesquelles lad. deffuncte etoit fondée au prisage de
leurs bestiaux, mesme la quantité des semences qu'elle
leur a fourni. » On passe en revue successivement les
diverses métairies.

« Premierement, la metayrie de la Ducherye, où le
nommé Charles Gernigon, metayer d'icelle à tiltre de
moytié, nous a représenté :

« Huit beufs, estimés, ensemble, quatre cent soixante dix
livres, cy . . . . 470 l.

« Cinq vaches, deux toraux et une tore, estimés,
ensemble, cent cinquante livres, cy . . . . 150 l.

« Trois vaux de l'année, estimés trante livres, cy 30 l.

« Trois bestes chevalines, estimées, ensemble,
soixante trois livres, cy. . . . . 63 l.

« Vingt huit chefs de bergail, estimés soixante
dix livres, cy. . . . . 70 l.

« Item, six cochons, estimés, ensemble, trente six
livres, cy . . . . 36 l.

« Somme totalle : huit cent dix neuf livres, cy . 819 l.

« De laquelle somme, la moytié, montant quatre cent
neuf livres dix sols, appartient à la succession de lad. deffuncte dame de Varennes, attendu que led. Gernigon,
metayer, est fondé dans l'autre moytié ; cy, pour laditte
succession, lad. somme de . . . . 409 l. 10 s.

« Et led. Gernigon nous a en outre declaré qu'il a semé cinq septiers de pur segle, mesure de Segré, dont la moytié, montant à trante boesseaux, luy a esté fournie par lad. deffuncte dame de Varennes; portant cy, pour lad. succession, deux septiers six boesseaux de seigle, mesure de Segré, cy. . . . . 2 sept. 6 boesseaux.

« En second lieu, nous sommes transportés dans la metayrie de la Myochais, où le nommé René Alard, metayer à tiltre de moytié, nous a représenté ses bestiaux consistant en :

« Six beufs, estimés, ensemble, deux cent quatre vingt livres, cy . . . . 280 l.
« Quatre vaches, quatre vingt quatre livres, cy . 84 l.
« Deux tores et un vau, trente livres, cy . . . . 30 l.
« Un cheval et une jument, vingt livres, cy. . . 20 l.
« Quinze pieces de bergail, quarante cinq livres, cy. . . . . 45 l.
« Plus quatre cochons, dix huit livres, cy. . . . 18 l.
« Somme totale : quatre cent soixante dix-sept livres, cy . . . . 477 l.

« Dans la moytié de laquelle somme lad. deffuncte dame de Varennes etoit fondée, montant, lad. moytié, à deux cent trente trois livres dix sols, cy. . . . . 233 l. 10 s.

« Semence de lad. metayrie de la Myochais, dix huit boesseaux, mesure de Segré, de bled seigle, que lad. deffuncte a fourni aud. René Alard, suivant sa declaration; cy, pour lad. succession . . . . 18 boesseaux.

« En troisieme lieu, sommes allés dans la clozerie de la Maison Neufve, où Louis Sauvage, closier, nous a représenté ses bestiaux consistant en :

« Trois vaches et deux tores estimées, ensemble, six vingt livres, cy. . . . . 120 l.
« Un vau de l'année, neuf livres, cy . . . . . . 9 l.
« Seize pieces de bergail, quarante livres, cy . . 40 l.
« Quatre porcs, vingt huit livres, cy . . . . . . 28 l.
« Somme totale : cent quatre-vingt-dix-sept livres, cy . . . . 197 l.

« De laquelle somme, moytié, montant quatre vingt dix huit livres dix sols, appartient à lad. deffuncte, led. Louis Sauvage, clozier, nous ayant dit qu'il n'y a pas de bail depuis celuy qu'il eut dud. deffunct seigneur de Varennes en l'année 1670, par lequel il se voit qu'il est fondé en moytié de son prisage, portant, cy, pour lad. succession, lad. somme de . . . . 98 l. 10 s.

« Pour la semence, led. clozier a declaré que lad. deffuncte luy a seulement fourni huit boesseaux, mesure de Segré, de pur seigle, cy, pour le compte de lad. succession . . . . 8 boesseaux de seigle.

« En quatrieme, nous sommes transportés en la clozerie du Petit-Vaududon, ou Mathurin Dupré, clozier, nous a aussi représenté ses bestiaux consistant en :

« Trois vaches, estimées, ensemble, quatre vingt cinq livres, cy . . . . 85 l.
« Une tore, seize livres, cy . . . . 16 l.
« Deux veaux, vingt livres, cy . . . . 20 l.
« Trois porcs, dix neuf livres, cy . . . . 19 l.
« Somme totale : cent quarante livres, cy . . . 140 l.

« De laquelle somme, deduisant celle de quatre vingt onze livres, en laquelle lad. deffuncte estoit fondée, pour l'avoir fournie ou quoy que ce soit, led. deffunct seigneur de Varennes, aud. Dupré, ainsy qu'il l'a recogneu par l'acte faict entre luy et led. deffunct seigneur de Varennes, le 15e avril 1676, devant Guyon, notaire à Marans, reste quarante neuf livres, dans la moytié desquels quarante neuf livres led. Dupré est fondé et lad. dame de Varennes en l'autre moytié montant 24 livres ; revenant ensemble à cent quinze livres dix sols ; portant, cy, pour lad. succession . . . . 115 l. 10 s.

« Quant aux semences, led. Dupré nous a declaré que lad. deffuncte luy en a fourni huit boesseaux de bled seigle, mesure de Segré ; portant, cy, pour lad. succession . . . . 8 boesseaux.

« En cinquieme lieu, nous sommes venus dans la metayrie

du Grand-Vaududon, où le nommé René Alard, mestayer, nous a aussi représenté ses bestiaux, qui consistent en :

« Huit beufs, estimés, ensemble, trois cent trente livres, cy . . . . 330 l.
« Trois vaches, cinquante quatre livres, cy . . . 54 l.
« Un toreau et une tore, vingt quatre livres, cy . 24 l.
« Deux vaux, quatorze livres, cy. . . . . 14 l.
« Un cheval et une jument, cinquante livres, cy. 50 l.
« Dix huit pieces de bergail, cinquante quatre livres, cy . . . . 54 l.
« Quatre porcs, vingt huit livres, cy . . . . . . 28 l.
554 l.

« Somme totalle dud. prisage de la metayrie du Grand-Vaududon, de l'autre part monté à cinq cent cinquante-quatre livres, et par acte passé l'an 1693 entre lad. dame de Varennes et led. Alard devant Guyon, notaire à Marans, il parroist que lad. dame a fourni pour 376 l. de prisage et led. Alard pour 240 l. Lesquelles deux sommes font ensemble celle de 616 l., dont, deduisant les 554 l. seulement qui se trouvent à present de prizée, se trouve qu'il y a 62 l. de perte et de diminution. Laquelle doit estre portée au marc la livre par lad. dame de Varennes et led. Alard, son metayer ; revenant, laditte diminution, à 37 l. 4 s. 9 d. pour lad. dame de Varennes, qui, deduitte desd. 376 l. qu'elle avoit fourni luy, reste deub celle de trois cent trente deux livres quinze sols neuf deniers, cy . 332 l. 15 s. 9 d.

« Semence du Grand-Vaududon, deux septiers de pur seigle, mesure de Segré, fournis par lad. dame deffuncte, cy . . . . 2 septiers.

« En sixieme lieu, nous sommes allés à la metayrie du Viel-Perrin, où François Crosnier, metayer par bail du 7e janvier 1695, nous a aussi représenté ses bestiaux, qui consistent en :

« Huit beufs, estimés, ensemble, trois cent vingt cinq livres, cy . . . . 325 l.
« Trois vaches, soixante livres, cy. . . . . . . 60 l.

« Un toreau et une tore, trente livres, cy . . . . 30 l.
« Deux vaux, vingt livres, cy . . . . 20 l.
« Deux juments, trente-six livres, cy. . . . . . 36 l.
« Dix neuf pieces de bergail, quarante-cinq livres, cy . . . . 45 l.
« Une truye et trois porcs, vingt huit livres, cy . 28 l.
« Somme totale : cinq cent quarante quatre livres, cy . . . . 544 l.

« Par acte du 15e novembre aud. an, il appert que lad. dame avoit fourni 230 l. 15 s. de bestiaux et led. Crosnier pour 218 l., ce qui fait, ensemble, 448 l. 15 s., laquelle reprise et deduitte, sur les 544 l. à quoy monte le prisage, reste 95 l. 5 s. d'accroist et proffit, laquelle somme partagée, revient, pour la moytié de lad. deffuncte, à quarante sept livres douze sols six deniers, laquelle jointe aux 230 l. 15 s. qu'elle avoit fourni, fait celle de 278 l. 7 s. 6 d. qui appartient à la succession ; portant, cy . . . . 278 l. 7 s. 6 d.

« Quant aux semences fournies par lad. dame, se montent à deux septiers pur seigle, mesure de Segré, cy. 2 septiers.

« En septieme lieu, sommes allés à la maison de la Gaudine, ou François Trillot, closier, nous a représenté deux vaches estimées quarante huit livres, cy. . . . . . 48 l.

« Et nous a dit n'avoir autre bail que celuy à luy fait par led. deffunct seigneur de Varennes en l'année 1678, et par un extrait passé le 4e novembre aud. an devant led. Guyon, notaire à Marans, il parroist qu'il paya trente livres pour avoir moytié en lad. prizée ; partant, cy, pour lad. succession . . . . 24 l.

« Semences : deux boesseaux de seigle, mesure de Segré, fournis par lad. dame deffuncte, cy . . . . 2 boesseaux.

« En huitième lieu, sommes allés à la metayrie des Cormiers, où Pierre Barré, metayer, nous a pareillement représenté ses bestiaux qui consistent en :

« Six beufs et deux toreaux, estimés, ensemble, trois cent quatre vingt dix livres, cy . . . . 390 l.
« Quatre vaches, quatre vingt livres, cy . . . . 80 l.

« Deux toreaux et une tore, cinquante quatre livres, cy . . . . 54 l.
« Trois vaux, trente livres, cy. . . . . 30 l.
« Deux juments et un poullain, cinquante-cinq livres, cy . . . . 55 l.
« Trente et une pieces de bergail, quatre vingt livres, cy . . . . 80 l.
« Quatre porcs, trente livres, cy . . . . 30 l.
                                                        719 l.

« Somme totalle : sept cent dix neuf livres, dans la moytié de laquelle lad. deffuncte etoit fondée, au moyen de ce qu'au pied du bail fait le 9 novembre 1670 par feu Monsieur de Varennes audit Barré est l'escrit dudit sieur de Varennes, du 27ᵉ aoust 1673, portant que led. Barré a moytié en ses bestiaux ; cy, pour lad. succession, trois cent cinquante neuf livres dix sols, cy . . . . 359 l. 10 s.

« Semences de la metayrie des Cormiers, fournies par lad. deffuncte dame de Varennes, suivant la declaration dud. Barré, metayer : deux septiers 4 boesseaux de metail, segle, avoinne et froment, cy . . 2 septiers 4 boesseaux.

« En neufiesme lieu, sommes allés dans la metayrie du Soucy, où le nommé Pierre Barré le jeune, metayer, nous a pareillement représenté ses bestiaux qui consistent en :
« Six beufs et deux bouvars, estimés, ensemble, quatre cens livres, cy . . . . 400 l.
« Quatre vaches et une tore, cent livres, cy. . . 100 l.
« Un toreau et deux tores, quarante sept livres, cy. . . . . 47 l.
« Trois vaux, trente livres, cy. . . . . 30 l.
« Une jument, trente six livres, cy. . . . . . . 36 l.
« Quatre cochons, vingt quatre livres, cy. . . . 24 l.
« Somme totalle revient à six cent trente sept livres, cy . . . . 637 l.

« De laquelle somme, deduisant trois cent soixante huit livres dix sols que lad. deffuncte avoit fourni par acte du 4ᵉ novembre 1687, reste 268 livres 10 sols d'accroist et proffit, qui appartient moytié par moytié à lad. deffuncte et audit metayer, laquelle moytié, montant 134 l. 5 s., jointe aux 368 l. 10 s. fournies par lad. deffuncte comme il a esté dit cy dessus, fait la somme de cinq cens deux livres quinze sols appartenant à sa succession ; partant, cy.   502 l. 15 s.

« Semences fournies par lad. deffuncte aud. Baré, suivant sa declaration : deux septiers et un boessau, mesure de Segré, de mestail, seigle, fourment et avoine ; partant, cy, pour lad. succession . . . . . 2 septiers 1 boessau.

« En dixieme lieu, dud. lieu du Soucy sommes venus en la clozerie du Poncaux, où Pierre Rouflé, clozier, nous a representé ses bestiaux consistant en :

« Trois vaches, estimées soixante dix livres, cy.	70 l.
Un toreau et une tore, vingt huit livres, cy . . .	28 l.
Un vau, onze livres, cy	11 l.
Trois porcs, dix huit livres, cy.	18 l.
« Somme totalle desd. bestiaux cent vingt sept livres, cy	127 l.

Le tout appartient à la succession de lad. dame, au moyen de ce que led. Rouflé, clozier, nous a declaré n'avoir aucun bail que celuy que luy fist led. seigneur de Varennes en 1697, par lequel il parroist qu'il lui fournit pour 124 l. de prisages, sans que ledit Rouflé y contribuast ; mais dit que, depuis, laditte deffuncte a retiré pour 17 l. de bergail, laquelle somme prize et deduitte sur les 129 l. à quoy monte l'apretiation cy dessus, reste 20 l. de proffit et accroistement, dont moytié appartient à laditte dame et joincte aux 107 l. cy dessus fait 117 livres, qui appartiennent à lad. succession, cy . . . .   117 l.

« Semences : dix boessaux de pur seigle, mesure de Segré, fournis par lad. deffunte, suivant la declaration dud. Roufflé.

« En onziesme lieu, sommes allés dans la metairye de la Bottelerye, où Pierre Crosnier, metayer, nous a representé ses bestiaux qui consistent en :

« Huit beufs, estimés ensemble cinq cent livres,
cy. . . . . 500 l.
Quatre vaches, cent livres, cy . . . . 100 l.
Deux toreaux et une tore, quatre vingt livres, cy. 80 l.
Trois veaux et une tore, vingt huit livres, cy . . 28 l.
Une jument et un poullain, quarante deux livres,
cy. . . . . 42 l.
Vingt pieces de bergail, cinquante livres, cy . . 50 l.
Quatre porcs, vingt huit livres, cy . . . . 28 l.
« Somme totalle : huit cent vingt huit livres, cy. 828 l.

« Par acte du 10 novembre 1691, led. Pierre Crosnier, metayer, a receu en bestiaux, de lad. deffunte, quatre cent vingt trois livres quinze sols et en a fourni pour 122 l. 5 s., ces deux sommes faisant ensemble 566 l., reprises faicte sur lesd. 828 l. à quoy monte le total du prisage, reste d'accroist ou proffit 262 l. qui, partagées, font 131 l. pour une moytié, laquelle, jointe aux 423 l. quinze sols fournis par lad. deffunte, fait la somme de cinq cent cinquante quatre livres quinze sols ; partant, cy, pour lad. succession . . . . 554 l. 15 s.

« En douziesme lieu, sommes allés dud. lieu de la Bottelerye à la metayrie de la Gaschetiere, où Louis Sauvage, metayer, nous a represente ses bestiaux qui consistent en :
« Six beufs et deux petits bouvards, estimés, ensemble,
deux cent cinquante livres, cy. . . . . 250 l.
« Quatre vaches, soixante livres, cy . . . . . . 60 l.
« Deux toraux, trente trois livres, cy. . . . . . 33 l.
« Trois veaux, vingt trois livres, cy . . . . . . 23 l.
« Vingt pieces de bergail, cinquante livres, cy . 50 l.
« Deux chevaux, vingt livres, cy. . . . . 20 l.
« Quatre cochons, seize livres, cy . . . . 16 l.
« Somme totalle : quatre cent cinquante deux
livres, cy . . . . 452 l.

Dont, deduisant trois cens trente six livres fournies en bestiaux par lad. deffunte aud. Sauvage, suivant l'acte passé entre eux le 16 novembre 1690 devant Guyon, notaire de Marans, reste de proffit cent vingt livres, dont moytié appartient à lad. deffunte, etant jointe aux 366 l. par elle fournies, sans que led. Sauvage y eust contribué, fait la somme de trois cens quatre vingt seize livres ; partant, cy, pour lad. succession, revient . . . . 396 l.

« Semences : vingt boissaux, mesure de Segré, dont il n'y a que quatre boessaux de seigle net, le surplus est du mestail, seigle, avoine et peu de froment ; partant, cy, pour lad. succession. . . . . 20 boessaux.

« En treiziesme lieu, sommes venus à la metayrie de la Beldantiere, où étant, la nommée Marguerite Pean, veuve de Nycolas Allaire, metayer aud. lieu, nous a dit n'avoir eu jamais de bail desd. feu seigneur et dame de Varennes, mais que, neantmoins, elle est fondée en la moytié desd. bestiaux et semences, ce que nous avons reconneu veritable par l'inventaire faict après la mort dud. seigneur de Varennes et à l'instant lad. metayere nous a représenté ses bestiaux qui consistent en :

« Huit beufs, estimés, ensemble, trois cent soixante livres, cy . . . . 360 l.

« Quatre vaches et une tore, quatre vingt dix livres, cy . . . . 90 l.

« Deux toraux, trente livres, cy . . . . 30 l.

« Trois veaux, vingt quatre livres, cy . . . . . 24 l.

« Une jumant et un poullain, quarante livres, cy. 40 l.

« Vingt une pieces de bergail, cinquante livres, cy. . . . . 50 l.

« Quatre cochons, vingt livres, cy . . . . 20 l.

« Somme totale : six cent quatorze livres, cy . . 614 l.

« Dont la moytié apartient à la succession de lad. deffunte dame de Varennes, cy, pour lad. succession, trois cent sept livres, cy. . . . . 307 l.

« Semences : deux septiers metail, avoinne et seigle, mesure de Segré ; partant, cy, pour lad. succession, de semences . . . . 2 septiers.

« Autre prisage des bestiaux étant à la basse cour de

lad. maison seigneurialle de la Lorye pour l'exploitation du domainne dont jouissoit par main lad. deffunte dame de Varennes :

« Neuf vaches et un torau, estimés, ensemble, trois cent livres, cy . . . . 300 l.

« Deux veaux masles et une genisse, cinquante livres, cy . . . . 50 l.

« Vingt une pieces de bergail, cinquante cinq livres, cy . . . . 55 l.

« Six cochons, soixante livres, cy. . . . . 60 l.

« Somme totalle : quatre cent soixante cinq livres, sans y comprendre la mulle et le cheval, trouvé aussi appartenant à laditte dame deffunte ; partant, cy, pour lad. succession. . . . . 465 l.

« Somme totalle du prix des susdits prisages et bestiaux appartenant à lad. succession monte et revient à celle de quatre mil cent quatre vingt quatorze livres deux sols trois deniers, en ce non compris le prisage de la metayrie de la Martinais, montant cent soixante six livres six sols ; de la Petite-Gautrais, montant vingt livres, et de la Tribouillerie, montant soixante livres, suivant l'antien inventaire. et dont nous n'avons pu autrement estre informés quant à present ; partant, cy, pour lesd. bestiaux apretiés aud. inventaire et apartenant. comme dit est, à laditte succession, la somme de . . . . 4.194 l. 2 s. 3 d.

« Et, le lendemain, étant près de nous separer, nous avons fait mesurer quelques avoines, qui sont dans le grenier, et s'en est trouvé au nombre d'onze septiers, prisés, ensemble, à la mesure d'Angers ; plus environ de quatre chartées, dans les deux greniers à foing, l'une pour l'ecuyrie et l'autre pour les bestiaux du domainne, led. fourage partagé entre les partyes.

« Fait clos et arresté, le present inventaire et iceluy relaissé ès mains dudit Mre François Barabé, huissier, pour demeurer joint à la minutte de l'autre inventaire par luy fait, en qualité d'huissier, après la mort dud. feu seigneur de Varennes, à la requeste de laditte deffunte dame, sa veuve, comme il a esté déjà dit cy dessus, ced. jour mercredy dix septieme mars l'an mil sept cent.

G. Constantin. J. Constantin. L. de la Mote. De l'Esperonniere. J. Constantin, tant pour moy que pour Madame de Varennes.

« Et, à l'instant, led. René Plaçais, agent de ma maison, nous a certifié que, sur le domaine de lad. terre de la Lorye, il y a trente six boessaux de seigle, mesure de Segré, ensemencés en neuf journaux de terre dud. domaine, lesd. trente six boessaux appretiés quarante sols le boissau, ce qui fait, ensemble, soixante douze livres, cy. . . . . . 72 l.

« A noter que les propres dud. deffunt seigneur de Varennes se sont trouvez monter à la somme de cent six mil six cent quatre vingt dix livres treize sols quatre deniers, cy . . . . 106.690 l. 13 s. 4 d.

Archives du château de la Lorie.

XVI

Partage fait entre Gabriel Constantin, IIe du nom, chevalier, seigneur de la Lorie, conseiller du roi, prévôt général et provincial d'Anjou, et les autres héritiers de Anne Le Pelletier, dame de la Lorie (16 juillet 1700.)

Partage fait le 16e juillet 1700 entre Gabriel Constantin, chevalier, seigneur de la Lorie, conseiller du roi, prévost général et provincial d'Anjou, fils aîné et principal héritier noble de feu m^{re} Gabriel Constantin, seigneur de Varanne, aussi conseiller du roi, grand prévost d'Anjou et encore héritier pour une sixième partie de feue dame Anne Le Pelletier, sa mère, et aussi étant aux droits tant de m^{re} Joseph Constantin, son frère puisné, prestre, docteur en théologie, doyen de l'église d'Angers, que de dame Caterine Constantin, femme de m^re François de l'Esperonnière, chevalier sgr. de la Roche Bardoul, en conséquence de leur contrat de mariage passé devant Bori, notaire royal à Angers, le 20ᵉ de janvier 1689, d'une part ; m^re Louis de La Motte, chevalier, seigneur d'Aubigny, et dame Madelène Constantin, sa femme, et demoiselles Anne et Jaquine Constantin, filles majeures et puisnées desdits seigneur et dame de Varaine, d'autre part ; par lequel partage, les parties, après avoir pris communication de l'inventaire fait après la mort de ladite dame Le Pelletier, arrivée au mois de février de la même année 1700, et après avoir estimé tous les biens de ses successeurs à la somme de 160.545 livres, dans laquelle ledit seigneur de la Lorie, comme aîné noble, étoit fondé pour les deux tiers et encore pour les cinq huitièmes parties de l'autre tiers, comme représentant dame Marie Constantin, l'ainée de ses sœurs puisnées, mise en religion au couvent de Saint-Georges de Rennes par ledit feu Jaques de Varaine, où elle avoit fait profession de son vivant, et comme fondé en la propriété des parts de frère Erasme Constantin, mort religieux, et de Jaques Constantin, écuyer, capitaine dans le régiment (en blanc), ses frères puisnés, les mêmes parties consentent que la terre, fief et seigneurie de la Lorie et chatellenie de Marans demeureroient audit ainé pour la somme de 80,000 livres, outre et pardessus son principal, avec tous les droits, présentation de chapelle et autres droits honorifiques, ainsi que le tout avoit été acquis par ledit feu seigneur de Varaine par décret expédié au Châtelet de Paris, le 6ᵉ juillet 1661. Cet acte reçu par Michel Portier, notaire royal à Angers.

Bibl. nat. Carrés de d'Hozier, tome 199, fol. 271. Original en papier.

XVII

Arrest qui ordonne qu'en payant par le s^r Gabriel Constantin, IIe du nom, lieutenant de robe courte en la Maréchaussée d'Angers, la somme de 300 livres et 2 sols pour livre à quoy a été modérée la taxe de 2,000 livres, il jouira des droits, gages, privilèges et fonctions attachez aud. office, conformément à l'édit du mois de novembre 1701 (28 août 1703 [1]*).*

Sur la requeste présentée au Roy en son conseil par le sieur Constantin, lieutenant de robbe courte en la Mareschaussée d'Angers, contenant que le Roy Henry second ayant créé des Lieutenans criminels de robbe courte dans touttes les mareschaussées du royaume, plusieurs de ces offices ne furent pas levez ny vendus dans ce temps là, de sorte que, par Edit du mois de juin 1650, Sa Majesté trouva à propos d'ordonner que ceux qui estoient de cette qualité seroient vendus et establis conformément à leur Edit de création, ce qui donna lieu au s^r Armand Peletier d'acquérir celuy d'Angers et de s'en faire pourvoir par Lettres du grand sceau du 19 mars 1653, en vertu desquelles il fust receu en la Mareschaussée et Connestablie de France le 27 janvier ensuivant et dont il a paisiblement jouy jusqu'en l'année 1662, qu'estant mort sans avoir payé l'annuel pour la conservation de son office, il fust taxé vaccant aux revenus casuels de Sa Majesté où il fust levé par Gabriel Constantin, père du supliant, lequel en fust pourveû par Lettres du grand sceau du 29 octobre 1663 et dont il a aussy toujours paisiblement jouy nonobstant la supression qui fust faite par Edit du mois de mars 1667 de

---

[1] Ce titre est au dos de la pièce.

LE CHÂTEAU DE LA GEMMERAIE.

tous les offices de Mareschaussée créez ou établis en vertu de cet Edit du mois de juin 1650, faute de remboursement et en vertu de la clause expresse dudit Edit de supression, laquelle porte, qu'en attendant ledit remboursement, les pourveus desdits offices continueront leurs fonctions et jouiront des droits, gages et privilèges y attribuez, comme a fait ledit sieur Gabriel Constantin sans difficulté jusqu'en l'année 1685 que le supliant fust aussy pourveu du mesme office par Lettres du grand sceau du 29 juin de la mesme année et receu en icelluy le 19 juillet ensuivant dont il a pareillement fait les fonctions jusqu'à présent qu'il se trouve taxé à une somme de 2,000 livres en vertu de l'Edit du mois de novembre 1701, pour jouir dudit office en hérédité perpétuelle, laquelle taxe est non seulement excessive, mais elle souffre encore sa difficulté à cause de ladite supression qui subsiste toujours avec la condition de son remboursement, ce qui est très opposé à l'attribution d'hérédité perpétuelle portée par ledit Edit du mois de novembre 1701 ; pourquoy il requéroit qu'il plust à Sa Majesté sur celuy pourvoir, veu ladite requeste avec les pièces justifficatives d'icelle, ouy le raport du s^r Fleuriau d'Armenonville, conseiller ordinaire au Conseil Royal, directeur des finances.

Le Roy en son Conseil a ordonné et ordonne qu'en payant par ledit sieur Constantin, la somme de trois cent livres et deux sols pour livre à quoy Sa Majesté a modéré ladite taxe de deux mil livres, il jouira des droits, gages, privilèges et fonctions attribuez à son office de Lieutenant criminel de robbe courte en ladite Mareschaussée d'Angers, conformément audit Edit du mois de novembre 1701, jusqu'à ce qu'il ait esté pourveu à son remboursement, auquel cas ladite somme de trois cent livres luy tiendra lieu d'augmentation de finance.

Signé : PHELYPEAUX, — CHAMILLARD, — FLEURIAU.
A Versailles, le XXVIIIe jour d'aoust 1703.

Archives nationales E. 735 ^{228}.

XVIII

Maintenue de Gabriel, Anne et Jacquine Constantin dans les rangs de la noblesse (4 février 1715).

Ordonnance rendue à Tours le 4 février 1715 par Bernard Chauvelin, chevalier, seigneur de Beauséjour, conseiller du roi en ses conseils, maître des requestes ordinaires de son hôtel, intendant de justice, police et finances en la généralité de Tours, par laquelle il donne acte à m[re] Gabriel Constantin, s[r] de la Lorie, conseiller du roi, prévost général et provincial d'Anjou, et à dem[elles] Anne et Jaquine Constantin ses sœurs demeurans à Angers, de la représentation qu'ils lui avoient faite de leurs titres, en conséquence de charge, lesdites Anne et Jaquine Constantin des assignations à elles données, maintient et garde ledict Gabriel Constantin avec ses enfans en postérité nés et à naître en légitime mariage dans le droit de prendre le titre et qualité de noble et d'écuyer, et lesdites Anne et Jaquine Constantin dans leur qualité de noble et de d[elle], ordonne que lesdits Gabriel et Anne et Jaquine Constantin jouiront des privilèges, honeurs et exemptions atribués aux très nobles et d[elles] du royaume tant qu'ils vivront noblement et ne feront acte dérogeant à noblesse, et, qu'à cet effet, ils seront écrits dans le catalogue des nobles de ladite Généralité. Cette ordonnance signée Chauvelin, plus bas par mgr. Baizé de Meré.

Bibl. nat. Carrés de d'Hozier, tome 199, fol. 273. Original en papier.

XIX

Arrest qui accepte l'offre du s^r Gabriel Constantin, IIe du nom, grand prévost d'Anjou, et en conséquence lui permet d'acquérir les offices créés par l'édit du mois de mars dernier pour composer la compagnie du lieutenant criminel de robe courte à la résidence de Cholet, à la charge par lui d'en payer la finance (13 août 1715) [1].

Le Roy ayant par son Edit du mois de mars de la présente année registré où besoin a esté créé et érigé en titres d'offices formez un office de conseiller lieutenant criminel de Robe courte du prévost général de la province d'Anjou, un conseiller assesseur, un exempt, un greffier et sept archers, pour résider en la ville de Chollet, et y exercer, sous les ordres dudit Prévost général, les mesmes fonctions, et jouir des mesmes honneurs, autoritez, prérogatives, privileges et exemptions dont jouissent les pourveus de pareils offices dans la dite province, et Sa Majesté désirant qu'il soit dès à présent pourveu à la seureté publique en commettant à l'exercice et fonction desdits offices en attendant la vente.

Veu les offres qui ont esté faictes par le s^r Gabriel Constantin, grand prévost d'Anjou, d'aquerir tous lesdits offices, et d'en payer la finance au Trésor Royal sous les noms des particuliers qu'il indiquera, à condition qu'il aura la faculté d'y commettre en attendant la vente, et qu'il jouira cependant des gages qui y sont attribuez sans qu'il soit tenu de rendre aucun compte desdits gages, dont le fonds sera fait sous son nom par augmentation dans l'état du

---

[1] Ce titre est au dos de la pièce.

Taillon, conformément audit Edit, à commencer du premier jour d'avril de la présente année. Oüy le Rapport du sieur Desmarets, conseiller ordinaire au Conseil Royal, controlleur général des finances.

Sa Majesté en son Conseil a accepté et accepte les offres dudit s^r Constantin, et en conséquence luy a permis et permet d'aquerir tous les offices créez par l'Edit du mois de mars dernier pour composer la compagnie du lieutenant criminel de Robe courte, à la résidence de Chollet, à la charge par ledit Constantin d'en payer la finance suivant ses offres au Tresor Royal, conformément au rolle qui en sera arresté au Conseil, et en conséquence veut Sa Majesté, qu'il soit expédié par le Trésoriers des revenus casuels, des quittances de finance desdits onze offices, sous les noms des particuliers qui seront indiquez par ledit Constantin, luy permet de vendre et disposer desdits offices, ainsi qu'il avisera, et d'y commettre en attendant la vente. Ordonne en outre que le dit s^r Constantin joüira des gages attribuez aux dits offices, lesquelz luy seront payez sur ses simples quittances, à l'effet de quoy le fonds en sera fait conformément audit Edit sous son nom par augmentation dans l'état du Taillon, à commencer du premier mars de la présente année, à la charge, par ledit Constantin, d'en faire raison aux acquéreurs desdits offices, à proportion des payemens qu'ils luy feront de la finance d'iceux, sans que ledit Constantin soit tenu de rendre aucun compte desdits gages au Conseil, ny ailleurs, dont Sa Majesté l'a expressement dechargé, et, pour l'execution du présent arrest, seront touttes lettres nécessaires expédiées.

Signé : DESMARETZ. VOYSIN.

A Versailles le XIIIe jour d'aoust 1715.

Archives nationales, E 878^{13}, 28 août 1703.

XX

Arrest qui ordonne l'établissement de onze offices de maréchaux créez par édit du mois de mars 1715, pour composer la compagnie d'un lieutenant criminel de robe courte, à la résidence de Chollet, conformément audit édit et à l'arrest du 13 aoust suivant qui accepte les offres faites par le s^r Gabriel Constantin, IIe du nom, grand prévost d'Anjou, de payer la finance desdits offices (16 mai 1716)[1].

Sa Majesté s'estant fait representer l'arrest rendu en son conseil le treize aoust mil sept cent quinze, par lequel le Roy deffunt a accepté les offres faites par le s^r Constantin, grand prevost d'Anjou, de payer la finance des offices de Marechaussées créez par Edit du mois de mars précédent, pour composer la compagnie d'un Lieutenant criminel de robe courte, à la résidence de Chollet, et qui a permis audit s^r Constantin d'en faire l'acquisition, à la charge par luy d'en payer la finance au Trésor Royal, conformément au rolle qui en sera arresté au Conseil, voulant Sa Majesté qu'il soit expédié par le Trésorier des revenus casuels des quittances de finance desdits offices sous les noms des particuliers qui seront indiquez par ledit s^r Constantin, auquel il a esté permis par ledit arrest de vendre et disposer desdits offices ainsy qu'il avisera et d'y commettre en attendant la vente. Ledit arrest portant en outre que ledit s^r Constantin jouira des gages attribuez auxdits offices lesquels luy seront payez sur ses simples quittances, à l'effet de quoy le fonds en seroit fait conformément audit Edit sous son nom par augmentation dans l'état du Taillon

---

[1] Ce titre est au dos de la pièce.

à commencer du 1ᵉʳ avril de ladite année 1715, à la charge par ledit sʳ Constantin d'en faire raison aux acquéreurs desdits offices à proportion des payemens qu'ils luy feront de la finance d'iceux sans que ledit sʳ Constantin soit tenu de rendre aucun compte desdits gages au conseil ny ailleurs. Veu aussy l'Edit de création desdits offices du mois de mars 1715, ensemble le mémoire présenté à Sa Majesté par ledit sieur Constantin contenant qu'à l'occasion des supressions déjà ordonnées de differends offices et de celles qui pourront arriver, personne ne s'estant présenté pour faire l'acquisition des offices créés par Edit du mois de mars 1715, pour composer la compagnie du Lieutenant criminel de robe courte, à la résidence de Chollet, ledit sieur Constantin n'a pas cru devoir payer au Trésor Royal la finance desdits offices avant qu'il ayt plû à Sa Majesté d'expliquer à ce sujet ses intentions; que n'estant entré dans les veues d'acquérir ces offices que pour procurer au public la seureté des chemins qui conduisent à Chollet, et d'empescher les vols, les meurtres et les brigandages qui s'y commettent à la faveur des forests et bois qui environnent cette ville, il est encore prest d'en faire le payement dans le délay de six mois, si Sa Majesté trouve à propos de faire subsister un établissement si utille et si nécessaire en ordonnant l'exécution dudit Edit et de l'arrest rendu en conséquence. Ouy le raport.

Le Roy en son Conseil a ordonné et ordonne que l'Edit du mois de mars mil sept cent quinze et l'arrest du Conseil du treize aoust suivant seront executtez selon leur forme et teneur, et en conséquence veut Sa Majesté que l'établissement des onze offices créez par ledit Edit pour former une compagnie du Lieutenant criminel de robe courte en la ville de Chollet ayt lieu nonobstant les supressions par elle faites d'autres offices créez depuis 1689. Ordonne Sa Majesté qu'en faisant par le sʳ Constantin sa soumission de payer dans six mois au Trésor Royal la finance desdits offices, suivant le rolle qui en sera arresté au Conseil, il sera expédié par le trésorier des revenus casuels des quittances desdits offices sous les noms des personnes qui seront indiquées par le sʳ Constantin qui pourra vendre et disposer desdits offices et y commettre en attendant la vente ainsy qu'il jugera à propos, et jouira des gages y attribuez sur ses simples quittances, à l'effet de quoy le fonds en sera fait sous son nom par augmentation dans l'état du Taillon, à commencer du premier avril de la présente année, sans qu'il soit tenu d'en rendre aucun compte au conseil n'y ailleurs dont Sa Majesté la expressement déchargé, et, pour l'execution du présent arrest, seront toutes lettres nécessaires expédiées.

Signé : Voysin, Villeroy, Dodun.

A Paris, le seize may mil sept cent seize.

Aujourd'huy premier octobre mil sept cent seize est comparu au greffe du Conseil d'Estat Mᵉ Michel-René L'Enfant, avocat aux conseils du Roy, demeurant rue Guénégaud, paroisse Sᵗ-André des Arcs, lequel, pour satisfaire à l'arrest cy dessus, et en vertu de la procuration à luy donnée par Mʳ Gabriel Constantin, prévost général et provincial d'Anjou, passée par devant Bouvet, notaire à Segré, en Anjou, en datte du seize juillet 1716, dont coppie collationnée est annexée à la minute du présent, s'est obligé, audit nom de procureur, de payer à Sa Majesté, dans six mois, la somme de vingt trois mil cinq cens livres portée au rolle arresté au Conseil le vingt juin audit an, à quoy il consent audit nom d'estre contraint come pour les propres deniers et affaires de Sa Majesté, élizant, pour cet effet, son domicile en sa maison sus déclarée et a signé.

Signé : L'Enfant.

Archives nationales E 886 ¹⁴⁴.

XXI

Procuration donnée à Claude Bonnet, notaire royal résident à Segré, par Me Gabriel Constantin, IIe du nom, chevalier, seigneur de la Lorie, conseiller du roi, grand prévôt d'Anjou (10 juillet 1716) [1].

Le seizieme jour de juillet l'an mil sept cent seize après midy.

Pardevant nous Claude Bonnet, notaire royal résident à Segré, a esté présent en sa personne Me Gabriel Constantin, chevalier, seigneur de Lorie, conseiller du Roy, prévost général et provincial d'Anjou, demeurant ordinairement en son hostel à Angers, estant à présent en sa maison seigneurialle de la Lorie, paroisse de la Chapelle les Oudon, le quel a fait et constitué son procureur général et spécial Me Michel Réné Lenfant, avocat au Conseil du Roy au quel il donne pouvoir de pour et au nom dudit seigneur constituant, faire les soumissions au greffe du Conseil et par tout ailleurs où besoin sera pour le payement de la somme de vingt trois mil cinq cent livres que le dit seigneur constituant doit faire au Trésor Royal dans le délay de six mois, en exécution de l'arrest du Conseil du seize may mil sept cent seize, et rolle arresté en conséquence le vingt juin dernier pour la finance des offices de maréchaussez crées en la ville de Chollet sous la dépendance et les ordres dudit seigneur constituant par Edit du mois de mars mil sept cent quinze, s'obliger pour et au nom du dit seigneur constituant de faire le payement de la dite somme dans ledit délay aux peines d'obligations accoustumées pour les deniers royaux, et générallement promettant, etc., obli-

---

[1] Cette pièce est jointe à la minute de l'arrêt.

geant, etc., de donner. Fait et passé audit château de La Lorie, ditte paroisse de la Chapelle, présent Louis Bigot, tailleurs d'habits, et Réné Pottier, cellier, demeurant audit Lorie, tesmoins ad ce requis et apellez, Gloze, conseiller du Roy, aprouve, un mot ne vaut. Signé : Constantin, L. Bigot, R. Pottier, et Bonnet, notaire. Controllé à Segré le 17 juillet 1716. R. 13^s 4^d. Bonnet.

Au dessous est écrit :

Le dit sieur Lenfant, demeurant à Paris, rue de Guénégaud, parroisse St André des Arcs, a aporté et déposé pour minutte à Me Bridou, un des notaires à Paris soubsignés, la procuration cy dessus, pour en estre dellivré expéditions nécessaires, à l'effet de quoy il la certiffié dont l'acte fait à Paris, es estude le trois octobre mil sept cent seize et a signé la minutte des présentes estant ensuite de l'original de la dite procuration demeuré à Bridou, notaire.

Signé : DIONIS. BRIDOU.

Archives nationales E 886^{144}.

XXII

Rectification du contrat de mariage de Mre Gabriel-Félix Constantin, chevalier, capitaine du régiment d'Heudicourt, inspecteur général des Haras de la Généralité de Tours, avec Louise-Charlotte-Sophie Boylève de Soucelles (15 avril 1721).

Rectification faite le 15 avril 1721 par m^{re} Gabriel Constantin, chevalier, sgr. de la Lorie, de Marans et de Daillon, prévost général au département de Touraine, inspecteur général des maréchaussées du royaume, et dame Perrine-Renée Leclerc des Emereaux, sa femme, demeurans en la ville d'Angers, paroisse de St Pierre, du contrat de mariage de m^{re} Gabriel-Félix Constantin, leur fils, chevalier, capitaine au régiment d'Heudicourt, inspecteur général des haras de la Généralité de Tours, accordé le 4e janvier 1719 avec d^e Louise-Charlotte-Sophie Boylève de Soucelles, fille de feu m^{re} Charles-Joseph Boylève, sgr. de Noyrieux, conseiller au parlement de Bretagne, et de dame Louise-Françoise de Grimaudet de la Croyserie, sa veuve, et passé devant m^e Etienne Prestreau, notaire de la ville d'Angers, et François Bournau, notaire royal à Baugé, consentans que ledit contrat fut exécuté selon sa forme et teneur, néantmoins sous les conditions ci après déclarées qu'en faveur dudit mariage les père et mère dudit futur lui donnent en avancement de leur succession la terre, fief et seigneurie de Daillon, située en la paroisse des Cerceuils de Maulevrier, pour en jouir par ledit s^r son fils jusqu'à ce qu'il plaise audit sgr. Constantin père se démettre en sa faveur et le faire pourvoir de ses emplois de prévost général au département de Touraine et autres concernans les maréchaussées, auquel cas lesdits sgr. et dame Constantin père et mère rentreroient dans la possession et jouissance de ladite terre de Daillon, se réservant ledit s^r Constantin, par chacun an, durant sa vie, ce qui se trouveroit excédant la somme de 6,000 livres sur les gages et apointemens desdits emplois ; il a esté convenu que, lorsque ledit sgr. Constantin fils seroit pourvu de ladite charge de prévost général au département de Touraine, il tiendroit compte à ses héritiers dans les successions de ses dits père et mère de la somme de 40.000 livres. Cet acte reçu par Drouault, notaire à Angers, et passé en présence d'Anne-Hermine Constantin, d^{lle} ; m^{re} François-Anne Constantin, chanoine de l'église du Mans ; Marthe-Mathilde Constantin, d^{lle}, et Julie Constantin, aussi d^{lle}, tous enfans desdits seigneur et dame de la Lorie.

Bibl. nat. Carrés de d'Hozier, tome 199, fol. 276. Original en papier.

XXIII

Nomination de Gabriel-Félix Constantin, capitaine au régiment de Lorraine-cavalerie, dans l'ordre militaire de Saint-Louis (14 juin 1722).

Lettre du roi écrite à Paris le 14 juin 1722 à m^e Constantin, par laquelle sa Majesté lui mande que la satisfaction qu'elle avoit des services qu'il avoit rendus au feu roi, son très honoré sgr. et bisayeul, et de ceux qu'il continoit de lui rendre, l'avoient engagé à l'associer à l'ordre militaire de St Louis, mais que comme son éloignement ne lui permettoit pas de faire le voyage pour être reçu audit ordre par sa dite Majesté, elle avoit commis le S. Dawi de Gaucourt, son lieutenant au gouvernement de Saumur, chevalier dudit ordre, pour en son nom le recevoir et admettre à la dignité de chevalier de St Louis, et que son intention étoit qu'il s'adressat à lui pour prêter en ses mains le serment qu'il étoit tenu de faire en ladite qualité de chevalier et recevoir de lui l'acolade et la croix qu'il devoit doresnavant porter sur l'estomac, atachée d'un petit ruban couleur de feu. Cette lettre signée Louis et contresignée Leblanc. La suscription est : à Mons. Constantin, capitaine au régiment de Lorraine de cavalerie.

Bibl. nat. Carrés de d'Hozier, tome 199, fol. 279. Original en papier.

XXIV

Arrest qui ordonne l'exécution de celuy du 17 juillet 1659 et que le s^r Constantin, IIe du nom, sera annuellement payé d'une somme de 800 livres par le Receveur général des finances de Bretagne en exercice (28 novembre 1730).

Sur la requête présentée au Roy en son Conseil par Gabriel Constantin, écuyer, ancien prevost général de Touraine, Anjou et le Maine, contenant qu'il est pourvu des deux offices de correcteur en la Chambre des comptes de Bretagne créez par Edit du mois de mars 1632, et en cette qualité créancier sur les fonds des fouages de cette province, que par arrest du Conseil du deux octobre 1647, il fut ordonné que les pourvus desdits offices auroient part aux épices de la chambre ainsy que tous les officiers qui la composent, et que, pour indemniser ceux-cy, il seroit annuellement laissé un fonds dans les Etats de la recette générale des finances de la somme de 1,600 livres pour le pied d'Epices desdits deux offices en payant par les pourvus la somme de 12,000 livres qui fut réellement payée par le s^r Mercier et le père du supliant, qu'il fut en conséquence dudit arrest expédié des lettres patentes le 28 février 1648, adressées à la Chambre des comptes qui fit refus de les enregistrer et qui fit deffenses par arrest du 18 juin 1650 à tous officiers d'icelle d'en obtenir de semblables à peine d'interdiction. Que ce refus ayant donné lieu à des lettres de jussion du 15 décembre 1650, ladite cour rendit un second arrest le 5 mars 1653, qui, sans avoir égard auxdites lettres de jussion, débouta le s^r Constantin de l'effet des lettres patentes de 1648, avec itératives deffenses à luy de se retirer vers Sa Majesté pour en obtenir de semblables. Qu'il intervint le 14 may 1653 un autre arrest du

Conseil portant que, sans avoir égard aux arrests de ladite Chambre des comptes qui seront cassés et annullés, ordonne que, sans s'arrêter à l'opposition des auditeurs et à touttes autres, dont en tant que de besoin ils sont déboutés, il sera, incessament et dans trois jours, passé outre par la Chambre à l'enregistrement pur et simple des lettres patentes de 1648, sinon que celuy de 1653 servira et tiendra lieu d'enregistrement, et en conséquence que les nouveaux pourvus des deux offices de correcteurs seront payez des sommes à eux attribuées par les receveurs généraux de la province ou payeurs des gages et droits de la Chambre, suivant le fonds pour ce laissé dans les états du Roy, à quoy faire ils seront contraints, quoy faisant déchargés, nonobstant tous arrêts de radiation de ladite somme donnée ou à donner. Que ladite Chambre ayant encore fait de nouveaux refus, intervint autre arrest le 17 juillet 1659 qui commua l'attribution des 1,600 livres de pied d'épices en nature d'engagement du domaine du Roy sur la recette générale des finances de la province de Bretagne et en conséquence ordonna que le s^r Constantin, tant en son nom que comme subrogé au s^r Le Mercier, ses hairs ou ayant cause, jouiront de ladite somme de 1,600 livres et en seroient payez sur leurs simples quittances par chacun an par demy année, et ce par les receveurs généraux des finances du pays en exercice ; à quoy faire ils seroient contraints, comme pour les propres deniers et affaires de Sa Majesté, tant pour ce qui pouroit être dû de reste au supliant, que pour l'avenir, que lesdites sommes seroient passées et allouées en la dépense de leurs comptes, en vertu dudit arrest, sur lequel il fut expédié des lettres patentes le 22 juillet 1659, et l'enregistrement d'icelles ordonné par arrest de la Chambre des comptes du 20 aoust 1659 ; que par autre arrest du Conseil, ladite rente de 1,600 livres fut réduite à 800 livres et ordonné cependant qu'elle seroit payée par le receveur général des finances de Bretagne en exercice, et que le père du supliant et luy l'ont touchée tant dudit receveur général que du payeur des gages de la Chambre à qui le premier la remettoit pour ordre de compte et en ont jouy jusqu'en 1704, 1708 et 1711, qu'il fut créé des charges de correcteurs auditeurs en la Chambre des comptes dont le fonds des gages fut assigné sur le fonds de la recette générale de Tours, attendu que ceux de Bretagne étaient épuisez. Et, comme les fonds de la recette de la généralité de Tours ne rentraient souvent que longtems après ceux de celle de Bretagne, ces nouveaux pourvus obtinrent, en 1711, un arrest qui ordonna qu'ils toucheroient concurremment avec les anciens officiers partie de leurs gages sur celle de Bretagne et l'autre partie sur celle de Tours et qu'il en seroit de même à l'égard des anciens officiers. Qu'en conséquence de cet arrest, les officiers de la chambre prétendant le supliant dans le cas de l'arrest de 1711, l'ont assujetty à ne toucher que partie de sa rente sur les fonds de Bretagne et l'ont renvoyé pour l'autre partie sur ceux de Tours, mais c'est une prétention qui n'a aucun fondement. En effet, que la rente du supliant n'est point de nature de gages parce qu'il n'est point officier de la chambre qui n'a jamais voulu permettre que son père ait participé aux épices comme les autres officiers ; jusques là que son refus a porté le conseil à commuer par son arrest du 17 juillet 1759 l'attribution du pied d'épices accordée au père du supliant, et ordonné qu'il seroit payé et ses ayant cause par le receveur général des finances de Bretagne. C'est par ce refus obstiné qu'elle s'est volontairement soumise à l'enregistrement des lettres patentes du 22 juillet 1659, intervenues sur l'arrest du 17 du même mois, qui font un titre de créance sur le domaine de nature d'engagement auquel la chambre n'a aucun droit de donner atteinte. Que d'ailleurs cette rente étant assignée sur les fouages de Bretagne tant que les fonds en subsisteront, ils y sont affectez. La chambre a laissé jouir les supliants tant que les fonds des recettes ont été régulièrement remis. Elle a elle même compris le total de ladite rente sur la recette des finances de Bretagne dans un état de répartition du 26 juin 1726 ; il n'y a eu que le prétexte de lenteur des fonds à remettre de la part du receveur général des finances de Tours qui sert de motif à leur prétention et qui ne peut néantmoins les autoriser. A ces causes, requéroit le supliant qu'il plût à Sa Majesté ordonner que les arrêts du conseil des 17 juillet 1659 et 21 juillet 1663, seront exécutés selon leur forme et teneur, et en conséquence qu'il continuera de jouir de la somme de huit cent livres et qu'il en sera payé sur ses simples quittances par chacun an par demy année aux termes de St-Jean et de Noël, et ce par les receveurs généraux des finances de Bretagne en exercice, à quoy faire ils seront contraints comme pour les propres deniers et affaires de Sa Majesté, tant pour ce qu'il luy reste dû du passé que, pour l'avenir, nonobstant touttes oppositions ou empêchemens former ou à former de la part des officiers de la Chambre des comptes de Bretagne. Ce faisant, ordonner que les sommes ainsy payées par lesdits receveurs généraux leurs seront passées et allouées en la dépense de leurs comptes et en cas de contestations condamner les contestans aux dommages et interets du supliant. Vu ladite requête, les arrêts du Conseil des dix sept juillet mil six cent cinquante neuf et vingt et un juillet mil six cent soixante trois, ensemble les autres pièces justificatives jointes à ladite requête, vu aussy sur ce le mémoire du s^r de la Boissière, receveur général des finances de Bretagne et trésorier général de ladite province, servant de réponse à ladite requête. Ouy le rapport du sieur Orry, conseiller ordinaire au conseil royal, contrôleur général des finances.

Le Roy en son Conseil, ayant aucunement égard à ladite requête, a ordonné et ordonne que l'arrest du dix sept juillet mil six cent cinquante neuf sera exécuté selon sa forme et teneur. En conséquence que les huit cent livres de pied d'épices commué en nature d'engagement sur le domaine au profit dudit sieur Constantin ne seront plus employées dans l'Etat de Sa Majesté au chapitre des gages de la Chambre des comptes, à l'effet de quoy le fonds annuel de cent huit mil livres qui luy est assigné sur les fouages de la recette générale des finances de Bretagne, sera réduit à cent sept mil deux cent livres et les huit cent livres distraittes, du fonds de ladite Chambre, payées directement par le receveur général des finances en exercice audit sieur Constantin sur ses simples quittances, et passées et allouées sans difficulté en la dépense de leurs comptes en vertu du présent arrest.

Signé : Daguesseau. Chauvelin. Orry.

A Marly, le vingt huitieme jour du mois de novembre mil sept cent trente.

Archives nationales E 1063 117.

XXV

Arrêt qui ordonne que le sr Jules Constantin, prévôt général de la maréchaussée, sera chargé de poursuivre Jacques Buro et Martin Girard qui ont pris part à une émeute et au pillage des grains par les habitants de Vézins (15 avril 1737).

Le Roy estant informé que le vingt neuf janvier dernier un grand nombre d'habitants, tant hommes que femmes de la parroisse de Vezins, élection de Montreuil-Bellay, se seroient ameutez sur le grand chemin, munis de bâtons ferrez et armes à feu, et auroient pillé et enlevé par force et violence à des meuniers de la parroisse de Chemillé, mesme élection, une certaine quantité de bleds qu'ils avoient achetez pour leur compte pour les porter en farine aux marchez de leur voisinage ; que le premier février suivant, ces mesmes habitants ont encore récidivé et fait un pareil pillage, dont il a esté dressé procès-verbal le même jour par l'exempt de la Maréchaussée à la résidence de Chollet, de quoy le sieur de Lesseville, intendant de la

VUE DE LA VILLE DE SEGRÉ.

Généralité de Tours ayant esté averti, il auroit donné ses ordres au prévost général pour faire arrester les principaux chefs de cette émotion, en conséquence desquels les nommez Jacques Buro et Martin Girard, de ladite parroisse de Vezins, auroient esté arrestez et constituez dans les prisons d'Angers, comme principaux moteurs du desordre et enlevements. Et comme pareils attroupements avec armes ainsy que les pillages, violences et voyes de fait sont absolument deffendus par les ordonnances du Roy, et que l'impunité seroit d'un dangereux exemple, veu le procès verbal du premier février dernier dressé par l'exempt de la Maréchaussée à la résidence de Chollet. Oüy le rapport du sieur Orry, conseiller d'Etat et ordinaire au Conseil Royal, contrôleur général des finances. Sa Majesté estant en son Conseil a commis et commet le sieur [Jules] Constantin, prévost général de la Maréchaussee du département de Tours, à l'effet d'instruire et faire le procès auxdits Jacques Buro et Martin Girard, habitants de la parroisse de Vezins, actuellement dans les prisons d'Angers, leurs complices, fauteurs et adhérants, pour raison de l'attroupement avec armes, pillages et voyes de fait mentionnez audit procès verbal du premier février, circonstances et dépendances, pour ledit procès fait et parfait, estre par luy jugé souverainement et en dernier ressort avec les officiers du Présidial d'Angers au nombre requis par l'ordonnance, Sa Majesté leur attribuant à cet effet toute cour, jurisdiction et connoissance et icelle interdisant à toutes ses Cours et autres juges.

Signé : DAGUESSEAU. ORRY.

Archives nationales E 2160.

XXVI

Arrêt qui valide la procédure commencée par le s^r Jules Constantin, prévôt général de la maréchaussée, au sujet de l'émeute des habitants de Vézins qui avaient pillé les grains (5 juillet 1737).

Le Roy ayant, par arrest de son Conseil du seize avril dernier, commis le s^r Constantin, prévost général de la Maréchaussée au département de Touraine, pour instruire et faire le procès aux nommez Jacques Bruro et Martin Girard, habitants de la parroisse de Vezins, actuellement dans les prisons d'Angers, leurs complices, fauteurs et adhérants, pour raison des attroupements avec armes, pillages de bleds et voyes de fait mentionnez au procès-verbal fait par l'exempt de la Maréchaussée de Chollet le premier février dernier, pour ledit procès fait et parfait, estre par luy jugé souverainement et en dernier ressort, avec les officiers du Présidial d'Angers au nombre requis par l'ordonnance, Sa Majesté leur attribuant à cet effet toute cour, jurisdiction et connoissance et icelles interdisant à toutes ses Cours et autres juges ; et Sa Majesté estant informée que, pour l'exécution de cet arrest, son Procureur en ladite Maréchaussée à la résidence d'Angers a donné sa plainte audit sieur Constantin, prevost général, pour informer desdits attroupements, pillages de bleds et voyes de fait, et qu'en conséquence lesdits Bruro et Girard ont esté interrogez et l'information commencée à la requeste dudit Procureur pour Sa Majesté en ladite Maréchaussée, mais que ledit sieur Constantin fait difficulté de continuer ladite instruction, parce qu'on luy a représenté que, par ledit arrest qui doit estre regardé comme une commission particulière indépendante de la qualité de prévost, il n'y a aucun procureur pour Sa Majesté, ni greffier, nommé pour ladite commission, ni faculté audit sieur Constantin d'en commettre. A quoy estant nécessaire de pourvoir, veu ledit arrest du treize avril dernier, ouy le rapport du sieur Orry, conseiller d'Etat et ordinaire au Conseil Royal, contrôleur général des finances, Sa Majesté, estant en son Conseil, a commis et commet son procureur à la Maréchaussée d'Angers pour estre le procès dont il s'agit continué d'estre instruit et jugé à sa requeste, conformément audit arrest, et permet audit sieur Constantin de subdéleguer le lieutenant de ladite Maréchaussée ou l'assesseur pour, en son absence, continuer ladite instruction, et de prendre pour greffier de ladite commission celuy de ladite Maréchaussée d'Angers, Sa Majesté l'ayant aussy, en tant que besoin est ou seroit, commis à cet effet, et a aussi validé la procédure encommencée par ledit sieur Constantin, jusqu'à ce jour en exécution dudit arrest.

Signé : DAGUESSEAU. ORRY.

Archives nationales E 2161.

XXVII

Documents et procès-verbaux relatifs aux dommages causés par l'occupation du château de la Lorie et de ses dépendances par les soldats de la République et par le passage de l'armée vendéenne. (Ces pièces sont datées des 15 et 21 floréal, 22, 23 et 30 messidor an V, 27 vendémiaire an VIII).

Petition du citoyen Gatinais en demande de procès verbal d'experts.

Aux citoyens administrateurs composant l'administration municipale du canton de Segré, département de Maine et Loire.

Le citoyen Nicolas Gatinais, procureur general et special de la citoyenne Gabrielle Maris Elisabet Constantin, veuve Marmier, proprietaire du cidevant chateau et terres de la Lorie, située commune de la Chapelle sur Oudon, canton de Segré, departement de Maine et Loire,

Vous expose que l'an trois et une partie de l'an quatre il y a eü de cantonnée dans ladite Maison de la Lorie different corps de troupes republicaine, notament les chasseur de Bardon, qui y ont resté trois mois, les cavaliers du deuxieme deux mois, six compagnies de sapeure sept mois, le troisieme bataillion de la demi brigade de La Lallier quatre mois et demie, et differants autres corpts, qui y ont resté un mois et autres quinze jours, d'autre huit jours, suivant les (ordres) qu'ils recevoient, de maniere que ladite maison de la Lorie a servie de cazerne deux ans et quelques mois, pendant lequel temps il s'y est commis par la troupe de la Republique des degats et degradation de toutes especes des plus considerable, tant sur les meubles, glaces, carlages, vitrages, plafond, parquets, cheminée de marbre et autres ornements et meme plusieurs murs endommagé.

Pourquoi, l'exposent demende, citoyens administrateurs, que vous ordonié que la Maison de la Lorie soit visitée par experts, qu'il soit dressé proces verbal estimatif, tant des degradations commises que du loyer de ladite maison ayant servie de cazerne, afin que ladite puisse estre authorisée, d'après votre raport, à reclamer les indemnités düe, d'après quelles seront arbitrées et estimées par les experts nommé par vous à cette effet, au moien que le prie desdittes reparations occasionnée par le sejour des troupes republicaine, ainsi que le pri du loyer de la maison, qui sera fixé par vos experts, puissent estre comptée en diminutions pour l'année presente et suivante, celle arrierée etant payé.

Ce quotroyant ferée justice.

Ce quinze floreal l'an cinquieme de la Republique françoise une et indivisible.

GATINAIS.

On lit en marge de cette pétition :

Vu la petition cy contre, l'administration minicipal du canton de Segré, après avoir entendu le raport du Com^{re} du directoire executif, considerant quil est constant que les troupes republicaine ont occupé à differante epoque la Maison de la Lorie et quelle y ont commis de grandes devastations, dont il est juste dindemniser le proprietaire, nomme pour commissaire experts les citoyens Marsolier, adjoint de la commune de St Gemme, et Poisson, entrepreneur de batiment, demeurant à St Sauveur de Flée, à l'effet de constater par un proces verbal detaillé, en presence des citoyen Meignant, adjoint de la commune de la Chapelle sur Oudon, le tems pendant lequel la maison dont il sagis a servie de cazerne, le prie du loyer et le total estimatif de malversations commise par les troupes republicaine, pour, le proces verbal nous etant raporté, estre statué ce qu'il appartiendra.

En seance publique, à Segré, le 21 floreal an 5eme de la rep. fr^{ce} une indivisible.

Signé : Chollet, adjoint, Babot, agent, E. Bancelin, Aynault, president, Marsollier, adjoint.

Deux mois après, les experts désignés procédaient à la constatation des dégâts et rédigeaient le rapport suivant :

Etat des degradation et malversation commise à [la] maison de la Lorie.

Aujourdhuit 22 messidor an 5eme de la Republique, Nous René Poisson, de la commune de St Sauveur de Flée, et Pierre Marsollier, de la commune de St Gemme, constructeur et entrepreneur de batiment, en vertu de la nomination qui nous a [été] faitte par l'administration municipal du canton de Segré, departement de Maine et Loire, en datte du 21 floreal an 5eme et constitués pour voir et aprecier les degradation et malversations considerable commise à la maison, domaine et dependance de la Lorie en la commune de la Chapelle sur Oudon, departement de Maine et

Loire, par la troupe republicainne, qui y a casserné à differante fois pendant 3 a 4 ans.

Nous nous somme transporté sur lesdits lieux et avont commencé (à constater) comme suit l'etat de destruction et dilapidation.

Salle à menger. — Ray de chaussé.

1° Avont remarqué en le carlage de carreaux de rairie à 8 pans et entre coupé de quareaux ardoisse pour reparer les dit . . . . 50 l. 0 s. 0 d.

Pour degradation des murs et la peinture à refaire, le poille du meme apartemant cassé, deux cherubins [aussi]. . . . . 175 l.

Pour 40 quareaux de vitre cassé d'un pieds quaré aux portes et fenestres . . . . 50 l.

Pour la serrurie des portes et fenestres forcées et cassée, avont estimé la somme . . . . 10 l.

2° De suite à côté entichambre pour les domestiques; pour remplasser 50 carraux à pans en rairie, meme forme et grandeur, et 15 petits en ardoisse comme dessus, estimé. . . . . 70 l.

Pour reparer la cheminée en marbre, qui a esté cassé, estimé. . . . . 50 l.

Pour la boisseure et remplissage, qui a été cassé, pour la retablir . . . . 150 l.

Pour retablir les 18 quareaux de vitre cassé. . . 18 l.

Pour ce qui concerne la serrurie à remettre. . . 10 l.

Sallon d'hyvert.

Carreaux de rairie cassé à remettre, meme des autres cy devant en rairie . . . . 60 l.

Et 20 petits en ardoise 40 livres, estimé le tout. 100 l.

Pour reparer la cheminée de marbre en ce qui est cassé . . . . 35 l.

Pour retablir le lambrie en menuiserie, porte et fenestres, estimé. . . . . 64 l.

Pour vingt quatre carreaux de vitres cassé au porte et fenestre. . . . . 24 l.

La glasse de la cheminée cassée par la troupe de 4 pieds 6 pouce de hauteur sur 2 pieds six pouce de large valeur de. . . . . 600 l.

Cabinet de Musique.

Pour reparer le lambrie en menuisserie. . . . . 20 l.
Pour retablir la tapisserie en toille et papier . . 25 l.
Pour 5 carreaux de vitre . . . . 5 l.

Chambre à coucher.

Pour retablir le parquet qui a eté cassé, estimé. 65 l.
Pour ce qu'il y a de cassé en la boissure à reparer. 16 l.
Pour la cheminée en marbre, en ce qu'il y a de cassé . . . . 15 l.
Pour 11 careaux de vitres cassés. . . . . 11 l.
Avont remarqué le bois de lit qui etoit roulan, brulé par la troupe qui étoit cazernée, de la valeur de . . . 30 l.

Cabinet à coucher.

Pour retablir le carrelage en carreaux du pied, estimé. . . . . 10 l.
Pour reparer le lambrie en menuiserie qui a été cassé . . . . 18 l.
Pour un carreau de vitre cassé. . . . . 1 l.
Pour la glasse de la cheminée qui a été cassée . 12 l.
Pour un bois de lit que nous avons remarqué avoir été brulé . . . . 20 l.
Pour replasser une porte et fourni 3 fiche et serrure. . . . . 3 l.

Salle des bains.

Un carrelage, 40 carreaux d'un pied en terre cuite à remplaser valant. . . . . 40 l.
Pour reparer le lambrie en menuiserie . . . . . 18 l.
Pour reparer la cheminée de marbre. . . . . . 3 l.
Pour 6 carreau de vitre cassé . . . . 6 l.
Pour un bois de lit à baldaquin, brulé par la troupe, de la valeur de . . . . 18 l.

Le petit cabinet de bains du même apartement cy dessus, pour douze pied de sale de menuiserie, estimé . . 4 l.

Corridor de garderobe des apartement cy dessus.

Pour le carlage d'un carreau. . . . . 1 l.
Pour une fenestre qui a été brulé, 12 fiche . . . 3 l.
Pour 7 carreau de vitre cassé . . . . 7 l.
Pour remplasser un volet de porte à vers, brulé avec sa ferrure, estimé. . . . . 6 l.
Porte vitrée de l'escalier à monter au dessus de la Bibliotheque, 8 carreau de vers cassé et à l'œuil de bœuf au dessus . . . . 9 l.

La Bibliotheque.

Pour remplasser 6 carreau à pan d'un pied . . . 6 l.
Pour reparer un volet de porte à vers, estimé. . 6 l.
Pour retablir les serrures des armoires où estoient plasée les livres qui ont été forcé et cassée pour prendre les livres, estimé. . . . . 8 l.
Pour 12 carreau qui ont été cassé au portes et fenestres, estimé . . . . 12 l.

Cage du grand escalier.

Pour le carrelage, il y a à remplasser 10 carraux de rairie à pan de la valeur de avec 4 petits en ardoisse. 15 l.
Pour degradations de murs . . . . 34 l.
Pour reparer et replasser la rampe en fert à l'escalier . . . . 44 l.
Pour 39 de carreau de vers cassé aux deux portes vitrée et aux deux fenestres, estimé . . . . 39 l.
Pour un bassin en plon arraché d'un mur, pour reparer le mur et le bassin de plon . . . . 45 l.
Pour reparer des statu cassées. . . . . 42 l.

Office, rai de chaussée et sert decharge.

Pour 23 carreau d'un pied à pan et 10 petits en ardoisse, un carrelage à remettre. . . . . 28 l.
Pour 2 portes d'un placart, brulé avec les etages, pour

les fiches et serrure, estimé, avec celle d'armoire et buffet . . . . 42 l.
Pour 13 carreau de vitre cassé. . . . . 13 l.
Pour reprendre les degradations du mur . . . . 16 l.

Cage d'un escalier neuf de l'aile droite.

Pour reparrer la rambe en bois detruite de l'escalier . . . . 25 l.
Pour les carreaux cassé et degradations, estimé. 30 l.
Pour 12 carreau de vers cassés aux fenestres . . 12 l.
Une porte du passage de la cour d'entrée à la cour de la cuisine, estimé. . . . . 15 l.

Le Commun.

Pour 8 carreau de vitre à remplacer, estimé. . . 8 l.
Pour reparrer les degradation du plancher . . . 4 l.

La Cuisine avec sont gardemengé et lavoir.

Pour 22 carreau de vitres à remettre à 5 fenestres. 22 l.
Pour la menuiserie à retablir qui eté brulé en differante espece. . . . . 44 l.
Pour reparer les murs degradé et tuffeaux cassé. 18 l.

La Boulangerie.

Pour deux carreau de vitre casé . . . . 2 l.

La Buanderie.

Une panne cassée par la troupe, estimé. . . . . 28 l.
Pour un placart brulé, degradation de murs . . 12 l.

La Lingerie.

Pour porte cassée, fenestre à petit bois. . . . . 20 l.
Pour 8 carreau de vitre cassé, estimé. . . . . . 8 l.
Pour 8 carreau en rairie du pied quaré à remplaser et pour degradation de mur . . . . 15 l.

La Cuisine de Basse Cour.

Brulé un bois de lit, estimé . . . . 6 l.
En une autre chambre, brulé deux bois de lits, une

fenestre avec son contrevent, et une vitre en plon cassée, le tout estimé, avec les rideau de deux lit en toille. 40 l.

Plus pour refaire le volaillié, 4 cages à mettre les volailles, 4 portes de toits à porc et à volailles, qui ont été brulé par la troupe, estimé le tout ensemble . . . . 102 l.

La Chapelle.

Pour le carlage à refaire.

Reposer une marche en rarie de 15 pied sur un pied de giron.

Refaire un marchepied à deux marches en bois.

Refaire 2 paneau de 3 pieds et demis sur deux pieds et demis, refaire 2 guirlande, refournir le pied destalle du benitier, avec leurs flames à l'hautel, estimé le tout ensemble à . . . . 250 l.
Pour deux armoire et les bans brulé . . . . . . 60 l.
Pour raccomoder deux portes cassée, estimé . . 9 l.
Pour 15 careau de vitre cassée. . . . . 15 l.

Cage de l'escalier de l'aile gauche.

Pour une porte de l'escalier, brulée, à remplacer. 12 l.
Pour 12 carreau de vitre à remplacer. . . . . . 19 l.
Avont remarqué pour degradation commise, estimé. . . . . 9 l.

Au premier etage.

Pour les baguettes ou tringue de menuiserie . . 35 l.
Pour ferrures de portes et serrures . . . . . . 4 l.
Pour 4 carreau de vitre à remettre. . . . . . . 4 l.
Pour le boit du lit brulé. . . . . 24 l.
Pour reparer le parquet et 5 carreau en la cheminée. . . . . 16 l.
Pour socles et baguette à remplacer en place de celle qui ont été cassé et brulé . . . . 72 l.
Pour reparer une table de marbre . . . . 3 l.
Pour 10 carreau de vitre à remplascer . . . . . 10 l.
Pour un grand bois de lit brulé, estimé. . . . . 24 l.

En le cabinet du même appartement, pour remplacer les baguettes et la boisure . . . . 20 l.
Pour 6 carreau de vitre. . . . . 6 l.
Pour un bois de lit et de la carie brulé . . . . . 30 l.

Entichambre et cabinet de toilette.

Pour la cheminée de marbre, mise en morceaux, estimé. . . . . 44 l.
Pour les baguettes et autre menuiserie, avont estimé. . . . . 56 l.
Pour reparer le parquet avec un volet . . . . . 10 l.
Pour reparer la serrurie. . . . . 1 l.
Pour 7 carreau de vitre cassé . . . . 7 l.
Pour un bois de lit brulé et la carie, estimé. . . 36 l.
Pour reparer les parquets et boisserie de l'apartement, entichambre, cabinet à coucher et garderobe, estimé. . . . . 46 l.
Pour reparer les cheminées de l'apartement et du cabinet, qui sont en marbre, estimé . . . . 6 l.
Pour serrurie, fermetures de porte, vergettes. . 11 l.
Et pour 34 carreau de vitre, estimé. . . . . . . 34 l.
Pour une armoire qui a été brulé . . . . 22 l.

Chambre à coucher, avec son entichambre, cabinet de toillette, garde robe et un second cabinet à coucher.

Pour reparer le carlage des 4 arpartements en carreau à pan, qui a eté considerablement cassé par la troupe, qui couppoit leurs bois sur le planché, estiment, pour reparrer, la somme de. . . . . 60 l.
Pour se qui conserne la menuiserie, en baguettes, volest, pannau, carie de lit, avont estimé à la somme de. . 76 l.
Pour se qui conserne la serrurie en les mêmes apartement, l'avont estimée valoir. . . . . 20 l.
Pour replacer 22 carreau de vitre, estimé. . . . 22 l.
Pour tasciperie en papier de l'entichambre et cabinet de toillette, estimé . . . . 28 l.

Pour degradation de la cheminée de marbre et autre . . . . 6 l.

Apartement à coucher, son cabinet de toillette et sa garde robe.

Pour les carrelages qui ont été cassé par le bois de feu que la troupe coupoient ordinairementz où ils logeaient, estiment valoir la somme de. . . . . 60 l.

Pour la boiserie, baguettes, socle et paneau. . . 100 l.

Pour serrurie, serrure de porte emportée, loctau, targette, toutes se qui menque, estimé . . . . 20 l.

Pour'3 carreau de vitre, estimé . . . . 3 l.

Pour la taspisserie en papier du cabinet de toillette, estimé. . . . . 10 l.

Pour le bois de lit du present apartement, avec la carie brullé, estimé . . . . 30 l.

Pour reparer la cheminée en marbre, estiment la somme de . . . . 15 l.

Corridor de l'aile droite.

Pour le carlage à reparer et les enduits, estimé à la somme de. . . . . 28 l.

Pour 18 carreau de vitre cassé à remettre. . . . 18 l.

Aille droite. Apartement, chambre à coucher, cabinet de toillette et garde robe.

Pour reparer le carlage desdits apartemens et la cheminée, estimé . . . . 12 l.

Pour 8 carreau de vitre cassé . . . . 8 l.

Pour les tapisserie en papier, estimé de la valeur de. 30 l.

Second apartement de l'aile droite.

Pour reparer le carlage, estimé . . . . 10 l.

Pour 3 carreau de vitre cassé à remplassé . . . 3 l.

Pour socle et baguettes à remplacer et autre menuiserie, estimé. . . . . 25 l.

Pour la tapisserie cassée, en papier, estimé. . . 10 l.

Suite du même corridor, 3ᵉᵐᵉ chambre.

Pour reparer le carlage et la cheminée en marbre, estimé à . . . . 6 l.

Pour chambranle, toute espece de menuiserie, estimé. . . . . 30 l.

Pour deux crampons et un carreau de vitre à remettre. . . . . 3 l.

Pour la tapisserie à reparer, en papier . . . . . 8 l.

Pour une comode plaqué et garni en ferrure dorrée, rompue et au trois quarts brulé, estimé . . . . . 60 l.

Pour une armoire neuve, brulée entierrementz, sa ferrure perdu, estimé . . . . 60 l.

Même suite de corridor, 4ᵉᵐᵉ chambre.

Pour le carlage de la chambre et celui de son cabinet à reparer, avont estimé à la somme de. . . . . . . 20 l.

Pour la cheminée de marbre, la tablette cassée et pour des baguettes et des panneau à remettre. . . . . 66 l.

Pour 3 carreau de vitre cassé . . . . 3 l.

Pour reparer la tapisserie de la chambre et du cabinet, estimé. . . . . 6 l.

Pour une comode brulée en la même chambre, estimé. . . . . 60 l.

Pour un bureau plaqué de cuivre, estimé. . . . 50 l.

Apartement de la tour creux, avec son antichambre, cabinet de toillette et garde robe.

Avont remarqué 76 carreau d'un pied quaré, qui ont eté cassé par la troupe, estimé . . . . 76 l.

Plus le carlage du cabinet garde robe et une cloison en brique à refaire en partie, estimont valoir . . . . 30 l.

Avont remarqué une cloizon defonsée, faisant trois toisses, estimé. . . . . 30 l.

Plus 240 pieds de baguettes à remplacer, estimé, avec trois portes et un volet . . . . 195 l.

Pour la serrurie, en se qui conserne la fermeture des portes, fiche, serrure, verrouils, targette, etc., avont estimé la somme de. . . . . 53 l.

Pour 14 carreau de vitre cassé, la somme de. . . 14 l.

Pour les tapisserie de chambre, cabinet et entichambre, en papier, qui a eté cassé, estimé . . . . 60 l.

Pour reparer la cheminée en marbre. . . . . . 6 l.

Chambre de l'ecurie.

La porte d'entrée cassée et une fenestre avec sa vitre et son volet . . . . 38 l.

Brulé un lit et ses rideau, pour ce, estimé . . . 25 l.

Pour le dedomagent, reparation à faire à l'ecurie et le grenier au dessus à mettre les fourrages, pour cloisons defaite et brulé, abafoin brulé, des clairie des croizées. . . . . 200 l.

Chambre de la concierge.

Pour la porte d'entrée qui a eté cassée et brulée, à refaire à neuf, estimé . . . . 30 l.

Greniers au linge salle.

Pour avoir refaire deux passée en les planché defoncé pour passer aux appartements de dessous, pour un latis cassé, estimé. . . . . 12 l.

Au second.

Corridor du principal corp de bâtiment :

Pour refaire 10 toisse de carlage, remplasser le carreau cassé, pour materiau et main d'œuvre . . . . . . 100 l.

Pour reparation des plancher et contrequillage et le blanc endommagé, estimon . . . . 25 l.

Pour racomoder des crampons des fenestres . . 3 l.

Pour 30 charreau de vitre cassé . . . . 30 l.

N° 1.

Pour callage à reparer, estimont. . . . . 6 l.

Pour les degradations à reparer et blanchissage. 6 l.

Pour 2 carreau de vitre . . . . 2 l.

Pour un bois de lit brulé et les rideau de laine blanche, estimé. . . . . 35 l.

Pour une petite armoire et une table brulé, en la meme
hambre, estimé . . . . 15 l.

N° 2ᵉᵐᵉ.

Pour reparer le carlage. . . . . 6 l.
Pour degradation de mur et plancher. . . . . . 5 l.
Pour reparer la porte d'entrée cassé . . . . . . 30 l.
Pour 6 carreau de vitre cassé . . . . 6 l.
Pour armoire cassé, menuiserie et ferrure, serrure 22 l.

N° 3ᵉᵐᵉ.

Pour carlage, estimont, pour reparer. . . . . . 12 l.
Pour degradation et blanc à refaire. . . . . . . 6 l.
Pour la porte, chassi à reparrer . . . . 9 l.
Pour un carreau de vitre cassée . . . . 1 l.
Pour une tapisserie de haute lisce, cassée et emportée, de la quantité de 48 pieds sur 11 pieds de hauteur . . 300 l.
Le bois de lit de la chambre, les barre, la carie brulé, la garniture de la carie et dossier en satin jeaune piqué, emporté, estimé . . . . 100 l.
Pour une table et fauteuil cassé et brulé . . . . 50 l.

N° 4.

Pour reparer le carlage. . . . . 6 l.
Pour les anduits et degradation . . . . 6 l.
Pour refaire une porte neuve à la chambre . . . 19 l.
Pour la tapisserie en haute lisre, emportée, de la valleur de . . . . 250 l.
Pour deux bois de lit brulé, les emporté, les fonds de carie, pentes et dossier, estimé . . . . 150 l.
Une table brulé, fauteuils et chaise. . . . . . . 39 l.

N° 5.

Pour retablir le carlage, degradation et blanc, un carreau de vitre, une serrure à la porte, reparer la cheminée, estimé valoir. . . . . 12 l.

N° 6.

Pour carelage et degradations de murs. . . . . 12 l.

Pour fournir une porte neuve avec sa ferrure . . 24 l.

Pour retablir la fenestre, un batton à refaire, la ferrure et 20 carreau de vitre cassé . . . . 30 l.

Une armoire brulé en la chambre, dont il reste partie des pieds, estimé. . . . . 25 l.

N° 7.

Pour reparer les carlage, degradations et blanc . 32 l.

Pour refaire deux paneau à la porte et les ferrures et serrure, estimé. . . . . 10 l.

Pour 10 carreau de vitre cassé. . . . . 10 l.

Pour 2 bois de lit avec des rideau, brulé ou emporté, estimé. 67 l.

Pour un sofa cassé, monté en brodure et clout doré, estimé. . . . . 60 l.

Pour une table, 5 chaises et un coffre mis en pieces 40 l.

N° 8.

Pour reparer le charlage de la chambre et degradations, fournir une serrure à la porte. . . . . 15 l.

Pour 6 carreau de vitre cassé . . . . 6 l.

Pour un lit et des rideau brulé, table, priedieu et chaisses. . . . . 58 l.

Au second corridor de l'aille droite neuve.

Avont remarqué le carlage du corridor, avec les degradations, estimont à la somme de. . . . . 10 l.

Pour 4 petits paneau de vitre cassé, estimé. . . 4 l.

Pour remplacer trois portes brulée des appartemens du meme corridor, estimé . . . . 45 l.

Pour reparer les carlage des trois chambres et degradations des murs et fournir trois petits panneau de vitre, estimé. 12 l.

Pour 4 bois de lit brulé et un à rideau, brulé ou emporté, estimont. . . . . 50 l.

Deux chambres au bout du même coridor.

Pour 3 portes brulée, estimée à remplacer, au 3eme chambre, un escalier derobé à reparer, estimé de la valeur de 50 l.

Pour degradations des murs des memes chambres   25 l.
Pour reparer les vitres, estimé. . . . .   9 l.
Pour un bois de lit brulé . . . .   10 l.

Nous avont remarqué, qu'en tous les lits qui ont eté brulé dans les appartements cité, nous ni avont pas trouvé les vergettes et qu'elles ont été emportés par la troupe ; nous avont estimé valoir la somme de. . . . .   200 l.

Avont aussi remarqué qu'au croisées il y avoit des petites chaines et attaches avec des crochais et des pistons qui ont eté arraché. Avont estimé, pour les remettre, valoir la somme de. . . . .   90 l.

Chambre des jardiniers.

Pour reparer une porte de l'entrée et onze carreau de vitre et un volet à la fenestre . . . .   22 l.

L'orrengerie.

Pour refaire la porte du bout à l'ouest . . . . .   6 l.
Pour 27 carreau de vitre cassé. . . . .   25 l.

Serre chaude.

Avons remarqué un chassi à vers cassé par la troupe.   6 l.
Pour 61 carreau de vers cassé, estimé . . . . .   61 l.
Plus 44 pieds de grosses planches, qui étoient utiles à la serre, estimé. . . . .   12 l.
Avont trouvé une porte à deux batans, fermant les remises, brulée ; avont estimé à fournir 6 pentes avec la ferrure et clouts à vis. . . . .   72 l.

Logement des fermiers.

En les deux chambres au dessus des bains :
Avont trouvé les carlage à reparer et les avont estimé, avec les degradations, à la somme de. . . . . . .   18 l.
Pour 9 carreau de vitre. . . . .   9 l.
Pour 86 pieds de baguette, estimé . . . .   43 l.

Pour une piece de tapisserie de couetis brodé, qui a eté emporté, estimé la somme de . . . . 40 l.
Deux bois de lit avec leur carie garni à baldaquin. 72 l.
Plus les rideau d'un autre lit, estimé. . . . . . 30 l.
Pour une comode gaté, estime, pour reparer . . 12 l.

A la cuisine de la ferme.

Quatre fenestre defoncée et cassées, estimé. . . 30 l.
Une petite armoire cassée ; pour retablir, avont estimé. . . . . 6 l.

A l'ecurie de la ferme.

Avont remarqué deux fenestre, qui ont eté cassé, à refaire, estimé valoir . . . . 50 l.
Plus quatre portes cassé, estimé. . . . . 60 l.

En les caves, avont remarqué trois portes, qui ont eté cassée, que nous avons estimé avec la ferrure. . . 50 l.
En l'escalier de la Bassecour, côté de la ferme, avont remarqué un placard defoncé et la serrure à fournir, estimé valoir. . . . . 24 l.
Pour les granges, il s'est trouvé, pour reparer les objets cassé, pour . . . . 31 l.

Avont remarqué, à la balustrade sur la terrasse au parterre, 64 pieds detruite, à refaire neuf, estimé. . . 320 l.
148 pieds, qui peuvent se reparer, estimé la somme de. . . . . 150 l.
Pour 173 pieds d'espaliers en longueur sur 6 pieds 173 l.
Pour patte fiches à les attacher . . . . 24 l.
Avont remarqué deux piliers, faits en tuffeau, pour porter des statu, à refaire, estimé valoir . . . . 100 l.

Façade du dehor du batiment à l'est.

Pour remplacer les tuffeau, pierre de rairie cassé, coupé par la troupe, degradation considerable, la teste de cheval à reparer, marches et un lion à refaire à neuf ; pour faire et fournir, estimon la somme de . . . . 1,000 l.
Plus, pour un bassin en brique et tuffeau, fait pour rese-

voir les eaux des batiment et un descendant en plon enporté, estimon à la somme de . . . . 160 l.

Façade de l'ouest des batiments.

Pour les degradation des apuits et jambage en tuffeau de fenestres et balustre, à reposer une pierre au glassi de la demi lune, le tout cassé par la trouppe, estimé 40 l.

Avont remarqué les toit des batimens avoir été percé pour faire et servir de fumoir. Avont estimé à reparer à la somme . . . . 150 l.

Pour une quantité de tuffeau travaillié, prie par la troupe pour faire des forteresses, cassé en pur perte, estimé 300 l.

Pour 2 porte à claire vois ferment un puit, estimé. 20 l.

Pour quatre douzaines de chaisses cassée et brulée par la trouppe . . . . 72 l.

Cassé, prie et emporté deux miles trois cent bouteilles de vers, estimé. . . . . 600 l.

Ray de chaussé.

Pour degradation faite en l'intérieur des murs des batiments par la troupe, blanchissage à refaire ; les plafonds percé par coups de fusils ; une grande quantité de peinture totallement gatée par des feux qu'il ont fait au millieu des appartements, qui mi cinq fois differante le feu en la maison, estimon, après un mur examain, valoir la somme de 1,500 l.

Pour 80 toisses de bon bois de menuiserie brulé par la troupe, estimon la somme de . . . . 800 l.

Pour pendant 3 ou 4 ans avoir logé, cazernée la cavalerie, l'infanterie, au nombre de 800 hommes à la fois, estimont le loyer de valloir, pendant deux ans, la somme de 800 livres. Fait et aresté le present etat de degradations et malversations que nous avont trouvé à la maison de la Lorie, et en avont fait l'estimation à notre ame et consience, montant à la somme de quatorze milles huit cent quinze livres. A la Lorie, le 23 messidor an 5me. Signé : René Poisson, Marsollier, René Meignant, adjoint.

Le 30 messidor, l'administration municipale du canton de Segré, après avoir pris connaissance du procès-verbal ci-dessus résumé, déclarait qu'il y avait lieu d'indemniser le pétitionnaire sur les fonds mis à la disposition du département, « considerant qu'il est constant que la maison de « la Lorie a servie de cazerne, par interime, aux differant « corps militaire cantonné dans notre arrondissement pen- « dant lespasse de quatre années environ. » La décision était signée : « Chollet, adjoint, Jalot, agent, Esnault, président, E.-B. Bancelin, Lefevre, secretaire. »

Le 27 vendémiaire an VIII, Gatinais se présentait devant Claude Giron, juge de paix du canton de Segré, muni d'une procuration de la dame Marmier, et faisait la déclaration des objets qui lui avaient été enlevés « tant par la force armée des républicains que par celle des royalistes, depuis le mois de prairial an VII jusqu'à la redition des armes des chouans qui existoient alors, scavoir :

Premierement, un bœuf, pris à la metairie de la Plesse en la commune de la Chapelle, estimée cent dix francs, cy. . . . . 110 f.

2° Un bœuf, pris à la metairie du Tremblay, ditte commune de la Chapelle, estimée quatre vingt dix francs, cy. . . . . 90 f.

3° Un bœuf, pris à la metairie de la Botelerie, ditte commune de la Chapelle, estimée cent francs, cy. 100 f.

4° Un bœuf, pris à la metairie du domainne de la Lorie, ditte commune de la Chapelle, estimée cent vingt francs, cy. . . . . 120 f.

5° Pris et enlevé dans les greniers de la Lorie et dans differents lieux de la terre, en laditte commune de la Chapelle, la quantité de vingt six septiers six boisseaux de grain, scavoir : onze septiers trois boisseaux de froment, et quinze septiers deux boisseaux de seigle, estimée sept cent une livres dix sols, cy. . . . . 701 l. 10 s.

6° Pris et consommé à la Lorie trois milliers de foin et deux milliers de paille, estimée cent cinq francs, cy. 105 f.

7° Pris et enlevé à la Lorie et en plusieurs metairies de la terre dix barriques de cidre, estimée, sans les füs, quatre vingt francs, cy . . . . 80 f.

8° Plus, pour differentes goutieres de plompt enlevées et quantité de vitres cassées et brisées, avec differents meubles, en laditte maison de la Lorie, le tout estimée au plus bâs prix, trois cents francs, cy . . . . 300 f.

Total des pertes eprouvées par le declarant dans ledit canton de Segré : seize cent six francs cinquante centimes, cy. . . . . 1606 f. 50 centimes [1].

Archives du château de la Lorie.

[1] Nous avons scrupuleusement conservé l'orthographe défectueuse de ce curieux document. Nous avons seulement rétabli l'accentuation et la ponctuation nécessaires pour en faciliter la lecture.

TABLE DES MATIERES

CHAPITRE Ier

(1652-1664)

Le château de la Lorie. — Les Le Pelletier de Saint-Denis d'Anjou, seigneurs de la Lorie au xviie siècle. — Armoiries des Le Pelletier. — Anne Le Pelletier, fille de René Le Pelletier, conseiller et maître-d'hôtel ordinaire du roi, grand prévôt d'Anjou, et de Jacquine Baud, épouse Gabriel Constantin, Ier du nom, écuyer, seigneur de Varennes, conseiller du roi, correcteur en la Chambre des comptes de Bretagne, fils de Jacques Constantin, écuyer, seigneur de Montriou, maître des comptes de la même chambre, et de Anne Martineau. — Armoiries des Constantin. — Inconduite, prodigalités et désordres de René Le Pelletier. — Poursuites exercées contre lui par ses créanciers. — Saisie de la terre de la Lorie. — Arrestation et emprisonnement de René Le Pelletier à la Conciergerie. — Ses dettes s'élèvent à huit millions de livres. — Après deux ans de détention, il est remis en liberté. — Mort de Jacquine Baud, dame de la Lorie. — Les enfants de Gabriel Constantin et de Anne Le Pelletier. — Continuation des embarras financiers. — Gabriel Constantin, seigneur de Varennes et de la Lorie, est nommé prévôt généra et provincial d'Anjou. — Mort de René Le Pelletier . . . . .

CHAPITRE II

(1664-1680)

Examen et analyse des diverses affaires instruites par Gabriel Constantin, en sa qualité de prévôt général et provincial d'Anjou. — Poursuites dirigées contre Urbain Leclerc, sieur du Genétay, Jean Cadillon, François de la Rivière, sieur du Plessis de

Vergonnes, la Rivière, son valet, Daubigné, valet du sieur de la Jaille, Girault, fils, sieur du Plessis-Girault, Georges Cadotz et leurs complices ; contre Jean Gautier et Thomas Noguette. — Différends entre le sieur de Sazay et François de Channé, chevalier, seigneur de Sourdigné ; entre le marquis de la Porte et MM. de Montbault, frères ; entre François Giffard, fils, écuyer, sieur de la Perrine, et le sieur de la Barre-au-Breil. — Gabriel Constantin est chargé d'arranger ces querelles et de s'opposer aux duels. — Les Constantin sont maintenus au rang des nobles de la province de Bretagne. — Démêlé entre Pierre Haton, chevalier, seigneur de la Masure, et René de Fayau, lieutenant de la maréchaussée. — Les habitants des campagnes de l'Anjou veulent empêcher la libre circulation des grains. — Enquête faite sur l'insubordination de Montolin, sous-lieutenant du sieur Reverdy, capitaine au régiment de Navarre. — Gabriel Constantin reçoit des lettres d'honneur de la charge de correcteur de la Chambre des Comptes de Bretagne. — Démêlés entre MM. de Scépeaux, de Boisguignon, de Prat et M. de Brullon. — Les faux sauniers. — Le grand prévôt visite les écuries et les remises des maîtres de poste d'Anjou, par ordre de Louvois, qui veut connaître le nombre exact des chevaux employés et savoir si le service régulier des courriers est assuré. — Lettre de la Compagnie au receveur général des fermes du roi en Anjou, au sujet de l'arrestation de plusieurs voleurs et faux sauniers par la maréchaussée. — Altercation entre Pierre de Villençon, marquis de Caligny, et M. de Linières. — M. de Lestenou, seigneur de la Chaubruère, est désigné pour empêcher les duels dans toute l'étendue des baillages de Saumur et de Baugé et pour régler les différends entre les gentilshommes. 27

CHAPITRE III

(1680-1685)

Gabriel Constantin vend l'office de lieutenant de la maréchaussée d'Anjou à Mre François Payneau, sieur de la Giraudière, et la charge de conseiller du roi. lieutenant du prévôt général de Touraine, à Daniel Dorion. — Informations faites contre le laquais de Monsieur de l'Aubrière, accusé d'avoir rompu « les bans du Roy et les armes de Sa Majesté » dans l'église d'Andard. — Démêlé entre le sieur du Clos et le sieur de la Hamelinière. — Duel entre François Chenu, sieur du Bois-Garnier, et René Chenu, sieur de Landormière. — Ce dernier est tué d'un coup de pistolet. — Chamfleuri, archer du prévôt, est contraint de restituer l'épée d'un gentilhomme étranger, qu'il avait gardée chez lui, au lieu de la porter au château. — Désobéissance du sieur des Rochettes, exempt, et du sieur Saint-Arnoult, archer, qui refusent d'exécuter les ordres de M. de la Chaubruère. — M. de Vauperron est condamné à faire amende honorable à M. de Mézière, qu'il avait souffleté et frappé d'un coup de canne. — Mort de Gabriel Constantin. — Son fils, Gabriel Constantin, IIe du nom, lui succède dans ses fonctions. — Le mobilier du château de la Lorie en 1683. — Inventaire et estimation des bestiaux trouvés dans les métairies. — Le mobilier de la maison de la rue de la Croix-Blanche, à Angers. — Les papiers du prévôt général d'Anjou. — Balthazar Legras, sieur de l'Augardière, détenu dans les prisons d'Angers, obtient d'être mis en liberté, après un arrangement avec François de Carré de la Roulière, garde du roi, dont il avait maltraité le père, Étienne de Carré, sieur de la Gaudurie, en son vivant lieutenant de la maréchaussée d'Anjou. 53

CHAPITRE IV

(1685-1688)

Louis de Bechameil, marquis de Nointel, intendant de la généralité de Tours, ordonne au grand prévôt d'Anjou de transférer secrètement « la nommée Chevalier » des prisons d'Angers à Paris, chez Mme de Miramion. — Les pensionnaires de la communauté des Pénitentes d'Angers. — Procès-verbal et procédure concernant les sieurs René Beauxamis et Pierre Prévôt, sieur de la Giraudière, prêtres de Pouancé, auxquels il avait été enjoint, par deux lettres du petit cachet, de se rendre au Séminaire d'Angers, pour y demeurer jusqu'à nouvel ordre. — M. de Meaussé, fils aîné du sieur de Coulaines, est cité à comparaître devant le grand prévôt d'Anjou. — Gabriel Constantin, IIe du nom, conseiller du roi, grand prévôt d'Anjou, correcteur de la Chambre des Comptes de Bretagne, est élu membre de l'Académie d'Angers. — Nouvelles poursuites contre le laquais de M. Lefebvre de l'Aubrière, conseiller au Parlement de Bretagne, accusé d'avoir « rompu un banc du Roy et les armes de Sa Majesté dans la paroisse d'Andard ». — Démêlés entre René de Colasseau, écuyer, sieur de Briacé, et François et Alexandre Drouillard, écuyers. — Mariage de Gabriel Constantin, IIe du nom, avec Perrine-Renée Leclerc des Émereaux. — Évasion des nommés Des Chaufours et Beaulieu, détenus au château d'Angers. — Interrogatoire de Claude Mangore, dit Des Rochers, caporal dans la compagnie du sieur de Reynepont, capitaine au régiment de Piémont, de Joseph Margariteau, dit La Verdrye, soldat, de François Bellanger, dit Des Jardins, et de Pierre Sauleau, dit La Saulaie, autres soldats de la garnison, qui avaient monté la garde pendant la nuit de l'évasion. — Rapport des experts. — Les prisonniers du château d'Angers sous Louis XIV............... 71

CHAPITRE V

(1688-1689)

Altercation, au château de Narcé, entre François Amys, écuyer, sieur du Ponceau, et Laurent Aveline, écuyer, sieur de Narcé, en présence de Louis d'Héliand, écuyer, abbé d'Ampoigné, et de plusieurs autres personnes. — Les deux adversaires sont cités à comparaître devant Louis Quélier, écuyer, seigneur du Grand-Marcé, conseiller du roi, premier lieutenant de la Maréchaussée générale d'Anjou, pour y faire leurs déclarations respectives. — Gabriel Constantin, IIe du nom, assiste à une assemblée de la Communauté des habitants de Château-Gontier. — Arrestation d'Isaac Georges, dit La Roche, marchand mercier, demeurant à Angers, sur la Place-Neuve, chez Pelissier, marchand brodeur, et de Samuel Pelisson, sieur de Montigny, en Quelaines, protestants nouvellement convertis, accusés d'avoir contrevenu aux édits du Roi et d'avoir entretenu des intelligences secrètes avec les ennemis de Sa Majesté réfugiés en Angleterre et en Hollande. — Interrogatoires des deux prisonniers amenés dans l'ancienne chapelle des prisons royales. — La Roche est transféré au Mans. — Ordre du Roi de conduire au château de Loches, le nommé Fouace, enfermé dans celui d'Angers. — Plaidoyer de Charles Gontard, sieur du Pin, en faveur de Jean Morillon, détenu dans les prisons du Roi à la requête de Gilles Duriot, sieur de la Durasserie, qu'il avait défié. — L'avocat demande que son client soit mis en liberté.......... 91

CHAPITRE VI

(1689-1700)

Lettre de M. le marquis du Bellay, lieutenant des Maréchaux de France, à Gabriel Constantin, IIe du nom, pour le prier de faire enregistrer ses lettres de provision. — Hue de Miroménil ordonne, au nom du Roi, au grand prévôt d'Anjou, de poursuivre les voleurs qui troublent la facilité du commerce et la paix publique. — Il lui enjoint aussi de réprimer les désordres commis par les cavaliers qui ont leurs quartiers d'hiver en Anjou et par les soldats de milice. — On les arrêtera et on les conduira en prison. — Procès criminel d'Antoine Durand, de Madeleine Bourre, sa femme, de Marie Gourdon et de Jean Grabot, vagabonds, accusés de nombreux vols et détenus dans les prisons du Roi à Angers. — Poursuites contre Jacques Joly. — Conflit entre Gabriel Constantin, II° du nom, et les officiers du Présidial d'Angers. — Différend entre Joachim de Chénedé, écuyer, et Jacquine Le Pelletier, qui lui réclame un paiement de quatorze pistolles. — Arrêt contradictoire, rendu au Conseil d'État, tenu à Versailles, en faveur du grand prévôt d'Anjou, qui lui accorde « la séance » à la Chambre du Conseil et aux Assemblées publiques et particulières, après le Président. — Enregistrement des lettres de provisions d'Henri-François de Racapé, chevalier, seigneur de Magnannes, pourvu de l'état et office de lieutenant des Maréchaux de France au bailliage d'Angers. 117

CHAPITRE VII

(1700-1761)

Inventaires des mobiliers de la maison de la rue de la Croix-Blanche, à Angers, et du château de la Lorie, après le décès d'Anne Le Pelletier, veuve de Gabriel Constantin, Ier du nom, écuyer, seigneur de Varennes et de la Lorie, grand prévôt d'Anjou. — Estimations des bestiaux trouvés dans les métairies de la terre de la Lorie. — Poursuites contre Paul du Rasteau, écuyer, ex-lieutenant au régiment de Brissonnet, à la requête du sieur du Rieux, écuyer, lieutenant au même régiment, son créancier. — Ordre du Roi, adressé à Gabriel Constantin, II° du nom, de détacher de sa compagnie onze archers bien équipés, sous le commandement d'un exempt, et de les envoyer d'Angers à l'armée de Metz. — Certificat de maladie délivré au soldat Joli-Cœur, par Pierre Pousse, maître chirurgien juré. — Information faite, à Angers, par le grand prévôt, à la suite d'un tumulte nocturne et d'une collision entre les soldats du régiment du Boulay et les habitants. — Le baron d'Oigonnelle, lieutenant au régiment du Boulay, est assiégé par Jannaux de la Bretonnière et par les étudiants dans la maison des demoiselles de Chantepie. — Les soldats viennent à son secours et défendent François Ledru, lieutenant au même régiment, attaqué par les assaillants. — Jamin, fils du maître d'armes, est blessé dans cette rixe. — Dépositions des divers témoins. — Le

Roi décharge Gabriel Constantin, IIe du nom, d'un paiement de cinq mille quatre cents livres, en récompense de ses bons et loyaux services. — Les Constantin sont maintenus au rang des membres de la noblesse. — Mise en liberté de Suzanne-Jeanne du Coudray, veuve de messire Charles Perrault, chevalier, sieur de la Sablonnière, qui avait été enfermée aux Pénitentes d'Angers. — Gabriel-Félix Constantin, fils du précédent, épouse Marie-Louise-Charlotte-Sophie de Boylesve de Soucelles. — Il remplace son père, en qualité de grand prévôt d'Anjou, puis abandonne ce poste à son frère cadet, Jules Constantin, écuyer, seigneur de Marans, époux de Jeanne-Victoire de Crespy de Chauvigné. 133

CHAPITRE VIII

(1761-1799)

Charles-François-Camille Constantin, seigneur de la Lorie, époux de Mlle Élisabeth-Jeanne Lefebvre. — Mort de Charles-Auguste Constantin, fils du précédent. — Gabrielle-Marie-Élisabeth Constantin s'unit, dans la chapelle de la Lorie, à N. de Marmier, colonel du régiment de Lorraine-dragons. — Le château de la Lorie et ses dépendances. — La vie d'un grand seigneur angevin à la fin du XVIIIe siècle. — Charles-François-Camille Constantin assiste aux Assemblées de la noblesse d'Anjou pour l'élection des députés aux États Généraux. — Sa mort et son tombeau dans l'église de la Chapelle-sur-Oudon. — Occupation et dévastation du château de la Lorie par les troupes républicaines. — Procès-verbal des dommages causés par les Bleus et par les Chouans, tant dans l'habitation que dans les métairies de la Plesse, du Tremblay, de la Botellerie et de la Lorie. — Évaluation des pertes subies. — Procès-verbal dressé par les citoyens Marsollier, adjoint au maire de la commune de Sainte-Gemmes-d'Andigné, et Poisson, entrepreneur de bâtiment, demeurant à Saint-Sauveur-de-Flée, en présence du citoyen Meignan, adjoint au maire de la commune de la Chapelle-sur-Oudon. 159

PIÈCES JUSTIFICATIVES

I. — Donation faite par Mᵉ Jacques Constantin, seigneur de Montriou, conseiller du roi en ses conseils, doyen de la Chambre des Comptes de Bretagne, à ses enfants (24 mai 1652). 175

II. — Arrêt qui ordonne que la Chambre des Comptes de Bretagne devra procéder à l'enregistrement et vérification des lettres patentes du 28 février 1648, contenant que les correcteurs de cette Chambre participeront aux épices ainsi que les « Présidents, Mᵉˢ auditeurs, avocats et Procureurs généraux », et qui enjoint en conséquence aux receveurs généraux des finances de la province de payer à Mᵉ Gabriel Constantin, Iᵉʳ du nom, conseiller de Sa Majesté, correcteur en la Chambre des Comptes, la somme de douze cents livres. (14 mai 1653.) 177

III. — Arrêt qui ordonne que Mᵉ Gabriel Constantin, Iᵉʳ du nom, conseiller de Sa Majesté, correcteur en la Chambre des Comptes de Bretagne, subrogé aux droits de Mᵉ Jacques Le Mercier, aussi correcteur en ladite Chambre, jouira d'une somme annuelle de seize cents livres, à titre d'épices, et sera payé à deux termes par les receveurs généraux des finances de la province. (17 juillet 1659.) 181

IV. — Lettres d'honneur données à maître Jacques Constantin, sieur de Montriou, doyen des maîtres ordinaires de la Chambre des Comptes de Nantes. (27 juillet 1659.) 184

V. — Compte fait entre Mʳᵉ Gabriel Constantin, Iᵉʳ du nom, seigneur de Varennes et de la Lorie, conseiller du roi, grand prévôt d'Anjou, et Charlotte Constantin, veuve de Mʳᵉ César de Langan, chevalier, seigneur du Bois-Febvrier. (11 juillet 1664.) 185

VI. — Déclaration de la noblesse de la famille Constantin. (26 août 1670.). 186

VII. — Lettres d'honneur données à Gabriel Constantin, Ier du nom, sieur de Varennes, conseiller et correcteur en la Chambre des Comptes de Bretagne. (25 février 1677.). 187

VIII. — Inventaire complet de la vaisselle, des meubles, des tapisseries, des tableaux, des livres, des papiers, du linge, de l'argenterie, des provisions diverses, des ustensiles, instruments, outils et autres objets trouvés dans le Château, dans la Chapelle et dans les dépendances du lieu seigneurial de la Lorie, paroisse de la Chapelle-sur-Oudon, après le décès de Gabriel Constantin, Ier du nom, écuyer, seigneur de Varennes et de la Lorie, conseiller du roi. prévôt général et provincial d'Anjou, époux d'Anne Le Pelletier, d'après le procès-verbal dressé par Nicolas Berthelot et Guillaume Sizé, marchands angevins, le mardi 7 décembre 1683. 188

IX. — Inventaire complet et estimation des bestiaux trouvés, après le décès de Gabriel Constantin, Ier du nom, écuyer, seigneur de Varennes et de la Lorie, conseiller du roi, grand prévôt d'Anjou, époux d'Anne Le Pelletier, dans les métairies et closeries qui dépendaient de la terre seigneuriale de la Lorie, d'après le procès-verbal dressé par Pierre Barré, métayer, et René Plaçais, marchand, tous les deux habitants de la paroisse de la Chapelle-sur-Oudon, le samedi 11 décembre 1683. 211

X. — Inventaire complet des ustensiles divers, de la vaisselle, des meubles, des tapisseries, des tableaux, des livres, des papiers, des armes, du linge, de l'argenterie, des coffres, des objets précieux, des miroirs, des pendules, des porcelaines, des vêtements, des chevaux, des carosses, etc., trouvés dans la maison de la rue de la Croix-Blanche, paroisse Saint-Pierre d'Angers, où était décédé Gabriel Constantin, Ier du nom, écuyer, seigneur de Varennes et de la Lorie, conseiller du roi, grand prévôt d'Anjou, époux d'Anne Le Pelletier, d'après le procès-verbal dressé par Nicolas Berthelot et Guillaume Sizé, marchands angevins, le mercredi 29 et le jeudi 30 décembre 1683. 216

XI. — Extrait de l'inventaire des titres, papiers et pièces diverses trouvés dans la maison de la rue de la Croix-Blanche, paroisse Saint-Pierre d'Angers, où était décédé Gabriel Constantin, Ier du nom, écuyer, seigneur de Varennes et de la Lorie, conseiller du roi, grand prévôt d'Anjou, époux d'Anne Le Pelletier, d'après le procès-verbal dressé par François Barabé, huissier, les 18, 19, 20 et 21 avril 1684. 240

XII. — Contrat de mariage de Me Gabriel Constantin, IIe du nom, écuyer, seigneur de la Lorie, grand prévôt d'Anjou, avec Perrine Renée Le Clerc des Emereaux. (8 janvier 1688.). . . . 251

XIII. — Interrogatoires d'Isaac Georges, dit La Roche, marchand mercier, et de Samuel Pelisson, sieur de Montigny, protestants nouvellement convertis, accusés d'avoir contrevenu aux dispositions de l'Édit de Nantes et d'avoir entretenu des intelligences secrètes, en Angleterre et en Hollande, avec les ennemis du Roi. Ces interrogatoires sont faits à Angers par Gabriel Constantin, IIe du nom, écuyer, seigneur de la Lorie, conseiller du Roi, grand prévôt d'Anjou, les 6, 7 et 10 juillet 1689. . . .   252

XIV. — Extrait de l'inventaire de la vaisselle, des meubles, des tapisseries, des tableaux, des livres, des papiers, des armes, du linge, de l'argenterie, etc., trouvés dans la maison de la rue de la Croix-Blanche, paroisse St-Pierre d'Angers, où était décédée la dame Anne Le Pelletier, veuve de Gabriel Constantin, Ier du nom, écuyer, seigneur de Varennes et de la Lorie, conseiller du roi, grand prévôt d'Anjou, d'après le procès-verbal dressé par François Barabé, huissier, le 14 février 1700   267

XV. — Extrait de l'inventaire de la vaisselle, des meubles, des tapisseries, des tableaux, des livres, des papiers, des armes, du linge, de l'argenterie, du vin, du cidre, du blé, des semences et des provisions, trouvés dans le château de la Lorie et dans ses dépendances, après le décès de la dame Anne Le Pelletier, veuve de Gabriel Constantin, Ier du nom, écuyer, seigneur de Varennes et de la Lorie, conseiller du roi, grand prévôt d'Anjou, d'après le procès-verbal dressé par François Barabé, huissier, le 24 février 1700. — Prisée et estimation de tous les bestiaux et autres animaux domestiques, trouvés dans les seize métairies qui dépendaient de la terre seigneuriale de la Lorie, ainsi que de ceux qui garnissaient les dépendances du château, d'après le procès-verbal rédigé par Pierre Crosnier et Pierre Cartier, experts, du 25 février au 17 mars 1700   272

XVI. — Partage fait entre Gabriel Constantin, IIe du nom, chevalier, seigneur de la Lorie, conseiller du roi, prévôt général et provincial d'Anjou, et les autres héritiers de Anne Le Pelletier, dame de la Lorie (16 juillet 1700).   286

XVII. — Arrest qui ordonne qu'en payant par le s^r Gabriel Constantin, IIe du nom, lieutenant de robe courte en la Maréchaussée d'Angers, la somme de 300 livres et 2 sols pour livre à quoy a été modérée la taxe de 2,000 livres, il jouira des droits, gages, privilèges et fonctions attachez aud. office, conformément à l'édit du mois de novembre 1701 (28 août 1703).   288

XVIII. — Maintenue de Gabriel, Anne et Jacquine Constantin dans les rangs de la noblesse (4 février 1715)   290

XIX. — Arrest qui accepte l'offre du sʳ Gabriel Constantin, IIᵉ du nom, grand prévost d'Anjou, et en conséquence lui permet d'acquérir les offices créés par l'édit du mois de mars dernier pour composer la compagnie du lieutenant criminel de robe courte à la résidence de Cholet, à la charge par lui d'en payer la finance (13 août 1715) 291

XX. — Arrest qui ordonne l'établissement de onze offices de maréchaux créez par édit du mois de mars 1715, pour composer la compagnie d'un lieutenant criminel de robe courte, à la résidence de Chollet, conformément audit édit et à l'arrest du 13 aoust suivant qui accepte les offres faites par le sʳ Gabriel Constantin, IIᵉ du nom, grand prévost d'Anjou, de payer la finance desdits offices (16 mai 1716). 293

XXI. — Procuration donnée à Claude Bonnet, notaire royal résident à Segré, par Mᵉ Gabriel Constantin, IIᵉ du nom, chevalier, seigneur de la Lorie, conseiller du roi, grand prévôt d'Anjou (10 juillet 1716) 296

XXII. — Rectification du contrat de mariage de Mʳᵉ Gabriel-Félix Constantin, chevalier, capitaine du régiment d'Heudicourt, inspecteur général des Haras de la Généralité de Tours, avec Louise-Charlotte-Sophie Boylève de Soucelles (15 avril 1721). . 297

XXIII. — Nomination de Gabriel-Félix Constantin, capitaine au régiment de Lorraine-cavalerie, dans l'ordre militaire de Saint-Louis (14 juin 1722) 299

XXIV. — Arrest qui ordonne l'exécution de celuy du 17 juillet 1659 et que le sʳ Constantin, IIᵉ du nom, sera annuellement payé d'une somme de 800 livres par le Receveur général des finances de Bretagne en exercice (28 novembre 1730). 300

XXV. — Arrêt qui ordonne que le sʳ Jules Constantin, prévôt général de la maréchaussée, sera chargé de poursuivre Jacques Buro et Martin Girard qui ont pris part à une émeute et au pillage des grains par les habitants de Vézins (15 avril 1737) . 304

XXVI. — Arrêt qui valide la procédure commencée par le sʳ Jules Constantin, prévôt général de la maréchaussée, au sujet de l'émeute des habitants de Vézins qui avaient pillé les grains. (5 juillet 1737) 306

XXVII. — Documents et procès-verbaux relatifs aux dommages causés par l'occupation du château de la Lorie et de ses dépendances par les soldats de la République et par le passage de l'armée vendéenne. (Ces pièces sont datées des 15 et 21 floréal, 22, 23 et 30 messidor an V, 27 vendémiaire an VIII.) 307

ADDITIONS ET CORRECTIONS

Page 7, ligne 12, et 8, lignes 8 et 21, *au lieu de :* Jacques, *lisez :* René.

Page 9, ligne 11 de la note 1, *au lieu de :* arbritres, *lisez :* arbitres.

Page 12, ligne 8, *au lieu de :* Varannes, *lisez :* Varennes.

Page 18, ligne 2, *au lieu de :* rattrapper, *lisez :* rattraper.

Page 22, ligne 14, *au lieu de :* provisions, *lisez :* provision.

Page 26, ligne 16 de la note 1, *au lieu de :* sous-seing, *lisez :* sous seing.

Page 27, ligne 30, *au lieu de :* baillages, *lisez :* bailliages.

Pages 30, ligne 10, et 31, ligne 2, *au lieu de :* la Varanne, *lisez :* la Varenne.

Page 32, ligne 20, *au lieu de :* Henri Arnault, *lisez :* Henri Arnauld.

Page 34, ligne 1 de la note 1, *au lieu de :* Lasnier, *lisez :* Lanier.

Pages 54, ligne 16, et 55, lignes 10 et 15, *au lieu de :* la Varanne, *lisez :* la Varenne.

Page 64, ligne 11, *au lieu de :* Arnauld, *lisez :* Renaud.

Page 79, note 1, *au lieu de :* Henri Arnault, *lisez :* Henri Arnauld.

Page 81, ligne 14, *au lieu de :* Legrand prévôt, *lisez :* le grand prévôt.

Pages 91, ligne 17, et 95, ligne 22, *au lieu de :* la Varanne, *lisez :* la Varenne.

Page 108, ligne 29, *au lieu de :* la foi, *lisez :* sa foi.

Page 109, ligne 23, *au lieu de :* baillage, *lisez :* bailliage.

Page 117, ligne 27, même correction qu'à la page 109.

Page 118, ligne 19, *au lieu de :* provisions, *lisez :* provision.

Page 122, ligne 15, *après :* le même jour, *supprimez :* suivant.

Page 123, ligne 1 de la note 1, *au lieu de :* la Veroulière, *lisez :* la Vérouillère.

Page 129, ligne 20, *au lieu de :* et Marie Coueffé, *lisez :* et de Marie Coueffé.

Page 133, ligne 27, *au lieu de :* de Boylesve, *lisez :* Boylesve.

Page 134, ligne 7, *au lieu de :* Catherine, *lisez :* Madeleine.

Page 140, ligne 10, *au lieu de :* âgé, *lisez :* âgée ; même page, ligne 21, *au lieu de :* de Boulay, *lisez :* du Boulay.

Page 152, ligne 11, *au lieu de :* de Boylesve, *lisez :* Boylesve ; même page, ligne 22, *au lieu de :* Longchamps, *lisez :* Lonchamps.

Page 153, ligne 27, *au lieu de :* la Feronnaye, *lisez :* la Ferronnays.

Page 154, ligne 4, *au lieu de :* N. de Marmier, *lisez :* François de Marmier.

Page 170, ligne 18, *au lieu de :* fusils, *lisez :* fusil ; même page, ligne 24, *au lieu de :* servi, *lisez :* servis.

Page 216, ligne 14, *au lieu de :* carosses, *lisez :* carrosses.

Page 223, ligne 37, *au lieu de :* Arnaud, *lisez :* Renaud.

Page 293, ligne 4, *au lieu de :* Chollet, *lisez :* Cholet.

TABLE GÉNÉRALE

DES

NOMS DE PERSONNES ET DE LIEUX

Les noms de lieux sont indiqués en *lettres italiques*.
On a mis également en lettres italiques les noms des rues, places, édifices publics, palais, prisons, maisons, hôtels, auberges, ainsi que les désignations relatives aux tableaux, gravures, vitraux, tapisseries et autres objets d'art.

A

Académie d'Angers (l'), 13, 71, 81, 84.
Académie d'équitation d'Angers (l'). 21, 101, 106, 162, 164, 256.
Adam (Charles), prévôt des maréchaux en la résidence de Beaufort, 47, 138.
Aguesseau (d'), 304, 385.
Aisses (rue des), 96.
Alancourt (d'), adjudant-général, 168.
Alain Fergent, duc de Bretagne, 39.
Alard (René), métayer à la Miochaie, 277, 279.
Alexis, directeur du Jeu de Paume de la rue du Cornet, à Angers, 96.
Allaire (Nicolas), métayer à la Belle-Dentière, 284.
Alleaume (René), greffier au siège présidial d'Angers, 124, 126.
Allemagne (l'), 109, 164.
Allier (l'), 167.
Amellon (Marin), avocat du roi au siège présidial du Mans et bailli de Saint-Calais, 3.
Amellon (Renée), femme de René Richer, sieur de la Jousserie, puis de François Le Pelletier, sieur de Grignon, 3.
Amellon (famille), 3.

Amérique (l'), 160.
Ampoigné, 3, 92, 94, 96.
Amys (François), sieur du Ponceau, 91-97.
Amys (Pierre), sieur du Ponceau, 92.
Ancenis, 46.
Andard, 3, 54, 71, 82.
Andigné (Madeleine d'), femme de Charles du Coudray, seigneur de la Vaugetière, 150.
Andigné (de Sainte-Gemmes d') 164.
Andrezé, 66, 69.
Angleterre, 55, 61, 91, 103, 104, 106, 109, 112, 162, 203, 208, 230, 253, 254, 255, 257, 262, 263, 264, 265.
Argenson (marquis d'), 90.
Armagnac (comte d'), lieutenant du château d'Angers, 33.
Arnauld (Henri), évêque d'Angers, 32, 79, 146.
Arsenal (l'), 19, 74.
Asseline, exempt, 138.
Artagnan (d'), sous-lieutenant des mousquetaires à cheval, 46.
Aubigné (Louis de la Motte, seigneur d'), 16, 287.
Aubrière (de l'), *voir* Lefebvre de l'Aubrière.
Aucent, curé de Savennières, 242.

Audayne Guillaume, exempt, 121, 122, 127.
Audouys, généalogiste, 5, 59, 159.
Augardière (Balthasar Legras, sieur de l'), 66, 67, 68, 69.
Augeardière (l'), 124.
Aulnay (l'), 175.
Aumale, 192, 203, 220, 221, 224, 226, 228.
Aumont (duc d'), 58.
Aumont (d'), maréchal, 88.
Autichamp (d'), *voir* Beaumont d'Autichamp.
Auvainville, 161.
Auvergne, 61, 63, 135, 191, 193, 194, 222.
Auxforges, 161.
Availles, 73.
Aveline (Laurent), sieur de Saint-Mars et de Narcé, 91, 97.
Aveline de Narcé (Louise), femme de Joachim Chénedé, sieur de la Plaine et de la Roche, 129.
Avril, grand doyen de l'église de Saint-Pierre, à Nantes, 105, 256.
Avril (François), sieur de Pignerolles, 85, 101, 164.
Avril (Jacques), sieur de la Chaussée, 26, 241.
Avril de Pignerolles (famille), 164.
Ayrault (famille), 126.
Ayrault (Pierre II), lieutenant criminel au siège présidial d'Angers, 34.
Ayrault (Pierre III), lieutenant criminel au siège présidial d'Angers, 34, 126.
Ayrault (le port), 96.

B

Babeau (Albert), historien, 35, 119.
Babin, marchand de bois, 54, 249.
Babot, agent municipal de Segré, 169, 309.
Bachelier, 48.
Bahonneau (Marie), servante, 147.
Bailleul (famille de), 97.
Baillif, docteur régent de la Faculté de Médecine d'Angers, 68.
Baizé de Meré, 290.

Ballain, maître potier d'étain, 140.
Ballée, 154.
Bancelin (Esprit-Benjamin), receveur du district de Segré, maire de la ville, commandant de la garde nationale, 169, 171, 309, 324.
Banchereau (Simon), archer, 40.
Barabé (François), greffier, huissier et archer de la maréchaussée, 34, 60, 63, 82, 89, 100, 135, 187, 210, 215, 216, 217, 228, 239, 240, 252, 255, 260, 266, 267, 272, 276, 285.
Barabé (Jacques), archer, 57.
Barabé (Jean), archer, 100, 148.
Baracé, 160.
Baranger, maître de poste de Saint-Martin-de-la-Place, 43.
Barbe (Sainte), 28.
Barcos ou Barcot (sieur de), secrétaire de la Connétablie et Maréchaussée de France, 51, 57, 58.
Bardon (Antoine-Marie), chef de la compagnie franche, dite des *Bardonnais*, 167, 308.
Bardoul, étudiant à l'Université d'Angers, 140.
Bariller (Claude), femme de Jean Cupif, sieur de la Robinaye, 2, 17.
Barillon (de), ambassadeur près la cour d'Angleterre, 104, 254.
Baron (François), forgeron, 83.
Barre (chevalier de la), surnom d'Alexandre Drouillard, 83, 84.
Barre-au-Breil (sieur de la), 27, 30.
Barré (Pierre), métayer, 211, 280, 281, 282.
Barrier (Elisabeth), femme de Christophe Fouquet, sieur de Challain, 11.
Basinière (de la), *voir* Bertrand.
Basse-Chaîne (la), 60.
Basse-Roche (la), 6.
Bassetière (la), 63, 214.
Bastille (la), 19, 28, 38, 74, 89.
Baubigné (de), 145.
Baubigny (de), *voir* Lanier.
Baudrière (la rue), 139, 140.
Baud (François), seigneur de Beaumont, conseiller au siège présidial d'Angers, 2, 22, 25.
Baud (Jacquine), femme de René

Le Pelletier, seigneur de la Lorie, 2, 3, 9.
Baudry (Jean), notaire royal à Angers, 6.
Baugé (famille de), 3.
Baugé, 27, 50, 51, 75, 137, 138, 298.
Bauné, 54.
Bautru, 4.
Bautru (Guillaume II), comte de Serrant, 13.
Bautru (Guillaume III), comte de Serrant, 13.
Beauchesne, 75.
Beaufort-en-Vallée, 3, 16, 43, 47.
Beauharnais (Jean-Jacques de), seigneur de Miramion, conseiller au Parlement de Paris, 73.
Beaulieu, 113.
Beaulieu, prisonnier, détenu au Château d'Angers, 71, 86, 90.
Beaumont, 2.
Beaumont (de), conseiller au siège présidial d'Angers, 22.
Beaumont d'Autichamp (Charles de), comte de Miribel, lieutenant du roi à Angers, 33.
Beaurepaire (la rue), 141.
Beauséjour, 290.
Beauverger, 66.
Beauxamis (Pierre), curé de Pouancé, 78.
Beauxamis (René), prêtre, 71, 75, 80.
Bechameil (Louis de), marquis de Nointel, maître des requêtes, intendant de la généralité de Tours, 71, 76, 110, 263.
Bécon, 45.
Bédé (Claude), 242.
Begu (Mathurin), hôtelier, 78.
Behuyer (Marie), femme de Thomas Choisnet, 39, 249.
Béligan (de), *voir* Ayrault.
Belanger, exempt, 101.
Bellanger (François), dit des Jardins, soldat au régiment de Piémont en garnison à Angers, 71, 88.
Bellanger (Pierre), 29.
Bellay (François-René, marquis du), lieutenant des Maréchaux de France au bailliage d'Anjou, 117, 118, 131.

Belle-Dentière (la), 50, 63, 135, 215, 284.
Belle-Hélène (la), tableau, 61, 194.
Belle-Isle, 90.
Belloy (marquis de), lieutenant du roi au gouvernement de Metz, 137.
Belon, notaire, 242.
Belotière (la), 97.
Bercy (de), 149.
Bérenger (Claude), receveur, 12.
Bergame 61, 63, 192, 194, 196, 228, 229, 235, 236.
Bergonne, 48.
Beringhem (de), protestant, interné au Château d'Angers, 89.
Berlin, 165.
Berme (Jean de la Rocque, chevalier, seigneur de), 50.
Bernard de la Jumelière (Pierre), 148.
Bernardines (les), 74.
Bernin, receveur général des finances à Tours, 10.
Bernin, président, 128.
Beron, notaire royal à Nantes, 241, 242.
Berry, 236.
Berryer, secrétaire du Grand Conseil, 23.
Bersay (de), 48.
Bersenne (de), 85, 153.
Berthe, auteur angevin, 88.
Berthelot (Nicolas), marchand à Angers, 61, 189, 195, 210, 216, 217, 221, 222, 228, 229, 239.
Bertheux (Jacques), 28.
Bertrand (Louise), femme de Guillaume Bautru, comte de Serrant, 13.
Bertrand de la Basinière (Macé), trésorier de l'épargne et de l'ordre du Saint-Esprit, 13.
Besson (François), archer, 136.
Betarle, receveur des consignations du Châtelet de Paris, 246.
Beuzon, 282.
Bigeotière (la), 33.
Bignon (famille), 3.
Bigot (Louis), tailleur, 297.
Bigot (Marthe), femme de Guillaume Bautru, 13.

Blain, 39.
Blaizonneau (Andrée), femme de François Fortin, 142, 144.
Blanchard (N.), servante, 100.
Blanchard (les dames), 102.
Blancheraie (la), 164.
Blavet (fort de), 35.
Bleus (les), 39, 166, 170, 171.
Bligny, auteur de libelles, détenu au Château d'Angers, 89.
Bluyneau (Françoise), femme de François Lefebvre, président au Parlement de Bretagne, 82.
Bodinier (la rue), 160.
Boguais de la Boissière (Nicolas), 154
Bois (le), 166.
Bois-aux-Moines (le), 78.
Bois-Cochin (le), 77.
Bois-Février (de) voir Langan.
Bois-Garnier (le), 57.
Boisguignon (de), 40.
Boylesve, intendant des finances, 28.
Boisnault, (Jean-Baptiste), 77.
Boispillé (sieur de), premier lieutenant du prévôt général de Touraine et second lieutenant du prévôt général d'Anjou, 8, 9, 10, 11, 24.
Boissière (de la), voir Boguais.
Boissière (de la), receveur des finances de Bretagne, 303.
Boissière (la), 57.
Bommier, notaire royal, 242.
Bonchamp, 136.
Bonnaudière (la), 84, 124.
Bonneau, 242.
Bonneau-Avenant (A), 72.
Bonneau de Rubelle (Marie), femme de Jean-Jacques de Beauharnais, seigneur de Miramion, 72, 74.
Bonnerye (de la) *voir* Cupif.
Bonnet (de), 34.
Bonnet (Claude), notaire royal à Segré, 296.
Bonnevault (de), *voir* Le Jeune.
Bordeaux, 74, 104, 254.
Bordier, intendant, 183, 184.
Bori, notaire royal, 287.
Boson, 164.
Botteloriers ou *Bottes-Laurières* (les), 85, 251.

Bottellerie (la), 63, 135, 169, 172, 214, 282, 283, 324.
Boucault (famille), 124.
Boucault, officier au régiment du Boulay, en formation à Angers, 138, 151.
Bouchard (famille), 154.
Bouchard de la Touche (famille), 160.
Bouchemaine, 45, 46.
Bouchet (la demoiselle), favorite de René Le Pelletier, seigneur de la Lorie, 13, 19.
Bouchetière (la), 175.
Boudreu (Urbain), notaire royal à Gonnord, 105, 258.
Bougler, écrivain, 59.
Bouillé, 83.
Boulay (du), 133, 138, 144, 145.
Boule, 163.
Boullay (Marie), femme de Charles-André Gontard, sieur de la Perrière, 113.
Boumerie (de la), *voir* Cupif.
Bourdreu (sieur du), ministre protestant à Montpellier, 103, 254.
Bourg, 91.
Bourg-d'Iré (le), 4, 25, 35, 250.
Bournau (François), notaire royal à Baugé, 298.
Bourre (Madeleine), femme d'Antoine Durand, arrêtée pour vols et détenue dans les prisons du roi à Angers, 117, 121.
Bouvet, notaire royal à Segré, 295.
Bourgelais, 78.
Bourgeoise (la rue), 141, 146.
Boylesve de Soucelles (Charles-Joseph), seigneur de Noirieux, conseiller au Parlement de Bretagne, 152, 298.
Boylesve de Soucelles (Charles-Louis François-Joseph), 152.
Boylesve de Soucelles (Louise-Charlotte-Sophie), femme de Gabriel-Félix Constantin, 152, 153, 156, 160, 298.
Boylesve (Marie), femme de Pierre Amys, sieur du Ponceau, 92.
Boylesve (Marie-Jeanne-Charlotte), femme de Sébastien Louet, seigneur de Lonchamps, 152.

Boylesve (Nicolas), clerc tonsuré, 152.
Boyreau (Jean), archer, 138.
Brahier Emmanuel, sieur de Montriou, 5.
Brain-sur-l'Authion, 92, 93.
Brégy (de), régiment de cavalerie, 67.
Brest, 39.
Bretagne, 104, 130.
Bretagne (Chambre des comptes de), 4, 5, 6, 15, 32, 39, 71, 155.
Bretagne (Parlement de), 12, 23, 71, 152.
Bretonnière (sieur de la), *voir* Jannaux.
Brésil, 62, 207.
Briacé, 71, 83, 104, 255.
Briançon, 54.
Bridou, notaire royal à Paris, 297.
Brignon, 175, 176, 243.
Brin-d'Amour, soldat, 35.
Brissac, 72.
Brisset, boucher à Angers, 142.
Brissonnet, (régiment de), 133, 136.
Brossais (Anne), femme de Charles Martineau, 5, 8, 175.
Bruneau, 248.
Bruneau de Tartifume, auteur angevin, 88, 141.
Brunetière (Paul de la), 68.
Brullon (de), 27, 40.
Bucher (Marie), femme de Louis Quélier, sieur du Grand-Marcé, conseiller du roi, premier lieutenant de la Maréchaussée, 83.
Buisson (du), 77.
Buro (Jacques), habitant de Vézins, poursuivi pour avoir pris part au pillage des grains, 156, 304, 305, 306, 307.

C

Cadillon (Jean), 29.
Cadotz (Georges), 27, 29.
Caligny (marquis de), *voir* Villençon.
Cambrai, 15.
Camus Duclos, 40, 41. 47.
Canada (le), 86.
Candé, 4, 11, 25, 83, 250.

Cardinal, sergent au régiment du Boulay, 140.
Carmes, (la rue des), 143.
Carmes (les), 140.
Carré (Étienne de), sieur de la Gauderie, lieutenant de la Maréchaussée d'Anjou, 53, 66, 69.
Carré (François de), sieur de la Roulière, garde du corps du roi, 53, 67, 69.
Cartier (Pierre), expert, 135, 272, 276.
Casenove (hôtel), 101.
Castagner (Pierre - Antoine de), marquis de Châteauneuf, conseiller au Parlement de Paris, 55, 57.
Catinat (Nicolas), maréchal de France 136.
Catton (Jean), 154.
Caumont (de), lieutenant au régiment de Piémont, en garnison à Angers, 87.
Cavana (comte de), 105, 256.
Cernusson, 30.
Cerqueux-de-Maulévrier (les), 152, 298.
Challain-la-Potherie, 11, 12, 83, 84.
Châlons, 72.
Chalopin (Abraham), élu en l'élection d'Angers, 176.
Chalopin (Raoul), sieur de la Bouchetière, 75.
Chambre des comptes d'Angers, 88.
Chambre des comptes de Bretagne, 5, 6, 9, 175, 176, 177, 178, 179, 180, 181, 182, 183, 187.
Chameau (le), vaisseau, 86.
Chamillart (Michel), ministre, 289.
Champagne (régiment de), 34.
Champfleuri, archer, 54, 58.
Champiré-Baraton, 31.
Champront (comte de), 17.
Champs (la porte des) 88.
Champtocé, 45, 48.
Channé (François de), seigneur de Sourdigné, 27, 29, 30.
Chantelou (François), 249.
Chantelou (Louis), notaire royal de Foudon, 249.
Chantepie (de), *voir* Lemercier.
Chantoceaux, 57.
Chanzé, 53.

Chapelle des prisons du roi à Angers, 104, 123, 255, 259.
Chapelle (Louis de la), 4, 91.
Chapelle (d^{elle} de la), 103, 253.
Chapelle-Blanche (la), 136.
Chapelière (la porte), 144.
Charcé, 129.
Charles (Antoine), notaire royal à Angers, 185.
Charlet, notaire royal à Angers, 5, 243.
Charlot (Jacques), sieur des Bottes-Laurières, 251.
Charlot (Pierre), sieur des Bottes-Laurières, 85, 251.
Charlot (René), seigneur des Loges, président au siège présidial d'Angers, 154.
Charlot (Renée), femme de Jean Leclerc, seigneur des Émereaux, 15, 84, 85, 153, 251.
Charron (Louis), notaire royal à Angers, 8, 14, 242.
Charron (François), curé de Sainte-Gemmes-d'Andigné, 168.
Chartres, 6.
Chastelet (Marie-Catherine du), femme de François-Philippe, marquis de Marmier, 161.
Chatam (lord), 62.
Château d'Angers (le), 31, 33, 38, 40, 44, 46, 66, 78, 86, 89, 90, 91, 112, 156.
Château de Saumur (le), 90.
Château-Gontier, 91, 92, 97, 100, 109, 129, 262, 264.
Châteauneuf (de), *voir* Castagner.
Châteauneuf, 123.
Châtelet de Paris (le), 125, 127, 246.
Châtelet (marquis du), lieutenant des Maréchaux de France, en la Sénéchaussée de Château-Gontier, 129.
Chaubruère (sieur de la), subdélégué des Maréchaux de France en Anjou, 27, 50, 51, 54, 58.
Chaudron (la rue du), 126, 160.
Chaufours (des), prisonnier, détenu au Château d'Angers, 86, 90.
Chaussée (Jacques Avril, sieur de la) 26, 241.

Chauvelin, conseiller d'État, 130, 150, 304.
Chauvelin (Bernard), seigneur de Beauséjour, intendant de la Généralité de Tours, 149, 150, 290.
Chauvière (Jacques Liquet, sieur de la), conseiller du roi au siège présidial d'Angers, 5.
Chauvigné, 153-154.
Chauvin (Mathurin), 78.
Chauvireau (François), dit l'Angevin, valet, 81.
Chazé (Marie), femme de François Baron, 83.
Chazé-sur-Argos, 66.
Cheffes, 6, 60.
Chemillé, 68, 156, 304.
Chénedé (de), 28, 96.
Chénedé (Joachim de), 117, 129.
Chenu (François), sieur du Bois-Garnier, 53, 57.
Chenu (René), sieur de Landormière, 53, 57.
Cherelles, 91.
Cheval blanc (le), auberge de Pouancé, 77.
Cheval blanc (hôtel du), à Angers, 139.
Chevalier (la), prisonnière au Château d'Angers, transférée ensuite chez Mme de Miramion, à Paris, 71, 72, 73, 74.
Chevalier (Julien), maître de poste de la Daguenière, 43.
Chevalier (René), praticien à Angers, 100, 101.
Chevalier, 244.
Chevreuse (duchesse de), 61.
Chine (Chambre de la), 193, 273.
Chine (bois de la), 199, 224.
Choiseul (de), ministre, 164.
Choisnet (Pierre), 37, 249.
Choisnet (Thomas), 39, 249.
Cholet, 151, 155, 291, 293, 294, 295, 296, 304, 305, 306.
Chollet, adjoint à Segré, 169, 171, 309, 324.
Chotard (famille), 160.
Chouans (les), 167, 168, 170, 171, 172.
Chouannerie (la), 168.
Cicost ou Sicost, 56.

Cintré (de), 58.
Clermont (abbé de), 57.
Clisson (Olivier), connétable, 39.
Cloître Saint-Honoré (le), 18.
Clos (du), 53.
Cochin (pré le), 79.
Cochin (P), procureur de Gabriel Constantin, IIe du nom, au Grand Conseil, 126.
Cœur-Royal (le), auberge d'Ingrandes, 37.
Coiscault, prêtre, 77.
Colasseau (René de), époux de Charlotte de l'Épinay, seigneur de Briacé, de Bouillé et du Plessis-de-Vergonnes, 29, 71, 83, 84.
Colbert (Jean-Baptiste), ministre, 28.
Colbert (Marie), femme de Louis de Bechameil, marquis de Nointel, 72.
Colbert de Maulévrier, 156.
Combrée, 2, 31.
Concarneau, 12.
Constantin (armoiries des) 6, 186.
Constantin (Adélaïde), 156.
Constantin (Adolphe), 85.
Constantin (Anne), 16, 84, 134, 150, 188, 252, 267, 286, 291.
Constantin (Anne-Hermine), 85, 86, 153, 298.
Constantin (Camille), 85.
Constantin (Catherine), femme de François de l'Éperonnière, seigneur de la Roche-Bardoul, 16, 36, 60, 84, 134, 188, 252, 267, 287.
Constantin (Charles-Auguste), 160, 161.
Constantin (Charles - François - Camille), seigneur de la Lorie, 153, 159, 162, 166.
Constantin (Charlotte), femme de César de Langan, baron de Bois-Février, 24.
Constantin (Claude-Eugène), seigneur de Bersenne, 85, 153.
Constantin (Erasme), chanoine de Sainte-Croix de la Bretonnerie, 16, 60, 188, 287.
Constantin (François-Anne), chanoine de l'Église du Mans, puis d'Angers, 86, 153, 298.

Constantin (Françoise), religieuse de la Visitation, à Angers, 26, 243.
Constantin (Gabriel), sieur de la Fraudière, conseiller au Parlement de Bretagne, abbé de Saint-Jean de Chartres, grand doyen de l'Église d'Angers, 6, 20.
Constantin (Gabriel I), seigneur de Varennes et de la Lorie, conseiller correcteur en la Chambre des comptes de Bretagne, grand prévôt d'Anjou, 4, 5, 9, 10, 12, 14, 15, 16, 17, 18, 19, 20, 21, 22, 23, 24, 25, 26, 27, 28, 29, 30, 32, 33, 34, 38, 39, 40, 42, 43, 44, 47, 50, 53, 54, 56, 57, 58, 59, 61, 63, 65, 175, 177, 181, 185, 186, 187, 188, 211, 216, 240, 250, 267, 272, 286.
Constantin (Gabriel II), seigneur de la Lorie, grand prévôt d'Anjou, 15, 59, 60, 71, 75, 76, 81, 82, 84, 97, 99, 100, 101, 107, 117, 122, 149, 155, 251, 253; 267, 286, 288, 290, 291, 293, 296, 297, 300.
Constantin (Gabriel-Camille), 153.
Constantin (Gabriel-Félix), seigneur de la Lorie, grand prévôt d'Anjou, 86, 86, 149, 151, 153, 156, 160, 298, 299.
Constantin (Gabrielle-Marie-Elisabeth), femme de François, comte de Marmier, 161, 167, 308, 324.
Constantin (Jacques), seigneur de Varennes, conseiller doyen de la Chambre des comptes de Bretagne, 4, 5, 8, 9, 15, 32, 175, 184, 188, 240, 250, 287.
Constantin (Jacques), sieur de l'Aunay, fils de Jacques Constantin et de Anne Martineau, 4, 15, 32, 175, 186, 240, 250.
Constantin (Jacques), capitaine au régiment de la Marine, 16, 60, 84.
Constantin (Jacquine), 16, 60, 84, 134, 150, 188, 252, 267, 287, 290.
Constantin (Joseph), prieur de Saint-Mars, grand doyen de l'Église d'Angers, 15, 32, 60, 84, 134, 186, 188, 252, 267, 287.
Constantin (Joseph-Eugène), 154.
Constantin (Jules), seigneur de

Marans, grand prévôt d'Anjou, 85, 153, 156, 161.
Constantin (Jules-Camille), seigneur de Montriou, sous-lieutenant d'artillerie, 86.
Constantin (Jules-Gabriel), 154.
Constantin (Julie), 86, 153, 398.
Constantin (Julie-Victoire), 154, 156, 159, 161.
Constantin (Madeleine), femme de Louis de la Motte, seigneur d'Aubigné, 16, 26, 60, 84, 85, 243, 252, 267, 287.
Constantin (Marie), religieux de la Visitation, à Angers, 26, 243.
Constantin (Marie), religieuse de l'abbaye de Saint-Georges de Rennes, 16, 26, 243, 244, 287.
Constantin (Marthe-Mathilde), 86, 153, 298.
Constantin (Paul-Félix-Hugues-Adolphe-Alexandre), 153.
Constantin (Perrine-Julie), femme de Louis-Gabriel-Marie de Contades, 157.
Constantin (Robert), sieur de la Fraudière, de Montriou, de la Porée et de Varennes, conseiller au siège présidial d'Angers, 56.
Constantin (Robert), conseiller au Parlement de Bretagne, 4, 5, 32, 85, 175, 186, 240, 250.
Constantin (Robert), abbé de Brignon, 175, 176, 234, 243.
Constantin (Sophie), 153, 160.
Contades (Erasme de), brigadier des armées du roi, 157.
Contades (Erasme-Gaspard de), 159.
Contades (Etienne-Gaspard de), 157.
Contades (François-Gaspard de), 159.
Contades (Gaspard-Auguste, marquis de), 160.
Contades (Georges-Gaspard-François-Auguste-Jean-Baptiste de), colonel du régiment de Berry-infanterie, 156, 159.
Contades (Louis-Gabriel-Marie), 157.
Contades (Louis-Georges-Erasme de), 156.
Contarini (Jeanne de), femme de Pierre Haton, seigneur de la Masure, 33.

Contaudière (Mme de la), religionnaire, détenue au Château d'Angers, 90.
Contigné, 130.
Cormiers (les), 63, 135, 213, 280, 281, 282.
Cornet (la rue du), 96.
Cosnier (Mathurin), sieur de la Grande-Haie, directeur en la chambre des comptes de Nantes, 241.
Cossé-Brissac (Marie-Marguerite de), femme de François de Neuville, duc de Villeroy, 81.
Cotterel (Martin), dit la Souris, faux saunier, 40.
Couarde (la), 73.
Coudray (Charles du), seigneur de la Vaugetière 150.
Coudray (Suzanne-Jeanne du), femme de Charles Perrault, seigneur de la Sablonnière, 133, 150.
Coudreau, 128.
Coueffé (Marie), 129.
Coulaines (de), 71, 81.
Coulombier, 144.
Courcelles (de), femme du sieur Prévost, « devineresse », renfermée aux Pénitentes d'Angers, 74.
Courchamp (de), 48.
Coustard (le pré), 78.
Coutances, 109.
Couvert, conseiller d'État, maître de requêtes, 129.
Craon, 138.
Cré, 97.
Créquy (marquise de), 31.
Crespy (hôtel de), 176.
Crespy (François de), conseiller et procureur du roi au siège présidial d'Angers, 122, 125.
Crespy (François de), seigneur de la Mabilière, 154.
Crespy (François-Julien de), seigneur de Chauvigné, 153, 154.
Crespy (Jacques-Louis de), prieur de Ballée, 122, 154.
Crespy (Jean-Baptiste-Adrien de), 154.
Crespy (Jeanne-Victoire de), femme de Jules Constantin, seigneur de

Marans, grand prévôt d'Anjou, 153, 154.
Crespy (Julien-François de), seigneur de Chauvigné, 154.
Crespy (famille de), 126.
Crochard (hôtel de), 147.
Croiserie (de la), *voir* Grimaudet.
Croix-de-Lorraine (la), auberge d'Ingrandes, 37.
Croix-Blanche (la), auberge d'Ingrandes, 37.
Croix-Blanche (la rue de la), 52, 63, 65, 66, 153, 160, 216, 217, 240, 267.
Croix-Verte (la), auberge d'Angers, 58.
Cromel, conseiller au siège présidial d'Angers, 9.
Crosnier, rédacteur au Mercure burlesque de Hollande, détenu au Château d'Angers, 89.
Crosnier (François), notaire royal à Angers, 24, 32, 185, 241, 246.
Crosnier (François), métayer, 279, 280, 282, 283.
Crosnier (Pierre), huissier et expert, 135, 272, 276.
Cudinière (la), 124.
Cupidon, 64, 219.
Cupif, conseiller au siège présidial d'Angers, 9, 59.
Cupif (Jean), sieur de la Robinaye, maire d'Angers, 2, 17.
Cupif (Marie), femme de Christophe Fouquet, premier président à mortier au Parlement de Bretagne, 12.
Cupif (Marie), femme de René Le Pelletier, 2 17.
Cupif (Nicolas), seigneur de Teildras, président au siège présidial et maire d'Angers, 60.
Cupif (Olivier), sieur de la Boumerie, 17.
Cupif (famille), 3.

D

Daburon (Jean), praticien à Angers, 252.
Daburon (Pierre), avocat-procureur à Angers, 26.
Daguenière (la), 43, 45.

Daillon, 152, 160, 297, 298.
Damas (comte de), 164, 165.
Darlus de Montcler (François), 96.
Darraize (Pierre), 29.
Daubigné, valet, 29.
Daugé (moulin de), 78.
Dauphin-dragons (régiment de), 164.
Dauphine (la), 234.
David, exempt, 100.
Davière (de la), lieutenant pour le roi à Loches, 113.
Dawi de Gaucourt, lieutenant pour le roi à Saumur, 299.
Déesses (les trois), tableau, 61, 94.
Deille, notaire royal à Angers, 176.
Deslauriers, soldat au régiment de Navarre, dans la compagnie du sieur Reverdy, 36.
Desmarets, 149, 292.
Desmatras, 4.
Dieusie (de), 164.
Dinville, 161.
Dionis, 297.
Dodun, 295.
Dôle, 35.
Donadieu de Puycharic (Pierre), capitaine du Château d'Angers sous la Ligue, 88.
Dorion (Daniel), conseiller du roi, lieutenant du prévôt général de Touraine, 54, 249.
Doussin (Julienne), femme de Jean-Baptiste Boisnault, 77.
Doy (Marguerite), femme d'Étienne Saint-Paul, 140, 141.
Dreux, 139.
Drouault, notaire royal à Angers, 298.
Drouillard (Alexandre), 71, 83, 84.
Drouillard (François), sieur de la Barre, 71, 83, 84.
Drouin (Noël), notaire royal à Angers, 53, 249.
Dubois, curé constitutionnel de la Chapelle-sur-Oudon, 172.
Ducerne, notaire royal à Coulombier, 144, 145.
Ducherie (la), 135.
Du Chesne (Nicolas), 78.
Duclos, *voir* Camus.
Du Doué, jésuite, 103, 253.

Dugrais (Jean), notaire royal à Craon, 138.
Dumas (Alexandre), romancier, 73.
Dumirail (la), prisonnière, détenue au château d'Angers, 74.
Dupont (Joseph), avocat-procureur, 25.
Dupont (Claude), sieur du Ruau, conseiller et doyen des conseillers du siège présidial d'Angers, 14.
Duport (Marie), femme de Laurent Aveline, 92.
Du Pré, archer, 30, 101.
Dupré (Mathurin), 278.
Dupré (Pascal), archer, 75, 212, 260, 266.
Durand (Antoine), arrêté pour vols et détenu dans les prisons du roi à Angers, 117, 121.
Duras (de), *voir* Durfort (de).
Durasserie (la), 91, 113.
Durfort (Jacques-Henri de), duc de Duras, maréchal de France, 131.
Duriot (Gilles), sieur de la Durasserie, 91, 113, 115.
Duruy (A.), écrivain, 35.
Dusserye (la), 63, 211, 276.

E

Écorcherie (la rue de l'), 143.
Écouflant, 82.
Écluse (l'), *voir* Le Mercier (Jacques).
Écu (de l'), auberge, 42.
Écuilly (d'), famille, 3.
Édit de Nantes (l'), 89, 109.
Encyclopédie (l'), 165.
Émereaux (les), 84, 85.
Enfant nu, tableau, 65, 228.
Enfant Jésus (l'), tableau, 65, 228.
Enseigne des Trois-Merciers (à l'), hôtellerie, 101.
Enseigne de St-Éloi (à l'), hôtellerie, 103.
Épagny (d'), régiment d'infanterie, 67.
Éperonnière (Antoine de l'), seigneur de Vriz, 152.
Éperonnière (François de l'), seigneur de la Roche-Bardoul, lieutenant de la vénerie du roi, 16, 267, 271, 285, 287.
Épiard (André), archer, 112.
Épinay (château de l'), 31.
Épinay (de l'), 30.
Épinay (Charlotte de l'), femme de François de la Rivière, sieur du Plessis-de-Vergonnes, puis de René de Colasseau, 29.
Esnault ou Aynault, président de l'administration municipale de Segré, 169, 171, 309, 324.
Espagne, 55.
Espagne (la reine d'), 61.
Espine (Jean de l'), 75.
Estrées (hôtel d'), 30.
Estrées (camp d'), 6.
États-Généraux (les), 166.
Évêché d'Angers (l'), 103.
Éveillard (Françoise), femme de Jacques Gourreau, 123.

F

Fauvau, prêtre, 59.
Fauvelaye (sieur de la), 59.
Faux monnayeurs (les), 18.
Faux sauniers (les), 27, 48.
Fayau (René de), sieur de la Melletaie, lieutenant de la maréchaussée, 27, 33.
Feneu, 5, 58.
Ferchambault (de), conseiller au siège présidial d'Angers, 21.
Ferraille (quai de la), 35.
Ferrière (la), 85, 251.
Firmin (Pierre), bourgeois de Paris, 245, 246.
Fitz-James (duc de), 1.
Flandre, 62, 63, 207, 225.
Flerançais (les), 248.
Fleuriau d'Armenonville, conseiller ordinaire au Conseil Royal, 289.
Fontainebleau, 194.
Fontenelle (Marie de), femme de François de Meaussé, 81.
Fontevrault, 162.
Forcheteau, 184.
Forêt-Clérambault (la), 68.
Forges (rue des), 145.

Forget (René), curé de la Chapelle-sur-Oudon, 172.
Fortin (François), marchand à Angers, 141, 142.
Fortin (la), femme de François Fortin, 144.
Fortune (la), tableau, 61, 195.
Fou (du), *voir* Puy (du).
Fouace, prisonnier, détenu au Château d'Angers, puis transféré au Château de Loches, 91, 112.
Foudon, 249.
Foulon (François), lieutenant général criminel de la Sénéchaussée de Saumur, 25.
Foulon (Renée), femme de Pierre Le Jeune, seigneur de la Fregeonnière, 4.
Fouquet, 180, 184.
Foucquet (Christophe I), seigneur de Challain, président au Parlement de Bretagne, 11, 12.
Foucquet (Christophe II), vicomte de Challain, président au Parlement de Bretagne, 11, 12.
Foucquet (Christophe III), comte de Challain, premier président à mortier au Parlement de Bretagne, 12.
Fouquet (Claude I), marquis de la Varenne, seigneur de la Flèche, lieutenant du roi en Anjou, 27, 29, 30, 31, 54, 56.
Fouquet, portrait, 135, 274.
Fouquet (Nicolas), surintendant des finances, 19, 46.
Fouquet (René), marquis de la Varenne, maréchal de camp, gouverneur de la Flèche, 91, 97.
Fourier (N.), femme de René Goullier, 77.
Fourille (de), 17.
Frain, 184.
France (carte de), 61.
Franche-Comté, 130, 131, 199.
Frapinière (la), 73.
Fraudière (la), 5, 6, 175.
Fregeonnière (de la), *voir* Le Jeune.
Fronteau-Gaudicher (Martin), notaire royal à Angers, 84.
Frouin, sergent, 147.

G

Gachetière (la), 32, 135, 146, 283.
Gallais, valet, 44.
Gandon (Étienne), maître de poste de la Roche-de-Serrant, 44.
Gandouin (César), dit la Fosse, sergent à la compagnie du sieur Reverdy, capitaine au régiment de Navarre, 37.
Garnier (Claude), notaire royal à Angers, 24, 246.
Gasnier, tisserand, 209.
Gâtinais (Nicolas), 166, 167, 171, 307, 308, 324.
Gaucourt, *voir* Dawi (de).
Gaudicher (Martin), notaire royal à Angers, 251.
Gaudin (René), praticien à Angers, 185.
Gaudine (la), 63, 135, 213, 280.
Gaudrée (Madeleine Trochon, demoiselle de), épouse du sieur de la Voisinière, 129.
Gaudurie (la), 66.
Gault (Jean), avocat-procureur, 25.
Gaultier, conseiller au siège présidial d'Angers, 9.
Gaultier (Géry), trésorier des mines du royaume de France, 14.
Gaultier (Guillaume), maître maçon à Angers, 89.
Gaultier (Nicole), 83.
Gaultier (Renée), femme de Pierre Charlot, sieur des Bottes-Laurières, 85, 251.
Gauthier (famille), 3.
Gauthier (Jean), 27, 29.
Gautrais (la Petite), 135, 285.
Gayaudon, 48.
Gazette de France (la), 165.
Gemmeraie (la), 1.
Gendron (Georges), sergent, 59.
Gené, 6.
Genélay (le), 28.
Georges (Isaac), dit la Roche, marchand mercier, protestant nouvellement converti, poursuivi pour avoir contrevenu aux défenses du roi, 97, 112, 252, 253, 254, 255, 258, 259, 260.

Gergant (Louise de), femme de Charles de la Porte, 152.
Gernigon (Charles), métayer, 276, 277.
Geslin (Robert), 24.
Gèvres (duc de), commandant d'une compagnie des gardes du corps du roi, 67.
Gibert (Claude), archer, 81.
Gibbier, maître de poste à Saumur, 43.
Giffard (François), sieur de la Perrine, 27, 30, 31.
Giffard (Louis), chevalier, 30.
Girard (Jean), avocat au Mans, 123.
Girard (Martin), habitant de Vézins, poursuivi pour avoir pris part au pillage des grains, 156, 304, 305, 306, 307.
Giraud, 27, 29.
Giraudière (François Peyneau, sieur de la), lieutenant du grand prévôt d'Anjou, 82, 121, 124, 249.
Giraudière (la Grande et la Petite), 53, 71, 77, 78.
Girault, sieur du Plessis-Girault, 29.
Giron (Claude), juge de paix à Segré, 171, 324.
Gisors, 202, 232.
Gisteau, maître de poste de Ste-Catherine, 43.
Goddes (François de), sieur de la Perrière et de Varennes, capitaine aux gardes françaises, 58.
Gohier, marchand à Angers, 101, 110.
Gohin (N.), maire d'Angers, 139.
Gohin (René), président au siège présidial d'Angers, 60, 123, 155.
Gohin de Montreuil (famille), 123.
Gonnord, 29, 30, 105, 256.
Gontard (André), sieur de la Perrière, époux d'Élisabeth Verdier, avocat à Angers, 113, 115.
Gontard (Charles), sieur du Pin, 91, 113, 115.
Gontard (Charles-André), sieur de la Perrière, époux de Marie Boullay, 113, 115.
Gontard de Launay, 113.
Gordon Pirie (famille), 5.
Gouby (de), *voir* Rivière (de la).

Gouin (René), assesseur de la maréchaussée d'Anjou, 122, 123.
Goullier (René), dit du Buisson, 77.
Gouraud (François), archer, 75, 100, 102.
Gourdon (Marie), voleuse de grands chemins, détenue dans les prisons du roi à Angers, 117, 121.
Gourreau (Jacques), époux de Françoise Eveillard, conseiller au siège présidial d'Angers, 123.
Goyran (Abel-François), assesseur de l'Hôtel-de-Ville d'Angers, 154.
Grabot (Jean), voleur de grands chemins, détenu dans les prisons du roi à Angers, 117, 121.
Grancey, 50.
Grand-Louis (le), auberge, 37.
Grand-Pré (le), 78.
Grande-Boucherie (la), 103.
Grandes-Écoles (les), 141.
Grande-Haie (la), 241.
Grand-Marcé (le), 83.
Grande-Rue (la), 143.
Grands-Ponts d'Angers (les), 139, 143, 146.
Gratien (Mathurin), 84.
Gravoire (la), 148.
Grenier à sel d'Angers (le), 48.
Grignon (le), 2, 3.
Grille, 2.
Grimaudet (Lezine), femme de Jean Le Pelletier, sieur de Grignon et de Morton, 2.
Grimaudet (Gabriel-François), seigneur de la Croiserie, 152.
Grimaudet de la Croiserie (Louise-Françoise), femme de Charles-Joseph Boylesve de Soucelles, seigneur de Noirieux, 152, 298.
Grimaudet (famille), 3.
Grudé (famille), 3.
Grue (la), 29, 250.
Guémené (prince de), 4.
Guénégaud (la rue), 295.
Guerche (la), 4.
Guérin, tisserand, 209.
Guesdon (Symphorien), notaire royal à Angers, 50, 247.
Guillain (Pierre), tailleur d'habits, 143.

Guillemin (Philippe), domestique, 144.
Guinefolle (Marie), femme d'Yves de Guyard, 172.
Guinoyseau, conseiller au siège présidial d'Angers, 9.
Guinoyseau (Jean), avocat-procureur, 25.
Guitteau, maître de poste d'Angers, 44.
Guy (Bonaventure), conseiller et correcteur en la Chambre des comptes de Bretagne, 187.
Guyard (Jean), 172.
Guyard (Yves de), 172.
Guyon, notaire royal à Marans, 278, 279, 280, 281.
Guyon, procureur fiscal, 59.
Guyon (Laurent), archer, 59, 63, 75, 77, 216.
Guyonneau (Marie), femme de Jean Girard, puis de François Le Pelletier, seigneur de Grignon, 3.

H

Haie-Joulain (la), 31.
Hallot (N. sieur de), écuyer de l'Académie d'équitation d'Angers, 101, 106, 256, 257.
Hamart (Gilles), couvreur à Angers, 147.
Hamelinière (la), 53, 57.
Haran (Jacques), archer de la maréchaussée d'Anjou, 75.
Haras du roi (les), 151.
Harlay (famille des), 130.
Harlay de Fourcy, conseiller d'État, 130.
Harlem, 108, 160.
Harouys (Françoise), femme de Pierre Bernard de la Jumelière, 148.
Haton (Pierre), sieur de la Masure, 27, 33.
Haute-Mule (la rue), 147.
Hayer (Marie), femme d'André Hunault, 77.
Héard, conseiller au siège présidial d'Angers, 3.
Hédouville (général), 169.
Héliand d'Ampoigné (famille d'), 3, 92.

Héliand d'Ampoigné (Louis d'), étudiant ecclésiastique à l'Université d'Angers, 91, 92, 93, 96.
Hénault, 180.
Herbert (Jean), « seiller » à Angers, 78.
Herbigny (d'), *voir* Lambert.
Hermeron, marchand cordonnier, 147.
Herpin (Jean), 23, 246.
Hersandeau, huissier, 245.
Heudicourt (d'), régiment, 149.
Histoire de Jacob (l'), tapisserie, 134, 273.
Hollande (le Mercure Burlesque de), 89.
Hollande, 91, 106, 109, 111, 164, 233.
Hollande (toile de), 206, 234, 235.
Hommeau (Florent de l'), notaire, 176.
Hommeaux (les), 124.
Homme armé (un), tapisserie, 134, 273.
Homo (Jean), 77.
Hongrie, 193.
Hostel (Louis d'), maître du Jeu de paume du Pélican à Angers, 11.
Hôtel-de-ville de Paris (l'), 11.
Houddée (Pierre), métayer, 77.
Hue de Miroménil, intendant de la Généralité de Tours, 27, 97, 99, 100, 108, 117, 118, 121, 128.
Hunault (André), 77.
Hunault (Pierre), docteur-médecin à Angers, 50, 247.

I

Indes (les), 42.
Ingrandes, 37, 38.
Innocents (église des), 18.
Italie, 131.

J

Jacobins (les), 147.
Jallot, agent de l'administration municipale de Segré, 171, 324.
Jameray (Florent), avocat-procureur, 25.
Jamin, étudiant, 133, 139, 141, 145.
Jamin, maître d'armes à Angers, 139.
Jannaux, sieur de la Bretonnière,

avocat au siège présidial d'Angers, 133, 140, 146.
Jannaux, fils du sieur de la Bretonnière, 139, 141, 146.
Jardins (N. des), *voir* Bellanger.
Jarzé (marquis de), 4.
Jaunais (la), 169.
Javary, avocat du roi au siège présidial d'Angers, 123.
Joli-Cœur, soldat de la compagnie de M. Boucault, 133, 138, 145.
Joly (Jacques), voleur, détenu dans les prisons du roi à Angers, 117, 121, 124, 125.
Jouaron (Symphorien), archer, 101.
Joulière (de la), *voir* Lamoureux.
Jousseaume (famille), 29.
Jousserie (la), 3.
Jouy (Françoise de), femme de Charles de Beaumont d'Autichamp, 84.
Joyeuse (de), maréchal, 148.
Jubaudière (la), 53.
Juffé (Charlotte), femme de François Baud, seigneur de Beaumont, 2.
Juffé (René), conseiller au siège présidial d'Angers, 2.
Juffé (famille), 3.
Juigné (de), *voir* Leclerc.
Juigné-sur-Maine, 121.
Jumelière (la), 148.
Jurieux, ministre protestant de Rotterdam, 106, 257.
Jurois (Jeanne), femme de Pierre Hunault, 50, 247.

L

La Boissière, 57.
La Chapelle (sieur de), avocat au Parlement de Bordeaux, 103, 254.
La Chapelle (Louis de), 4.
La Chapelle-Blanche, 42, 136.
La Chapelle-sur-Oudon, 1, 23, 77, 166, 169, 172, 188, 207, 209, 210, 211, 216, 246, 250, 296, 307, 325.
Lachaut, secrétaire général des Maréchaux de France, 148.
La Fayette (Madeleine de la), abbesse de Saint-Georges de Rennes, 26, 244.
La Ferronnays (marquise de), 153.
La Flèche, 29, 44, 54, 97.

La France, capitaine au régiment du Boulay, 145.
La Jaille (Élise de), femme de Pierre Leclerc du Plessis-Roland, 28.
La Lorie (chapelle de), 62, 161, 205, 206, 207, 275.
La Mairerie (Claude de), femme de Louis Giffard, 30.
Lambert (de), chanoine, 89.
Lambert d'Herbigny, maître des requêtes, 130.
La Montagne, sergent au régiment de Piémont, 87.
La Motte (Catherine de), femme de François de Crespy, seigneur de Chauvigné, 153, 154.
La Motte (Jean de), conseiller au siège présidial d'Angers, 154.
La Motte (Louis de), seigneur d'Aubigné, époux de Madeleine Constantin, 16, 267, 271, 286, 287.
Lamoureux, sieur de la Jouelière, 241, 242.
Lamy, marchand cirier à Angers, 147.
Lancreau (hôtel de), 148.
Lande (la), 122.
Landeronde, 176.
Landormière, 57.
Langan (César de), baron de Bois-Février, 24, 176, 185.
Languedoc (carte du canal du), 61, 199.
Lanier (Charlotte), femme de René Juffé, 2.
Lanier (Jacques), seigneur de St-Lambert, président au siège présidial d'Angers, 14.
Lanier (Guillaume), seigneur de Baubigny, conseiller au Grand Conseil, 251.
La Pommeraie, 113.
La Porte (marquis de), 27, 30.
La Porte (commandeur de), 88.
La Porte (Charles de), 150.
La Porte (Armand-Charles de), duc de la Meilleraye et de Mazarin, 35.
La Porte, marchand à Paris, 192, 222.
La Possonnière, 44.
Lardière (la Petite), 78.
La Renaudière, 148.

La Reynie (de), lieutenant criminel de Paris, 74, 104, 254.
La Rivière (Charlotte de), 83.
La Rivière (François de), sieur du Plessis-de-Vergonnes, 27, 29.
La Rivière, valet, 27, 29.
La Rivière-de-Gouby (de), 21.
La Rivière, 74.
La Roche, *voir* Georges.
La Roche-de-Serrant ou *la Roche-aux-Moines*, 44.
La Roche-Bardoul, 68, 134, 269.
La Roche-Brochard, 105, 256, 259.
La Roche-d'Iré, 86, 153.
La Rochelle, 6.
La Roë (la rue de la), 127.
La Roque (Jean de), seigneur de Berme, 50.
La Taste (Josué-Augustin de), marquis de Vézins, sieur de Pitrac, chevalier de St-Louis, premier capitaine de grenadiers du régiment du roi, 155.
La Touche-Limousinière (Marie-Madeleine de), femme de Josué-Augustin de la Taste, 155.
La Tour (Paul de), sieur des Varennes, lieutenant de la compagnie du sieur Reverdy, au régiment de Navarre, 35, 36, 37, 38.
La Tour (Marguerite de), femme du sieur Pelissier, 89.
La Tulipe, soldat, 35.
La Tullaye (Salomon de), maître en la Chambre des comptes de Bretagne, 179, 241, 242.
Launay (Hercules de), 5.
Launay (de), *voir* Gontard.
Launay (de), 149.
Laval, 3, 109.
Laval (Marie-Louise de), femme d'Antoine-Gaston, duc de Roquelaure, 54.
La Vallée (René de), 69.
Lavau, 176.
La Verdrye, *voir* Margariteau.
Lavoi (marquis du), 58.
Le Bacle, capitaine au régiment du Boulay, 141.
Le Baud, *voir* Baud.

Le Baud de Beaumont (famille), 3.
Le Bel, auditeur à la Chambre des comptes à Paris, 247.
Lebeuf, historien, 18.
Le Blanc, maître des requêtes, 126, 299.
Le Bœuf, lieutenant du grand prévôt, 42.
Le Camus, secrétaire du roi, 7, 8, 10, 11, 13.
Lecerf (Joseph), 75.
Le Clavier (J.), 186, 245.
Leclerc (Françoise), marquise de la Ferronnays, 153.
Leclerc (Georges), baron de Juigné, 89.
Leclerc (Jacques), sieur de la Ferrière, 251.
Leclerc (Jean), seigneur des Émereaux, 15, 84, 85, 153, 251.
Leclerc (Perrine-Renée), femme de Gabriel II Constantin, 15, 84, 251, 298.
Leclerc (Pierre), sieur du Plessis-Roland, 28.
Leclerc (Urbain), sieur du Genétay, 27, 28.
Leclerc de Juigné (Philippe), sieur de Vrigny, 89.
Leclerc de Sautré (Lucie-Henriette), femme de François de Goddes, sieur de la Perrière et de Varennes, 58.
Le Devin (famille), 3.
Le Double (Julien), marchand à Paris, 54, 250.
Ledru (François), lieutenant au régiment du Boulay, 133, 144, 146.
Leduc (René), 24, 247.
Lefebvre de l'Aubrière, conseiller au Parlement de Bretagne, 82.
Lefebvre (Élisabeth-Jeanne), femme de Charles-François-Camille Constantin, seigneur de la Lorie, 159, 160.
Lefebvre de l'Aubrière (Charles-François), conseiller au Parlement de Paris, 54.
Lefebvre (François), président au Parlement de Bretagne, 82.
Lefebvre (Louis), 160.

Lefèvre, secrétaire de l'administration municipale de Segré, 171, 324.
Lefèvre de la Saluère (Marthe), veuve de Guillaume Lanier, 251.
Le François (Marie), femme de Jacques Constantin, 242.
Legendre (Jean), métayer, 77, 78.
Legendre (Marie), 84.
Legrand, marchand à Saumur, 28.
Legros (Balthazar), sieur de l'Augardière, 66, 69.
Le Gros (famille), 3.
Legros (Charles), sénéchal de Beaufort, 3, 16.
Le Jeune de Bonnevault (famille), 23.
Le Jeune de la Fregeonnière (famille), 3.
Le Jeune (Anne), femme de Armand Le Pelletier, seigneur de la Lorie, grand prévôt d'Anjou, 4, 8, 15, 25, 252.
Le Jeune (Pierre), seigneur de la Fregeonnière, 4.
Lelièvre (Hector), archer, 30.
Le Marié, conseiller au siège présidial d'Angers, 154, 155.
Le Meignan, 105, 255.
Le Mercier (Étienne), maître de poste à St-Georges-sur-Loire, 45, 47.
Le Mercier (Jacques), sieur de l'Écluse, correcteur en la Chambre des comptes de Bretagne, 181, 248, 300, 301.
Le Mercier (Maurice), maître de poste à Champtocé, 45.
Le Mercier (Michel), sieur des Flerançais, 248.
Lemercier de Chantepie (d^{lles}), 140, 144, 145, 146, 147.
Lemercier de Chantepie (Françoise), 140.
Le Merle (Marc), sieur de la Motte, conseiller du roi, assesseur à la maréchaussée d'Anjou, 84, 87, 122, 123.
Lemesle, fermier, 214.
Le Moine (Jacques), avocat au bailliage de Coutances, 109, 262.
Le Moine (Pierre), 109, 262.
L'Enfant (René), 176.

L'Enfant (Michel-René), avocat à Paris, 295, 297.
Léopold II, empereur, 42.
Lepage (Michel), archer, 30.
Le Pauvre (Christophe), sieur de Lavau, 176.
Le Pelletier (famille), 2, 26.
Le Pelletier (Anne), femme de Gabriel I Constantin, seigneur de Varennes et de la Lorie, grand prévôt d'Anjou, 3, 4, 9, 15, 25, 60, 61, 82, 85, 133, 134, 188, 287.
Le Pelletier (Armand), seigneur de la Lorie, grand prévôt d'Anjou. 3, 4, 8, 10, 14, 15, 18, 25, 246, 252, 288.
Le Pelletier (Claude), femme de Charles Legros, 3, 16.
Le Pelletier (François), seigneur de Grignon, capitaine du Vol de la Corneille, 3.
Le Pelletier (Jacques), 7, 8.
Le Pelletier (Jacquine), 4, 15, 16, 25, 82, 129, 252.
Le Pelletier (Jean), sieur de Grignon et de Morton, 2.
Le Pelletier (Jean), chanoine d'Angers et du Mans, et archidiacre de Laval, 2, 3.
Le Pelletier (Jean-Baptiste), prieur de Sainte-Gemmes, 4, 16, 25, 60, 82, 188, 215, 217, 251.
Le Pelletier (Lezine), femme d'Olivier Cupif, sieur de la Boumerie et de Morton, 17.
Le Pelletier (René), curé du Bourg-d'Iré et doyen de Candé, 4, 16, 25, 250.
Le Pelletier (René), seigneur de Grignon, receveur général des tailles et des traites d'Anjou, 2, 17, 82.
Le Pelletier (René), seigneur de la Lorie, maître d'hôtel ordinaire du roi, grand prévôt d'Anjou, 1, 2, 3, 9, 11, 12, 13, 14, 16, 17, 18, 19, 20, 21, 22, 23, 25, 245.
Lequin (Bon-François), étudiant au collège des Pères de l'Oratoire, 147.
Leray (Louis), laboureur, 77.
Leroux, faux saunier, 40.

Leroux (Suzanne), femme de Hercules de Launay, 5.
Leroy (Jacques), compagnon tanneur, 142.
Leroy (Madeleine), 83.
Le Royer, curé de Saint-Laud à Angers, 108, 261.
Lesbaupin (de), notaire royal à Nantes, 248.
L'Ecluse (Jacques le Mercier, sieur de), 248.
Lescuyer (Nicolas), archer, 112, 259, 266.
Lescuyer, 245.
Lesseville (Leclerc de), intendant de la Généralité de Tours, 304.
Lestenou (de), seigneur de la Chaubruère, 27, 50.
Le Tellier, 35.
Letourneux (Maurille), métayer, 77, 78.
Le Vasseur, 7, 9, 11, 12, 13.
Le Vasseur (Jean), 12.
Le Vavasseur (Jean), secrétaire du roi, 7.
L'Hommeau (Florent de), 176.
Lices (place des), 88.
Licquet (Jacques), sieur de la Chauvière, conseiller au siège présidial d'Angers, 5.
Ligueil, 42.
Linières (sieur de), 27, 49, 50.
Lion d'or (le), auberge, 37.
Livonnière, *voir* Pocquet.
Loberan (Marie de), femme de Gabriel Morel, 31.
Loches, 42, 91, 112, 113.
Locpezran, 35.
Locre, 10.
Logardière, *voir* Legros.
Loges (des), *voir* Charlot et Martin.
Lointier (Jacques), maître maçon, 89.
Lombaye (sieur de), 59.
Loménie (de), 244.
Londres, 104, 111, 165.
Longchamps, 152.
Longueville (duchesse de), 61.
Lorient, 35.
Lorraine (régiment de), 151.
Loudière (sieur de), 105, 255.

Loudun, 111, 136.
Louet (Sébastien), seigneur de Longchamps, conseiller au siège présidial d'Angers, 150.
Louis XIII, roi de France, 35, 41.
Louis XIV, roi de France, 35, 46.
Louis XV, 299.
Louvois (marquis de), 40, 41, 47, 119.
Loyau (Jean), 42, 47.
Lucas, notaire royal à Nantes, 248.
Lucé, 245
Lude (comte du), 4.

M

Mabilais (la), 169.
Mabilière (la), 122, 126, 154.
Macé (René), 29.
Madeleine (la), à Pouancé, 4, 60.
Madeleine (la), tableau, 64, 222.
Magnannes, 130.
Magon (Françoise-Nicole), femme de Louis-Georges-Érasme de Contades, 157.
Maine (le), 136.
Maison-Neuve (la), 63, 135, 212, 277.
Maison-Rouge (la), 40.
Mancini (Hortense), femme d'Armand-Charles de la Porte, duc de la Meilleraye, 35.
Mangore (Claude), dit des Rochers, caporal au régiment de Piémont, 71, 87, 88.
Manheim, 131.
Mans (le), 3, 86, 90, 91, 112.
Mansant, lieutenant du prévôt de Baugé, 138.
Mantoue (princesse de), 61.
Marais (Nicolas), greffier, 83.
Marans, 6, 16, 153, 155, 159, 280, 287.
Marcé (sieur de), 68, 129.
Marchais (les), 81.
Marchand (Pierre-Henri), curé de Baracé, 160.
Marchandye, curé de Pouancé, 76, 78, 81.
Marchegay, archiviste, 118.
Maréchaussée d'Anjou (la), 33, 48, 53, 67, 84, 91, 129, 137, 148, 150, 288.

Maréchaux de France (les), 33, 40, 49, 50, 66, 67, 129, 131, 148.
Margariteau (Joseph), dit la Verdrye, soldat au régiment de Piémont, 71, 88.
Marigné, 30.
Marin, intendant des finances, 18.
Marly, 305.
Marmier (François, comte de), colonel du régiment de Lorraine-dragons, 159, 161, 164.
Marmier (François-Philippe, marquis de), lieutenant-colonel du régiment de cavalerie de la reine, 161.
Marmier (Julie-Victoire de), femme du marquis de Contades, 161.
Marsollier (Pierre), adjoint à Sainte-Gemmes-d'Andigné, 168, 169, 171, 309, 325.
Martin (Joachim), sieur des Loges, 101.
Martinais (la), 135, 285.
Martineau, sieur de Princé, 22, 23.
Martineau (Anne), femme de Jacques Constantin, seigneur de Varennes, 4, 5, 8, 175.
Martineau (Charles), maître de la Chambre des comptes de Nantes, 5, 8.
Martineau (Guillaume), sieur de la Fosse, conseiller au siège présidial d'Angers, 15, 252.
Martineau (Jean-François), archidiacre de l'Église d'Angers, 85, 252.
Martineau (Nicolas), prêtre, 245.
Martineau (Jeanne), femme de Jacques Licquet, puis de Jacques Constantin, 5, 15, 26, 175, 240, 242.
Masure (la), 33.
Maunoir (Marie-Anne), femme de Jean de la Motte, 154.
Maussion, médecin, 21.
Mazarin (cardinal de), 46.
Mazarin (duc de), 35.
Mazarines, assiettes, 190.
Mazières (des), notaire royal à Angers, 4, 240.
Meaussé (Charles-Joseph de), gendarme de la garde, 71, 81.

Meaussé (François de), 81.
Médicis (Marie de), reine de France, 33, 147.
Meguyon (Marthe de), femme de Julien-François de Crespy, seigneur de Chauvigné, 154.
Meignan (les), famille, 105, 256.
Meignan (René), adjoint à la Chapelle-sur-Oudon, 159, 168, 171, 323.
Meigné-le-Vicomte, 50.
Meilleraye (duc de la), 25.
Mélancolie (la), tableau, 65, 227.
Meliand (famille de), 3.
Melletaie (la), 33.
Meltaye (sieur de), 24.
Ménage, écrivain, 2, 3 4, 17.
Meneust (Marie), femme de Mathurin Cosnier, sieur de la Grande-Haie, 241.
Mercure de France (le), 165.
Meré, 290.
Ménil (Françoise du), épouse de Jean Leclerc des Émereaux, 153.
Meslier (Raphaël), commandant à Péronne, 149.
Metz, 134, 136, 137.
Meunier (Simon), marchand à Juigné-sur-Maine, 121.
Mézière (sieur de), 53, 58, 59.
Mezochais (la), 135.
Minage (le), 99.
Minerve, statue, 163.
Miossaye ou *Miochaie* (la), 63, 211, 277.
Miramion (de), 71, 72, 73, 74.
Mirault (famille), 127.
Mirault (Jean-Baptiste-Christophe), chirurgien à Angers, 127.
Mirault (Roch), huissier à Angers, 125, 127.
Miribel (comte de), *voir* Beaumont d'Autichamp.
Miroménil (de), *voir* Hue.
Moland, hôtelier à Angers, 103, 253.
Molé, 180.
Monde (le), carte, 62, 287.
Montalais (Robert de), 2.
Montbault (marquis de), 27, 30.
Montcler (de), *voir* Darlus.
Montfaucon, 67, 148.

Montginot (de), protestant, détenu au Château d'Angers, 89.
Montigné, 100.
Montigny (de), *voir* Pelisson.
Montigny, voir *Montigné*.
Montilliers, 105, 256.
Montjean, 172.
Montolin, sous-lieutenant au régiment de Navarre, 34, 36, 37, 39.
Montpellier, 103, 254.
Montplessis, soldat au régiment de Piémont, 88.
Montreuil (de), *voir* Gohin.
Montreuil-Bellay, 304.
Montriou, 4, 5, 175.
Morant (François), sieur de la Chaverière, 251.
Moreau (Andrée), femme de François Morant, sieur de la Chaverière, 251.
Moreau (René), notaire royal à Angers, 175, 185.
Morel (Gabriel), sieur de l'Épinay, 31.
Moret, 48.
Morillon (Jean), détenu dans les prisons du roi à Angers, 91, 113.
Morineau, receveur général des fermes du roi en Anjou, 47, 48.
Morlot (comte de), agent secret du prince d'Orange, détenu au Château de Saumur, 38.
Mortier (Marie du), femme d'Abraham Chalopin, 176.
Morton, 2, 17.
Motet, protestant, réfugié à Londres, 106, 111, 256.
Motte (sieur de la), 84.
Motte (Jean de la), conseiller au siège présidial d'Angers, 154.
Motte (de la), 153.
Motte (Catherine de la), veuve de Julien-François de Crespy, 154.
Motte-de-Pendu (la), 28.
Moulins-Vieux (sieur des), 148.
Moutier (chevalier de), étudiant à l'Université d'Angers, 141.
Muzaud, secrétaire de l'évêque d'Angers, 103, 253.
Mydorge, receveur des tailles à Angers, 82.

N

Nantes, 5, 22, 46, 104, 105, 172, 184, 241, 243, 248, 255.
Nanteuil (Robert), peintre, 65, 226.
Narcé, 91, 92.
Navarre (régiment de), 34.
Neufville (de), *voir* Poisson.
Neuville (François de), duc de Villeroy, maréchal de France, 81.
Nobily, banquier à Paris, 17.
Noce (une), tableau, 62, 207.
Noguette (Thomas), 27, 29.
Nointel (marquis de), *voir* Bechameil.
Noirieux, 152.
Normandie (la), 50.
Nort, 35.
Notre-Dame (église de), 148.
Notre-Dame (de la), auberge d'Angers, 38.
Nouhes (Élisabeth des), femme de Georges Leclerc, baron de Juigné, 89.

O

Ogier (François), praticien à Angers, 176.
Oigonnelle (baron d'), officier au régiment du Boulay, 133, 140, 141, 144, 145, 146.
Oisellerie (l'), 103.
Orange (prince d'), 38.
Oratoire (l'), à Angers, 147.
Orléans (Philippe duc d'), 13, 72.
Orphée, tableau, 62, 207.
Orry, conseiller d'État, contrôleur général des finances, 304, 305.
Oudart (Jacques), tailleur à Angers, 139, 140, 146.
Ouzillac, 104, 254.
Ovary, notaire royal, 242.

P

Pacques, conseiller en la cour des Aides, 12.
Pagny-la-Blanche, 161.

Paigis (Étienne), marchand, 34, 246.
Palais (le), à Angers, 39, 124.
Pallu, 48.
Pallu (la), 89.
Pantin (Samuel), seigneur de la Hamelinière, 57.
Papinière (la), 147.
Parcheminerie (la rue de la), 143.
Paris, 16, 18, 35, 56, 64.
Paris (poinçon de), 219.
Parthenay (Catherine de), dame de Soubise, 39.
Pâqueraye de la Touche (Dominique-Louise), femme de Nicolas Boguais de la Boissière, 154.
Pasquier (Marie), servante, 146, 147.
Paul de Russie, grand duc, 42.
Payneau (François), sieur de la Giraudière, lieutenant de la maréchaussée d'Anjou, 53, 82, 122, 124, 249.
Paysage, tableau, 65, 228.
Pays-Bas (les), 131.
Péan de la Tuillerie, écrivain, 88, 90, 101, 103, 139, 141, 147, 160.
Péan (Marguerite), femme de Nicolas Allaire, 284.
Peillestres, 37.
Pelé (Jean), maître de poste des Rosiers, 42.
Pelissier, de Toulouse, visionnaire, détenu au Château d'Angers, 89.
Pelissier (Jean-Arnault), marchand brodeur à Angers, 107, 253, 259.
Pelisson, prêtre à Angers, 111, 264.
Pelisson (Françoise), femme de Pierre Le Moine, 109, 262.
Pelisson (Samuel), sieur de Montigny, protestant nouvellement converti, 98, 99, 100, 101, 102, 108, 109, 110, 111, 112, 252, 256, 257, 260-266.
Pelisson (Madeleine), veuve de Jacques Le Moine, 109, 262.
Pelisson (Marguerite), 109, 262.
Pelisson (Marie), 109, 262.
Pelisson (Marthe-Suzanne), 109, 265.
Pénitentes d'Angers (hôtel des), 71, 74, 133, 150.
Péronne, 149.

Perraudière (la), 122.
Perrault (Charles), seigneur de la Sablonnière, 133, 150.
Perrin (*le Vieil*), 63, 135, 213.
Perrière (la), 113.
Perrine (la), 27, 30.
Perrinière (la), 148.
Petit (Jacques), dit la Rose, soldat au régiment de Navarre, 39.
Petit-Bois (le), 124.
Petit-Panier (le), auberge d'Angers, 142, 145, 147.
Petites-Tailles (les), 167.
Peuzol, 135.
Phelypeaux, 99, 289.
Philipsbourg, 131.
Picardie (régiment de), 34.
Pié-Boulet (fontaine), 14.
Piémont (régiment de), 34, 71, 86, 87, 153, 154, 156.
Pigeon (le), auberge d'Ingrandes, 37.
Pilardière (la), 2.
Pilori (place du), 126.
Pin (du), *voir* Gontard.
Pinte (la rue), 139.
Pipard (Thomas), 83.
Piron (Geoffroy), notaire de la cour de Cheffes, 6.
Pisson (René), archer, 137.
Pitrac (de), 155.
Pitt (William), 169.
Plaçais (René), régisseur, 136, 205, 207, 211, 275, 276, 285.
Place-Neuve (la), 91, 99, 100, 103, 139.
Plaine (la), 129.
Plesse (la), 19, 172, 324.
Plessis, *voir* Girault.
Plessis-de-Gesté (le), 68.
Plessis-de-Juigné (le), 124.
Plessis-de-Vergonnes (le), 29.
Plessis-Roland (le), 28.
Pocquet de Livonnière (Claude), conseiller au siège présidial d'Angers, 148.
Poirier (sieur du), 63, 229, 239.
Poirier (Pierre), avocat, 130.
Poisson (Ange), avocat au Parlement de Paris, 149.
Poisson (René), 133.

Poisson (Charles), seigneur de Neufville, 251.
Poitou, 105.
Pommeraie (la), 113.
Pommerieux, 124.
Ponceau (le), 63, 135, 214, 282.
Ponceau (du), *voir* Amys.
Pont (Claude du), sieur du Ruau, conseiller au siège présidial d'Angers, 14.
Pont-Barré (le), 167.
Pont (Philippe du), seigneur de Marans, 6.
Pontchartrain, 74, 89, 99.
Ponts (rue des), 141.
Ponts-de-Cé (les), 106, 155, 229, 256.
Pontval (René de), président de la Chambre des comptes de Bretagne, 242.
Pontveix, 16.
Porée (la), 161, 249.
Portier (Michel), notaire royal à Angers, 287.
Port-Louis (le), 35
Postes d'Anjou (les), 41-47.
Potée, archer et huissier, 123.
Pot-de-fer (la rue du), 31, 61.
Pottier (René), 297.
Pouancé, 27, 29, 75, 82.
Poulaillon (la), détenue aux Pénitentes d'Angers, 74.
Poullain (Pierre), journalier, 138.
Pousse (Pierre), chirurgien à Angers, 133, 138.
Prat (de), 40.
Présidial d'Angers (le), 2, 5, 9, 14, 15, 23, 46, 117, 122, 123, 124, 126, 127, 128, 130, 148, 151, 152.
Présidial du Mans (le), 3.
Prestreau (Étienne), notaire royal à Angers, 298.
Prévôt, prêtre, 15, 81.
Prévôt (la), détenue aux Pénitentes d'Angers, 74.
Prévôt d'Anjou (le grand), 2, 4, 7, 14, 15, 21, 22, 48, 54, 66, 71, 75, 76, 101, 112, 114, 117, 128, 129, 133, 149, 151, 153, 154, 155, 160, 185, 188, 211, 216, 240, 251, 252, 255, 260, 266, 267, 272, 286, 288, 291, 293, 295, 296, 300.

Princé (de), 22, 23.
Priolleau (Martial), 43.
Prisons du roi à Angers (les), 23, 29, 55, 71, 72, 98, 102, 115, 121, 122, 129, 130, 305, 306.
Prud'homme (Joseph), lieutenant du prévôt général de Touraine, 24, 249.
Peujol, 35, 274.
Puy-du-Fou (Françoise du), femme de Robert de Montalais, puis de François Thierry, 2.
Puycharic (de), *voir* Donadieu.

Q

Quatrembat (Renée), femme de Claude Pocquet de Livonnière, 148.
Quelaines, 91, 100, 109, 252.
Quélier (Louis), sieur du Grand-Marcé, lieutenant de la Maréchaussée d'Anjou, 83, 91.
Quersandy (Mauricette de), femme de Christophe Foucquet, 12.

R

Racapé (Henri-François de), seigneur de Magnannes, lieutenant des Maréchaux de France à Angers, 130, 131.
Rangeard (la rue), 102.
Rasteau (Paul du), lieutenant au régiment de Brissonnet, 133, 136.
Ravaisson (François), conservateur à la Bibliothèque de l'Arsenal, 28, 74.
Ravenel, marchand à Harlem, 108, 259.
Ray (Jacques), tanneur, 130.
Rebondy (Alexandre), hôtelier du *Cheval Blanc*, à Angers, 139.
Refuge (Louis du), 89.
Regnard (Michel), concierge de la prison du Mans, 112.
Remond, notaire royal à Paris, 248.
Renaud et Armide, tapisserie, 64, 223.
Renaudière (la), 148.
Rennes, 11, 16, 72.

Renou, conseiller au siège présidial d'Angers, 59.
Repussart (Jeanne), 140.
Reynepont (de), capitaine au régiment de Piémont, 71, 89.
Reverdy, capitaine au régiment de Navarre, 26, 34.
Richelieu (cardinal de), 18.
Richelieu, 44.
Richer (René), sieur de la Jousserie, avocat du roi au siège présidial du Mans, 3.
Rieux (du), lieutenant au régiment de Brissonnet, 133, 136.
Rigault (Jean), archer, 30, 33.
Riollan, syndic au siège présidial d'Angers, 151.
Rivière de Gouby (de la), 21.
Robert (Anne), 90.
Robin (René), avocat à Pouancé, 78.
Robin, avocat, 130.
Robinaye (la), 2, 17.
Roche (la), 129.
Roche (la), 77.
Roche-Bardoul (la), 16, 68, 134, 287.
Roche-Brochard (la), 105, 256.
Roche-d'Iré (la), 153.
Roche-Joulain (la), 58.
Rochers (des), *voir* Mangore.
Rocheservière (la), 76.
Rochette (de la), exempt, 58.
Rohan (Henri, duc de), 39.
Rohan (Marguerite de), femme d'Olivier de Clisson, 39.
Rohan-Guémené (de), 93, 101.
Rohan (René de), 39.
Roissy (comtesse de), 89.
Rome, 234.
Romeron (de), protestant, détenu au Château d'Angers, 89.
Ronceray (le), 147.
Ronflé (Pierre), fermier, 214, 282.
Ronsin, boulanger, 143.
Roquelaure (Antoine-Gaston de), pair de France, lieutenant général, 54.
Rosiers (les), 42, 47.
Rotterdam, 106, 108, 257, 259.
Rouen, 13.
Roulet, faux saunier, 40.
Roullière (de la), 67, 68.

Rousseau (Jacquine), femme de Robert Constantin, sieur de la Fraudière, 5, 6, 175.
Royal-Piémont-cavalerie (régiment de), 149.
Rozier (René), premier huissier audiencier au siège présidial d'Angers, 126.
Ruau (Claude du Pont, sieur du), conseiller et doyen des conseillers au siège présidial d'Angers, 14.
Ruau (du), 48.
Rubelle (de), *voir* Bonneau.
Ruen (Louis de), 40.

S

Sablé, 3.
Sablonnière (la), 150.
Saint-André de Châteauneuf, église, 123.
Saint-André-des-Arts (la rue), 295.
Saint-Antoine (la rue), 149.
Saint-Arnoult (sieur de), archer, 53, 58.
Saint-Aubin (la rue), 111.
Saint-Aubin de Pouancé, église, 75, 78, 81.
Saint-Calais, 3.
Saint-Denis (combat de), 15, 159.
Saint-Denis, église d'Angers, 159.
Saint-Denis d'Anjou, 2, 3.
Saint Éloy, enseigne, 253.
Saint-Évroult (la rue), 147.
Saint François de Sales, portrait, 64.
Saint-Genys (marquis de), 1, 166.
Saint Georges, vitrail, 62, 222.
Saint-Georges, abbaye de Rennes, 16, 26, 243, 244, 287.
Saint-Georges-sur-Loire, 37, 45, 46, 160.
Saint-Germain-en-Laye, 35.
Saint-Germain (marquis de), 49.
Saint-Germain-lès-Montfaucon, 148.
Saint-Gilles (la rue), 111.
Saint Jacques, vitrail, 62.
Saint-Jacques (chapelle de), 79.
Saint-Jean de Chartres, abbaye, 6.
Saint-Jean, hôpital d'Angers, 127.
Saint Joseph, tableau, 64, 222.

Saint-Lambert (de), 14.
Saint-Laud, église d'Angers, 21, 108, 125, 261.
Saint-Laud (la rue), 145.
Saint-Louis (chevalier de), 153, 155, 161.
Saint-Maixent, 234.
Saint-Malo, 6.
Saint-Mars, 15.
Saint-Mars (de), *voir* Aveline.
Saint-Mars-du-Désert, 35.
Saint-Mars-la-Jaille, 136.
Saint-Martin-de-Vertou, 166.
Saint-Martin (la rue), 111.
Saint-Martin (foire de la), 39.
Saint-Martin-de-la-Place, 42, 43.
Saint-Mathurin, 43.
Saint-Maur, 95, 242.
Saint-Maurice (chapelle de), 79, 147.
Saint-Maurille, église d'Angers, 4, 61, 84, 126, 140, 156, 159, 161, 189, 217.
Saint-Médéric (la rue neuve), à Paris, 18.
Saint-Michel-de-la-Palud, église d'Angers, 111, 264.
Saint-Michel-du-Tertre, église d'Angers, 85, 92, 126, 153.
Saint-Nicolas, église d'Angers, 32, 33, 44, 90.
Saint-Nicolas-des-Champs, église de Paris, 16.
Saint-Offange (René-Magdelon de), abbé de Saint-Maur, 95.
Saint-Paul (Étienne), 140.
Saint Paul, 108, 109, 261, 262.
Saint-Pierre, église d'Angers, 14, 145, 161, 216, 217, 267.
Saint-Pierre, église de Nantes, 105, 298.
Saint-Pierre-de-la-Roussière, 36.
Saint-Sauveur, église de Segré, 59.
Saint-Sauveur-de-Flée, 169, 309.
Saint-Sambin, église de Nantes, 105, 256.
Sainte-Catherine (monastère de), 21, 43, 53, 59, 156, 243.
Sainte-Croix, église d'Angers, 99, 100, 108, 110, 111, 139, 147, 261, 264.

Sainte-Croix-de-la-Bretonnerie, église, 16.
Sainte-Gemmes-d'Andigné, 4, 32, 50, 60, 168, 247, 309.
Sainte-Geneviève, église de Paris, 74.
Saint-Mars-la-Jaille, 186.
Saintonge (la), 105.
Sallaire (Jacques), praticien, 259.
Salmgue (Nicolas), cordonnier, 147.
Salmon, 247, 248.
Salpêtrière (la), à Paris, 89.
Saulaie (la), 16.
Sauleau (Pierre), dit la Saulaie, soldat au régiment de Piémont, 88.
Saulnier (Nicolas), adjudicataire dès fermes royales de France, 40.
Saumur, 25, 27, 28, 38, 43, 44, 51, 60, 136, 138, 164, 299.
Sauvage (Louis), fermier, 271, 283, 284.
Savennières, 4, 5, 242.
Savonnières (de), sieur de Brullon, 40.
Sazay (sieur de), 27, 29.
Scépeaux (de), 40.
Segré, 1, 2, 4, 59, 160, 169, 210, 216, 229, 239, 275, 307-325.
Séguier, 180, 184.
Seignelais, 89.
Séminaire d'Angers (le), 71, 75, 76, 78, 79, 80, 172.
Senonnes (marquis de), 148.
Serine (la rue de la), 44.
Serrant (château de), 13.
Serrant (comte de), *voir* Bautru.
Servien, 180.
Sesmaisons (François de), 126
Simon (René), notaire royal à Angers, 176, 240.
Six-Perdreaux (auberge des), 139, 140.
Sizé (Guillaume), marchand à Angers, 61, 189, 195, 207, 210, 216, 217, 228, 239.
Soubise (de), *voir* Parthenay.
Soucelles (de), *voir* Boylesve.
Souci (le), 63, 135, 213, 281, 282.
Soulaire-et-Bourg, 91.
Sourdigné, 17, 29, 30.
Souris (dit la), *voir* Cotterel.

Suleau (Françoise), dite Lacroix, devineresse, renfermée aux Pénitentes d'Angers, 74.
Sully, 39.
Surgères (comte de), colonel du régiment de Dauphin-dragons, 164.
Suzanne, tableau, 65.
Syfredy, 14, 18.

T

Tafforeau (Pierre), archer, 58.
Tannerie (la rue de la), 101.
Teildras, 60.
Teildras (de), *voir* Cupif.
Terrial (Louis), sergent royal, 59.
Tessier (famille), 42.
Tessier (Jacques), archer, 137.
Thibaudeau (Pierre), notaire royal à Angers, 39, 249.
Thibault (Yves), fermier, 214.
Thiberge (Urbain), tisserand, 130.
Thierry (François), 2.
Thouarcé, 81.
Thorode, écrivain, 161.
Tillement, parfumeur à Paris, 149.
Tillon (Marguerite), femme de Louis de la Chapelle, 4.
Tissier, 150.
Tivinaie (la), 77.
Touche (la), 50.
Touche (de la), *voir* Pâqueraye.
Touche-à-l'Abbé (la), 32, 247.
Toul, 136.
Touraine, 13, 54, 136, 137.
Tourelles (les), 146.
Tour du Connétable (la), 39.
Tour du Pont-Levis (la), 39.
Tours, 6, 10, 24, 44, 54, 72, 97, 98, 110, 118, 128, 136, 137, 153, 249, 290.
Toussaint (la porte), 88.
Toussaint (la rue), 100, 102.
Tremblay (le), 159, 172, 324.
Trianon, 129.
Tribouillerie (la), 24, 135, 247, 285.
Triguinausa (Jeanne), femme de Florent de l'Hommeau, 176.
Trinité (la), église d'Angers, 139.
Triomphe de Joseph (le), tapisserie, 134, 273.

Tripier, sieur de Beauverger, 166.
Tripier, sieur du Bois, 66.
Trochon (Madeleine), femme du sieur de la Voisinière, 129.
Trois-Rois (les), auberge d'Ingrandes, 37.
Trois-Maures (les), auberge de Saumur, 138.
Trouillet (famille), 3.
Troussard (Vincent), maître de poste des Rosiers, 42.
Turquie (tapis de), 194, 206, 236.

U

Université d'Angers (l'), 138, 141, 148.
Uriz, 26.

V

Va-de-Bon-Cœur, soldat, 35.
Valetz, 148.
Vallée (Renée de la), 69.
Vallée (Clément), cordonnier, 77.
Varades, 36.
Varanne (Bénigne), 126.
Varannes (marquis des), 136.
Varenne (Claude-Fouquet, marquis de la), 29, 30.
Varennes (château de), 4, 5, 6, 26.
Varennes (portraits des seigneur et dame de), 65, 228.
Vaucelles (François de), maître de poste des Rosiers, 42.
Vaududon (le Grand et le Petit), 21, 24, 63, 135, 213, 275, 280.
Vaugetière (la), 150.
Vauperron (sieur de), 53, 59.
Vendéens (les), 39, 167.
Venise, 64, 66, 232.
Verdeille (sieur de), protestant, détenu au Château d'Angers, 89.
Verdier (Jean), sieur de la Perrière, conseiller au siège présidial d'Angers, 14.
Verdier (Pierre), fermier, 247.
Verdier (Élisabeth), 113.
Verdun, 136
Vergonnes, 29.
Vergonnes (de), *voir* la Rivière (de).

Vern, 2.
Vérouillère (la), 123.
Versailles, 117, 131, 136, 243.
Vézins, 155, 304, 307.
Vieille Charte (la rue de la), 102.
Vigne (la), 78.
Vignes (sieur des), huissier à Paris, 11.
Vihiers, 100.
Ville-au-Blanc (la), 124.
Villençon (Pierre de), marquis de Caligny, 27, 49, 50.
Villeneuve de Cazeaux, 126.
Villeroy (marquis de), *voir* Neufville.
Vincennes, 46.

Vire, 50.
Visitation (monastère de la), à Angers, 26.
Visitation de Sainte-Marie, monastère de la), au Mans, 90.
Vitré, 90.
Voisin, 122.
Voisin, 90.
Voisinière (de la), 129.
Voysin, 292, 295.
Vrigny (de), *voir* Leclerc de Juigné.
Vritz, 24, 66, 152, 247.

Z

Zurlauben (de), 89.

GRAVURES

I. Le Château de Varennes.
II. Le Château de Varennes.
III. Portrait de Anne Pelletier, dame de la Lorie (xviie siècle).
IV. Saint Georges. Vitrail de la Chapelle de la Lorie (xvie siècle).
V. Saint Jacques. Vitrail de la Chapelle de la Lorie (xvie siècle).
VI. La Chapelle de la Lorie.
VII. Le Château de la Lorie (Cour d'honneur).
VIII. Le Château de la Lorie.
IX. L'escalier du Château de la Lorie.
X. Le Château de la Lorie.
XI. Statue de Minerve (Cour d'honneur).
XII. Statue de Minerve (Cour d'honneur).
XIII. La grande terrasse des jardins de la Lorie.
XIV. Statue du grand escalier intérieur de la Lorie.
XV. Statue du grand escalier intérieur de la Lorie.
XVI. Statue de chien (xviiie siècle).
XVII. Le Salon des glaces.
XVIII. Le Salon des glaces.
XIX. Le Salon des glaces.
XX. Le Salon des glaces.
XXI. Le poêle de la salle à manger de la Lorie (xviiie siècle).
XXII. L'église de la Chapelle-sur-Oudon.
XXIII. Le Château de la Gemmeraie.
XXIV. Vue de la ville de Segré.

Angers, imp. Germain et G. Grassin, rue Saint-Laud. — 1857-89.

OUVRAGES DU MÊME AUTEUR

Paysages et Croquis. Angers, 1867, Lachèse, Bellevvre et Dolbeau, in-18. (*Épuisé.*)

Les invasions anglaises en Anjou aux XIVᵉ et XVᵉ siècles. Angers, 1872, E. Barassé, in-18. (*Épuisé.*)

Recherches historiques sur Daon et ses environs, d'après des documents inédits. Château-Gontier, 1879, H. Leclerc, in-8°. (*Épuisé.*)

La peste de Château-Gontier en 1626 et 1627, d'après des documents inédits. Angers, 1881, Germain et G. Grassin, in-8°..................... 1 fr. 50

René de la Rouvraye, sieur de Bressault. Mamers, 1882, G. Fleury et A. Dangin, in-8°. (*Épuisé.*)

Recherches épigraphiques. — Le Mausolée de Catherine de Chivré. — L'Enfeu des Gaultier de Brullon. Avec cinq dessins de Tancrède Abraham et un portrait inédit du voyageur Legouz de la Boullaye. Laval, 1883, E. Moreau, in-8°..................... 3 fr.

Notice historique sur le château du Port-Joulain et ses seigneurs, d'après des documents nouveaux et inédits (1356-1882). Deux eaux-fortes de V. Huault-Dupuy. Angers, 1883, Germain et G Grassin, in-8°. (*Épuisé.*)

Étude sur la vie privée au XVᵉ siècle en Anjou. Angers, 1884, Germain et G. Grassin, in-8°. (*Épuisé.*)

Ouvrage couronné par l'Académie des Inscriptions et Belles-Lettres. (Séance du 13 novembre 1885. Quatrième mention honorable.)

Le château seigneurial de Saint-Laurent-des-Mortiers, d'après des documents inédits (1356-1789). Mamers, 1884, G. Fleury et A. Dangin, in-8°... 3 fr.

La châtellenie de la Jaille-Yvon et ses seigneurs (1052-1789). Orné de deux héliogravures. Angers, 1885, Germain et G. Grassin, in-8°. (*Épuisé.*)

Un mignon de la cour de Henri III. Louis de Clermont, sieur de Bussy d'Amboise, gouverneur d'Anjou. Trois eaux-fortes de Pierre Vidal. Angers, 1885, Germain et G. Grassin, in-8°..................... 6 fr.

Le comte de Falloux. Angers, 1886, Germain et G. Grassin, in-8°.... 1 fr.

La restauration artistique de l'hôtel de Pincé. Orné de deux gravures. Angers, 1886, Germain et G. Grassin, in-8°..................... 1 fr. 50

La vie agricole dans le Haut-Maine au XIVᵉ siècle, d'après le rouleau inédit de Mᵐᵉ d'Olivet (1335-1342). Mamers, 1886, G. Fleury et A. Dangin, in-8°.. 3 fr.

Étude sur les Misères de l'Anjou aux XVᵉ et XVIᵉ siècles. Angers, 1886, Germain et G. Grassin ; Paris, E. Lechevalier, in-8°..................... 5 fr.

Une famille de seigneurs calvinistes du Haut-Anjou. Les Chivré, marquis de la Barre de Bierné (XVIᵉ-XVIIIᵉ siècles). Orné de sept gravures. Paris, 1887, E. Lechevalier, in-8°..................... 5 fr.

Histoire de Saint-Denis d'Anjou (Xᵉ-XVIIIᵉ siècles). 2ᵉ édition. Orné de seize dessins de Tancrède Abraham. Paris, 1887, E. Lechevalier, in-8°.... 4 fr.

Histoire de Menil et de ses seigneurs, d'après des documents inédits (1010-1886). Orné de huit gravures. Paris, 1888, E. Lechevallier, in-8°... 5 fr.

Histoire de la baronnie de Craon, de 1382 à 1626, d'après les archives inédites du Chartrier de Thouars. Angers, 1889, Germain et G. Grassin ; Paris, E. Lechevalier, in-8°..................... 5 fr.

Histoire de l'Église réformée de Laval au XVIIᵉ siècle, d'après des documents inédits (1600-1686). Laval, 1889, L. Moreau ; Paris, E. Lechevalier. 4 fr.

EN PRÉPARATION

Étude sur les Comptes de Macé Darne, maître des œuvres de Louis Iᵉʳ, duc d'Anjou et comte du Maine (1367-1376), d'après un manuscrit inédit du British Museum. — **Un compagnon d'armes de Bertrand du Guesclin, Amaury IV, baron de Craon (1326-1373),** d'après les archives inédites du Chartrier de Thouars. — **Le prêche des Réformés Angevins à Sorges (1579-1701),** d'après des documents inédits. — **Le Maréchal de Vieilleville (1509-1571),** d'après des documents inédits. — **Lettres de rémission accordées à des Angevins par les rois de France (XIVᵉ et XVIᵉ siècles).** — **La Chouannerie et les Chouans dans le Haut-Anjou.** — **Notices et documents inédits pour servir à l'Histoire du Maine, de l'Anjou et de la Bretagne.**

www.ingramcontent.com/pod-product-compliance
Lightning Source LLC
Chambersburg PA
CBHW050236230426
43664CB00012B/1723